中国20世纪图鉴

（1900~2000）

宁夏卷

宁夏档案局
宁夏档案学会 编

黄河出版传媒集团
宁夏人民出版社

图书在版编目（CIP）数据

中国 20 世纪图鉴. 宁夏卷：1900~2000/宁夏档案局，宁夏档案学会编.
—银川：宁夏人民出版社，2014.2
ISBN 978-7-227-05086-5

I. ①中… II. ①宁… ②宁… III. ①中国历史—20 世纪—图集
②宁夏—地方史—20 世纪—图集 IV. ①K260.8 ②K294.3-64

中国版本图书馆 CIP 数据核字（2014）第 045165 号

中国 20 世纪图鉴·宁夏卷
(1900~2000)

宁夏档案局
宁夏档案学会 编

责任编辑	刘建英　周淑芸
封面设计	张　兰
责任印制	杨海军

黄河出版传媒集团
宁夏人民出版社 出版发行

地　　址	银川市北京东路 139 号出版大厦（750001）
网　　址	http://www.yrpubm.com
网上书店	http://www.hh-book.com
电子信箱	renminshe@yrpubm.com
邮购电话	0951-5044614
经　　销	全国新华书店
印刷装订	银川金利丰彩色印刷有限责任公司
印刷委托书号	（宁)0013171
开　　本	880mm×1230mm　1/16
印　　张	31.75
字　　数	500 千字
印　　数	4000 册
版　　次	2014 年 4 月第 1 版
印　　次	2014 年 4 月第 1 次印刷
书　　号	ISBN978-7-227-05086-5/K·808
定　　价	230.00 元

编　委　会

长河旭日

橫掃千軍如卷席

會當凌絕頂

千峰競秀

時勢造英雄

清平樂

一九六二年九月

毛澤東

毛泽东《清平乐·六盘山》手书

宁夏回族自治区行政区划图

甘肃省

内蒙古自治区

内蒙古自治区

陕西省

甘肃省

石嘴山市

银川市

吴忠市

中卫市

固原市

图 例

- 自治区人民政府驻地
- 地级市人民政府驻地
- 市辖区、县、县级市人民政府驻地
- 镇人民政府驻地
- 乡人民政府驻地
- 国营农、林、牧场场部
- 自治区（省）界
- 地级市界
- 市辖区、县、县级市界
- 铁路及车站
- 国道主干线
- 建筑中国道主干线
- 国道
- 省道
- 河 流
- 沟 渠
- 湖 泊
- 长 城
- 山 峰

比例尺：1：210万

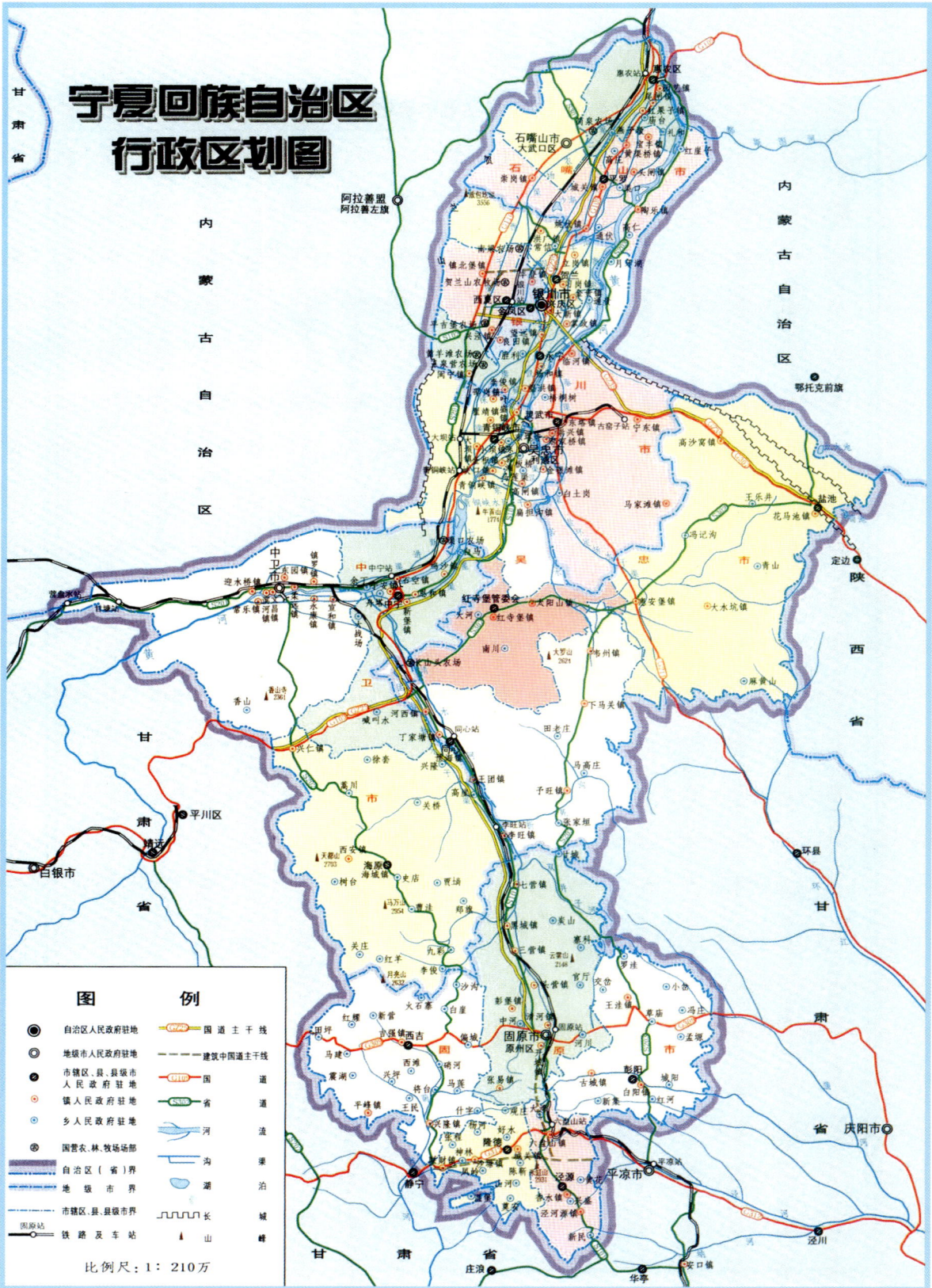

2010年宁夏行政区划图

贺兰晴雪

九曲黄河——黄河进入宁夏第一弯黑山峡

边关雄塞（贺兰山与长城）

塞上江南

西夏王陵

中华人民共和国万岁

中国共产党万岁

南门雄姿

礼　拜

序

李自德

历时近六载，由自治区档案局（馆）、档案学会精心组织编纂的《中国 20 世纪图鉴·宁夏卷》一书终于出版了。这是自治区档案局（馆）利用档案资源优势，在档案编研工作中取得的又一项重要成果。

宁夏回族自治区位于中国西北部，居黄河上游，北倚贺兰山，南凭六盘山，黄河纵贯北部全境，历史文化悠久，是中华文明的发祥地之一。早在 3 万年前的旧石器时代晚期，这块土地上就有人类繁衍生息。秦始皇统一中国后，派兵屯垦，境内修筑了闻名世界的秦长城，兴修了著名的秦渠，开创了引黄河水灌溉的历史。汉代（公元前 206~公元220 年），这里农耕经济已相当繁荣。唐代天宝十四载（755 年）爆发了"安史之乱"，太子李亨进入宁夏，在灵武登基称帝，即唐肃宗。当时，宁夏已成为中国东西交通贸易的重要通道之一。北宋宝元元年（1038 年），党项族首领李元昊以宁夏为中心建立了大夏国，史称西夏，定都兴庆府（今银川市）。蒙古灭西夏后，于元至元二十四年（1287 年）设宁夏府路，始有"宁夏"地名。明设宁夏卫，清设宁夏府。民国初年，宁夏府改为朔方道，1929 年成立宁夏省。1949 年中华人民共和国成立后，于 1954 年撤销宁夏省建制，将阿拉善等旗划归内蒙古自治区，其余部分并入甘肃省。1958 年 10 月 25 日成立宁夏回族自治区。

宁夏是一块神奇的土地。丰富的自然景观、独特的民族风情和悠久的历史文化底蕴，共同成就宁夏的魅力。长河落日、大漠孤烟，巍巍六盘、雄浑贺兰，边关雄塞、九曲黄河……宁夏总面积 6.64 万平方公里，从北到南，地形地貌特色鲜明而美丽。宁夏之美，美在雄奇，美在秀丽。宁夏地小而物博，土地和矿产资源丰富，农业和能源优势突出。宁夏是全国最大的回族聚居区，浓郁的回乡风情令世界瞩目。神秘的西夏文化、古老的黄河文明、红色的革命印记，都是宁夏的亮丽名片。宁夏人杰地灵，自古至今涌现出了许多文人雅士、英雄豪杰，他们都是推动社会前进的重要力量。

20 世纪，是中国也是宁夏历史上翻天覆地、轰轰烈烈的一个世纪。世纪之初，发生了八国联军侵略中国的事件。在北京，侵略者遭到了义和团和清朝官兵的沉重打击，其中就有董福祥所部甘军，是西北人民反抗外来侵略的代表。在宁夏发生的下营子教案，进一步表明了中国人民反对帝国主义侵略的决心。1911 年，辛亥革命推翻了清朝政府的腐败统治，宁夏人民为争取民主与共和，同样付出了流血和牺牲。1921年中国共产党诞生，使水深火热中的中国人民看到了希望。中国共产党的思想不断影响地处西北一隅的宁夏。革命先驱宣侠父、刘伯坚、邓小平、吉鸿昌、谢子长、刘志丹等，都曾经到宁夏开展过革命活动。1935年10月，毛泽东率领中国工农红军长征经过宁夏六盘山地区，胜利到达陕北，把中国革命的大本营放在了西北。1936年红军西征，解放了宁夏大片土地，并在今同心县成立了中国历史上第一个回民自治政府——豫海县回民自治政府，成为中国回民解放的先声。宁夏东部的盐池县，成为共产党人领导的陕甘宁边区的组成部分，成为模范的抗日根据地。为了宁夏人民的翻身解放，党中央和陕甘宁边区多次派遣共产党员到宁夏开辟第二战线，他们中间有的人在宁夏被反动派杀害，有的在牢狱中受尽了酷刑。1949年9月，宁夏全省解放，从此宁夏的历史翻开了崭新的一页。在党的民族政策的光辉照耀下，1958年成立了宁夏回族自治区，宁夏各族人民平等、团结、互助，携手共建自己的家园。党的十一届三中全会以后，宁夏步入了改革开放的春天。今日，乘着国家西部大开发的有利时机，在"两区"建设的嘹亮号角声中，宁夏正乘势而上、加速发展。一个富庶的、美丽的、开放的、幸福的新宁夏正在祖国的大西北崛起。

20世纪的宁夏历史，就像是一幅波澜壮阔的历史画卷，描绘着宁夏的山山水水，记录着宁夏的风风雨雨。要想详细地阅览这一画卷，需要有一本有文字说明又有图像见证的资料性书籍，而《中国20世纪图鉴·宁夏卷》的出版，正好填补了这方面的空白。图鉴以翔实的史料、简练的语言、明晰的条理，客观地再现了1901年至2000年宁夏的山川风物、人文历史、经济建设、社会变迁、人民生活等各个方面的风貌概况。全书收集1700余幅图片，配以23万字的说明，体现了图鉴图文并茂的特点。这些图片，或表现事件场景，或反映人物风貌，或记载历史事物，不论源于哪个角度、归属哪种题材，都是对历史的真实记载和反映。作为史料性工具书，这部图鉴无疑是立体的、厚重的。《中国20世纪图鉴·宁夏卷》还有一个很突出的特点，就是采用编年体与纪事体相结合的编排方式，保持了历史事件的完整性并突出了可读性。就整体而言，全书采用的是编年体，即按照历史事件发生的时代和时间先后排列，层层推出，而对其中某一历史事件（或过程）的叙述，则采用纪事本末体。因此，这部图鉴合起来是一本书，分开来则又可独立成章。

历史是前人留给我们的宝贵财富。希望更多的人在回顾上个世纪100年时，能够对宁夏有一个更加清晰而全面的认识，同时也能够更加深刻地感受到这部图鉴的分量。

是为序。

凡 例

1.《中国 20 世纪图鉴·宁夏卷》（以下简称《宁夏图鉴》），以马列主义、毛泽东思想、邓小平理论和"三个代表"重要思想以及科学发展观为指导，以《关于建国以来党的若干历史问题的决议》为准绳，用图文结合的形式，全方位、多层次地记录宁夏的自然面貌、历史发展、建置沿革与社会变迁的情况，以期有效地服务于社会主义物质文明、政治文明、精神文明建设，促进中华民族的伟大复兴，同时为炎黄子孙、国际社会了解与研究宁夏提供全面可靠的信息资源和科学系统的历史资料。

2.《宁夏图鉴》的内容，力求全面、系统、翔实、准确、实用、形象。本书囊括 20 世纪宁夏境域内的自然、政治、经济、军事、教育、科技、文化艺术、体育、卫生、名胜古迹、民族宗教、社会生活等各个方面具有重要影响的事件，以期达到"存史、资治、教化"的作用。

3.《宁夏图鉴》上限启于 1900 年年初，下限迄于 2000 年年底。个别地方如有需要，在文字叙述过程中亦有突破上下年限的情况。

4.《宁夏图鉴》采用编年体与纪事本末体相结合的办法，以历史顺序为纵线，辅之以纪事本末体横向叙述事件。

5.《宁夏图鉴》不单设人物篇章，凡在宁夏有重大影响的人物均予撰写"人物简介"，并附之于出场的历史背景之后。

6.《宁夏图鉴》通篇采用第三人称的语体文，文风力求简明朴实，通俗易懂，准确流畅，重在增强可读性。

7.《宁夏图鉴》本着"有图则述，无图则免"的原则，对于历史上有些虽属重大事件或重要人物因暂无图片存世，则避而不述；对收集到存世历史图片所反映虽属"节末小事"，但因图片较为珍贵，为留存史料亦适当收入记述。

8.《宁夏图鉴》的最终目的在于以史为鉴，弘扬先进文化，服务当代社会，留作后人研究参考和鉴赏。本书力求思想性、史料性、学术性、趣味性的有机统一，使其成为宁夏历史文献中具有特色的一部精品。

目 录

宁夏历史概述

宁夏是全国唯一的省级回族自治区，位于中国大西北的东北部，地处黄河中上游。现在宁夏的版图形如枣核，南北相距约 456 公里，东西相距约 250 公里。宁夏东邻陕西省，西部、北部接内蒙古自治区，南部与甘肃省相连。

宁夏回族自治区是祖国大家庭中面积较小、人口较少的省区之一。实有面积 6.64 万平方公里，居全国第 27 位。2000 年年底总人口为 554.32 万人，居全国第 30 位。其中，回族人口 191.01 万人，约占全国回族人口的 18%，占全自治区总人口 34.46%，是全国回族的最大的聚居区。此外，宁夏境内还有满、蒙古、东乡、壮、朝鲜等 30 多个散居少数民族，但人口为数不多（共计 3.1 万人，占全区总人口的 0.56%）。

一、史前与古代时期的宁夏

宁夏是历史悠久的省区。20 世纪 20 年代以来，灵武水洞沟文化遗址的发掘和考古证明，早在 3 万年前的旧石器时代晚期，人类就在宁夏这块土地上繁衍生息，使之成为中华民族远古文明的发祥地之一。商、周至春秋时期，宁夏曾是昀衍戎、义渠戎、乌氏戎等部落的游牧场所，战国秦昭襄王三十五年（公元前 272 年），秦国灭义渠诸戎国，设北地郡，辖县在今宁夏境内有乌氏县（南部）和昀衍县（北部）。公元前 220 年，秦始皇在统一六国后不久就派兵北征，开始在宁夏和河套地区筑城屯驻、移民开发，宁夏平原农业的发展就此拉开了序幕。西汉建立后因袭秦制，并于汉武帝元鼎三年（公元前 114 年），将北地郡分为北地、安定两郡，今宁夏分属二郡。汉武帝多次巡视安定、北地两郡后，大批移民被安置宁夏黄河沿岸地区，修渠引黄，开发农田，遂使宁夏农牧业逐渐兴旺。宁夏最古老的秦渠、汉渠、汉延渠等引黄干渠，相传就是从秦汉时期陆续兴建的。南北朝时期，北魏、北周先后在宁夏大规模移民屯垦，特别是宣政元年（578 年），北周打败陈国后，将俘获的南朝将士 3 万多人迁居于灵州，正如宋乐史所著《太平寰宇记》所说："其江左之人尚礼好学，习俗相化，谓之塞北江南。"从此以后，宁夏地区在经济、文化和自然环境方面有了显著的发展和改善，被称为"塞上明珠"。后经历代相传，"塞上江南"遂成为宁夏平原的别称。

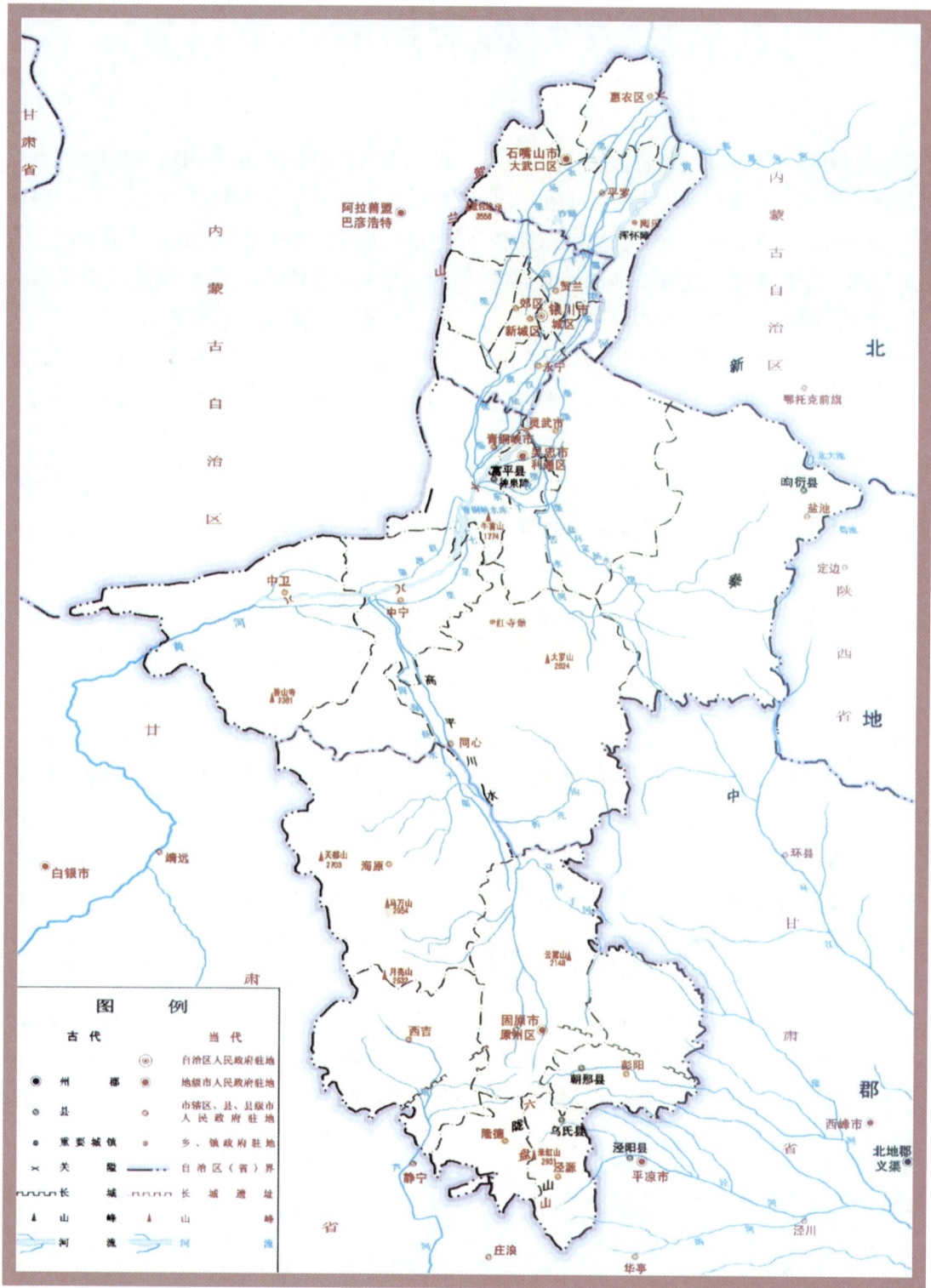

今宁夏地区秦代时行政建置略图(原图出自《宁夏通志·社会卷》)

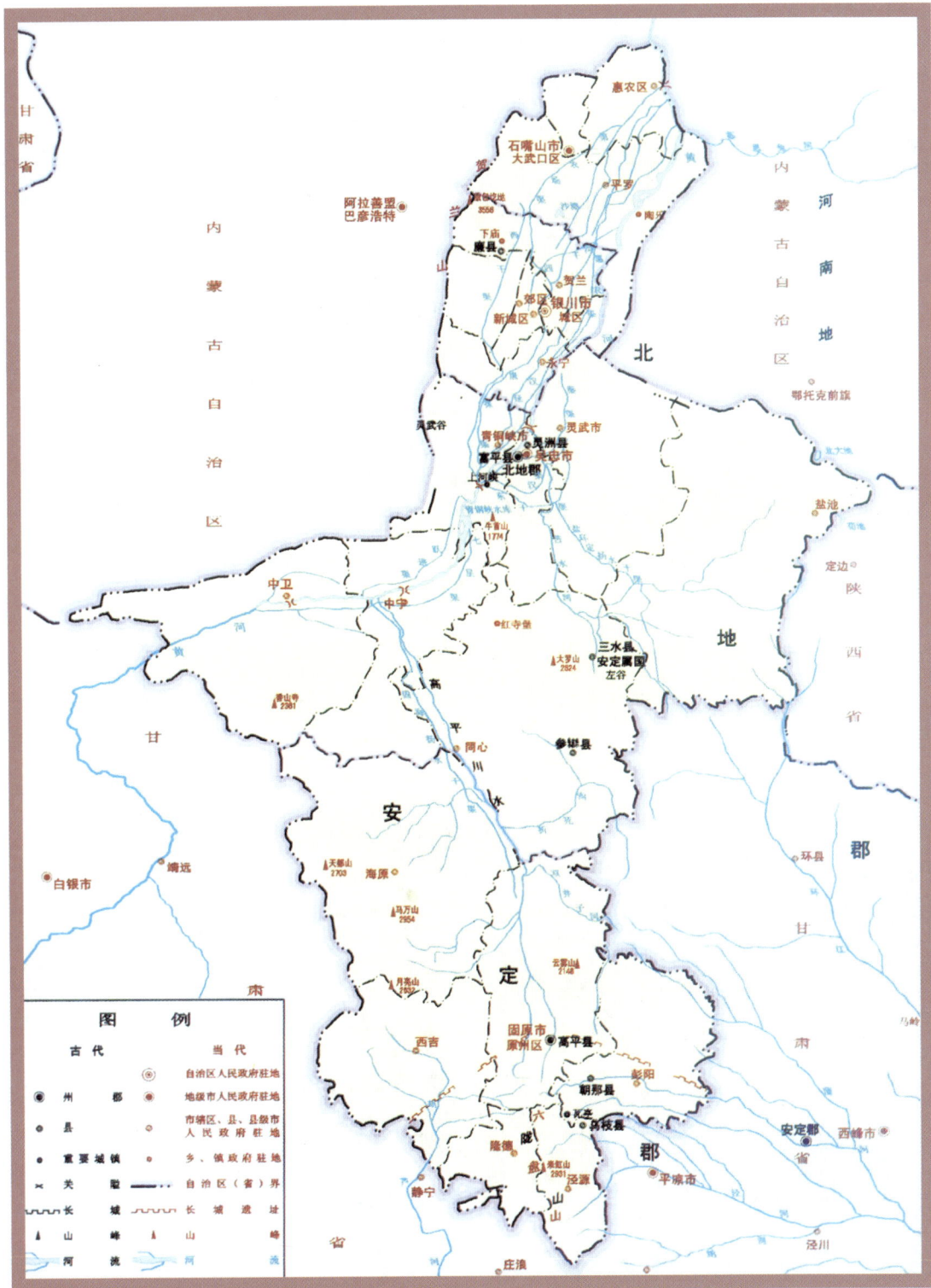

今宁夏地区西汉时建置略图（原图出自《宁夏通志·社会卷》）

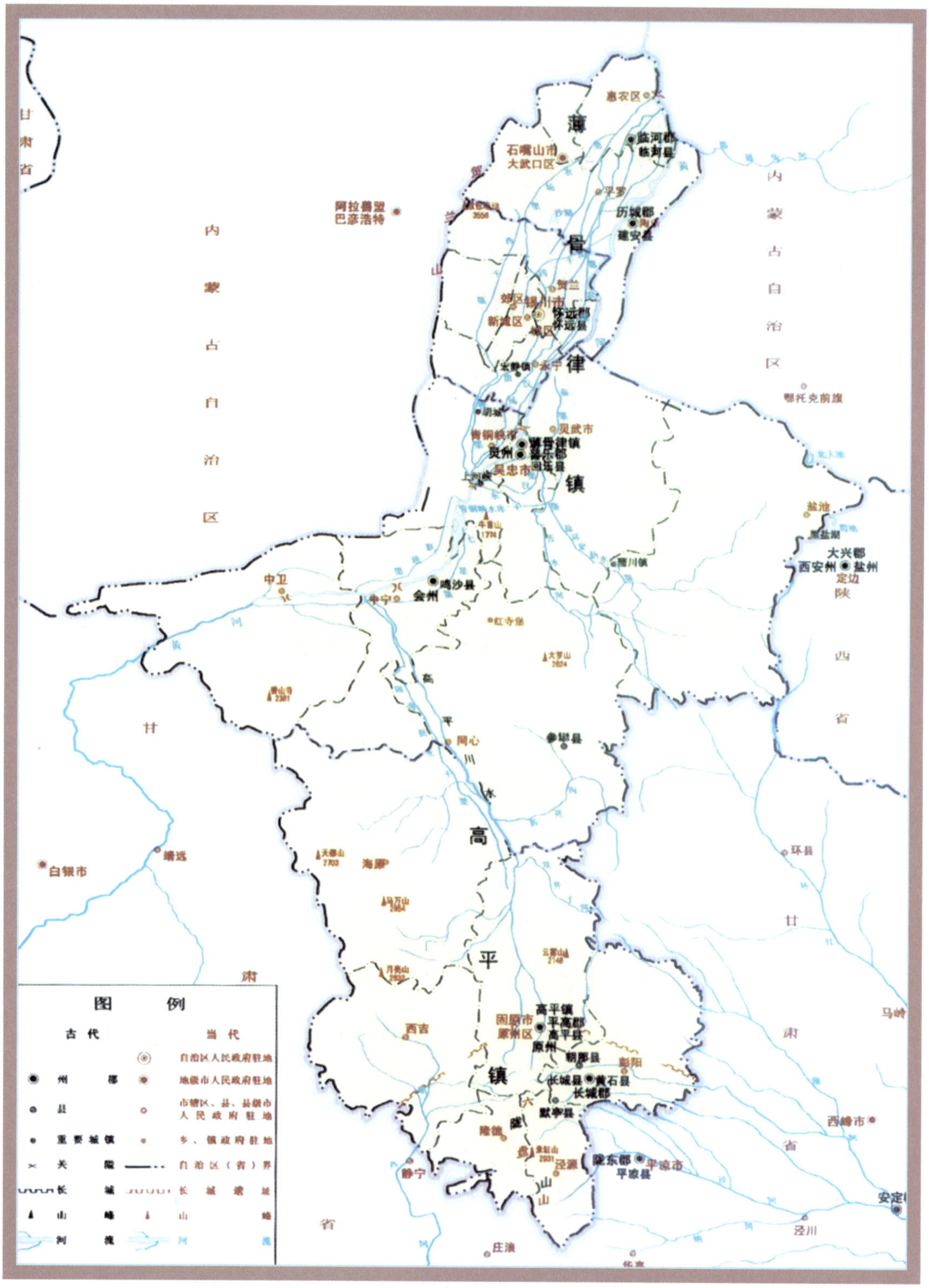

今宁夏地区东汉时行政建置略图（原图出自《宁夏通志·社会卷》）

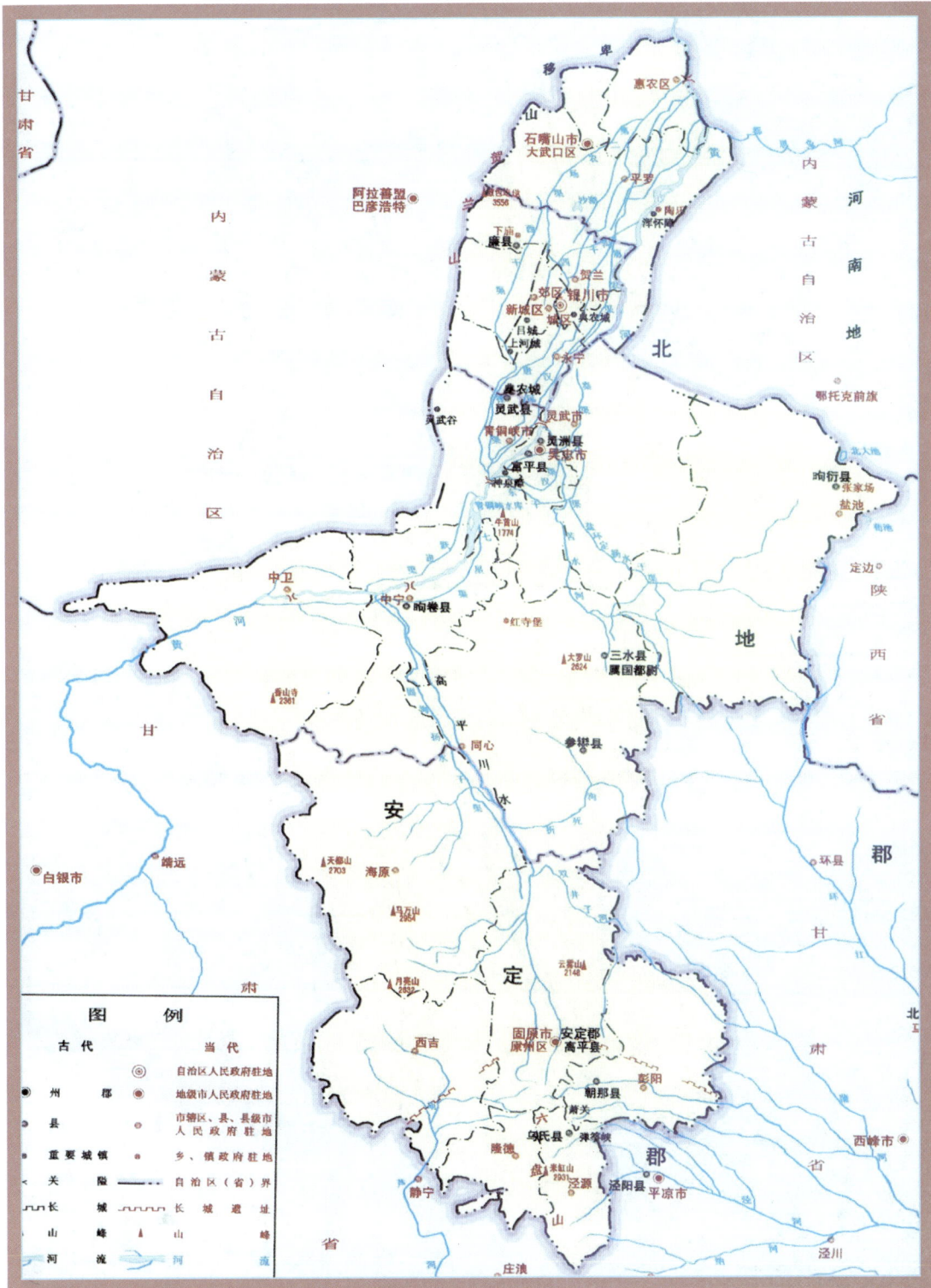

今宁夏地区南北朝时期行政建置略图(原图出自《宁夏通志·社会卷》)

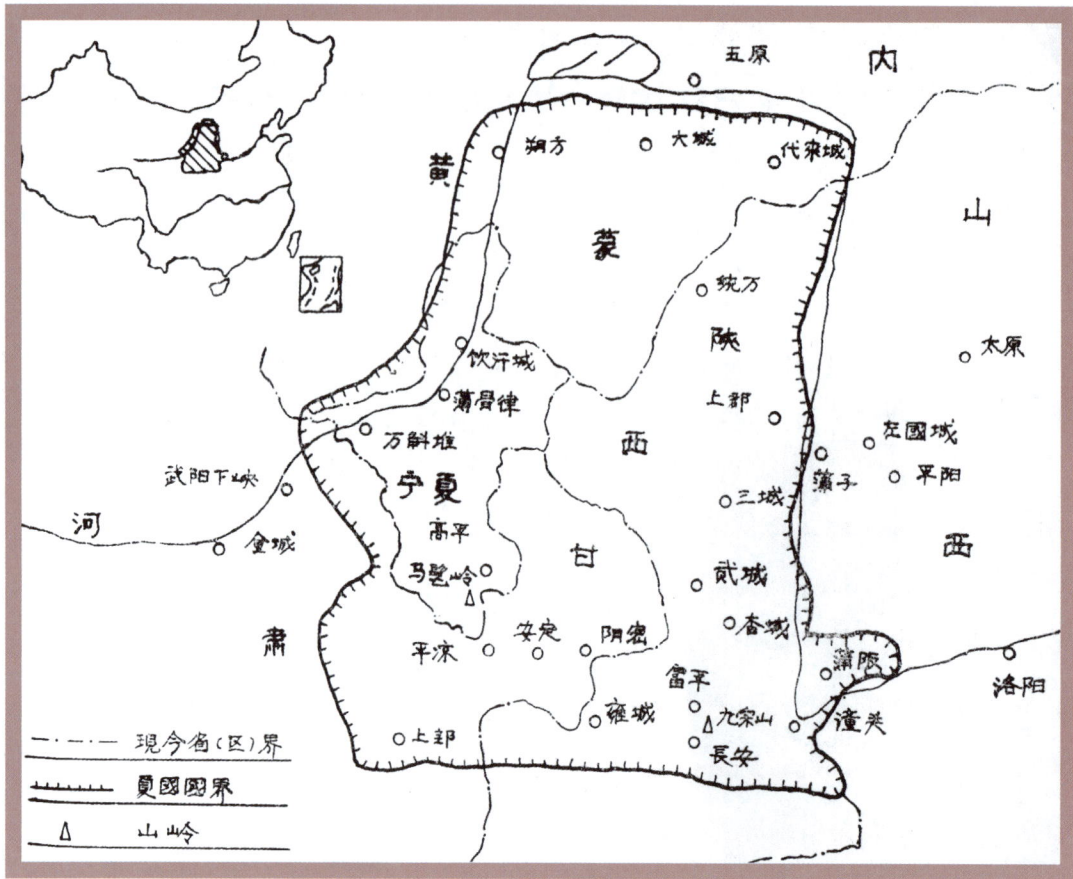

赫连夏国时期疆域图（原图出自《宁夏文史》）

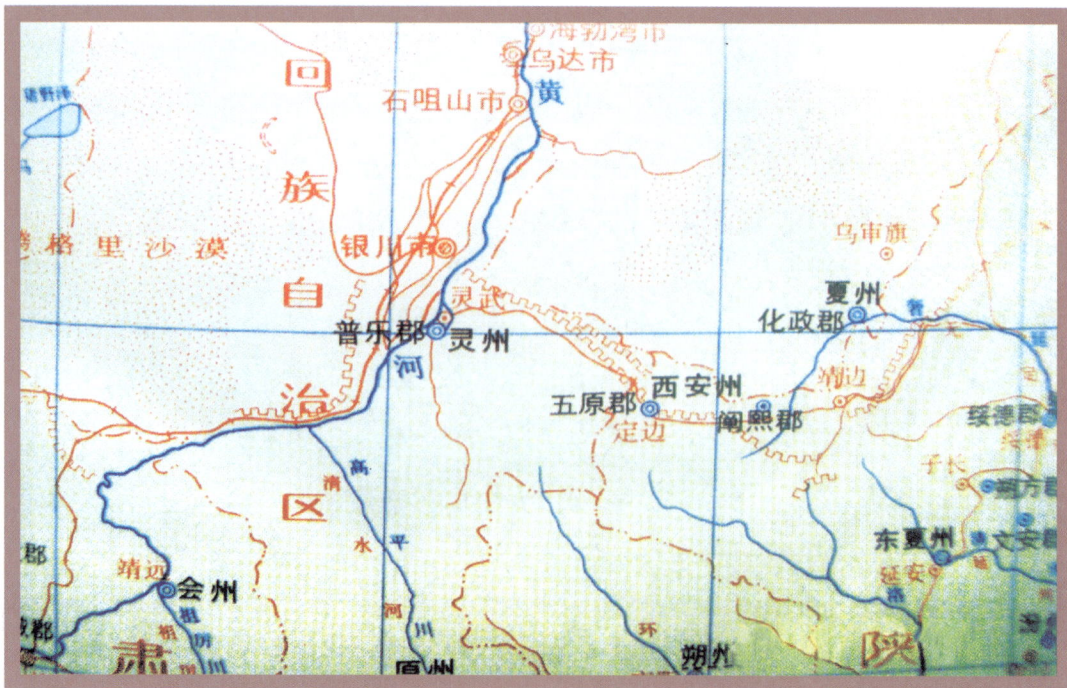

今宁夏北部西魏时所在区域（原图出自《沧桑灵州》）

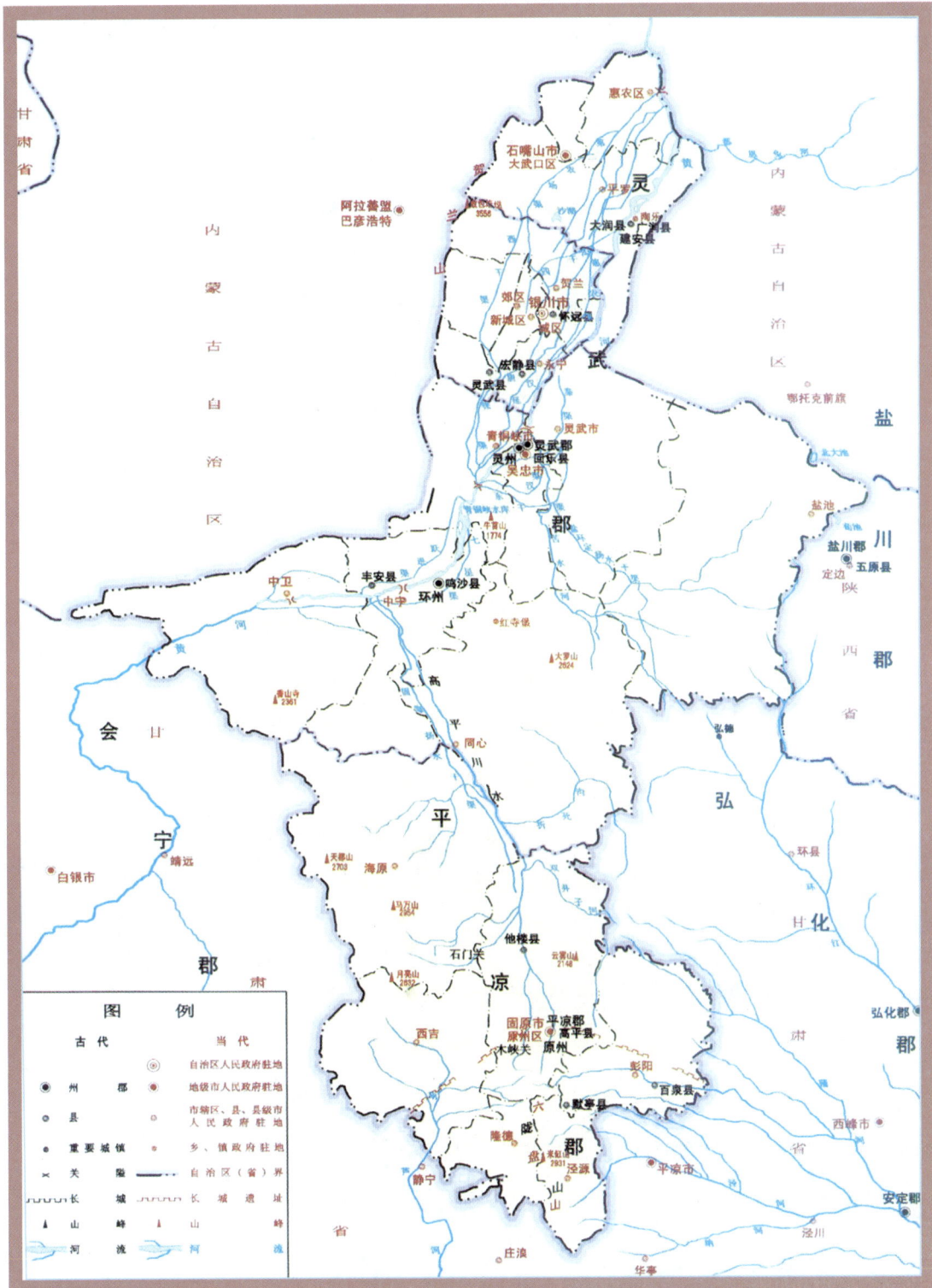

今宁夏地区隋朝时行政建置略图（原图出自《宁夏通志·社会卷》）

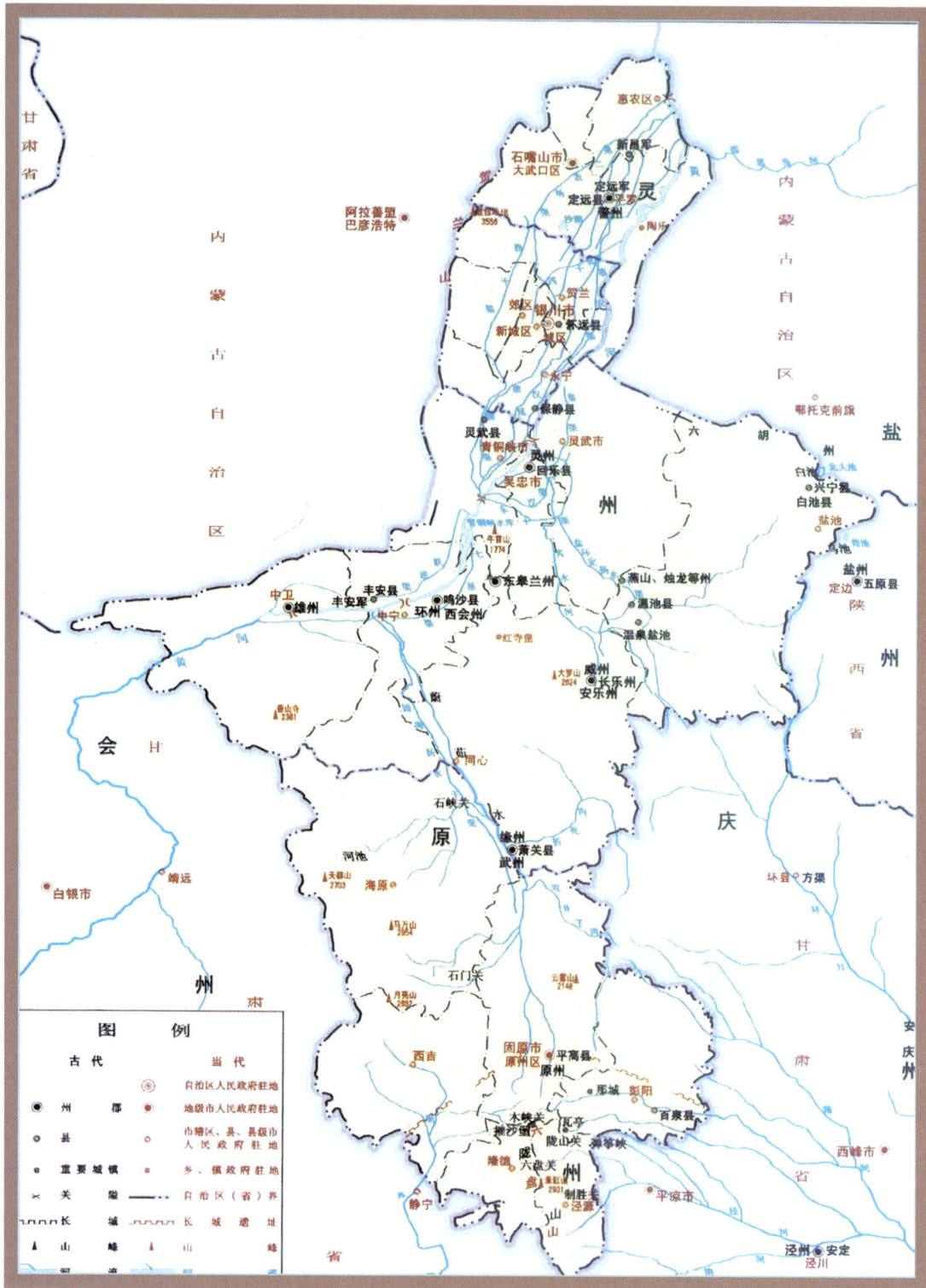

今宁夏地区唐代时行政建置略图（原图出自《宁夏通志·社会卷》）

隋唐时期，宁夏经济有了较大发展，军事战略地位日益重要。宁夏政区设置，隋初分属灵武、平凉（治今固原）和盐川（治今甘宁间）3郡，到唐代为关内道，属于京畿重地，在灵州设都督府和朔方节度使，常驻军队6万之众，宁夏成为西北地区的政治、军事、经济、交通中心。646年，唐太宗李世民到灵州接见前来朝见的北方诸部首领和使节，随后就在灵州附近安置归附的少数民族。756年，唐肃宗李亨在灵州继皇位，并以此为大本营最终平定了"安史之乱"。

唐末至宋初，据有夏州等地的党项族逐步崛起，李元昊于1038年正式建国称帝，国号大夏（史称西夏），改怀远为兴庆府（今宁夏银川），并设为都城。西夏先同北宋、辽后与南宋、金鼎足而立，成为宁夏历史上唯一一个称王建国的地方割据政权。西夏于1227年被成吉思汗灭亡。在西夏鼎盛时期，其国界"东尽黄河，西界玉门，南接萧关，北控大漠，地方万余里"，包括今宁夏和甘肃大部、陕西北部、内蒙古西部、青海东北部等西北广大地区。

蒙元时期，曾于中统二年（1261年）以西夏故疆设置"西夏中兴等路行省"，后与甘肃分分合合。至元二十五年（1288年），元朝将甘肃行省下设的中兴路改为宁夏府路，成为"宁夏"地名的始称，意为安宁的夏地。早在7世纪的盛唐时期，随着海陆交通的发展，大批来华经商居留被称为"蕃客"的阿拉伯、波斯等人同中国人通婚。到元代，随着蒙古人几次西征而使大量的阿拉伯人、波斯人、中亚细亚人来华定居，同中国的汉族、维吾尔族、蒙古族等融合，逐渐形成了中华民族一个新的成员——回回民族。在元朝政府移民屯田政策下，回族大多聚居于包括宁夏在内的西北地区。

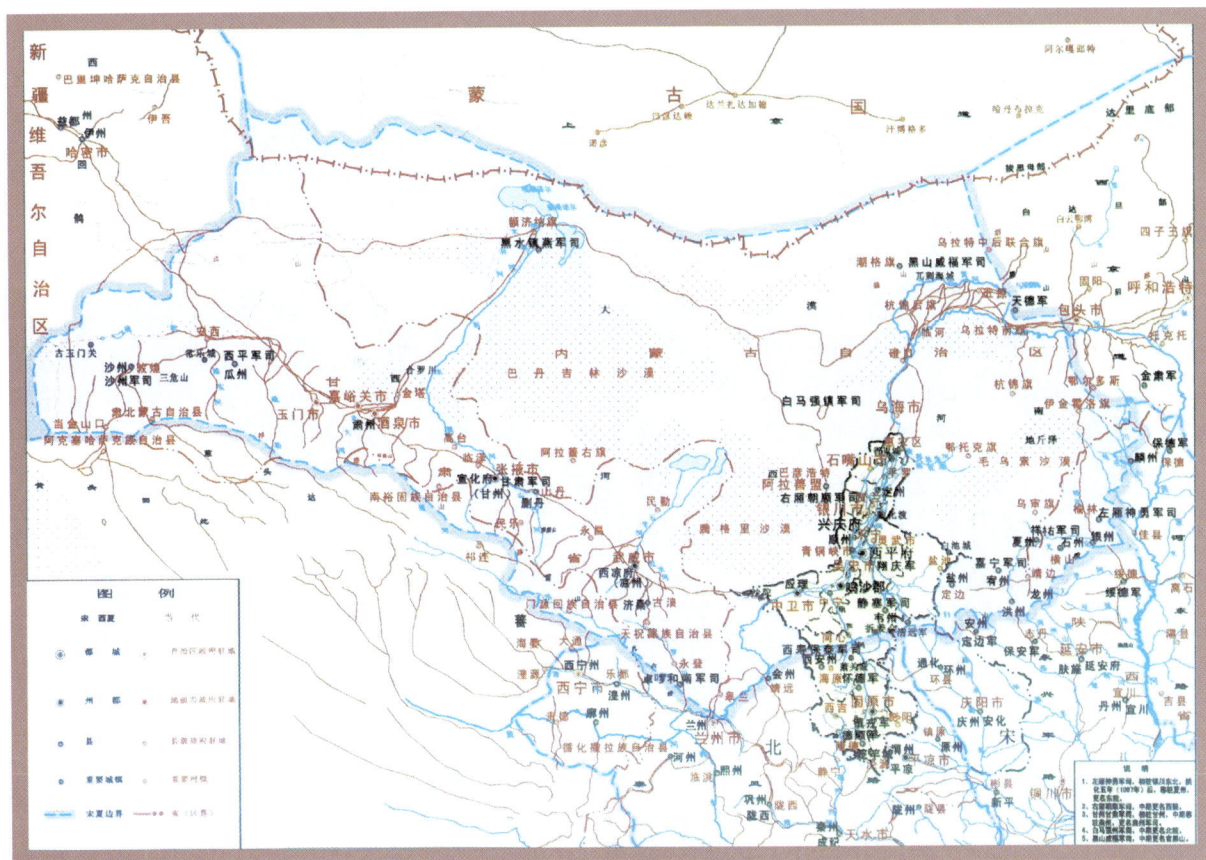

西夏前期疆域略图

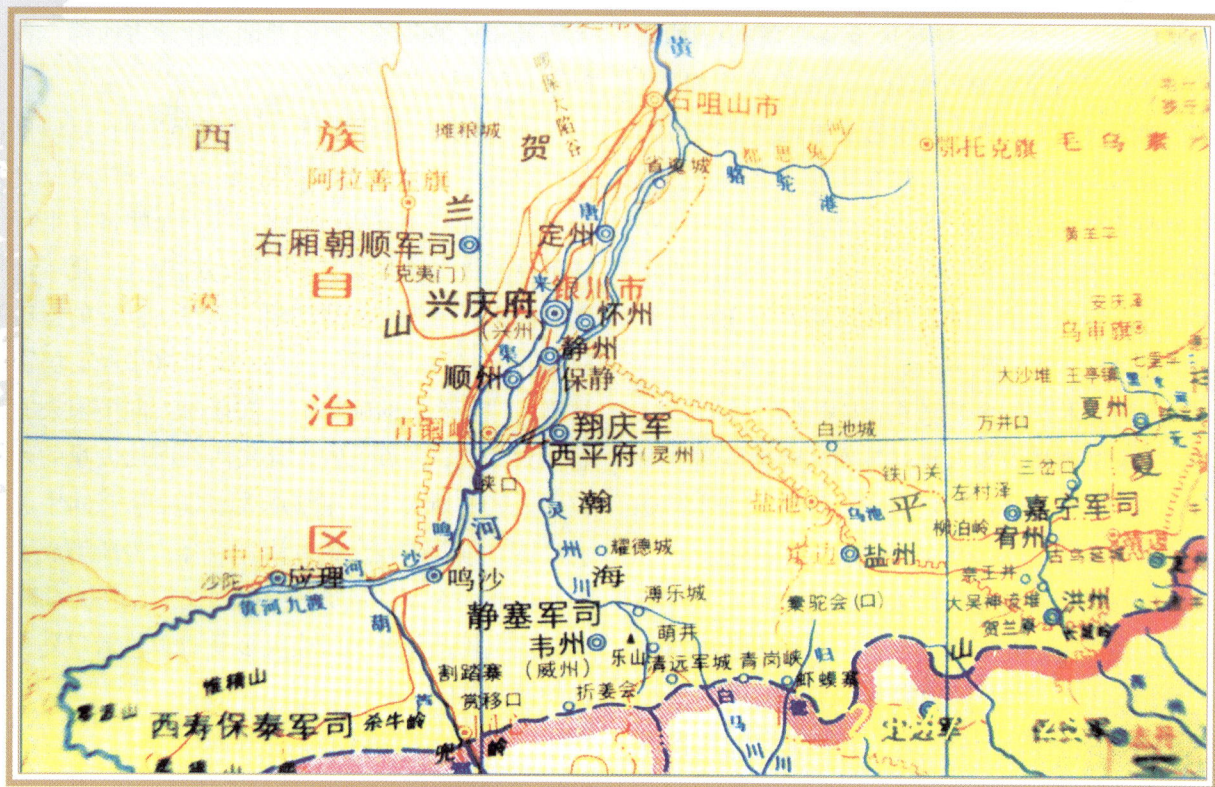

今宁夏北部西夏时兴庆府、西平府所在略图（原图出自《沧桑灵州》）

明代，宁夏为边防要塞。明朝政府为防御北方元朝残余势力南犯，在东起鸭绿江、西抵嘉峪关的万里防线上，设置了 9 个军事重镇，总称"九镇"。其中，在宁夏地区就有宁夏、固原两镇，同时又在固原设立指挥延绥、甘肃、宁夏和固原四大镇的"三边总制"府所在地。经过明朝前期、中期的屯垦开发、兴修水利，宁夏的农牧业和商贸、交通都有了较大发展。明末，农民起义风起云涌，特别是李自成领导的农民起义军多次进占宁夏南北各地，使宁夏一度成为李自成所部的后方基地之一。

清初，宁夏地区治理黄河，疏通旧渠，修建新渠，农业生产有了发展。1697 年，康熙皇帝在第三次亲征噶尔丹叛乱中曾巡视宁夏，并以宁夏作为筹集军需地，最终清除噶尔丹的大本营。清末，在太平天国运动的影响下，西北地区穆斯林群众发动反清斗争，形成了以金灵为中心的西北四大穆斯林反清基地之一，马化龙被称为反清的中流砥柱，他曾多次大败清军，声势浩大。1870 年，清政府派大军残酷镇压，马化龙被杀害，一场持续近 10 年的宁夏回族反清斗争宣告失败。

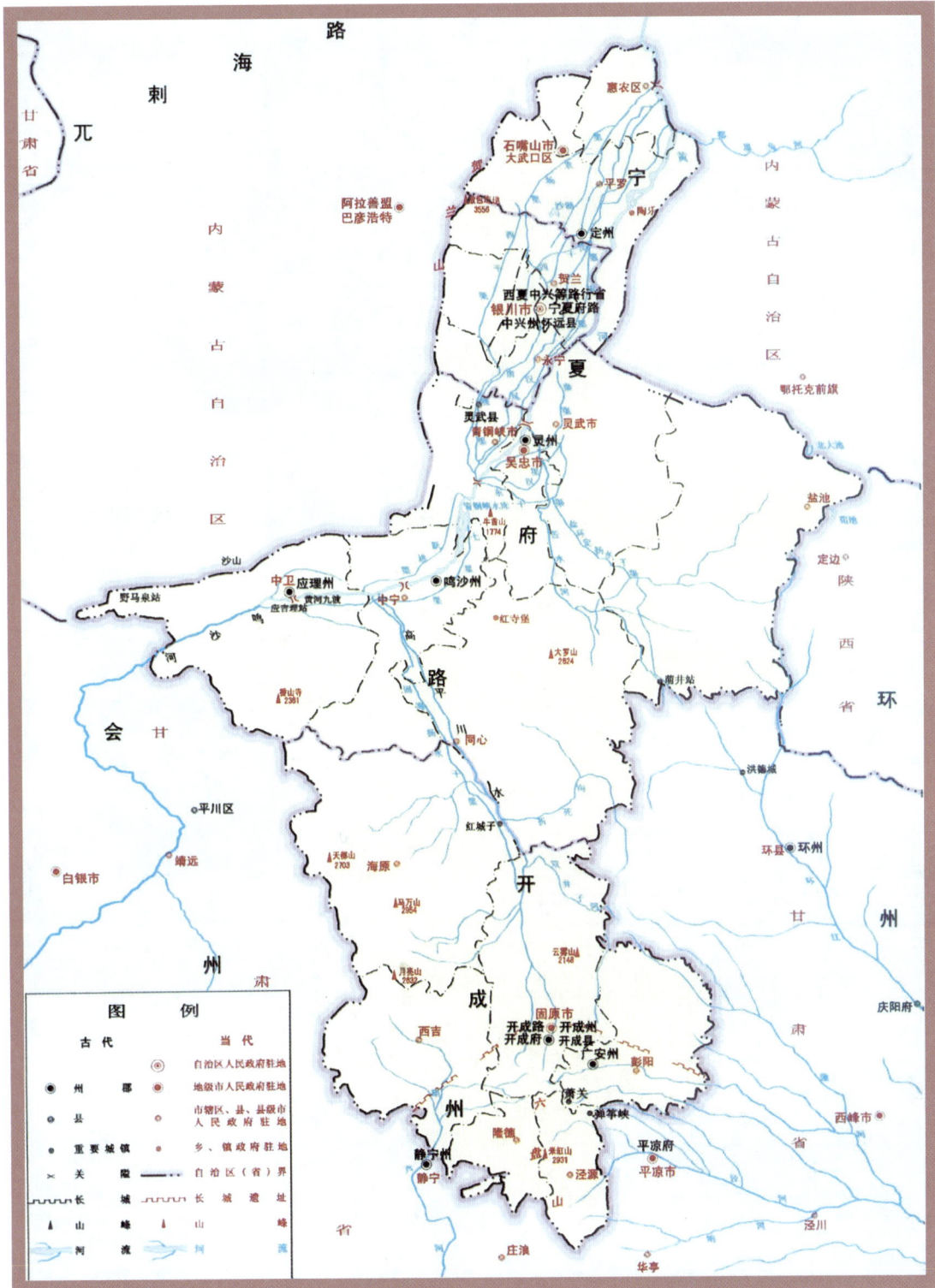

今宁夏地区元代时行政建置略图(原图出自《宁夏通志·社会卷》)

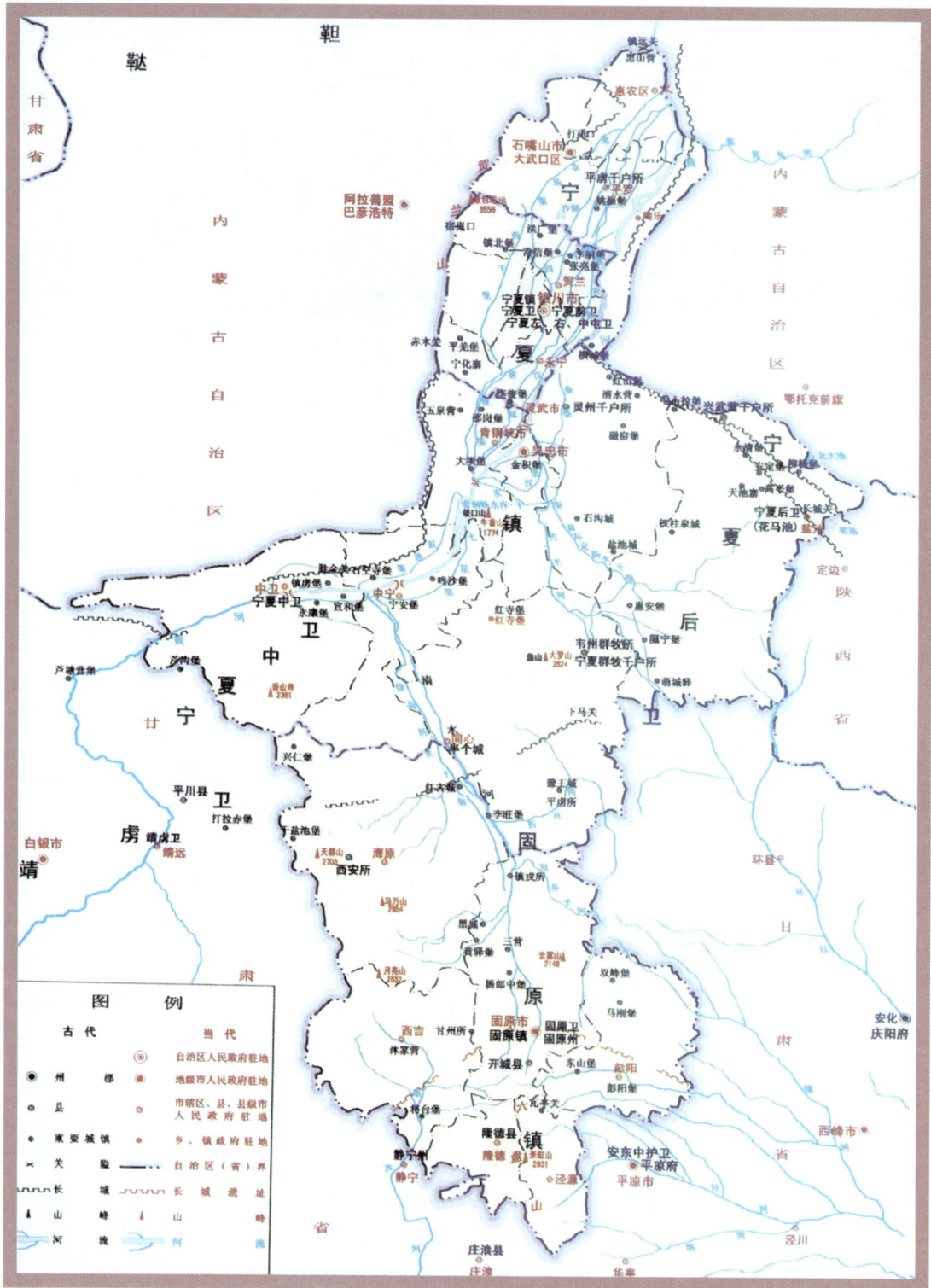

今宁夏地区明代时行政建置略图(原图出自《宁夏通志·社会卷》)

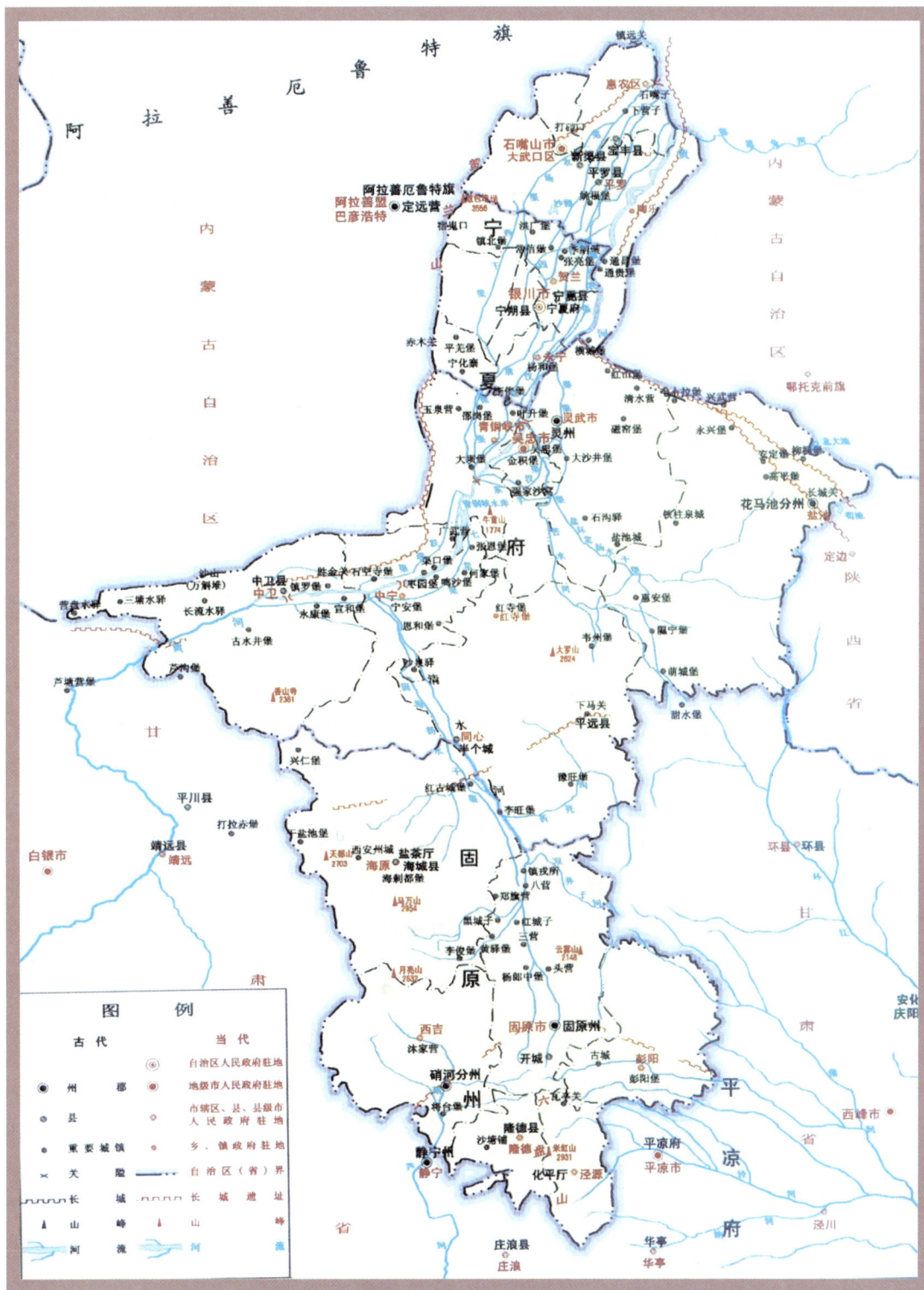

今宁夏地区清代时行政建置略图(原图出自《宁夏通志·社会卷》)

二、近现代时期的宁夏

1911 年 10 月辛亥革命后，在西安起义的鼓舞下，宁夏军民在同盟会宁夏支部和宁夏哥老会的联合发动下也举行了响应武昌首义的暴动，先后光复灵州、银川、平罗、中卫等地，并于同年 11 月 23 日宣告成立宁夏革命军政府。后在清军"剿杀"下虽告失败，但对西北地区民主革命产生了深远影响。1912 年中华民国临时政府成立后，北洋政府任命陈必淮为宁夏道，马福祥为宁夏镇总兵（旋改护军使），从此开始了民国时期马氏家族对宁夏的军阀统治。1929 年元旦，宁夏省正式宣告成立。除门致中、吉鸿昌先后担任过宁夏省政府主席外，从1930 年起宁夏省政府主席一职先后由马氏家族的马鸿宾、马福寿（代）、马鸿逵、马敦静（代）担任，直至 1949 年宁夏解放。

新民主主义革命时期，中国共产党在宁夏建立党组织，为宁夏的革命事业做出了不懈的努力。1926 年 10 月，中国共产党在今银川建立了宁夏第一个党组织——中共宁夏特别支部（书记为李临铭）。中共宁夏党组织成立后，曾组织和领导了学潮、工潮、兵运，虽多次遭国民党政府的破坏和镇压，在宁夏的党组织几次被迫解散，后在陕北中共组织和中共甘宁青特委的协助下一度重建，但到 1936 年因党组织被严重破坏而被迫中止活动。

1935 年 8 月 15 日，为配合北上的中央红军，红二十五军从陕南到达今宁夏西吉县兴隆镇、单家集一带，在此休整了 3 天，后经平凉胜利进入陕北革命根据地。同年 10 月 5 日，毛泽东等领导人率领的中央红军（红一方面军）进入西吉县公易镇、单家集一带。10 月 7 日，工农红军翻越六盘山，到达陕西吴起同陕北红军会师，重新创建中央革命根据地。毛泽东在翻越六盘山这座红军长征路上最后一座大山到达陕北后，挥笔写成了气壮山河的著名诗篇——《清平乐·六盘山》。

1936 年 5 月，中共中央为了扩大陕甘革命根据地和迎接红二、红四方面军北上抗日，组织了西方野战军，由彭德怀率领进军宁夏南部山区和甘肃陇东地区，开始西征。当年夏秋，西征红军先后解放了盐池县，并一度进占了同心、固原的部分地区，建立了基层人民政权。同年 10 月，红一方面军攻占甘肃会宁后，同红四方面军会合，后又在今宁夏西吉县将台堡与红二方面军会合，实现了红一、红二、红四方面军三大主力会师，宣告了中国工农红军长征的胜利结束。在红军西征期间，根据中共中央关于建立回族自治政府的指示精神，豫海县回民自治政府于 1936 年 10 月 20 日在同心县清真大寺宣告成立。同年 11 月，红军三军会聚同心城。豫海县回民自治政府虽然只存在了 8 个多月的时间，但对宁夏回汉各族人民追求解放起到了鼓舞作用。

抗日战争开始后，中共中央决定于 1937 年 10 月成立中共宁夏工委（书记为李仰南），在群众中开展了抗日宣传等活动。1939 年，因大部分共产党员被迫撤回陕甘宁边区而活动中止。1939 年年底，中共陕甘宁边区委员会又派崔景岳接任中共宁夏工委书记，后因崔景岳于 1940 年 4 月 13 日被捕，并于 1941 年 4 月 17 日同马文良、孟长有两人一起英勇就义，中共宁夏党组织再次遭到严重破坏。1946 年 6 月，中共宁夏工委再次成立（高峰兼任书记），并于 1947 年 1 月在几支地方武装合并的基础上，组建了宁夏回汉支队，转战各地，打击敌人，为配合解放军解放宁夏做出了贡献。

1939 年 1 月至 1941 年 6 月，在当时属甘肃省管辖的海原县、固原县和今西吉县，还发生了回族人民为反抗国民党政府残暴统治而举行的三次大规模武装暴动。这三次斗争虽然都失败了，却震撼了国民党在西北的统治，提高了回族人民的觉悟。后来这支回民队伍的精英到达陕甘宁边区，被组建为回民骑兵团，参加了抗日战争和解

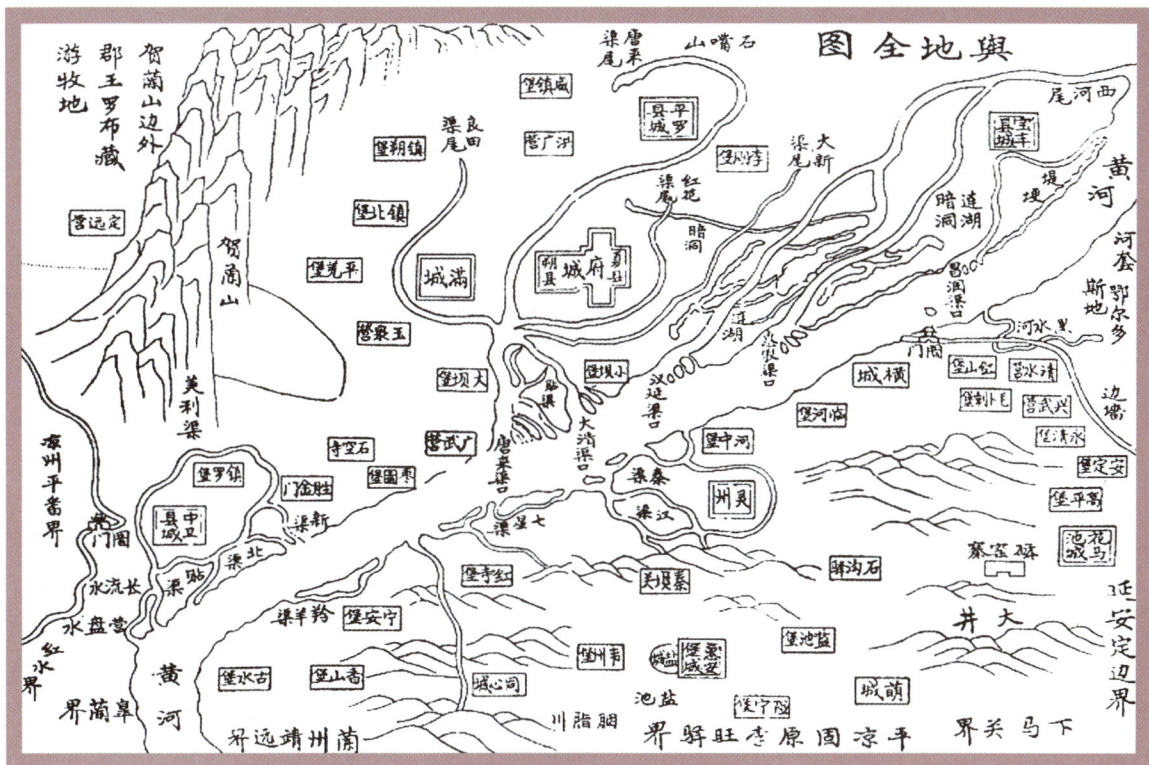

清末宁夏府舆地全图

放西北的战斗。

1949年年初，解放战争迅速发展，国民党政权土崩瓦解。4月，中国人民解放军华北野战军第18、19兵团回归第一野战军建制。5月，解放军解放西安，拉开了解放大西北的序幕。7月中旬，一野发起的扶眉战役歼灭国民党胡宗南部队主力后，援陕败退的马鸿逵宁夏兵团退守固原和银川。7月底至8月中旬，泾源、固原、隆德、西吉、海原各县和同心县部分地区先后被解放，并收复了被马鸿逵盘踞两年之久的陕甘宁边区所属盐池县部分地区。8月26日兰州解放后，在社会名流多次斡旋争取和平解放宁夏的努力宣告失败的情况下，一野第19兵团挥师北上，执行解放宁夏的任务。

在进军宁夏途中，人民解放军除严格执行"三大纪律八项注意"外，还宣传了包括有尊重回族群众宗教信仰、风俗习惯和共产党对少数民族政策等内容的《团结回胞守则》的10条规定。9月中旬，19兵团先后解放同心县城、中宁县，并争取马鸿宾的81军接受和平起义。经过金（积）灵（武）之战，19兵团又陆续解放了金积

县、吴忠堡和灵武县，歼灭了宁马军队主力128军，肃清了黄河以东地区之敌。在此形势下，驻守银川的国民党军队由贺兰军军长马全良领衔发出和平通电，经彭德怀司令员复电同意后，国民党宁夏当局于23日派卢忠良、马光天、马廷秀为代表到中宁县，同解放军19兵团负责人杨得志、李志民、耿飚和潘自力等会晤，并于当天下午2时签署《和平解决宁夏问题之协议》。该协议本拟于24日由新华社公布，但签署协议1小时后解放军得知，此时驻守银川的国民党军队纷纷溃散，散兵游勇四处抢劫，对方已无力执行协议，于是决定撤销协议书的公布。23日晚，银川各界代表随带30多辆汽车前往黄河仁存渡口迎接人民解放军，19兵团遂派先遣队当夜冒雨进入银川。同日，阿拉善旗札萨克（旗长）达理扎雅与伪蒙德王（德穆楚克栋鲁普）策划成立的蒙古自治政府决裂，并发出通电接受和平解放。27日，额济纳旗札萨克（旗长）兼防守司令塔旺扎布通过达理扎雅也通电宣布和平起义。9月底，人民解放军先后进驻银川以北各县及阿拉善旗、额济纳旗，至此宁夏全境解放。

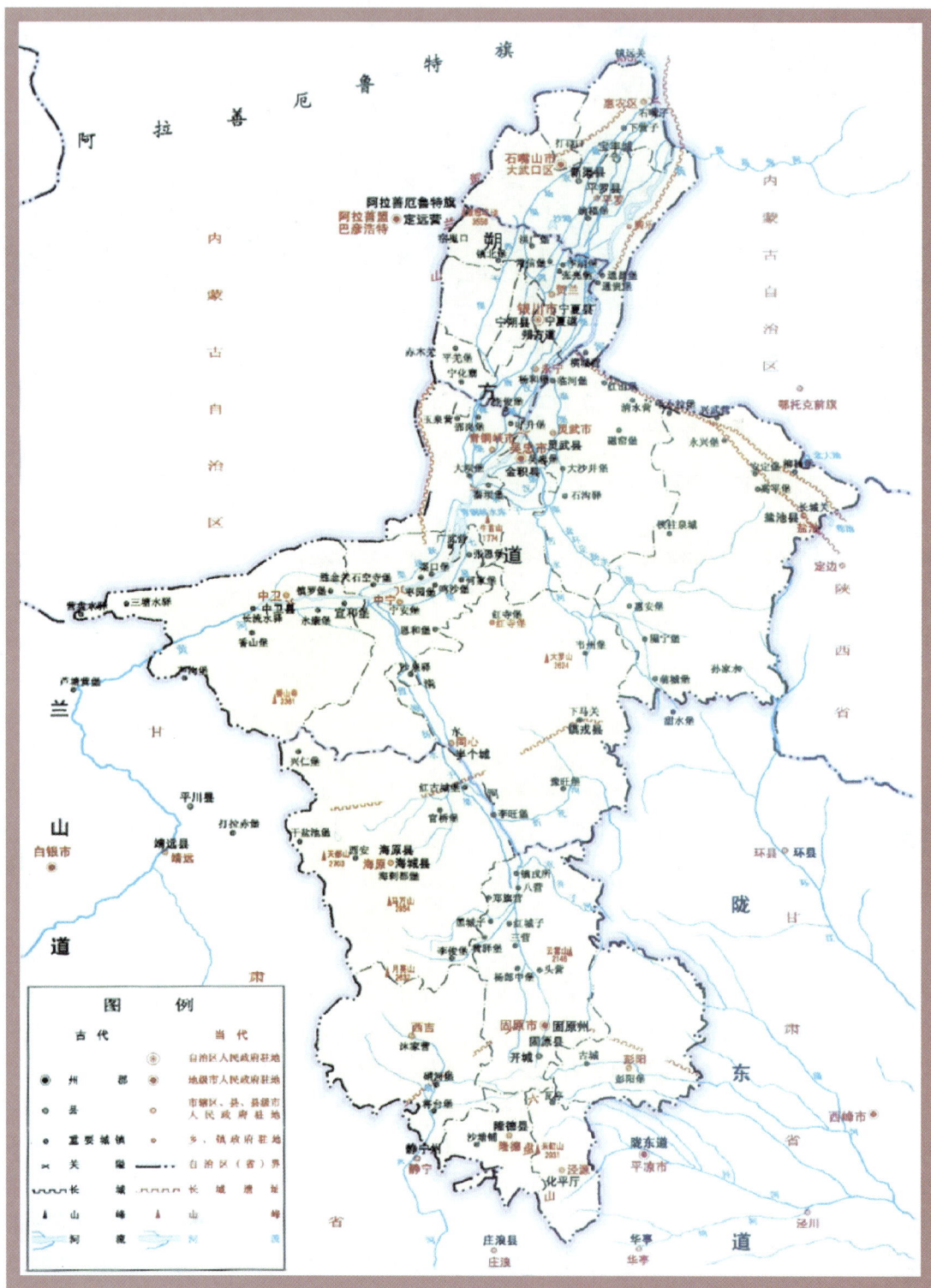

今宁夏地区中华民国时期(1913 至 1928 年)行政建置略图
(北部属宁夏府,原图出自《宁夏通志·社会卷》)

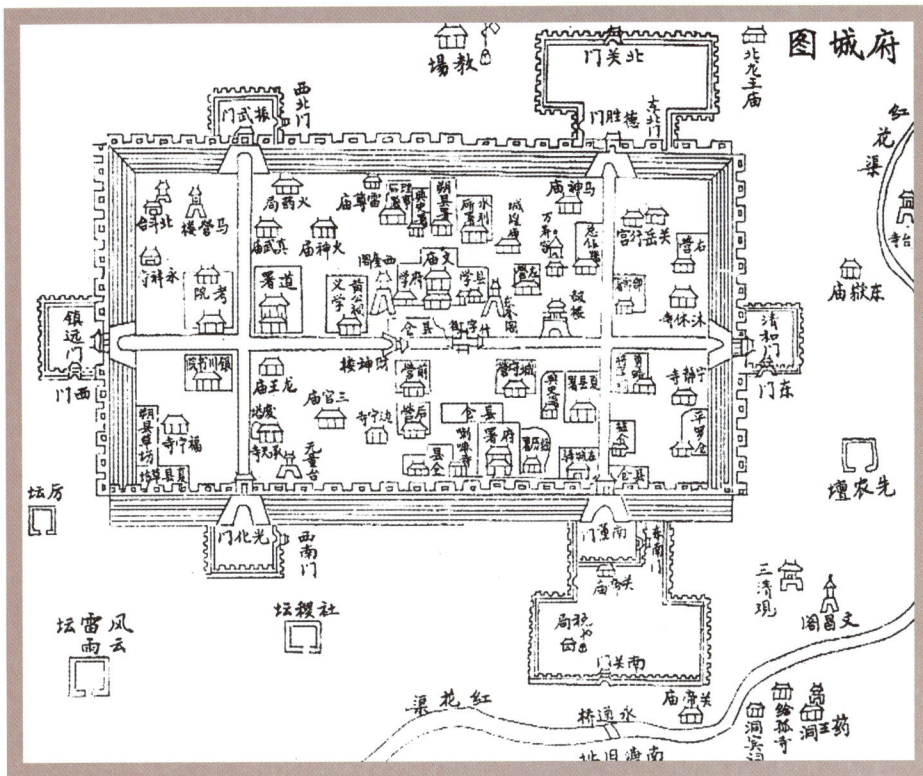

清末宁夏府城图

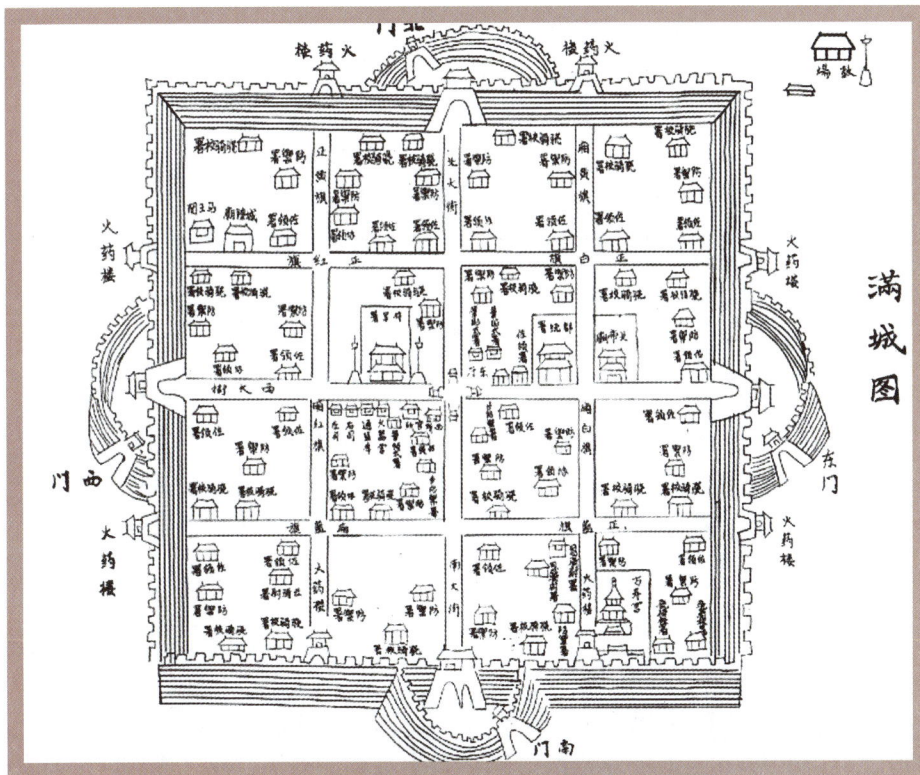

清末宁夏满城图

三、当代宁夏

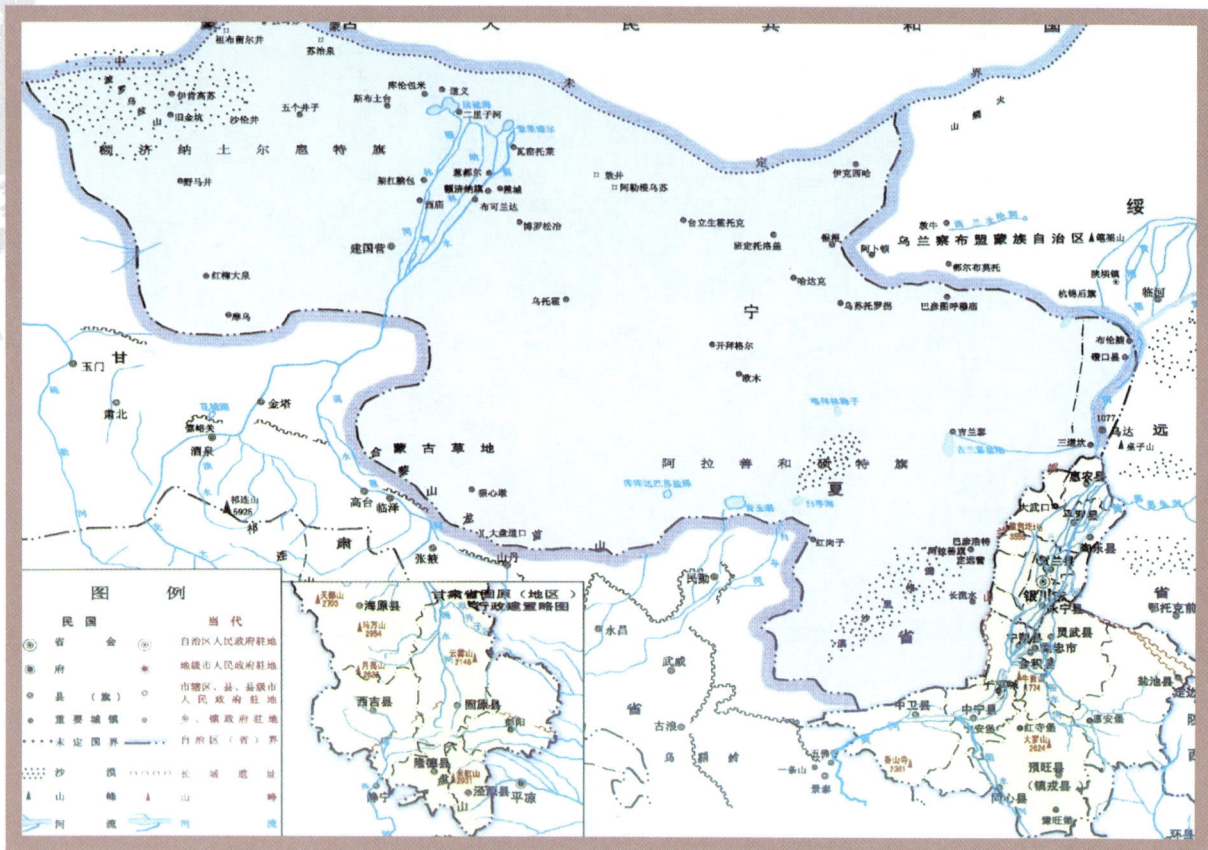

中华人民共和国宁夏省行政建置略图（1929至1954年）

　　1949年9月23日银川解放，标志着新宁夏的诞生，从此宁夏历史揭开了人民当家做主的崭新一页。解放初期，为了稳定社会秩序，保障人民安全，宁夏全境实行军事管制。9月26日，宁夏成立以杨得志兼主任，马鸿宾、朱敏、曹又参为副主任的中国人民解放军银川市军事管制委员会，为宁夏全省最高临时权力机关。军管会有组织、有步骤地接管了国民党宁夏省军政所属机关110多个，并向公营工厂、银行、学校、医院等单位及各市、县（旗）派驻了军事接管代表（简称"军代表"），顺利完成了全省的接管工作。

　　中华人民共和国宣告成立后，宁夏省作为新中国的一个组成部分，按照中共中央的统一部署，于11月20日正式宣告宁夏省委成立，书记潘自力，副书记朱敏。12月23日，宁夏省人民政府宣告成立，主席潘自力，副主席邢肇棠、李景林、孙殿才。

　　宁夏省委、省政府成立后，领导全省人民严厉打击土匪、特务等各种反革命分子的破坏活动，取得了重大胜利，保证了新生人民政权的巩固。1950至1952年，宁夏大张旗鼓地进行了土地改革运动，消灭了农村的封建生产关系。并在全省开展了"三反""五反"运动，教育了广大干部群众，打退了资产阶级的猖狂进攻，为巩固人民民主政权奠定了基础。与此同时，全省人民热烈响应毛泽东主席发出的"增加生产，厉行节约，支持中国人民志愿军"的号召，在全省掀起抗美援朝的热潮，使之成为恢复与发展国民经济和做好其他各项工作的推动力量。

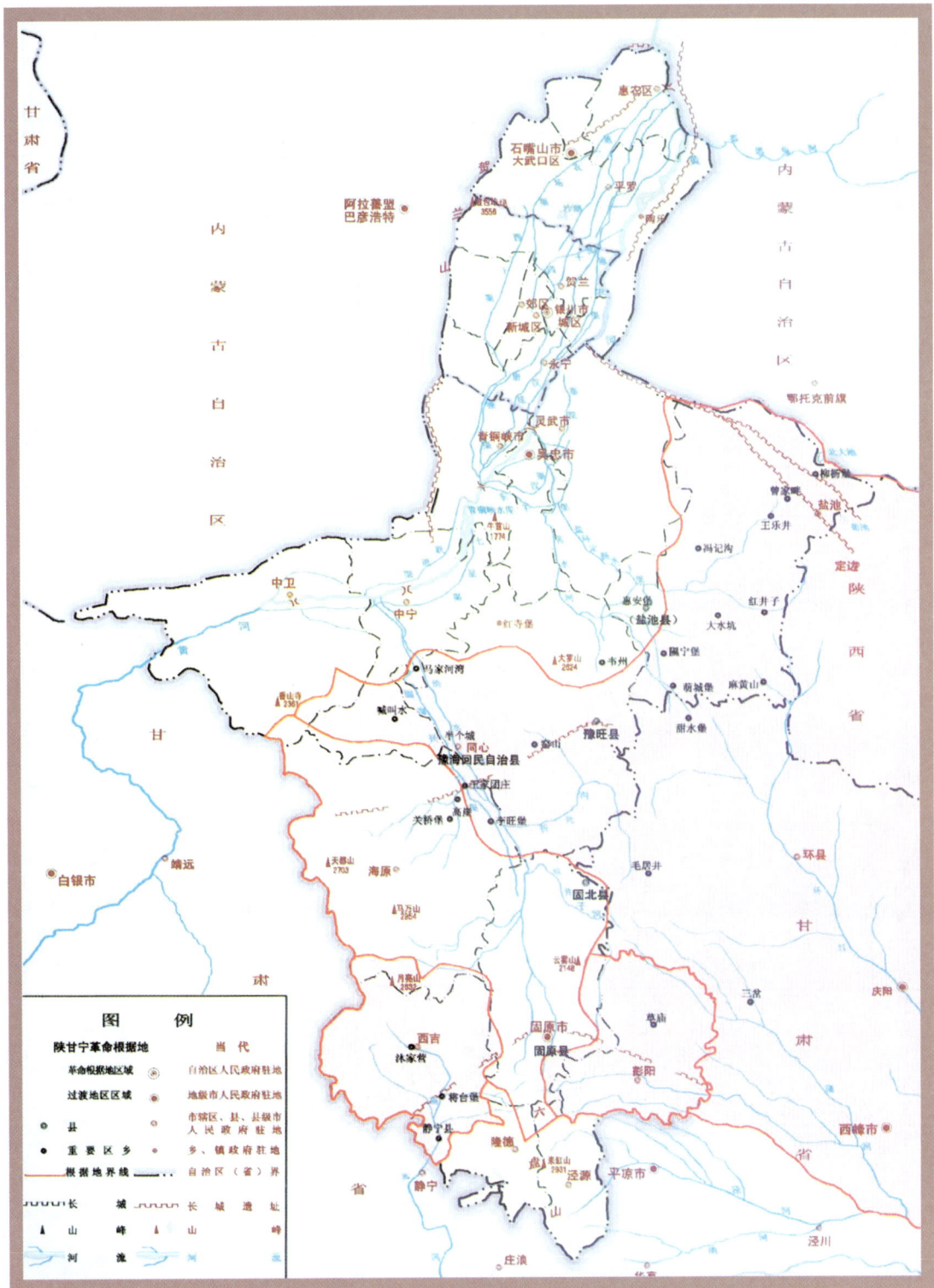

陕甘宁省宁夏地区建置略图（1936至1937年）（原图出自《宁夏通志·社会卷》）

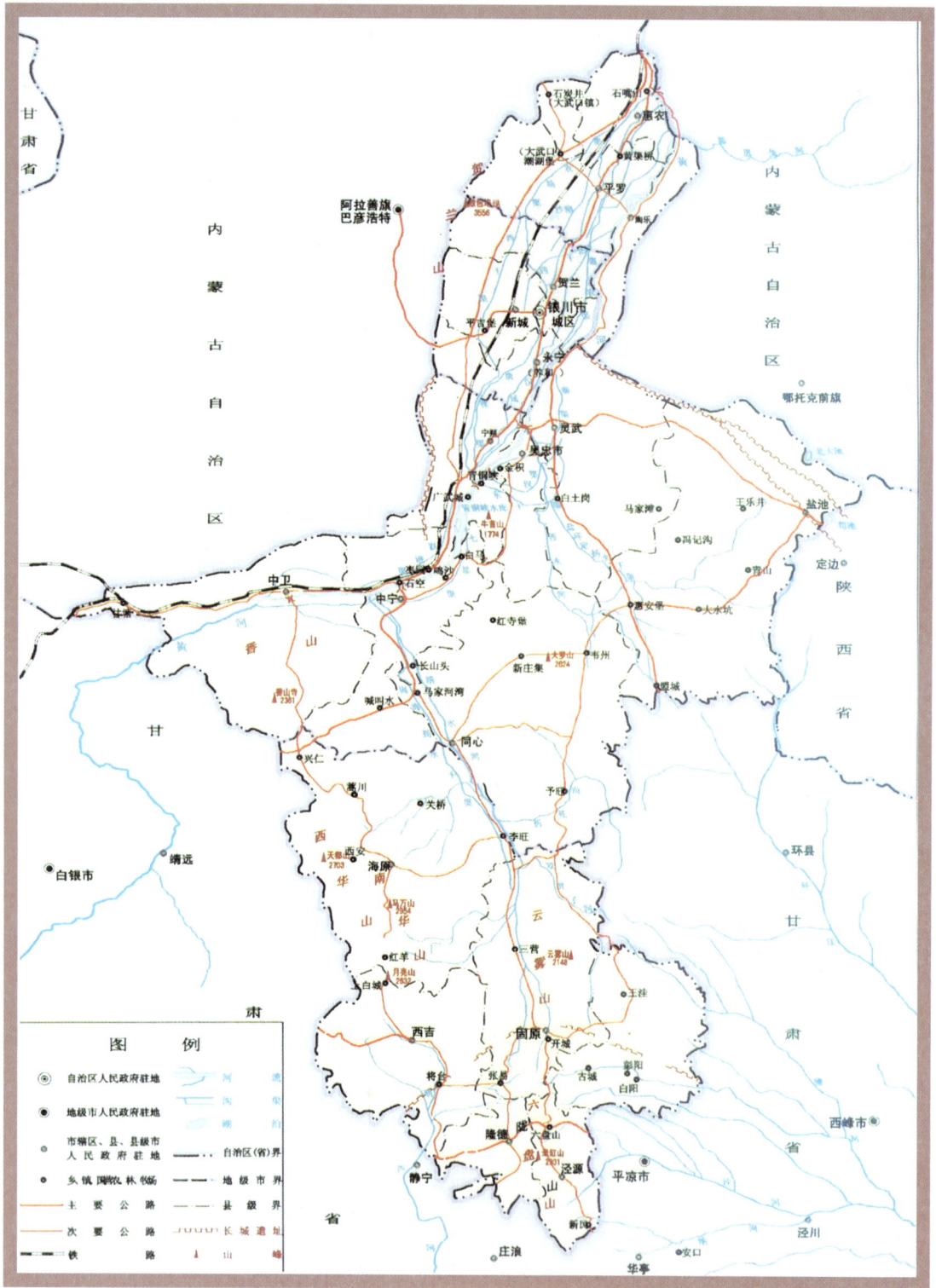

宁夏回族自治区行政建置略图(1958年)(原图出自《宁夏通志·社会卷》)

解放初期，人民政府把新建和整修水利工程作为发展农业生产的中心任务。从1950年起，每年都要组织动员广大农民参加水利工程建设，最少的10多万人次，最多时达240万人次。通过连续几年的努力，改善了宁夏引黄灌渠水程工具的面貌，促进了农业生产发展。

1954年6月，撤销宁夏省建制，合并于甘肃省。原宁夏省划分为银川专区、吴忠回族自治州、巴音浩特和额济纳旗蒙古自治区（州）。

1952年1月，平罗县戴玉玺农业生产合作社成立，成为宁夏农村诞生的第一个初级农业社。1955年7月31日，毛泽东《关于农业合作化问题》报告传达后，农业合作化形势发生了剧变，在持续批判右倾保守思想的同时，对初级农业社进行改造，至1956年基本完成了对农业的社会主义改造。与此同时，又基本完成了对手工业和资本主义工商业的社会主义改造。在"三大改造"中，"左"的指导思想开始抬头，国民经济的发展出现长期徘徊的局面。

1958年10月25日，宁夏回族自治区宣告成立，刘格平当选为自治区人民委员会（政府）主席，马玉槐、吴生秀、王金璋、王志强、马腾霭、郝玉山、黄执中当选为副主席。中共宁夏回族自治区委员会、宁夏军区同时成立。从此，宁夏的历史又翻开了新的一页。

伴随着自治区的成立，纵贯宁夏中北部的包兰铁路接轨通车，青铜峡水利枢纽工程开始建设，新建的宁夏师范学院、宁夏农学院、宁夏医学院竣工并开学，在银川起降的北京—兰州航线正式通航，设计能力年产50万吨的石嘴山煤矿四号斜井建成投产，以及青铜峡铁路正式通车、石嘴山发电厂正式发电等，宁夏的经济和社会发展焕发出勃勃生机。

1958年，在毛泽东提出的"鼓足干劲，力争上游，多快好省地建设社会主义"的总路线指导下，宁夏各地以全民大炼钢铁为中心，以全民大办地方工业、农业上的高指标、高征购和全民大办教育为主要内容的"大跃进"迅速掀起高潮。"人民公社"是"大跃进"的产物。其以"一大二公""一平二调"为特征，要求一下子彻底消灭私有制，"一夜间跑步进入共产主义"，最终导致对生产力的严重破坏，动摇了国民经济的基础，使国民经济长时期处于一种"穷过渡"的困难局面。

20世纪50年代宁夏黄河渡口

20世纪50年代银川最高大的楼房建筑——银川面粉厂

1966年开始的"文化大革命"运动，使正处于顺利发展中的宁夏陷入灾难之中。进入1967年以后，在上海"一月风暴""打倒一切""全面夺权"的鼓动下，宁夏造反派也发生了"一·二七"夺权，宁夏各级政权和管理机构陷于瘫痪，使正常工作和生产秩序被打乱，整个社会处于无政府状态。

1968年4月10日，经中共中央、国务院、中央军委、中央文革小组批准，以康健民为主任，张怀礼、徐洪学、王志强、安建国为副主任的宁夏回族自治区革命委员会宣告成立，它是党、政、军"一元化"领导的最高权力机构。之后，市、县各级革委会相继成立。革委会成立后，坚决贯彻"文化大革命"的错误路线和方针政策，在"以阶级斗争为纲"的错误路线指引下，进一步推行极"左"路线，在"反四右""深挖叛、特、反、资""清理阶级队伍""一

打三反""吐故纳新""反击右倾翻案风"等运动的影响下，使宁夏经济和社会发展的停滞不前，甚至走到了崩溃的边缘。

1976年粉碎"四人帮"后十年浩劫宣告结束，宁夏开始全面拨乱反正，经济社会由乱到治。1978年12月召开的中共十一届三中全会，纠正了长期以来"左"的指导思想和粉碎"四人帮"后两年间经济工作的失误，果断地停止了"以阶级斗争为纲"的错误方针，把党和国家的工作重点转移到社会主义现代化建设上来，实现了伟大的历史转折。

宁夏在贯彻十一届三中全会路线的基础上，较为顺利地实现了工作重心的转移。从1979年7月起对国民经济实行"调整、改革、整顿、提高"的方针，使经济和社会开始走上健康发展的道路。

1958年银川市鸟瞰图

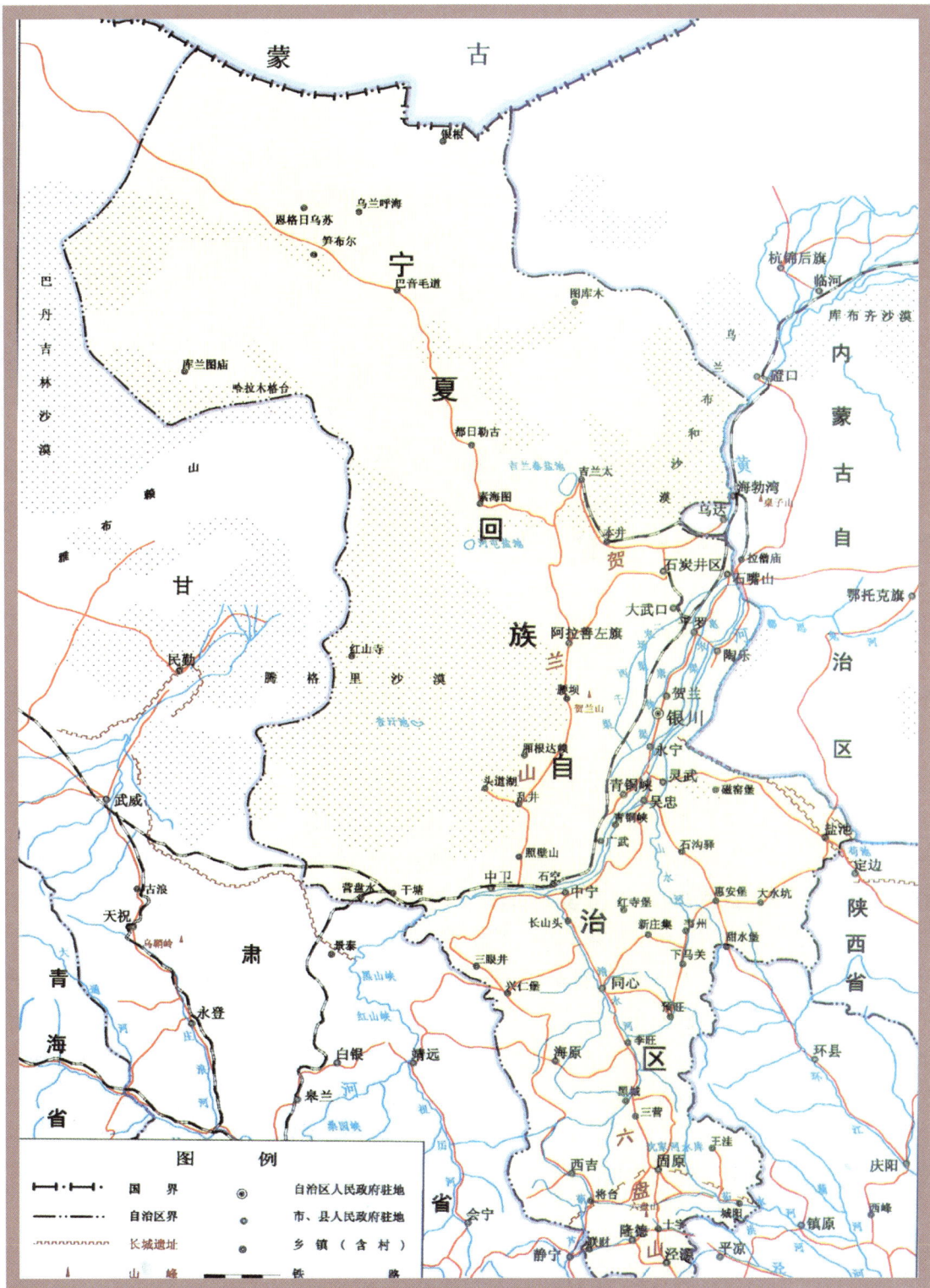

宁夏回族自治区行政建置略图(1969至1979年)

1978 年银川市鸟瞰图

1980 年 1 月 15 日，自治区四届人大二次会议选举产生了自治区人大常委会和新的一届自治区人民政府，取代了自治区革命委员会，开创了自治区人民代表大会制度和政权机关建设的新阶段。

在十一届三中全会精神鼓舞下，宁夏的农村形势发生重大变化。截至 1980 年年末，全区农村基本上都完成了包产到户的联产承包责任制，20 多年的生产"大呼隆"、分配吃"大锅饭"的机制被彻底打破了。1980 年当年，全区粮食总产达 120357 万公斤，较 1975 年增长 9.9%，创历史新高。包产到户后短短几年间，困扰宁夏多年的吃饭问题已不再成为问题，实行多年的粮油票证等很快都变成了历史文物。

1981 至 1985 年的"六五"计划期间，以城市为重点的经济体制改革在宁夏普遍展开，从扩大企业自主权开始，改革宏观管理，广泛开展外引内联，打开了对外开放局面。被禁绝多年的个体经济、民营经济如雨后春笋般不断涌现，城市经济呈现出了活跃局面，推动了宁夏经济和社会的发展。

"七五"期间，以城市为重点的企业承包经营责任制逐步推行，促进了企业经营机制的转变，推动了企业管理及内部配套改革的加强，提高了经济效益，使国家、企业和职工三者利益关系得到合理调整，为宁夏经济发展提供了宝贵的经验。

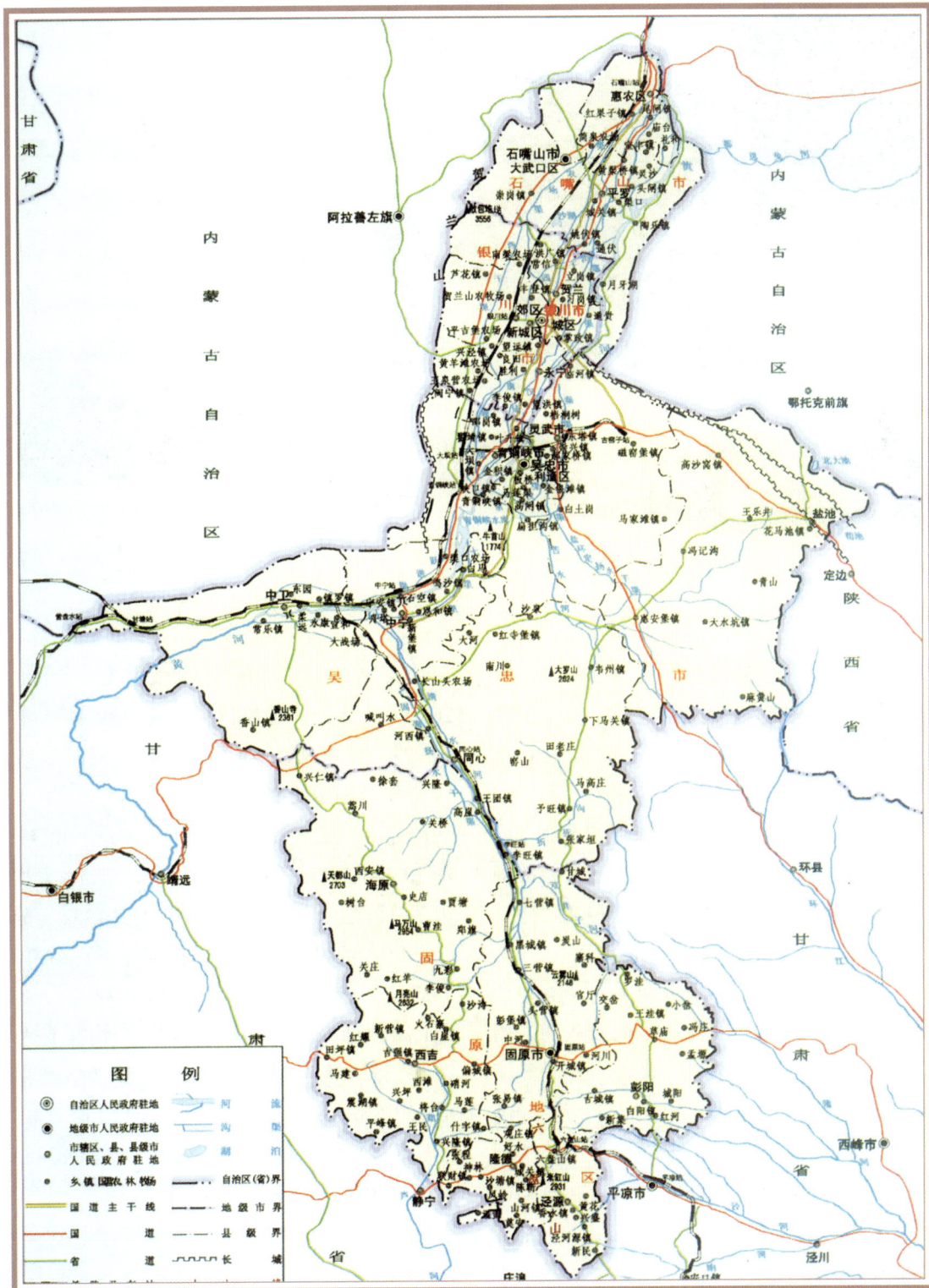

宁夏回族自治区行政建置略图（2000年）

宁夏回族自治区人民委员会大门（1959 年）

"八五"期间，宁夏以城市为中心的全面改革继续推进。特别是在邓小平 1992 年春南方谈话的鼓舞，和 1993 年中共十四届三中全会通过的《关于建立社会主义市场经济体制若干问题的决定》的推动下，宁夏进一步加强了城乡改革的步伐，对外开放进一步扩大，不仅经济发展的规模和层次有所提高，而且社会主义精神文明建设和综合治理、法制建设都取得了新的成就。

1996 至 2000 年，是 20 世纪最后一个五年计划时期。宁夏在实施"九五"计划的过程中，始终围绕加强重点建设、实施两个转变（一是经济体制从传统的计划经济体制向社会主义市场经济体制转变，二是经济增长方式从粗放型向集约型转变）、企业三年解困、减轻农民负担、南部山区脱贫等关键问题，实行重点推进，取得了基本实现小康目标的重大成绩。

截至"九五"计划结束的 2000 年，宁夏人口达 554.32 万人，较自治区成立前的 1957 年和 1949 年分别增长 209% 和 362%；国内生产总值在 1997 年首次突破 200 亿元大关后，2000 年达 265.57 亿元，按可比价格计算，较 1995 年增长 53.9%，较 1957 年和国民经济恢复时期结束的 1952 年分别增长 37.68 倍和 60.38 倍；第一、二、三产业在国内生产总值中所占比重，由 1995 年的 20.8:43.7:35.5 变化为 17.3:45.2:37.5；人均国内生产总值达 4839 元，较 1957 年和 1952 年分别增长 31.92 倍和 37.4 倍；粮食产量 2000 年达 252742 万公斤，较 1957 年和 1949 年分别增长 351% 和 691.8%；煤炭产量在限产情况下达 1581 万吨，较 1957 年和 1949 年分别增长 45.5 倍和 877.33 倍；发电量达 136.61 亿千瓦时，较 1957 年和 1949 年分别增长 2677.63 倍和 140834.05 倍；地方财政收入首次跨入 20 亿元大关，达 208244 万元，较 1978 年和 1957 年分别增长 558.9% 和 55.74% 倍。

随着 2000 年 12 月 31 日午夜新年钟声的敲响，宁夏同全国、全世界一起告别了 20 世纪，开始跨入了充满希望的新世纪、新千年。

宁夏20世纪行政区划沿革

20世纪初，甘肃省宁夏府辖四县、一州、一分州、一厅，即宁夏县、宁朔县、平罗县、中卫县、灵州、花马池分州、宁灵厅。

1912年元月，中华民国建立。第二年，北洋政府在全国实行政治改革，废"府"存"道"，将州、分州、厅均改为县。宁夏府改为朔方道，改所属之灵州为灵武县，花马池分州为盐池县，宁灵厅为金积县。同时，将甘肃省陇东道属的平远县更名为镇戎县（今同心县），并划归朔方（宁夏）道管辖。此时，朔方道共辖八县，即宁夏县、宁朔县、平罗县、中卫县、金积县、灵武县、盐池县、镇戎县。今固原地区，时属甘肃省平凉府，始改为甘肃省陇东道，后改泾源道，辖固原、隆德、海原、化平四县。当时，护军使（镇守使）是军事建置，负责防务，与地方政权无隶属关系。但在民国初年武人当道时，它起到以军驭政的作用。宁夏设护军使，除了负责管朔方道八县防务外，还节制阿拉善、鄂托克、乌审三蒙旗军务。

1926年，国民军（亦称西北军）冯玉祥部

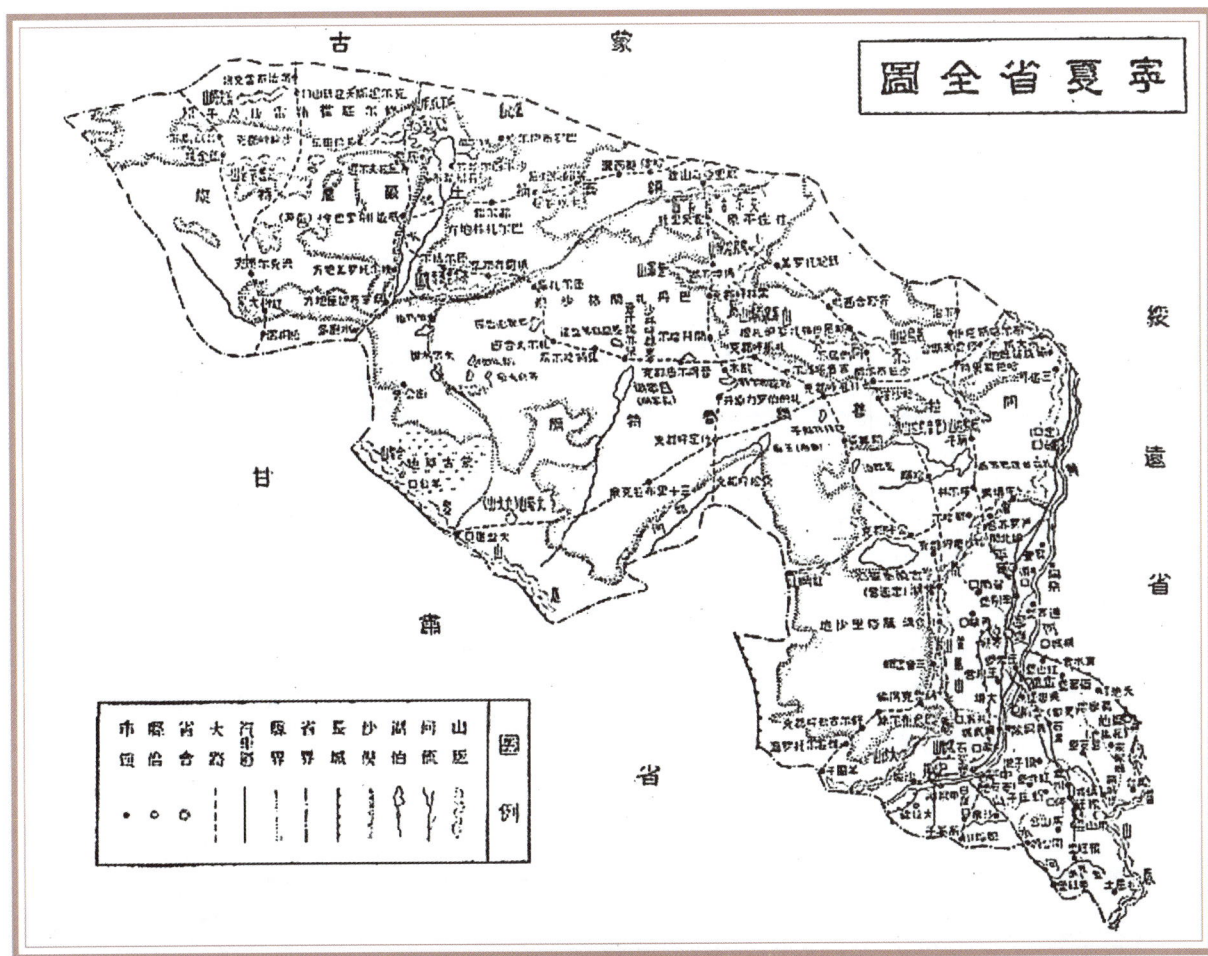

宁夏省建置略图

驻守宁夏。在阿拉善东北之磴口巴格（相当于乡）置县，取名磴口县，县治三盛公，划归宁夏道管辖。

1928年，当冯玉祥集团控制西北，他以甘肃省面积过大，不利于建设为由，报请民国政府将甘肃省宁夏道属各县及阿拉善、额济纳两旗地方合并设宁夏省，并任命了省政府主席及委员。但因两旗由民国政府行政院蒙藏委员会管理，宁夏省所管仅为贺兰山以东、黄河两岸的狭长地段，其面积约3万平方公里。

1933年马鸿逵主政宁夏，划大县为小县，将原9县划为两市、13县、3设治局。两市为银川市和吴忠市，13县为贺兰、宁朔、平罗、灵武、中卫、金积、盐池、同心、磴口、惠农、宁夏、中宁、陶乐，3设治局为香山、居延、紫泥湖。

另外，中国共产党领导的工农红军在1935年冬到达陕北后，于1936年夏西征到宁夏。6月，西征红军先后解放了盐池、豫旺（今同心）两县，建立了盐池县、豫旺县苏维埃政权。还在豫旺县与海原县（当时属甘肃省）相连地带建立了豫海回民自治县。时过不久，红军转移，马鸿逵部乘机又占领了豫旺县，并在惠安堡建立了宁夏省的盐池县。从此，红色政权、白色统治的两个盐池县并存。1949年9月宁夏省解放后，两个盐池县又复统一。

新中国建立初，宁夏省的辖地为两市（银川、吴忠）、13县（贺兰、永宁、宁朔、平罗、惠农、磴口、陶乐、中卫、中宁、金积、灵武、盐池、同心）、两旗（阿拉善、额济纳），固原地区各县仍归甘肃省管辖。

1954年4月，在回、蒙古少数民族聚居地成立两个自治区（相当于专区级），即：河东回族

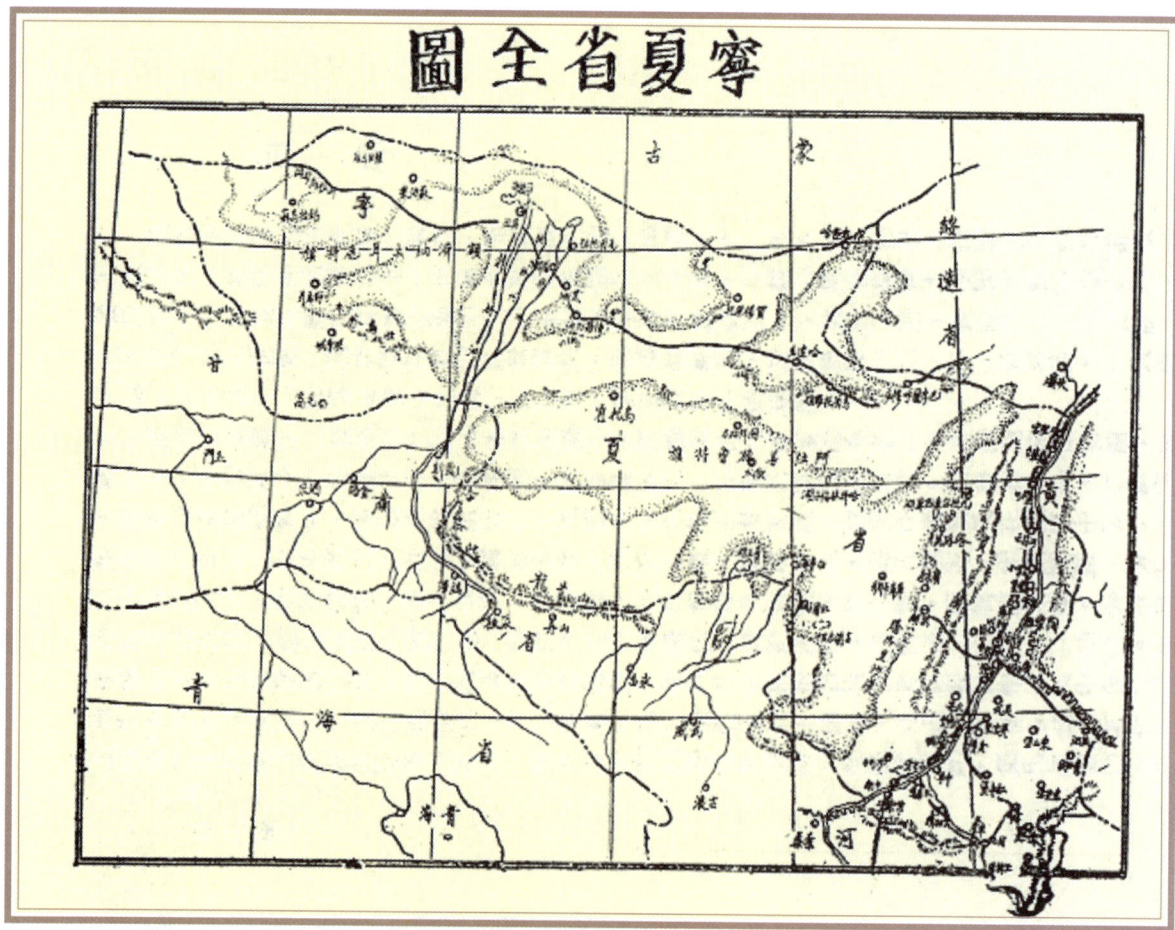

民国时期宁夏省全图

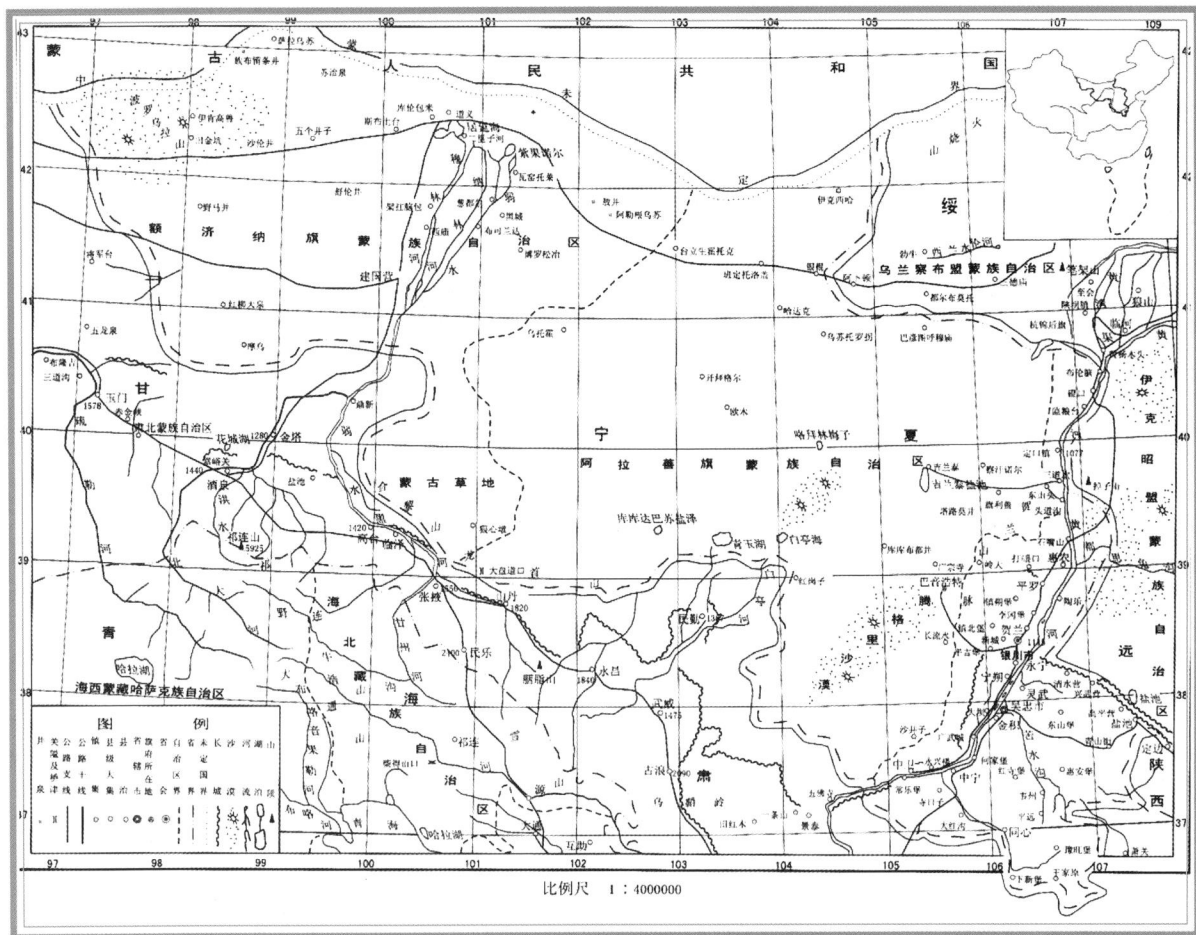

1950 至 1954 年宁夏省全图

自治区（后更名吴忠回族自治州），辖同心、金积、灵武3县和吴忠市，治吴忠堡；蒙古自治区（后更名蒙古自治州），辖阿拉善、额济纳两旗和磴口县，治巴音浩特。1953年9月，西、海、固诸县亦成立甘肃省西海固回族自治区（后改名为固原回族自治州），治固原县。

同年秋，宁夏省撤销并入甘肃省，原宁夏省的行政区划设置保留两个自治州，新组建了银川专区，辖银川市及贺兰、平罗、惠农、陶乐、永宁、宁朔、中卫、中宁8县，专员公署驻银川市。盐池县归省直管，委托河东回族自治区代管。

1957年，国务院决定划甘肃省银川专区和吴忠、固原两回族自治州及隆德、泾源回族自治县组建省级宁夏回族自治区。1958年，撤销甘肃省银川专区和吴忠、固原两回族自治州，改泾源回族自治县为泾源县，设置固原专区，管辖固原、海原、西吉、隆德、泾源5县，专员公署驻固原县。10月，宁夏回族自治区正式成立，辖银川、吴忠两市及永宁、贺兰、平罗、惠农、陶乐、灵武、盐池、同心、中卫、中宁、金积、宁朔12县及固原专区。

1960年后，宁夏的行政区划几经变更。至2000年年底，全区行政区划为银川（首府）、石嘴山、吴忠地级市和固原地区，以及青铜峡市、灵武市、永宁县、贺兰县、陶乐县、平罗县、惠家县、中卫县、中宁县、盐池县、同心县、泾源县、隆德县、西吉县、海原县、彭阳县、固原县，还有银川市城区、银川市郊区、银川新市区、石嘴山区、大武口区、石炭井区、利通区等24个市县区。

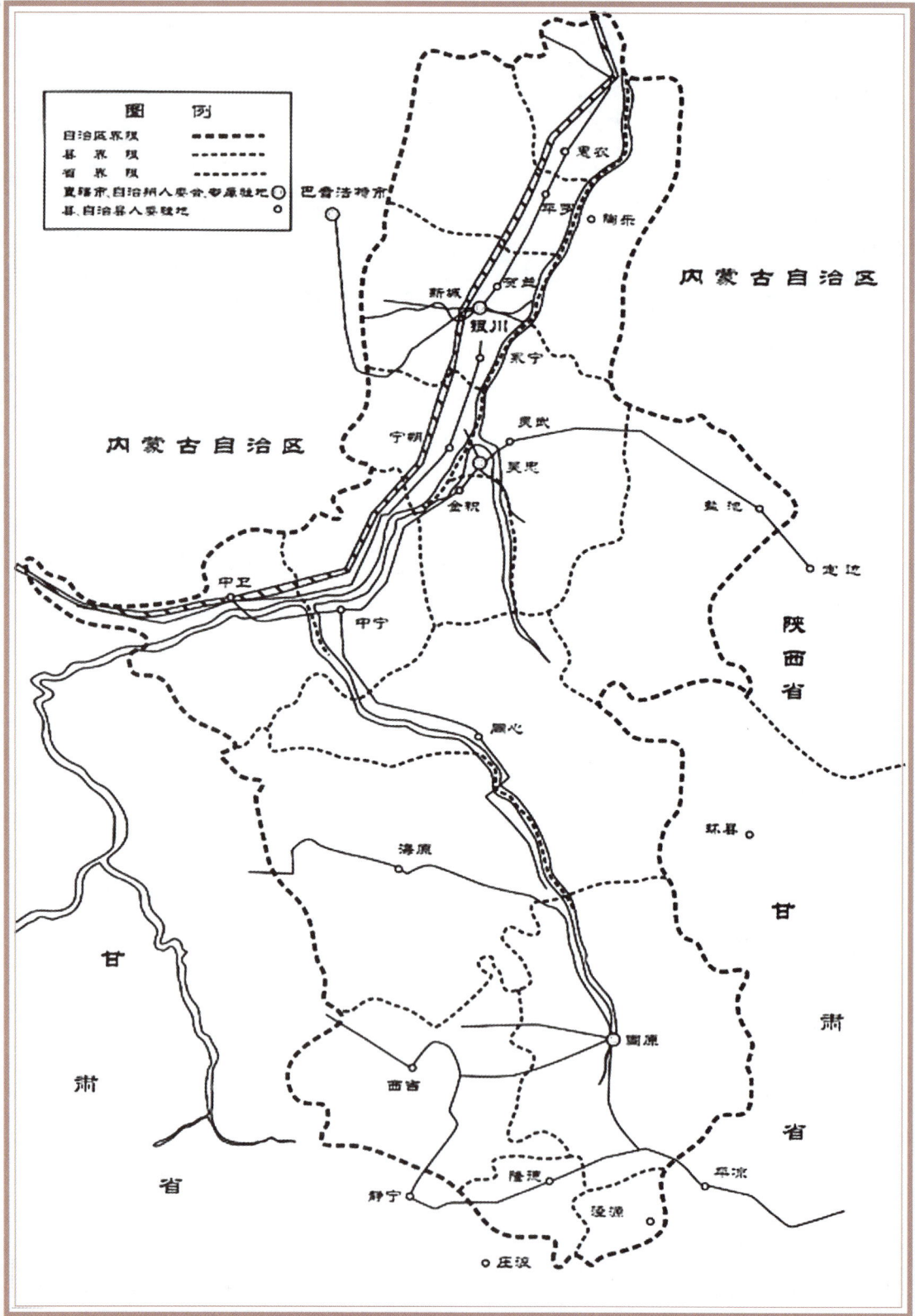

1957 年 7 月，《银川报》刊登的即将成立的宁夏回族自治区的行政区划地图

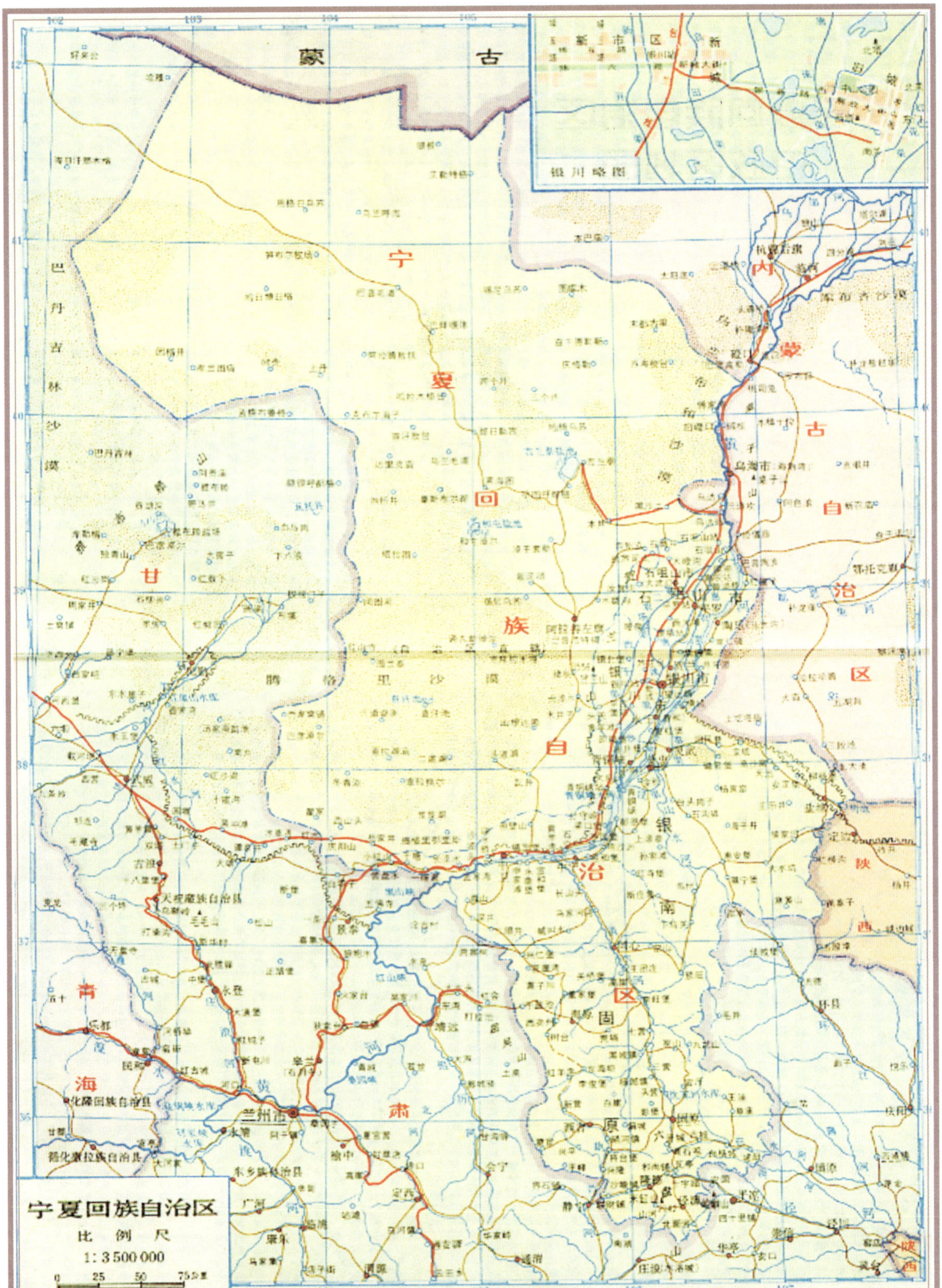

1969 至 1979 年宁夏回族自治区行政区划图

1979至2000年宁夏回族自治区行政区划图

1949年宁夏省额济纳旗划归甘肃省酒泉代管
1950年甘肃省代管的额济纳旗划归宁夏省

1929至1953年宁夏省位置图

1958年10月25日宁夏回族自治区正式成立

1957至1968年宁夏回族自治区位置图

1969年内蒙古自治区的阿拉善左旗及阿拉善
右旗的巴音毛道工委划归宁夏回族自治区

1969至1978年宁夏回族自治区位置图

1958年10月25日宁夏回族自治区正式成立

1979年至今宁夏回族自治区位置图

甘军抗击八国联军与董府建筑

一、抗击八国联军

董福祥

董福祥，字星五，清代甘肃固原州（今宁夏固原）人。清同治元年（1862年），陕甘各地相继爆发回民反清斗争，董福祥乘势率众起事，据甘肃安化（今甘肃庆阳）抗清，与回民军协同作战。后董福祥投降清军，

西摩尔

所部改编为"董字三营"，成为清廷镇压回民军的帮凶。

光绪元年至三年（1875至1877年），董福祥跟随左宗棠参加了收复新疆的战役，屡立战功，升任喀什噶尔提督（即新疆提督），后调甘肃提督。清光绪二十六年（1900年），爆发了以农民为主体的义和团反帝爱国运动。慈禧妄想利用义和团对抗洋人，董福祥奉命率以宁夏府与平凉府固原直隶州（今宁夏西海固地区）兵士为主的甘军与义和团相配合，在廊坊共同阻击西摩尔带领的八国联军，此战为"庚子之役第一恶战"。

董福祥曾与团民结为"兄弟"，合作围攻东交民巷的外国大使馆。当八国联军打败了中国的军队于8月13日攻至北京

义和团

城下，在这非常时刻，京城内唯董福祥率甘军和部分义和团舍命与外国侵略军顽强血战。北京失陷后，董福祥又充当随扈大臣，率领甘军并节制满、汉各军，保护光绪皇帝和慈禧太后"西狩"至西安，陪都防

八国联军进攻北京

1900年6月，董福祥率部于杨村、廊坊大战八国联军

守和行宫的禁卫工作完全由董福祥总负责。与此同时，庆亲王奕劻和新任直隶总督兼北洋大臣李鸿章同为全权大臣，在北京和侵略军进行议和谈判，而董福祥则成为中外争论的焦点人物和谈判中最棘手的问题之一。德国照会各国，主张先惩凶、后议和。洋人坚持认为"董福祥最为首要"，并被视为"祸首"。时因为董所率之甘军正担任着行宫的警卫，并且所部悍将骁勇的回族战士居多，"两宫身处西北，乃穆斯林聚居之地区"，所以朝廷要李鸿章向外使说明苦衷，"将来断不轻纵，唯须相机妥办"。清廷于光绪二十七年（1901年）二月十一日，先将董福祥处以"革职留任"，免了他的军事指挥大权，后才把他正式革职，但坚持不肯审判他，更没有杀他，仍保留太子少保头衔，允其带亲兵返回甘肃宁夏府，归养于灵州金积堡"董府"（指旧董府，为董福祥随左宗棠部平定金积堡马化龙领导的回民反清斗争后所建）。

光绪三十四年（1908年）二月十日，董福祥病逝于金积堡府邸，享年70岁。

1901年9月7日，清政府与11国代表在北京签订了《辛丑条约》

二、董府建筑

董福祥革职后，带着亲丁三千人，回到故里。光绪二十八年（1902 年），买下乡绅郭举人的一片湖塘，开始建筑"宫保府"，历时三年而成，耗银数 10 万两，占地百余亩。整体建筑由内寨、外寨、护府河和主体建筑群落四部分组成，乡人称之为"董府"。

20 世纪 30 年代的董府外景

董府内寨建筑布局为"三进六院"，是北京宫廷建筑与宁夏地方特色的结合物，表现了唐代以来传统格局以中院为中轴线左右对称的布局。内宅大门向东，表示主人虽被革职，但心

董府内景

仍向清廷。大门外有下马石和石狮各两座。进大门，迎面有高大的照壁（高约 4 米），照壁前耸立一座石碑。绕过石碑，即可进入中院，右拐进北院，左拐进南院。南、中、北三院又都采用二进门庭，分别构成前后四合院，各自单成一体。这些各自的单体，又通过走廊，将不同群体组串为整体，构成董府内宅的统一建筑

董府建筑群

董府（外寨大门）

董府

群。其中以中院最为气派宏伟，做工精湛，这个二层楼的中院均为大屋顶飞檐，砖木结构，采用平座斗拱。楼顶覆盖琉璃瓦，墙壁为雕砖，磨砖对缝，雕梁画栋，显得分外肃穆、幽静而又大气。整个"三进六院"，布局在内寨的中央。四面距内寨墙都有十几米宽的走道，北侧为主人停放轿子的地方，南边是马厩，南北两院的侧面，又分别各有东、西两个门，供家小和贴身的佣人出入。西寨墙根还建有私塾三间，是董家子孙们读书之所。董府平面呈长方形，四周围夯土院墙，东西长123.4米，南北宽117米，高8.5米，顶宽4.35米，基宽8米，现四周占地面积47685平方米，内宅1万多平方米。作为一个古代建筑群体的董府，其外寨因战祸和多年的破坏早已不复存在，但董府的主体建筑依然保存下来，是宁夏古建筑民居的代表作。1988年，自治区人民政府将董府列为自治区重点文物保护单位。2006年，董府又被列为全国重点文物保护单位。

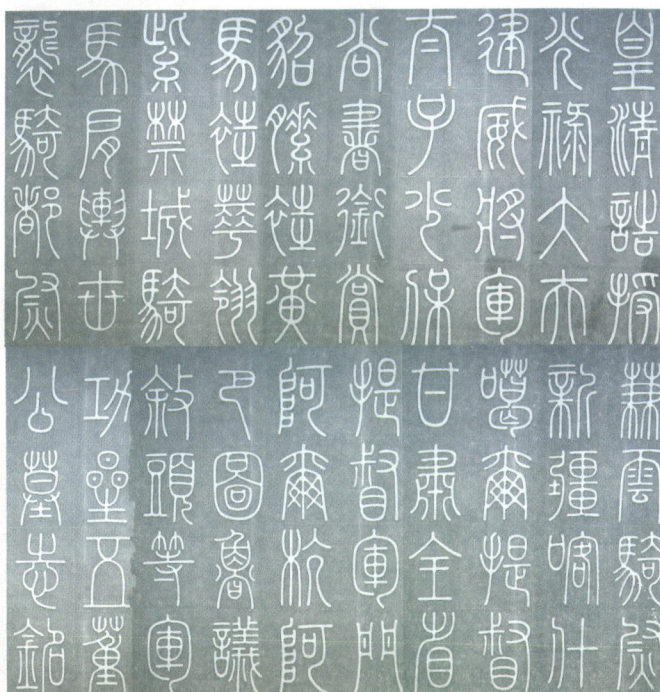

董福祥墓志铭拓片

天主教圣母圣心会在宁夏传教活动

三盛公教堂外景

三盛公天主教堂

1840年鸦片战争之后，外国侵略者在中国传教修建教堂，成为其侵略的先锋和手段之一。19世纪中叶，比利时、荷兰两国天主教教士组织了一个名叫"圣母圣心会"的传教组织，他们于1864年得到罗马教廷批准，非法将中国长城以北地区划为自己的传教范围。1878年，该教会传入河套三盛公，三盛公教堂被定为西南蒙古教区主教堂。1900年，三盛公教堂又被定为宁夏教区主教座堂，传教范围涉及巴彦淖尔、整个宁夏、陕北三边等地。

1880年，比利时籍传教士

桑桂仁第一个从陶乐过黄河进入宁夏传教，在平罗县建起了宁夏第一座教堂——陈官地教堂。1891年，比利时传教士闵玉清又在平罗下营子建起了宁夏第二座教堂。

1892年，包头、五原一带发生百年不遇的旱灾，赤地千里，饿殍盈野，大批灾民到宁夏北部地区逃生。灾荒过后，教堂所占大量土地无人耕种。三盛公教堂以"发展生产、整理教籍"为名，称"套民就是教民"，强迫后套（指内蒙古五原、临河、杭后、磴口一带）灾民限期归籍。后套灾民逃到宁夏已近10年，不少人成家立业。强令其归籍，无疑是一家人生离死别，民众对教堂的这种做法极为不满。下营子教堂比利时籍神父梅伯华、彭寿年接到三盛公主教堂命令后，派出桂元祥等3人办理归籍事务。这些依附教堂势力的"二洋人"，平日横行乡里，多有劣迹，老百姓对其恨之入骨。这时，宁夏哥老会的龙头大爷高士秀（陕西定边人，出生于宁夏府城）要开设"贺兰山堂"，就把袭击下营子教堂作为开山首义之举，龙占海则实领其事。龙占海，山东人，参加过义和团运动。义和团运动失败后，辗转来到宁夏平罗。1901年12月23日，龙占海约王兰亭、姚大奇、马跃川等一行十余人夜闯下营子教堂，击杀了梅伯华和彭寿年。下营子教案，震惊了朝野。此时，《辛丑条约》刚签订不久，清廷生怕此事给刚刚了结的"庚子事件"（即义和团运动）再添麻烦，在接到报案的7天内，连发4道上谕，饬令"严拿匪徒，毋任漏网"，要求各地对"各属教堂、教士、教民加以保护，毋再疏虞，至于重咎"。一时间，地方官员们惊慌失措，一面狂捕滥杀，无辜百姓被牵连关押杀害数十人，宁夏地区一片恐怖气氛。荷兰、比利时政府接到报告后，指派时任甘肃盐务总办的比利时人林阿德来宁夏督办，扬言：不杀龙占海，就不了结此案。1902年3月，龙占海被诱捕，在平罗被杀。清政府又给教堂赔偿白银4.2万两，并以阿拉善旗万顷土地作为抵偿，此教案才得以了结。

新建的下营子天主教堂

光绪二十七年十一月十八日、二十日、二十三日光绪皇帝颁发的圣旨

辛亥革命在宁夏

一、宁夏府城起义

临时大总统孙中山

爆发于1911年（农历辛亥年）的辛亥革命，推翻了清王朝的反动统治，结束了统治中国达2000多年之久的封建帝制。在辛亥革命的浪潮中，宁夏人民在今银川、灵武、平罗等地也发动武装起义，沉重打击了清王朝在宁夏的黑暗统治。

1911年8至9月，兰州西北革命同盟会支部派刘先智、吕锡有等人到宁夏开展工作，先后有军、政、绅、学各界人士及哥老会组织百余人加入同盟会，成立了宁夏革命同盟会支部，推举刘先智负责。为了便于开展工作，刘先智、吕锡有等同盟会会员也加入哥老会，并被推举为首领。

1911年10月10日，武昌首义成功。10月22日，陕西同盟会率先响应，占领西安，成立陕西军政府。宁夏同盟会支部接到陕西军政府敦促起义的鸡毛信，于11月14日在府城岳武庙召开紧急会议，决定于次日在宁夏各地同时发动起义。会议还决定派高士秀、王之滨、孙学文、朱邦科各自返回宁夏灵州、平罗、金积领导起义。

11月15日晚，宁夏府城号炮三响，千余名义军在总指挥刘先智率领下分四路，向各城门猛烈攻击。但因消息走漏，义军遇到了清军的顽抗，攻城未克，退至城北八里桥。11月18日，驻防府城外满营（今银川金凤区）副都统常连带领旗兵2000余人，全副武装开进府城，游街示威，企图恐吓起义军。革命党人在八里桥总结了首义未成的经验教训，决定再次攻城。

银川满营将军别墅（俗称西花园，摄于1985年）

大總統誓詞

傾覆滿洲專制政府鞏固中華民國圖謀
民生幸福此國民之公意文實遵之以忠
於國為眾服務至專制政府既倒國內無變
亂民國卓立於世界為列邦公認斯時文
當解臨時大總統之職謹以此誓於國民
中華民國元年元旦　孫文

银川玉皇阁，此阁始建年代无从查考。1739年毁于地震，重修后称为"玉皇阁"

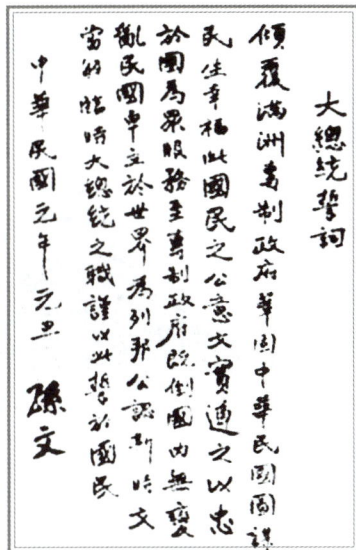

大总统誓词

11月19日晚，起义号令一响，义军兵分三路，与潜伏城内的哥老会众里应外合，很快攻入城内。城内市民也纷纷参加义军，烧当铺，砸监狱，抗击清军。20日晨，义军首领在钟鼓楼上树起一面写有"支那革命大元帅孙"的大旗，并命各商店、住户门前插写有"顺命"二字的旗帜以示拥护孙中山先生的领导，宣告宁夏府城起义成功。

11月21日，起义领导人在城中召开扩大善后会议，推举原宁夏道台孙庭寿、原宁朔县知县高秉彝、同盟会员吕锡有等10人组成临时军政府，孙庭寿任大元帅，刘先智、刘复太、高士秀等10余人为建军委员，并推原咨议局正副议长张昉、吴复安为咨议局筹备委员。11月23日，支那宁夏革命军政府宣告正式成立，孙庭寿为军政府大元帅（未就任）。军政府下设提学、营务、政务、度支、驿传、蒙旗等处及城守司、咨议局等机构，并组建了五标新军及河东、南路、北路和河东续备四军防，分别由刘华堂、黄连升、刘先智、夏梓、牟宪章、高士秀、孙学文、王之滨、朱邦科等任标统及分统。军政府还分别照会山西、陕西革命军政府，以求互通信息，互相支援。

宁夏军政府颁布了《临时新政大纲》，宣传革命意义，申明各民族不分贵贱皆为胞泽，宗教信仰自由，同时晓谕义军不得骚扰百姓，不得扰乱社会秩序。当时，正值冬灌季节，军政府命令河西汉、唐、惠、清四渠总绅张昉同水利委员带领各渠办理水利人员督促冬灌，以保证来年夏粮丰收。军政府这些措施得到广大人民群众的热烈拥护。

但义军攻占府城后没有乘胜攻打满营顽敌，给敌人以喘息之机。加之义军得到陕甘总督长庚已抽调清军来宁"进剿"的消息，内部产生了动摇情绪，领导人之间也发生了意见分歧。在满营和兰州两股清军的夹攻下，义军腹背受敌，匆忙撤退。

原灵州高庙（"文化大革命"中被拆毁）

二、灵州首义成功

宁夏辛亥革命首义成功时的
灵州古城

高士秀、高登云等人接受了宁夏革命同盟会支部的派遣返回灵州后，于 11 月 17 日夜密令马连第召集哥老会众，订立盟约，并推举高登云、马连第带领义军占领灵州城，朱邦科、孙学文带人占领宁灵厅城（金积堡），高士秀率部直取横城。同时申明军纪：不准贪财好物，不妄杀好人，严禁奸淫妇女，违者斩首。

当晚，经一夜激战，灵州城及金积堡即被义军控制，灵州首义告成。

11 月 19 日，义军宣布成立灵州革命军政府，推举高登云为大元帅，马连第为副元帅，杨忠厚为参军。军政府下设政务、军务、参赞、军需四部，所有义军暂编为五个营。同时贴出安民告示，申明革命意义，宣布"保商""护民"等临时法规，得到群众拥护，前来报名投军者络绎不绝，义军人数猛增至二三千人之多，社会秩序井然。

20 日傍晚，高士秀按军政府命令，率领部分义军，北取灵州和府城门户——横城。高士秀与驻守清军中哥老会众取得联系，互相配合，于黎明前占领了该城。自此，义军在军事上形成了以灵州、横城、府城三处遥相呼应的犄角之势。

原灵州鼓楼（亦为旧城南门，又称"谯楼"，"文化大革命"中被拆毁）

三、平罗会党起义

平罗玉皇阁

平罗县钟鼓楼

同盟会会员王之滨等人在府城参加了岳武庙军事会议后，迅速返回平罗，进行秘密部署。

11 月 21 日在平罗各地同时发动起义。县城的义军在王之滨、马跃川、吴大炳的率领下，光复县城。与此同时，哈明、王全贞、董茂奎、杨生武分别率领义军攻占了宝丰、头闸、黄渠桥。

11 月 22 日，平罗义军宣布成立"顺南"政权，推举哥老会首领蒲春山为统率，王之滨为知县，马跃川为参将，吴大炳为师爷，哈明、杨生武、周祥、董茂奎等为守备。之后，他们即张贴布告，宣传革命，惩办坏人，维护社会秩序。当府城义军攻打满营时，又立即组织了 2000 多人的队伍，由哈明、周祥率领开往府城，助攻满营。他们还建兵站，组织运粮队往府城运送粮食，支援府城革命。

四、中卫会党起义

中卫县的哥老会众吴桂、殷全忠、田发、何占彪等知道灵州、府城等地起义成功后，迅速派人与府城义军联系。同时，将守城用的旧式大炮"将军""抬枪""长龙"等武器架设在县衙门口。知县赵先榘、绿营副将贾鸿增急忙央请地方士绅与会党首领谈判。当时，清军来宁"进剿"义军的消息已传到中卫，县城的哥老会怕给群众带来祸端，遂取消起义行动。但中卫县广武地区的哥老会组织义军，向驻守清军发动攻击，经过激

中卫鼓楼旧影　　　中卫高庙

烈血战，击败了负隅顽抗的清军，占领了广武。

五、清军残酷镇压

1908年3月，陕甘总督升允（左前）在兰州招待宴会上

宁夏的反清起义爆发前，陕甘总督长庚、陕西巡抚升允与新疆伊犁将军志锐正密谋将清帝迎到西北，建立偏安小朝廷。宁夏革命号角一响，长庚、升允等人立即从攻陕清军中抽调马安良精锐军（时称西军）所属分统马麒，率步骑六营直扑宁夏。原宁夏总兵张绍先也由兰州带部分人马潜回同心一带，命地方豪绅的团练配合清军"进剿"义军。

1911年12月25日，马麒部与满营清军汇合，迅速从东、西、南三面包围了府城。城中义军首领刘华堂、刘复太等坚持固守，等待外援。在这关键时刻，未就任的军政府大元帅孙庭寿、

新军第五标标统牟宪章等出卖义军，打开城门，迎清军入城。牟宪章还捕杀了义军首领刘复太、袁宗刚、黄连升、李麻花、夏梓等10余人，以此向清廷邀功赎罪。革命党人被迫北撤，并派人通知已由横城撤往三边的高士秀到内蒙古鄂尔多斯的罗布召接应。

刘华堂率义军边打边撤，到罗布召时已疲惫不堪。而此地的蒙古王公贵族已在清使臣诚寿的授意下，纠集1000余蒙古兵，假意设宴款待刘部。1912年1月9日夜，蒙古兵趁宁夏义军酒后酣睡之际，突然刀枪齐发，刘华堂及大部义军惨遭杀害。前往接应的高士秀闻讯后遂率部退回陕北。

灵州的高登云率义军顽强作战，多次打退攻城清军后，于12月28日突围撤往定边。但该地的哥老会头目郑思诚心怀叵测，明说接纳，暗中却设伏对高部进行突然袭击，高登云左臂负伤，只身逃出，后隐居于盐池、定边一带，默默而终。

一场轰轰烈烈的宁夏起义所创建的新政权，仅存在了一个多月即被清王朝的反动余孽扼杀了，但它的历史功绩永载史册。

马福祥家族势力进入宁夏

一、马福祥智擒旺德尼玛

宁夏护军使马福祥

辛亥革命后，宁夏仍属甘肃省管辖。1912年5月，北洋政府任命马福祥为宁夏镇总兵。9月，马福祥率昭武军步骑十三营近3000人马赴宁夏就任。宁夏的军事、财政和民政大权，实际上尽归马福祥控制。从此开始了民国时期的马福祥、马鸿宾、马鸿逵等马氏家族对宁夏的军阀统治。

马福祥于1915年奉命将昭武军改为宁夏新军，以其子马鸿逵任司令。昭武军的建制仍然保留下来，由马福祥三兄马福寿任司令，粮饷由甘肃省负担。1916年，马福祥又呈请北洋政府扩充军队，增募新兵七个营（步兵、骑兵各三营，炮兵一营）建

立甘肃新军，以侄儿马鸿宾为司令。正是依靠这种集民族、宗教、血缘诸种关系于一体的军队，马福祥展开了一场与危及其统治的各种势力的较量。

1913年，沙俄在蒙古挑起大规模的武装叛乱，靠近宁夏的西二盟（当时的乌兰察布盟、伊克昭盟）也被卷入，推举达拉特旗札萨克喇嘛旺德尼玛为元帅起兵叛乱，反对北京政府。其活动范围在张家口以西的乌兰察布盟、伊克昭盟、阿拉善盟等广大西部蒙古地区，主要武装力量为2000多名骑兵。袁世凯派兵

与之多次交锋，屡战不胜。旺德尼玛驻扎于五原、临河一带，在归绥、包头一线横行无阻，京包、包兰间水陆交通受阻。

当年7月，马福祥智擒旺德尼玛，使西部蒙古地区的分裂叛乱活动受到沉重打击，一时群龙无首，不久偃旗息鼓。袁世凯以马福祥肃清边患有功，于9月下令改宁夏镇总兵为宁夏护军使，并节制鄂托克、乌审、阿拉善三旗军务，升任马福祥为宁夏护军使，兼宁夏将军，直隶中央，同时授马福祥为陆军中将，颁给二等文虎章。

马福祥和夫人马书城及次子马鸿炳

二、巩固马家统治地盘

马福祥与眷属合影

马福祥，字云亭，回族，1876 年生于甘肃河州（今临夏）城西韩家集。同父异母兄弟四人，福祥行四。从少年时候起，他白天习武，晚上读书，成为文武兼备之才，曾中乡试武举。1895年，马福祥随兄马福禄招募"安宁军"，参加了镇压"河湟事变"，杀戮众多。1900 年，八国联军进攻北京，马部随董福祥甘军进京护卫。6 月16 日，于廊坊车站给侵略者以迎头痛击，史称"庚子之役第一恶战"。之后，为两宫护驾到西安，并担任行宫警卫。1904 年，任甘肃庄浪协镇。1905 年，任陕甘总督督标中协。1906 年，任西宁镇总兵，遥领阿尔泰护军使。1909 年，任甘肃步兵第二标标统。1911 年，任昭武军统领。1912 年，马福祥等 30 余人成立甘肃临时参谈会，主张承认共和。8 月，马福祥出任宁夏镇总兵，后改为宁夏护军使。从此，开始了马氏家族对宁夏的统治。

马福祥就任宁夏护军使后，面临着来自内蒙古河套地区以及陕西北部、甘肃东部各种地方实力派的侵扰，对马福祥在宁夏的统治构成很大威胁。

1915 年底至 1916 年初，在包绥一

带活动的卢占魁、金占奎、白彦公、达赉公等数支独立队由东向西，相继攻陷毕克齐、察素齐、托克托、萨拉齐等地，向宁夏进军。北洋政府批准马福祥扩充军队，建立甘肃新军七营，并会办绥西军务。马福祥令马鸿宾率甘肃新军、马鸿逵率宁夏新军，与卢占魁、金占奎等部在河套和宁夏一带大战。最后，以金占奎中弹身亡、卢占魁残部逃离宁夏而宣告马部获胜。

与此同时，陕北的高士秀、张九才等势力也乘宁夏防务空虚之机，率部直取宁夏城。1916 年1 月，高士秀率部从乌审向西挺进，夜宿于鄂托克旗昭化庙时，突遭伏兵袭击，伤亡惨重。高士秀率众突围，放弃了攻打灵武计划，被迫转入内蒙古活动。进入内蒙古后，高士秀、张九才为笼络蒙古上层部分王公贵族，策划以张九才部营长吴生彦（甘肃静宁人）诈称为清室后裔，拥立为"皇帝"，取名"达尔六吉"，广为号召。1916 年年底，袁世凯死后，高士秀便用假皇帝之诏令，联合蒙古诸部，发动乌兰脑包之战，大挫绥军。又西渡黄河，进占磴口。1917 年 3 月，高士秀召集各部首领，决定分三路再次攻打宁夏。马福祥

马福祥（前排左三）与其子马鸿逵（前排左四）及幕僚合影

急令马鸿宾率部分路迎击，激战于三转子、八拉庙等处。3月下旬，双方战于贺兰山下，达尔六吉等战败被俘，押解宁夏城处死。高士秀率少数人马脱逃，再度退往陕北。

至此，周边对马福祥统治宁夏有所威胁的各路武装力量基本上被肃清。北至河套，西到定远营，东至宁陕边界，南到陇东，基本上都处于马福祥的有效控制之下。1918年10月，北洋政府为奖励马福祥"功建虎节于朔方"的业绩，晋授其勋二位。马福祥不仅在宁夏站稳了脚跟，得到北洋政府的重视，同时也被西北各界视为回族政治上的代表人物。

1918年2月至1919年8月，马福祥大兴土木，耗费12450余两白银，修建起富丽堂皇的宁夏护军使署（原宁夏总兵府）。

在任8年，马福祥先后捐资创立高初级清真小学60余所。1920年，北洋政府调马福祥任绥远都统，由此离开宁夏，但其家族势力仍然控制着宁夏。

1924年，冯玉祥调马福祥任西北边防会办。1926年，段祺瑞任命马福祥为航空督办。1927年，由其主修的《朔方道志》出版。1928年，马福祥被选为国民党中央候补委员及军事委员会委员。1929年9月，蒋介石任命马福祥为蒙藏委员会副委员长。11月，又任命其为青岛特别直辖市市长。1930年3月，任安徽省主席，9月辞职改任蒙藏委员会委员长。1932年，马福祥辞职休养。8月19日，因突发心脏病去世，终年57岁。

任蒙藏委员会副委员长时的马福祥

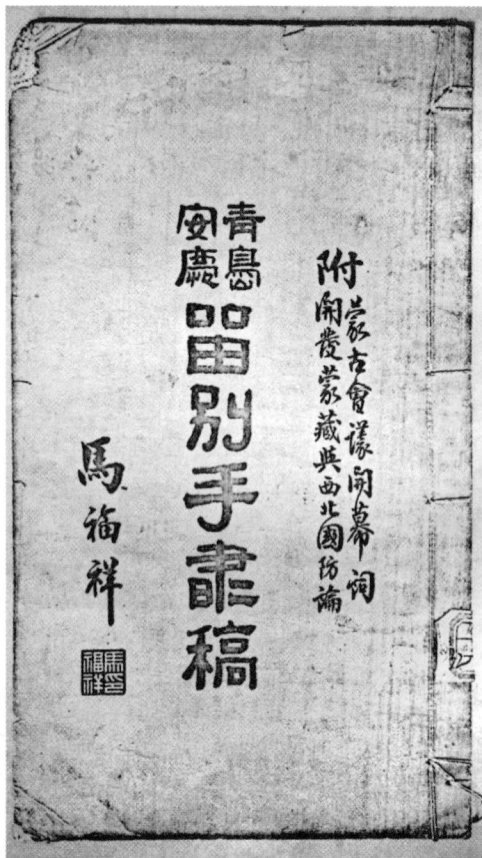

马福祥《青岛、安庆留别手书稿》封面

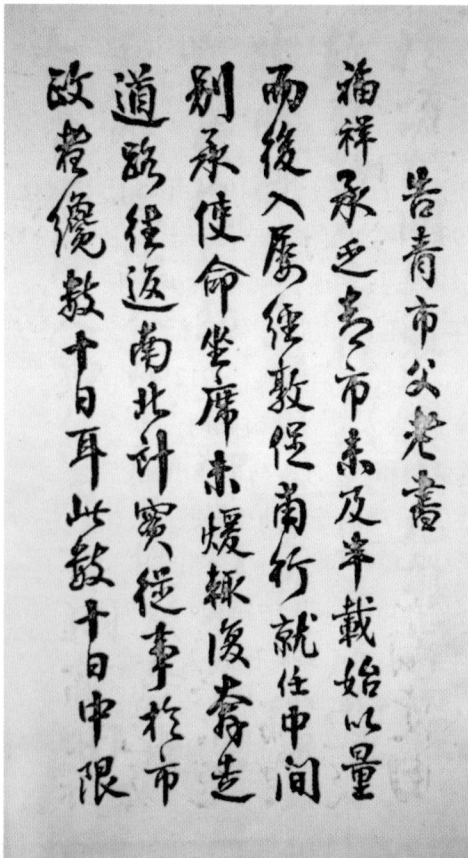

马福祥手迹

三、马鸿宾主政宁夏

1920年年底，马福祥调任绥远特区都统，马鸿宾接任宁夏护军使（后改镇守使），马鸿逵升任第五混成旅旅长同往绥远。

马鸿宾此次担任宁夏镇守使直至1927年，这是他第一次主政宁夏。这期间，宁夏经过历年战乱，满目疮痍，省库空虚，财政入不敷出，税收无着。马鸿宾上任后，既无革新政治的魄力，亦无改善财政的办法，因循守旧，毫无建树。宁夏地方小，负担重，土匪多，司令多如牛毛。为了维持地方，马鸿宾无奈大批任用地方士绅，委以军职，征召壮丁，扩充实力。这些士绅依仗钱势，结交官府，横行乡里，若又得一官半职，更加仗势欺压人民。为了解决财政收入的问题，马鸿宾竟开放烟禁以征收"烟亩罚款"，贻害既深且远。

马鸿宾当时的部队主要有昭武巡防军五个营，马福寿任司令；甘肃新军七个营，他自兼司令。另有镇守使署卫兵队一营，营长为马楚卿。马鸿宾着意经营军队，对于地方经济建设却一筹莫展。宁夏地区的经济仍是气息奄奄，毫无起色。

1926年，冯玉祥部参加北伐，同年废宁夏镇守使，马鸿宾部被改为冯部第二集团军第22师，马任师长。次年，马鸿宾被调出宁夏，升任24军军长，率部在陕甘一带剿匪。

1929年10月，冯玉祥将甘宁青的大部分国民军调往陕西、河南，参加中原大战。10月中旬，冯玉祥电令宁夏省主席吉鸿昌率部东下。吉鸿昌临行前，指定民政厅厅长马福寿（马福祥三兄）代理省主席职权，而

晚年马鸿宾

宁夏省银行于1932年发行的纸币

马福寿手中没有军队，故又调驻平罗县的苏雨生骑兵师进驻省城，任苏为省城城防司令。苏雨生俨然以省主席自居，把持省政，飞扬跋扈。国民军总部于1929年11月9日电令马鸿宾带一团军队速赴宁夏，负责维持后方秩序，并兼宁夏省政府代主席，1930年1月，冯玉祥正式委派马鸿宾为宁夏省政府主席。此为马鸿宾第二次主政宁夏。

1930年10月，在中原大战中蒋介石打败了冯玉祥。蒋介石奖励马鸿逵叛冯投蒋，同时也为了制止杨虎城部向西北地区发展，任命马福祥为安徽省主席，马鸿宾为甘肃省政府主席，马鸿逵为宁夏省政府主席。但马鸿逵嫌宁夏地盘太小，想在中原地区谋求发展，未到宁夏赴任。

马鸿宾于1931年1月赴兰州上任，宁夏省主席由马福寿再次代理。8月发生了"雷马事变"，马鸿宾被软禁。经过数月的斗争，雷中田与马鸿宾均从甘肃政治舞台上败阵下来，马鸿宾返回宁夏，第三次主持宁夏军政事务（未受任命）。

20世纪50年代初的马鸿宾

马鸿宾（1884~1960），字子寅，清光绪十年（1884年）生于甘肃河州（临夏）城西韩家集。自幼居家读书习武，师从河州回族秀才马良，接受中国儒家学说的教育和伊斯兰教义的熏陶。虽出身仕宦之家，但作风朴实，少年老成，稍长即侍马福祥于军旅。1912年任昭武军骑兵中营管带，1916年任甘肃新军司令，1921年1月代理宁夏护军使。是年，北洋政府以其"勇略无前，忠谋自奋"，晋授勋五位，并授陆军中将衔。1926年，冯玉祥改编马鸿宾部为国民革命军第二集团军第二十二师，马鸿宾任师长，翌年升任军长。

1930年1月，冯玉祥任命马鸿宾为宁夏省主席。8月，国民政府任命马鸿宾为甘肃省政府主席。"雷马事变"后马鸿宾重返宁夏，自任宁夏省政府主席。1933年，宁夏省政府主席一职由马鸿逵取代，马鸿宾部队被改编为陆军第三十五师，马任师长。曾率部阻挡红军长征、西征，遭到惨败。抗日战争爆发后，三十五师扩编为八十一军，马任军长。1938年5月，蒋介石任命马鸿宾为绥西防守司令，率部到绥西参加抗日。1940年2月，马部与日军在绥西乌布浪口展开激战，遏止了日军继续西进，为维护陕甘宁各省安全作出了重大牺牲。其间，曾兼任十七集团军副总司令、第八战区副长官。

1949年9月，在人民解放军进军宁夏的过程中，马鸿宾审时度势，指令八十一军军长马惇靖（马鸿宾之子）率部和平起义，并主持召开国民党宁夏军政要员会议，与解放军达成了和平解决宁夏问题的协议。

1949年12月23日，宁夏省人民政府成立，马鸿宾任副主席。1950年1月，马鸿宾任甘肃省人民政府副主席。1954年，马鸿宾当选为出席第一届全国人民代表大会代表，并被任命为国防委员会委员。1960年12月21日，病逝于兰州，享年76岁。

1920 年海原大地震

大地震使固原南门镇西楼及碑亭城墙毁坏

大地震使山体严重滑坡

震后 79 日海原县城内惨状

1920 年 12 月 16 日 20 时 5 分 53 秒（农历庚申年十一月初七戌刻），海原大地震发生。这是我国历史上有文字记录最大的地震，也是人类有记录以来三次大地震之一。震级 8.5 级，震中烈度 12 度，震源深度 17 公里，震中在北纬 36.7 度，东经 105.7 度，即位于海原县的西安州大沟门至干盐池之间的石卡关沟、哨马营一带，极震区包括固原、隆德、靖远、景泰和今西吉等县，呈条带状，北西向展开，面积 2 万平方公里。这次地震波及今甘肃、陕西、青海、山西、内蒙古、河南、河北、山东、四川、湖北、安徽、江苏、福建和北京、天津、上海等省、自治区、直辖市，有感面积达 251 万平方公里，约占全国面积的 1/4，甚至连越南、香港等国家和地区都有震感。极震区的海原、固原和西吉县等地山崩地裂，海原、固原等县城全毁，大量房屋倒塌，人员伤亡惨重。据不完全统计，此次地震共死亡 23 万人，伤者不计其数，压毙牲畜无法统计。

属今宁夏各县地震史料记载如下。

隆德县，夜戌刻，月微明，有声自西北来，地大动，若火山爆裂，山走、河移、地陷、墙倒、屋塌。全县 8 万人死亡达 3 万余，压毙牲畜 5 万多头，倒塌房屋近 6 万间。大震后一月之内，日日有小震；半年之内还几乎每月震动一次；一年以后，仍隔月有震，直至三年方始平静。

固原县，夜戌刻，地大震，霎时全城一片废墟。东、南、西乡较轻，西、北两乡尤重，九营、三营、杨老庄、七营等处几乎摇为平地，全县死亡 3 万余人。伊斯兰教教主马元璋家乡之西吉滩震情最重，因地走山崩，造成马

甘肃固原前提督署墙倒架存（1921年翁文灏、谢家荣摄）

元璋全家60余口几尽埋没。唯城外董福祥之神道碑亭，仅中裂，震后仍屹立。城内魁星阁亦基本完好。

海原县，此次地震海原县城最重，几乎全城覆没，居民幸存者仅十之一二。花崖湾山庄一带，山崩地裂，大地变更，村舍化为乌有而不知去向。全县死亡7万余口人，压毙牲畜4万多头，倒塌房屋5.3万多间。

化平县（今泾源县），震后统计，被难4000余人，压毙牲畜1.2万余头，全县房屋十之七皆倒塌。

宁夏县，地震时如舟行狂风巨浪之中，人不能立，大震后又续动月余，人多野宿。全县死亡数百余口人，压毙牲畜一千余头，房屋十之四倒塌。

宁朔县，地震轰声如雷，庐舍、百物皆摇摆簸荡，颓墙圮壁，飞瓦扬尘，城乡皆有伤亡。

灵武县，死亡300多人，压毙牲畜700余头，倒塌房屋十分之二。

盐池县，死亡400余人，压死牲畜750余头，倒塌房屋十分之一。

平罗县，死亡300余人，压死牲畜1000多头，倒塌房屋十分之二。

中卫县，死亡700余人，压死牲畜1000多头，倒塌房屋十分之四。

金积县，死亡1万余人，压死牲畜2万多头，倒塌房屋十分之七。

镇戎县（今同心县），该县同心城被难最重，几乎夷为平地。

直至次年2月，余震仍在继续。2月20日，复发生强烈地震，灵州地大震，城堞均被摇落。城内房屋上年大震未被摇塌者，此次无免，城乡房屋倒塌过半，死亡数百人。镇戎县同时受震，县衙被摇倒，四乡窑屋几乎全毁，房屋亦仅存三分之一。豫旺城地震破坏最为严重，山多摇平，平地陷出巨川，高岸变为深谷。海原县同时受震，城垣陷落。山中陡然喷出烈焰毙人民甚多，城乡死人无数，损失无算。固原县

翁文灏（1889~1971），民国时期著名学者，中国早期著名地质学家

谢家荣（1898~1966），地质学家、矿床学家、地质教育家，中国第一代地质学家之一，中国矿床学主要奠基人

同时受震，城内房屋全部倒塌，四乡村庄尸体枕藉。七营、三营和黑城子一带，人民死亡十之七八。萧何城、清石嘴诸处地陷山合，居民、村舍如同活埋。金积县同时地震，势颇剧烈，地涌黑水，县城和邻邑死亡惨重。

4月12日，平凉、固原一带复大震。平凉、固原、隆德、会宁等县震情较2月份尤甚，每小时震动一两次，六盘山崩裂30余处，陇东一带屡遭浩劫，人民惨苦尤甚。固原四周

固原电报局受震屋倒，三名工作人员就在这座用门板搭起的工作室向外发出第一份灾情电报（克劳斯1921年摄）

隆德县衙门被震为废墟，县知事失踪

位于海原县西安镇哨马营的一株约有500年的古柳，大地震将其扭成了两半。这棵古柳成为研究地震的活标本

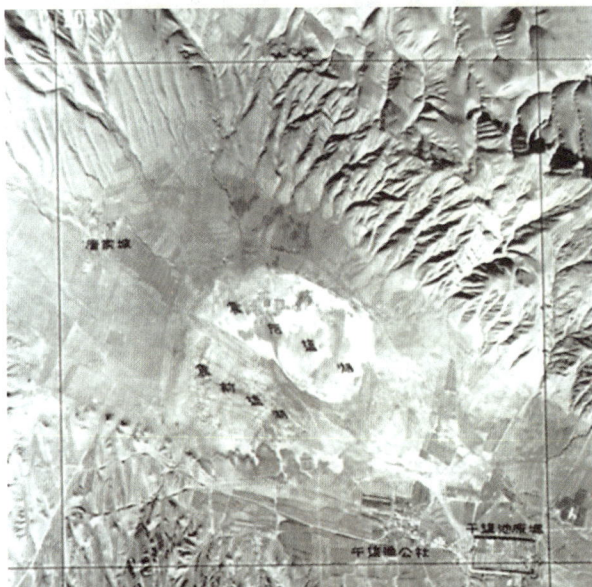

大地震使干盐池北迁一公里

大地震使董福祥墓神道石雕像基座逆时针扭转

西吉震湖——1920 年海原大地震形成的堰塞湖，位于西吉县苏堡乡党家岔，面积 186.6 万平方米，为世界第二大震湖

大地震使固原南门城墙严重崩塌

死者万人，城外 20 多里不见一人，田野无耕者，村庄无炊烟。

由于地震发生在交通闭塞，几乎与世隔绝的六盘山山区，当时由于军阀混战、兵荒马乱，北洋军阀对巨大的地震灾难无力救助。又时逢冬令，天寒地冻，灾民又相继死于冻伤、饥饿、瘟疫之中。据当时《陕甘地震记略》一文报道，大震后灾区人民"无衣、无食、无住，流离惨状，目不忍闻；苦人多依火炕取暖，衣被素薄，一日失所，复值严寒大风，忍冻忍饥，瑟瑟露宿，匍匐扶伤，哭声遍野，不特饿殍，亦将强比僵毙，牲畜死亡散失，狼狗亦群出吃人"。这就是当时海原大地震灾区惨况的真实写照。

海原大地震发生后，中国著名地质学家翁文灏、谢家荣等赶赴震区考察。考察后，写出《甘肃大地震大略报告》。此外，他们还在震区拍摄了大量震害照片，为后世留下了珍贵的资料。

以后每年的 12 月 16 日前后，新疆、甘肃、陕西等省（区）的海原大地震遇难者的后人都会来到位于海原县西南角的万人坟场祭奠地震中遇难的亲人。

中国地质学奠基人 1933 年合影
（前排右二为翁文灏，中排左三为谢家荣）

赴固原考察救灾队员在灾区外一家窑洞客店前留影

右侧是震毁的家园，左侧是大震后修起的院墙，又被余震损坏

国民联军在宁夏

一、国民联军五原誓师

刘伯坚，国民军联军总政治部副部长，共产党员

冯玉祥将军

1923年6月中共三大以后，国共合作的步伐加快。1924年1月，国民党第一次全国代表大会上确定了"联俄、联共、扶助农工"的三大政策，标志着第一次国共合作正式形成。

1924年10月，具有进步思想的冯玉祥，在革命高潮的推动下，联合胡景翼、孙岳组建国民革命军。在第二次直奉战争中，冯玉祥倒戈反直，发动北京政变，推翻曹锟、吴佩孚控制的北京政权，并电邀孙中山北上，共商和平建国大计。

北京政变后，根据国内局势的变化和工作需要，中国共产党于1924年年底在北京成立中共北方区执行委员会，由李大钊总负责，负责人还有赵世炎、陈乔年、范鸿等人，领导整个北方地区的革命斗争。李大钊同时还主持着国民党在北方的最高领导机关——国民党中央政治委员会的工作。中共北方区委根据当时的政治形势，采取了联合国民党，打倒段祺瑞和奉系军阀的策略，把争取冯玉祥和他所领导的国民革命军作为工作的重点。

1925年1月，段祺瑞政府任命冯玉祥为西北边防督办，其部下张之江、李鸣钟分任察哈尔、绥远都统。冯玉祥接受李大钊和苏联驻华大使加拉罕的建议，于3月赴张家口就职。到张家口后，冯玉祥采取一系列经营西北、强兵图治的措施。在冯玉祥的要求下，中共北方区委先后派出一批共产党员到国民革命军中开展政治工作。8月，冯玉祥为了防止其他军队势力扩展到甘肃，自请兼任甘肃督办，并任命所部第二师师长刘郁芬代行其职，自率该师途经绥远、宁夏，于10月进驻兰州。至此，甘、宁、青大部分地区置于冯玉祥军队的控制之中。

1926年1月，在英、日帝国主义的策动下，奉系军阀张作霖与直系军阀吴佩孚携手联

1926年冯玉祥在宁夏赠送各界人士之"革命纪念章"

民革命军正式出师北伐。

正当冯玉祥在苏联考察期间，国内形势发生了急剧变化。在北伐军攻占长沙、打败直系军阀吴佩孚主力直达武昌时，北方战场各派军阀联合进攻西北军，形势严峻。冯玉祥在莫斯科得知这一消息，十分不安。中共北方区委领导人李大钊连发三次电报，并特派于右任赴莫斯科，敦促冯玉祥回国。冯玉祥接受了李大钊的意见，并要求共产党选派一批干部帮助他建立政治工作机构，整顿与改编西北军。

1926 年 8 月 17 日，冯玉祥、于右任从莫斯科启程回国，同行的还有苏联军事顾问团团长乌斯曼诺夫和中共党员刘伯坚等人。9 月 16 日，冯玉祥等人到达绥远省五原县（今属内蒙古自治区），当即召开西北军将领会议，研究行动计划。9 月 17 日，冯玉祥率领西北军全体官兵隆重举行誓师授旗典礼，史称"五原誓师"。会上，冯玉祥正式宣布：西北军改名为国民军联军，参加北伐战争，冯玉祥任国民军联军总司令，于右任任副总司令，聘请乌斯曼诺夫为政治、军事顾问，石敬亭任政治部部长，刘伯坚任政治部副部长（石敬亭后来调任参谋长，即由刘伯坚任部长），并向全国发出通电宣言。冯玉祥、刘伯坚分别在会上作了关于国共合作、接受孙中山"联俄、联共、扶助农工"的三大政策，配合南方革命，取道宁夏，入甘援陕，打倒军阀的重要演讲。

1925 年 3 月，冯玉祥赴张家口就职

冯玉祥五原誓师的旧址

合，以"讨赤、打倒北方大害"为名，向冯玉祥的国民革命军大举进攻。国民革命军作战失利，从天津、北京退守南口、包头一带，据守热河、察哈尔、绥远、宁夏、甘肃、青海等地，所部改称为西北军。为了寻求政治出路，冯玉祥宣布下野，将所部交由张之江统领，并于 3 月 20 日取道外蒙古赴苏联考察，寻求革命真理，并在途中正式加入国民党，同时决定西北军一律加入国民党。

1926 年 7 月，国共合作的北伐战争开始，国

五原誓师

冯玉祥（右）、刘伯坚（左）

冯玉祥手书对联

二、冯玉祥途经宁夏

1926年11月24日，冯玉祥离开五原，26日到达石嘴山，住在当地富绅郑万福家中。他在考察石嘴山防务时指示："今后凡我军所到之处，必须一律取消外国洋人特权，废除免税条例。"

11月27日，冯玉祥到达平罗，受到当地群众的热烈欢迎。时任平罗县长的王之臣，私吞烟税，纳妾享乐，并让其岳父在县衙中掌管重权。冯玉祥通过调查掌握了他的种种劣迹。虽然王之臣与冯玉祥是老熟人，但冯玉祥仍不徇私情，将其当即撤职，并书写了"打倒贪官污吏"6个大字，命令新任县长杨慕翰造匾挂在县城中心的鼓楼上。

11月28日，冯玉祥率国民军联军总司令部和总政治部抵达宁夏府城，冯玉祥、于右任、刘伯坚等人下榻于余鼎铭公馆（原银川一中北院）。第二天，冯玉祥在各学校联合举行的集会上发表演说，阐述"教育不兴，实业不振"的道理，强调办好教育、培养人才的重要意义，号召青年学生学习孙中山的三民主义，立志救国。12月1日，冯玉祥又在宁夏各界群众举行的欢迎会上发表讲话，解说国民革命的宗旨，阐述进行北伐战争、铲除军阀、谋求统一的重要意义。此后，冯玉祥还多次出席国民军联军举行的群众集会和演讲活动。

石嘴山郑万福宅邸"德荣堂"。1926年11月，冯玉祥离开五原赴宁夏在这里接受郑家招待的午宴

余鼎铭公馆。冯玉祥率国民军联军总部抵达宁夏府城（今银川）后，与于右任、刘伯坚即住此处

冯玉祥（1882~1948），字焕章，安徽省巢县人。1915年参加倒袁活动。1917年进攻北京，驱走张勋。1918年通电全国，反对内战。1924年率部发动北京政变，起兵讨伐曹锟和吴佩孚。1926年五原誓师，宣布加入国民党，参加国民革命军，任国民军联军总司令。1927年参与蒋介石、汪精卫的反共活动。1928年与阎锡山等人起兵反蒋，发动中原大战。九一八事变后，主张抗日，反对蒋介石的不抵抗政策，主张与共产党合作。1946年出国考察水利。1948年9月，回国准备参加中国共产党发起的新政治协商会议筹备工作，但途中因轮船失火不幸遇难。

三、于右任过贺兰山留诗

1926 年 9 月，冯玉祥采纳了李大钊进军西北、解围西安、出兵潼关、策应北伐的建议，举行了五原誓师，宣布参加北伐行列。其时于右任以国民党中央执行委员会常委身份授旗并监誓。誓师后，冯玉祥拨出 2.5 万人马（号称十万）归于右任指挥。这支队伍途经宁夏，取道平凉，赴援陕西。行军时于右任偕苏联顾问及共产党员史可轩等乘汽车进发。他们经临河、过磴口，黄昏至石嘴山以北，因迷失路途，误入沙漠地带，汽车进退不得。

当天适逢中秋佳节，沙漠行军，烈日当头，燥热难熬，进入夜间又寒气袭人。因行军匆匆，大家白天滴水未沾，虽有皓月当空，却困渴交加。史可轩自告奋勇，带人到黄河汲水，解除了大家的困苦。中秋节的第二天（9 月 22 日），于右任、史可轩一行到达银川，稍事停留，于右任改乘马车向南行进。他曾写了两首七绝，以记此次行军。

于右任

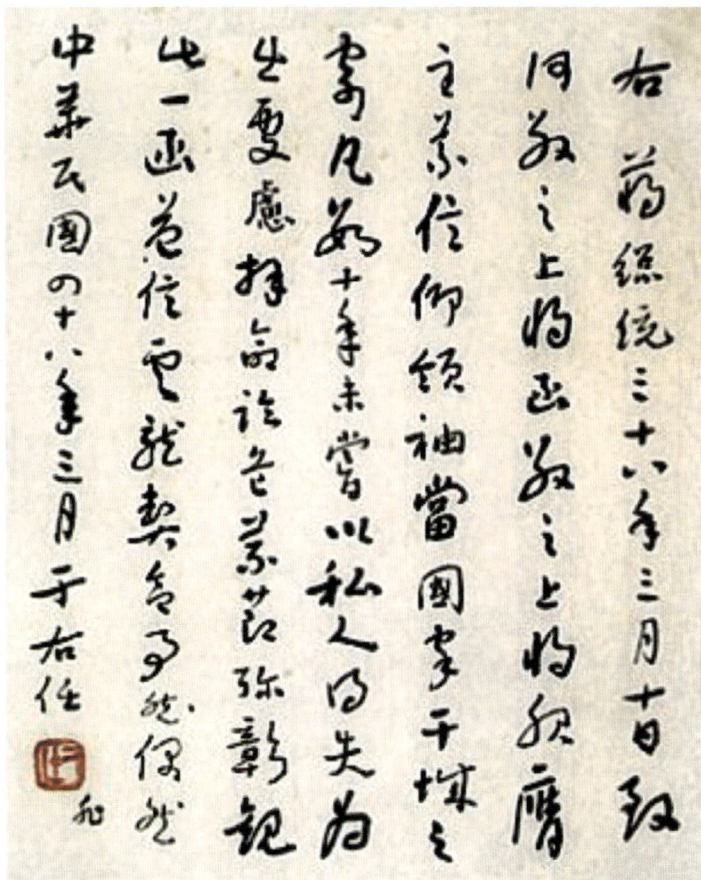

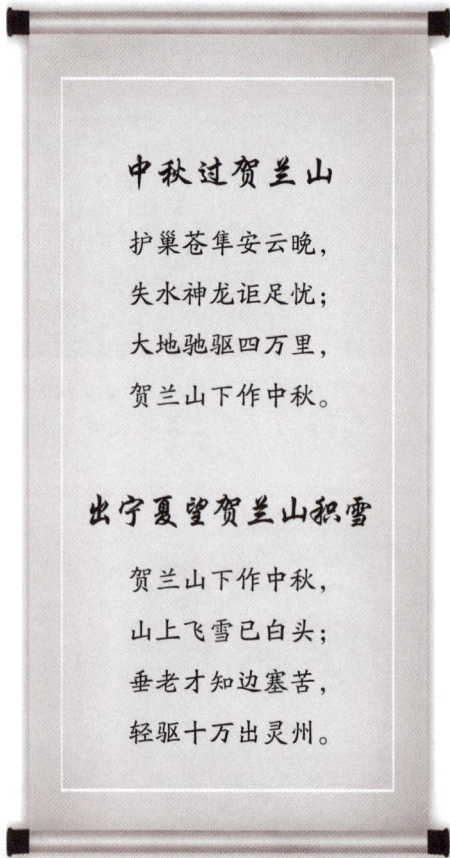

中秋过贺兰山

护巢苍隼安云晚，
失水神龙讵足忧；
大地驰驱四万里，
贺兰山下作中秋。

出宁夏望贺兰山积雪

贺兰山下作中秋，
山上飞雪已白头；
垂老才知边塞苦，
轻驱十万出灵州。

| 宣侠夫 | 钱崝泉 | 肖 明 | 贾一中（又名李子光） |

在宁夏最早传播马克思主义的共产党员

中国共产党在宁夏的早期活动

一、在宁夏首次传播马克思主义

1925 年 8 月，冯玉祥派西北军第二师师长刘郁芬率部途经宁夏开往兰州。当时，在该部做政治宣传工作的中共党员宣侠父、钱崝泉等人，在宁夏府城和平罗、宁朔、中卫等地多次向群众演讲，散发传单，宣传西北军"不扰民、真爱民、誓死救国"的宗旨以及孙中山的三民主义。当他们在平罗县城目睹县知事由清朝装束的士兵护卫其骡车奔驰而过时，愤怒地向群众指出，这骡车是口棺材，里面是具皇帝时代的尸骸，它已经死去 14 年了。并向群众说明中国已是民主主义的时代，"所有皇帝时代一切仪式，都在扫除之列"。这些宣传对闭塞的宁夏群众无疑起到了振聋发聩的作用。在宁夏府城，他们多次到五中八师给学生讲演，宣传十月革命和国共合作的意义，并以刘郁芬（字兰江）的名义向学校捐款1000 余元，成立了"兰江图书馆"，购买进步图书、刊物供师生阅读。鲁迅、蒋光慈、钱杏邨等人的进步作品和《新青年》等刊物，在青年学生

中很有影响。他们给银川地区带来了新思想、新观念，是最早在宁夏地区开展革命宣传活动的共产党人。

五原誓师后，国民军联军总部进驻宁夏府城，总政治部驻今银川玉皇阁北街，并编印出版《中山日报》，配合国民军联军开展革命宣传工作。《中山日报》原名《西北日报》，1925 年在包头创办，由中共党员蒋松亭任社长。五原誓师后，改名《中山日报》，迁至宁夏府城，由中共党员贾午担任社长，并从绥远《实业日报》调来了郭伯瑞（山西人，包头银行职员）、贾一中（李子光）、曹权、曹义、刘贯一等中共党员任编辑和记者。贾一中任中山日报社党支部书记。《中山日报》不仅是中国共产党在国民军联军中的一个喉舌，而且也是党的一个秘密机关。当时，由于宁夏印刷条件有限，《中山日报》只能石板印刷，隔二日或三日出一期，有时增刊为两张。《中山日报》积极宣传国民革

命和北伐战争的意义，宣传孙中山"联俄、联共、扶助农工"的三大政策，介绍俄国十月革命的经验，是中国共产党的重要舆论阵地，对于民主革命思想和马列主义在银川地区的传播起到了重要作用。

当时，国民军联军士兵虽然军衣破旧，但士气旺盛。每个战士臂上缝有一块白布，上面印有"不怕死，不爱钱，誓死救国"的字样。部队列队行进于街道时，"一二三四"的口号伴随着"打倒列强，打倒列强，除军阀，除军阀……"的雄壮歌声，很有威武气势。在总政治部的领导下，国民军联军宣传队、中山日报社和各地联军政治机关相互配合，在军内外开展了各种形式的政治宣传，"打倒帝国主义，取消不平等条约""铲除军阀"

中共宁夏第一个支部的书记李临铭

早期在宁夏活动的中共党员白虹剑

"不扰民，真爱民，誓死救国"等宣传画和标语口号从军营到总部、从学校到大街小巷随处可见，革命的气氛洋溢在整个宁夏府城。

中共党员刘伯坚利用自己的公开身份，有计划地向军政

干部讲授三民主义、国民革命史、帝国主义侵华史，阐述打倒帝国主义列强、推翻封建军阀统治的意义，介绍十月革命的经验，宣传国共合作、实行国民革命的重要性，并多次在群众集会上发表演讲。他运用

宣侠夫题赠友照

宁夏早期宣传马列主义的书籍

辩证唯物主义的观点，理论联系实际，阐述人类社会的发展规律，说明中国革命的大趋势。他引用中国近代史上帝国主义侵略，官僚、地主的剥削，军阀混战，社会动荡不安，劳苦大众无法生存的事实，论述进行革命的必要性和必然性。伏龙、肖明、李秉乾、贾午、贾一中等中共党员也都发表过演讲。他们的演讲，多以当时革命形势为主题，介绍北伐战争的进展与南方工人运动的情况，宣传打倒列强，铲除军阀，打倒土豪劣绅，反对贪官污吏；号召发扬五四精神，学科学，讲民主，反对封建专制；鼓励青年积极向上，参加革命。

兰江图书馆旧址

同年冬，国民军联军总政治部还在驻地举办了一期马列主义学习班，吸收五中八师的青年学生参加。这是马克思主义在宁夏府城首次公开传播。刘伯坚亲自讲授《共产党宣言》《社会主义概论》《劳工神圣》《共产主义的ABC》《国家与革命》等马克思主义著作和孙中山的《三民主义概论》。通过学习，一些进步青年了解了阶级和阶

中山日报社旧址（今银川玉皇阁北街）

级斗争学说，懂得了无产阶级和共产党的基本概念，理解了为什么要加入共产党的道理。随着国民军联军的到来和共产党人的大力宣传，打倒列强、打倒军阀的呼声响彻府城上空，沉闷的封建格局被打破，很多进步青年学生积极行动起来，纷纷加入革命行列，革命的浪潮在大街小巷涌动。

二、中共宁夏第一个支部建立

1926年9月，为了扩大中国共产党在国民军联军中的力量，时任刘郁芬部政治处负责人的钱崝泉赴陕北与中共党组织取得联系后，带领李临铭、牛化东、吕振华、王兆卿等中共党员和进步青年30余人，途经宁夏赴兰州，到刘郁芬部的军事政治学校学习。当时，正值国民军联军大部队分批经宁夏开赴陕西之际，急需加强地方工作，支援部队过境。此时，宁夏没有中共党组织，并缺少组织领导干部。因此，尽快建立宁夏地方中共党组织，发展

牛化东

本地革命力量，成为当务之急。应驻宁国民军联军中党组织的要求，将李临铭、贺维新、马思然、陶振亚、郭维华5名中共党员和一些进步青年留在宁夏工作。这些留下来的中共党员与驻宁国民军联军宣传队及中山日报社的中共党员马云堃、贾一中等人，在宁夏府城共同成立了宁夏第一个地方党组织——中共宁夏特别支部，李临铭任书记，马云堃负责党的常务工作。为了便于公开活动，同时成立了国民党宁夏县党部（李临铭兼任常务主任）。中共宁夏特别支部和国民党宁夏县党部的办公地址设在今银川鼓楼，李临铭和马云堃处理日常工作。11月，中共陕北党组织又从榆林、绥德等地派来徐梦周、白虹剑、张慕时、马云泽、李秉荣等中共党员和进步青年，参加国民军联军工作。其中，马云泽、李秉荣由中共宁夏特别支部吸收为中共党员。中共

宁夏特别支部的成立，标志着中国共产党领导下宁夏地区彻底的反帝反封建的新民主主义革命开始。

中共宁夏特别支部成立后，在国民军联军总政治部的领导下，同国民军联军宣传队紧密配合，做了大量宣传和组织工作，提高了群众的觉悟，使宁夏府城一度出现了革命高潮。首先，在军政机关、学校、团体普遍建立了"列宁室"或"中山俱乐部"，悬挂马克思、恩格斯、列宁和孙中山的画像，教唱《国际歌》，陈列《新青年》杂志，鲁迅的《彷徨》《呐喊》《杂感集》，蒋光慈的《新梦》《莫斯科吟》《少年漂泊者》，瞿秋白的《俄乡记程》《赤都心史》，钱杏邨的《白话新诗》《拓荒》，高语罕的《白话书信》等进步书籍，供群众阅读。还利用集市组织五中八师的学生上街贴标语、演讲、画漫画、

演话剧。在寒假期间，组织学生参加社会调查，使学生通过身边的现实，了解分析阶级和阶级压迫，使之自悟其理，树立阶级斗争的观念，提高革命的觉悟。

中共宁夏特别支部利用节日、纪念日或重大事件，组织群众集会游行，激发群众的反帝爱国热情。1927年五一国际劳动节，在宁夏府城举行了盛大的群众游行活动。国民军联军总政治部的中共党员伏龙在玉皇阁上向游行群众发表了鼓舞人心的演讲，号召广大群众联合起来，为人类解放事业而斗争。群众高呼口号，高唱《国际歌》，表现出了极大的革命热情。晚上，举行了灯火晚会，各街道张灯结彩，与会者手执灯笼、火把，呼口号、发传单，人心振奋，全城沸腾。5月30日，又举行了五卅国耻纪念日两周年集会，组织各界群

中共在宁夏发展最早的党员。叶松龄（左）、征克非（右）

"四一二"政变后，国民党当局大肆屠杀共产党人和革命群众，宁夏特别支部被迫解散

众愤怒声讨日本帝国主义侵略者在上海屠杀中国工人的暴行。中共党员肖明、伏龙等人还自编自演了话剧《顾正红》，当演到日本资本家杀害中国工人顾正红时，激起了全场群众的无比义愤，"打倒日本帝国主义"等口号声响彻云霄。这是宁夏府城历史上演出的第一部话剧。

在群众思想觉悟得到提高的基础上，中共宁夏特别支部组织成立了工会、农会、学生会、商会等团体，通过这些组织开展革命活动。以学生为先锋的宣传队，挨家挨户动员女子放足，提倡男女平等，反对落后的社会习俗，反对封建迷信活动。宣传队还发动群众，控诉贪官污吏，打击土豪劣绅，伸张民主正义，反对封建压迫。

1927年春，中共宁夏特别支部还积极为中山学院选送学员，培养革命骨干。

1927年4月12日，正当北伐军胜利进军，革命形势蓬勃发展的时候，蒋介石公开背叛革命，在上海发动了震惊中外的"四一二"反革命政变。9月，国民军联军开始在宁夏地区进行清党活动，中共党员被驱逐，各群众团体被迫解散，《中山日报》被查封，中共宁夏特别支部负责人李临铭被迫离开宁夏。大革命时期在宁夏发展的中共党员也与组织失去联系，中共宁夏特别支部被迫解散。

三、邓小平 1926 年宁夏行

1926年年底，邓小平（当时名为邓希贤）受中共党组织的派遣和国民军联军总政治部副部长刘伯坚的邀请，从苏联回国到冯玉祥部队开展工作。1927年2月，邓小平、王涤亚、朱逸尘一行三人骑骆驼一路风尘仆仆来到宁夏城。到达宁夏城后，住在冯玉祥国民军联军总部留守处。在留守处工作的共产党员王一飞按照刘伯坚的指示，负责接待安排邓小平等三人的住宿及活动。邓小平与王一飞一起谈论宁夏地区地理风土人情，分析国内外形势。王一飞还介绍《中山日报》新闻记者刘贯一和西北军事政治干部学校的孔广耀、彭桂林与邓小平相识。

邓小平是第一次到宁夏城。在宁夏城停留期间，相约几人到中山北街、柳树巷、南关回民聚居区、新城及旧满城（今银川市满春乡）了解回族和满族群众的生活情况，希望宁夏的同志多团结回汉各族群众。他说中国共产党是为了民族和人民的解放而工作的，入党不是拉壮丁，要看觉悟，并告诫大家离开人民将一事无成。

邓小平不仅向青年宣传马列主义真理，而且向刘贯一等介绍了苏联的风土人情和十月革命胜利后苏联社会各阶层的变化以及政权建设、经济建设和军队建设等情况。3月，邓小平离开宁夏前往西安。同行的除了王涤亚、朱逸尘二人外，又增加了由宁夏出发的孔广耀、刘贯一、彭桂林三名共产党员。在宁夏赴西安沿途，他们还调查了解各地风土人情、老百姓的生活状况，并向当地群众宣传革命思想。

邓小平由苏联回国途经宁夏银川

四、共产党人在宁夏搞兵运

1929年10月，吉鸿昌部离开宁夏后，为了稳固后方，冯玉祥任命苏雨生为骑兵第四师师长，驻扎平罗和姚伏堡、立岗堡一带。苏雨生为控制宁夏，借机大肆扩军，收编了陕北的地方武装谷连舫、石英秀（石子俊）、王子元各部。中共陕北特委利用这一有利条件，制定了"打进去、站稳脚、爬上去、拉出来"的方针，指示中共党员谢子长、刘志丹组织一批中共党员和进步青年打入苏雨生部队，进行兵运工作，争取建

谢子长、刘志丹在宁夏省城活动时住过的地方

谢子长

刘志丹

高 岗

立革命武装。谢子长、刘志丹、张东皎等人在陕北从事兵运工作时,曾与这些部队有过联系。同年底,谢子长、刘志丹、张东皎三人由陕北来到盐池县城,会见王子元,商谈派人加入苏雨生部的相关事宜。

1930年年初,中共陕北特委派谢子长、刘志丹、张东皎、高岗、张秀山、杜鸿范、姜耀、牛化东、贺晋年、李树林等100余名中共党员和进步青年到苏雨生部开展兵运工作。谢子长被任命为石子俊旅副旅长,刘志丹在第十六团张廷芝部任副团长,其他中共党员在苏雨生部也担任了职务。根据谢子长、刘志丹的指示,

张东皎等人将从陕北来的中共党员和进步青年组成学兵大队,张东皎任大队长,高岗任副大队长。学兵队驻姚伏堡、立岗堡,主要任务是进行军事训练,培养军事干部,为进一步开展武装斗争培养骨干力量。在组建学兵队的同时,建立了中共特别支部,张东皎任书记,高岗任副书记,直属中共陕北特委领导。后又设立军委,姜耀任书记。中共特别支部共有党员30余名,下设4个支部,即学兵支部、八旅两个支部、九旅支部。中共特别支部的主要任务是发展党员,开展兵运工作,等待时机,发动兵暴,争取建立党的武装。中

共特别支部不与地方党组织发生联系。

5月,应马鸿宾请求,冯玉祥令苏雨生部开赴平凉接防。部队行进到固原时,受到甘肃军阀黄得贵部阻击,损失惨重。苏雨生将部队撤回宁安堡时,又遭到马鸿宾部冶成章旅的包围攻击,处境十分困难。这时,石子俊、王子元、陈国宾、曹又参等人商议决定,将部队带往陇东驿马关,投靠甘肃省代理主席王祯,后被编为驻兰州的雷中田部第八师第三旅,驻防甘肃靖远。在该部的中共特别支部及其党员亦随部队离宁赴甘。苏雨生率余部到陕西投靠了杨虎城。

五、杜润滋来宁重建党组织

1930年5月,中共北方局(顺直省委代)派原中共北平市委领导成员、组织部长杜润滋来宁夏省城开展工作,恢复和建立党组织。来到宁夏省城后,杜润滋利用他和宁夏中学(原五中)教务主任杜立亭(杜承业)的同乡、同学关系,以

在宁夏中学(简称宁中)任教为掩护开展工作。此时,恰巧宁夏中学英文教师黄执中回米脂接家眷,并受宁夏中学校长徐宗孺之托,顺便为该校聘请教师。中共陕北特委利用这个机会,派中共党员赵子元、马汉文、高锦尚来宁夏中学任教,

杜润滋

杜立亭

邬逸民

并协助杜润滋工作。

10月初，原在河南开封一中任教的中共党员邬逸民、刘梅村和进步青年何高民等人因党组织遭破坏转至郑州。当时，正值蒋、冯、阎中原大战，郑州户籍稽查很严，邬逸民一行遂转由北平来到宁夏省城。何高民通过其亲戚宁夏省财政厅厅长扈天魁的关系，在省财政厅谋得职员一职，并安排邬逸民在宁夏中学任教，刘梅村在宁夏师范（原八师）附小任教。不久，邬逸民、刘梅村便与杜润滋接上了组织关系。杜润滋、邬逸民、刘梅村、赵子元、马汉文等5名中共党员，以教师职业为掩护，以宁夏中学为活动基地，建立起中共党组织，杜润滋为负责人。

党组织一经成立，就积极组织和领导银川地区的革命斗争，很快使一度停顿的党的工作得到恢复，相继发动和领导了宁中学潮、未遂的宁夏小南门兵变以及宁安堡护路队兵暴。

1930年春，马鸿宾代理宁夏省政府主席后，极力向学校安插国民党右派势力。宁夏中学校长徐宗孺是马鸿宾的好友，在宁夏教育界工作多年，有较高的声望，但思想守旧，要求学生循规蹈矩，走读书做官的老路，有一部分师生追随其后，在学校形成一股保守势力。

杜润滋、邬逸民、马汉文、赵子元等中共党员，在教学中经常联系实际，抨击时弊，启发学生的思想觉悟，很快受到进步学生的好评，一批进步学生如孙殿才、梁大均、李天才、李振邦、李广林、潘钟林、征克非、张琪等，很快就团结在党组织周围。

秋季开学，学校因发放助学金不公，引起部分学生强烈不满。在进步教师的支持下，学生杨生连等人带头，多次质问宁夏县长刘瑞甫和校长徐宗孺。校方不仅不解决问题，反而将带头"闹事"的学生杨生连、梁大均、张韶翎等人以"违反校规""犯上作乱"之名，挂牌开除学籍。杨生连不服，气愤地砸了牌子，结果形成两派师生的对立与斗争。

面对这种局面，杜润滋决定发动进步学生，公开揭露校方发放助学金不公、袒护落后学生的行径，并由孙殿才、梁大均、李天才等联络进步学生，公开提出"驱逐绅士徐宗孺""拥护杜立亭当校长"的口号。这个口号得到了大部分师生的支持和响应，最后发展为罢课、闹学潮。

宁中学潮使宁夏当局十分震惊，他们派军警包围了学校，按照校方提供的名单，军警抓捕了十几名进步学生。军警的暴行，激起了广大师生更加强烈的愤怒，为了争取斗争的胜利，营救被捕学生，杜润滋、邬逸民等中共党员和杜立亭等进步教

杜润滋在宁夏省城从事革命活动的地方（原银川二中院内文庙旧址）

师联合起来，发动学生上街游行，张贴标语，散发传单，并联系被捕学生的家长，鼓动他们加入斗争行列。社会舆论和学生家长都站在要求公正、民主、进步的学生一边，谴责当局镇压无辜学生，呼吁释放被捕学生，要求当局接受学生的合理要求。在社会舆论的压力下，当局被迫免去徐宗孺的校长职务，委任杜立亭为宁中校长，释放了被捕学生。但是，仍然坚持开除杨生连、张韶翎、梁大均等人的学籍。

宁中学潮引起了马鸿宾的警惕，开始加强对宁中进步师生的监视。11月20日，宁夏省党部拆查陕北安边小学教师王鼎三给杜润滋的来信，发现其中有"现在社会黑暗，当用朱毛革命精神，快刀斩乱麻之手段从事一切，请兄努力"等言词，并从杜润滋的住处查抄出《唯物史观之社会进化史讲义》等多种进步书籍，还通过邮局查出有《青年》《海光报》《国际月刊》等进步刊物在宁中和师范学生中流传，便以"共产党嫌疑"罪名将杜润滋、杜立亭逮捕。1931年初，宁夏省教育厅又秉承当局决定，下令驱逐邬逸民、赵子元、马汉文、刘梅村、黄执中等人即日离宁。尽管中共党组织领导人被捕，部分中共党员被驱逐出境，但党组织负责人杜润滋在狱中因身份尚未暴露，又加时任监狱科长王永昌的帮助，仍同外界保持联系，继续领导进步力量进行斗争。

1931年4月，梁大均、李天才设法与狱中的杜润滋取得联系，不断将外面的情况向杜润滋汇报。杜润滋秘密发展李天才为中共党员，指示李天才回中宁县宁安堡到地方部队参军，待机策动兵变；指示梁大均等人做马鸿宾部队和其他杂牌军的工作，待机策动兵变。

年初，蒋介石任命马鸿宾代理甘肃省主席。这充分说明马氏家族完全投靠了蒋介石，冯玉祥极为恼火，密令驻陕西邠州（今彬县）的苏雨生和驻兰州的余部相机消灭马鸿宾的军事势力，并

1937年，李振邦作为宁夏篮球队员参加全国比赛

梁大均

李天才

令雷中田在兰州扣杀马鸿宾，先后发生了苏雨生部进攻宁夏和兰州的"雷马事变"。面对这种局面，杜润滋认为起义时机成熟，便指示李天才、梁大均等人聚集宁夏省城，秘密组织力量，分头做当地驻军的策反工作，联络反马地方武装，准备发动兵变。

9月，在宁夏省城，梁大均等人首先联络了原宁夏中学闹过学潮的李广成、李振邦、张琪、杜学义等同学议事，研究兵变具体事宜。尔后，他们又联络了马鸿宾部修械所的赵炮匠和马鸿宾部驻宁夏省城东郊掌政桥的骑兵连以及驻扎在宁夏省城小南门的步兵排。同时，还在宁北、宁南

联络地方武装和失意军人密议共同起事，袭击宁夏省城。其计划为：骑兵连首先起事，与小南门步兵排配合，攻打警察局和城防司令部，各地驻军起来响应。他们将队伍定名为"抗日救国西北军"，以杜润滋为司令，并拟定了各县负责人的官职，刻制了印章、委任状，计划于12月23日在省城小南门举行兵变。

同时，李天才回到中宁县宁安堡后，做通了原枣园护路队队长孙天才和恩和护路队队长张自箴的工作，计划与驻宁安堡南门洋行马鸿宾部特务营四连里应外合举行暴动。但这两处兵变均告失败，李天才、李振邦等骨干被捕。

小南门兵变时埋藏武器地址（小南门五堆子桥）

1931年，邬逸民为与宁夏中学部分师生登游青铜峡一〇八塔题照

六、张德生来宁建立党组织

张德生

1931年2月，经中共陕北特委同意，张德生赴宁夏省城，通过关系与杜润滋在监狱见面。杜润滋介绍张德生与担任宁师附小教员兼宁夏《民国日报》编辑的中共党员刘梅村建立了联系。此后，张德生、刘梅村等人利用杜润滋原在宁夏中学的工作基础，继续在青年学生中开展工作。

9月，张德生先在宁夏县党部赈灾委员会找到一份录事的工作。两个月后，谋得"巡视中卫

县民团工作"的差事。张德生到中卫约见李天才，去靖远联系李罕言、张东皎，去兰州向杜斌丞汇报工作。当时，正值中共陕西省委指示在王子元部组织兵变，然后北上占领宁夏。根据中共陕西省委指示精神，决定张德生继续回宁夏省城开展兵运工作，并联络陕北地方武装张廷芝部，配合王子元部攻取宁夏。

1932年2月，张德生返回宁夏省城，向杜润滋、刘梅村通报

何高民

为中共党员，然后又去陕北安边做张廷芝的工作，拟动员其配合靖远兵变后组建的红军游击队攻取宁夏。张德生到陕北安边后，与张廷芝部的中共党员高宜之取得联系，并谋得在安边高小任教的临时职业。后经安边高小教师、女中共党员李慧春介绍，与中共陕北特委派到安边工作的梁干臣接上了组织关系。

5月，张德生联络张廷芝部之事未成，经中共陕北特委同意，与梁干臣一起返回宁夏省城。根据中共宁夏党组织已基本解体的状况，经中共陕北特委同意，张德生、梁干臣、刘梅村、何高民等7名中共党员再次组织成立了中共宁夏特别支部，张德生任书记。8月，张德生接上级党组织指示赴兰州。梁干臣因在报上发表《山慈姑》一文，内有描写洪湖地区人民、支持革命等言词，被宁夏当局以宣传赤色思想为由逮捕入狱。不久，何高民通过宁夏省财政厅厅长扈天魁出面说情，梁干臣才获释，后去兰州。由于梁干臣被捕一事的牵连，刘梅村、何高民身份暴露，处境危急，也被迫离开宁夏省城，中共宁夏特别支部遂解体。

了兰州会议情况，并与刘梅村发展宁夏省财政厅科长何高民

七、中共北方局领导下的宁夏特别支部

1932年8月，蒋介石因顾念西北宿将马福祥去世，再次任命马鸿逵为宁夏省政府主席。1933年3月1日，马鸿逵率新的省政府委员宣誓就职。自此，西北地区的控制权从冯玉祥系转到了蒋介石系手中。

1933年8月，绥远省中共临河县委遭敌破坏，县委决定派中共党员房鲁泉（化名赵子明）来宁夏开展工作。赵子明在《大公报》分馆的帮助下，利用自己懂医术的特长，领到了行医执照，在柳树巷（今银川步行街）本立成商店租了一间房子，挂牌行医，并将家眷由临河接至宁夏省城。

1934年1月，孙殿英部攻

赵子明

雷鼎三

打宁夏，马鸿逵部队里伤兵很多，缺少医生，赵子明被马鸿逵部队强征到医院工作，并委任为上尉医官。在工作中，赵子明结识了常来医院接送伤病员的马英才旅上尉副官雷鼎三。

经过一段时间的了解，两人结为朋友。后经赵子明介绍，雷鼎三加入中国共产党。另有一进步青年尹有年，原为北平大学学生，因对时局不满，弃学到宁夏省城，在宁夏电报局工

李清华

作，也经常到《大公报》分馆看报，与赵子明相识，后来也被赵子明发展为中共党员，后往甘肃武威《大公报》分销店工作。尹有年在那里工作很有成效，日后成长为武威地区中共党组织负责人。

经过半年多的努力，赵子明在宁夏省城站住了脚，便设法与上级党组织联系，写信向原中共临河县委书记王森汇报了宁夏省城的情况。他在信中暗示："这里生意很好做，用不了很多资本，就可以发财致富……"请求上级党组织派人，加强宁夏省城的工作。

5月，王森在北平向中共绥远特委负责人刘仁汇报了赵子明在宁夏省城的工作情况，并提出迅速派人去协助工作的要求。刘仁向中共北方局汇报后，决定派王森到宁夏省城与赵子明一道开展工作。8月，王森拟赴宁夏省城，党组织又调在河套兵变中失败而被迫转移的李德铭、在北平被国民党宪兵三团通缉的李清华（女，化名李云清）及山西籍进步青年张春生等人一同前往宁夏开展工作。

依据中共北方局的指示，成立了中共宁夏特别支部，王森任书记，赵子明任组织委员，李德铭任宣传委员，雷鼎三任兵运委员，李清华任秘书。

经过一段时间的努力，中共宁夏特别支部各项工作进展顺利。赵子明在城郊同一些农民建立了联系，雷鼎三在部队

尹有年自题照

中培养了两名班长。特别支部还在邮政工人和面粉厂工人中找到了开展工作的线索，在中小学教师中培养了发展对象，在宁夏省城贫民中发展了中共党员。李清华的英文很好，受到学生、家长的欢迎。同时，也通过职业接触到了一些中上层人士，得到了党组织所需要的情报。不久，中共宁夏特别支部将工作情况写密信向上级党组织作了汇报。

1935年5月，北平国民党宪兵三团得知李清华在宁夏省城的消息，电告马鸿逵抓捕李清华及有关人员，由此党组织暴露。敌人逮捕了赵子明、李清华、雷鼎三及《大公报》分馆的刘梦仙，悬赏捉拿王森。王森离开宁夏省城到包头寻找上级党组织。

宁夏省政府秘书长叶森、国民党宁夏省特派员王含章和军法处组成合审组，提审赵子明。经受各种酷刑折磨的赵子明仍守口如瓶，没有透露党的机密。宁夏当局无奈，只得由本立成商号经理董钟川联合天宝金店等几家商号经理作保让赵子明出狱。不久，李清华、雷鼎三也被保释出狱。

1936年6月，红军西征抵达宁夏东南部的盐池、豫旺（今同心）等县，马鸿逵惊恐万分，下令清查户口，逮捕关押所谓的可疑分子，时赵子明已去了兰州，雷鼎三、李清华再次被捕，直到1937年3月，西安事变和平解决后二人才被武装押送到包头释放。党在宁夏的组织又遭解体。

王森

八、张子华的革命活动

张子华（原名王绪祥）

张子华（1914 至 1942 年）原名王绪祥，乳名宿祥，曾化名王少髯、黄汉等。宁夏中宁县恩和乡沙滩村人。1926 年，当王绪祥在恩和高级小学即将毕业之际，国民军在宁安堡（今中宁县城关）驻军政工人员、共产党员多次到恩和高级小学开展宣传活动，介绍全国革命形势。王绪祥的政治思想觉悟有所提高，初步懂得了一些革命道理。

1928 年，王绪祥高小毕业后，先考取甘肃省兰州第二中学，1930 年 8 月又去了北平知名的教会学校汇文中学高中部学习。学校里有中共地下党支部。王绪祥一入校就积极参加各种进步活动，表现十分活跃，很快被党组织发现，培养他加入了中国共产党。为了表明自己立志做中华民族的儿子，献身于革命事业，入党时王绪祥改名张子华。入党以后，他在全国总工会华北办事处负责人饶漱石的直接领导下，主要从事学生运动。

在北平期间，张子华特别关心和帮助家乡同学组织的"宁夏留平学生会"，主动吸收学生会中的积极分子袁金璋、高尚信、姚启圣、潘钟林、路秉监、征克非、

吴介凡等 12 位同学组成马列主义学习小组，辅导他们学习《资本论》《共产党宣言》《反杜林论》《辩证唯物论入门》《现代世界观》和江西苏区编印的英文小册子《论坛》等革命理论书籍，并帮助学生会创办会刊《银光》（后更名《宁夏曙光》《塞北》），还亲自指导和组织大家踊跃参加地下党组织领导的"反帝大同盟"所开展的一些活动，并提议宁夏留平学生会组织和建立革命武装，推翻马鸿逵家族对宁夏的黑暗统治。张子华还动员宁夏籍学生王子瑞、潘钟林、苏印泉等赴张家口，参加冯玉祥、吉鸿昌领导的抗日同盟军。一些同学在张子华的影响和培养下加入了中国共产党，成长为党的领导干部。更多的同学则始终坚持进步，成为党的亲密朋友。

1933 年年底，张子华受全国总工会华北办事处的派遣，到天津负责领导天津唐山地区的工人救亡运动，组织工人纪念"五卅"运动九周年活动。5 月中旬，张子华被警方便衣逮捕，但因没有暴露真实身份，不久获得自由。出狱后，张子华被调到中共中央驻北方代表机构工作。1934 年 9 月，中央代表陈铁铮（即孔原）派他到陕北革命根据地巡视工作。10 月，张子华化名黄汉进入陕北。在做了大量工作以后，张子华返回北平，

张子华（左）与李克农（右）合影

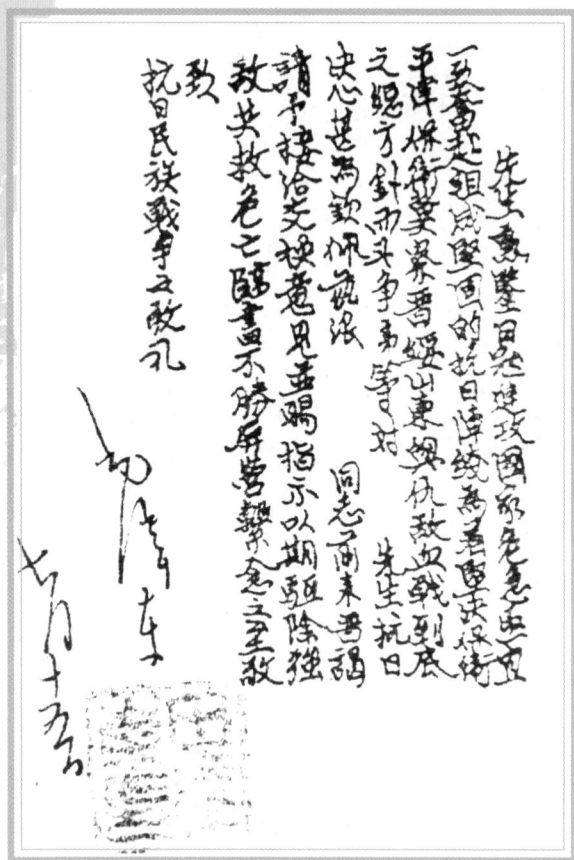

毛泽东给张子华签发的抗日应战介绍信

向陈铁铮汇报了情况，并征得陈铁铮的同意后，立即写信给陕北党组织，传达了中央代表的指示，批准了陕北特委的决策。1935年初，张子华随同陈铁铮调到上海，任中共上海临时中央局组织部秘书（负责人），兼联系河北省委政治交通。5月，张子华改任鄂豫陕边区特派员。就在此时，他接受了一件十分重要的特殊使命——国共第二次合作和谈的秘密联系员，当时只有21岁的张子华担任了国共两党中央开始接触和早期谈判的秘密使者。

1936年1月3日晚，国民党方面派左恭陪同谌小岑与张子华第一次会晤。谌小岑传达了国民党中央的意思，并请张子华帮助与中共中央搭桥。之后，张子华回访了谌小岑，向谌小岑通告了中共方面愿意接受国民党中央的意愿，同意两党进行和谈，一致抗日，并建议由国民党方面派出代表与张子华一块前往陕北，与中共中央领导人直接面谈。国民党方面由宋子文出面，请宋庆龄从

中设法帮忙。宋庆龄给毛泽东、周恩来写了亲笔信，委托周继武（真名董健吾）以国民党中央政府财政部西北经济专员的身份与上海党组织派往陕北的联络员张子华一同前往陕北。张、周二人到西安后，得到了张学良将军帮助，于2月19日进入陕北，到达中共中央驻地瓦窑堡（今陕西省子长县）。因当时毛泽东、张闻天、周恩来等中央主要领导人都在东征战役前线，由林伯渠、秦邦宪等接待了客人并听取汇报，随后张子华专程赶到东征前线向中央详细汇报了他与国民党方面几次接触的情况，还把上海临时中央局的处境一并作了汇报。毛泽东夸奖他："你作了一件很了不起的大事。"中央对他的工作表示满意，决定继续派他作为中央的联络员。3月中旬，张子华返回上海。

通过这次联络，中共向国民党提出了和谈的五条原则：一、停止一切内战，全国武装不分红白，一致抗日；二、组织国防政府和抗日联军；三、容许全国主力红军迅速集结河北，首先抵御日寇进攻；四、释放政治犯，容许人民政治自由；五、内政和经济上实行初步与必要的改革。这样，敌对了近十年的国共两党又恢复了联系。

4月，张子华又去南京，向曾养甫转达了中共中央愿意联合抗日的诚意，南京方面立即把陈立夫口授的四项谈判条件转告张子华。5月，张子华把国民党方面提出的四项谈判条件送往陕北瓦窑堡，中央军委副主席周恩来接见了他。周副主席听完汇报，表扬道："你的工作意义是重大的，你做得也很有成绩。"接着，张子华为了完成国共两党互换电报密码、电台呼号，直接通信联系的任务，又在8月第三次赶赴党中央所在地保安（今陕西志丹县），促成两党直接通电，并携带中共中央和周恩来分别给陈果夫、陈立夫和曾养甫的信件。10月27日，新任广州市市长的曾养甫会晤张子华，又向张子华口头转达了国民党关于与中共和谈的四点建议。同时，国民党方面提出邀请周恩来到广州或香港会谈，并已为周办好了去港护照。第二天，张子华向中央电报上述内容。毛泽东、周恩来当即回电给张子华，让他

向曾养甫和陈氏兄弟转达中共四点意见。中央并电令张子华返回陕北。11月上旬，张子华第四次回到陕北，结束了国共密使任务，被重新任命为中共中央统战部联络局副局长，留在中央工作。

12月12日，"西安事变"爆发后，张子华任中共代表团秘书，以八路军总部参谋和周副主席秘书的名义，在西安做统战工作。在西安期间，他按周恩来的指示，为营救西路军做了大量工作。他还广泛接触在西安的宁夏官方、民间人士，帮助和鼓励一些老同学参加抗日、投奔革命队伍。"七七事变"后，日军大举西犯，宁夏有沦亡的危险，中央决定加强对宁夏的工作，并派他以八路军的身份，到宁夏直接做省主席马鸿逵的统战工作。具体任务三项：其一，交涉在宁夏省会设立八路军办事处事宜；其二，谈判释放被俘红军；其三，商量陕甘宁边区与宁夏省的交界线问题。他还秘密会见了国民党宁夏省党部组织科长袁金璋等一些留平老同学，鼓励他们为国家为人民做有益的事情，影响和动员一些进步青年到延安参加革命工作，为扩大党在宁夏的活动创造了条件。

1938年1月，张子华调到武汉，任中共代表团民政部文化组主任。2月，调回延安。4月，分配到抗大担任政治教员。1939年9月，张子华被秘密送进延安保安处隔离审查。他被指控在天津被捕时有"叛变"行为，赴宁夏与马鸿逵谈判时有"通敌"嫌疑。但是在当时的环境下，是无法查证落实的。由于他长期心情抑郁，不幸染上肺病，于1942年病逝狱中，年仅28岁。

1983年9月26日，中共中央组织部对张子华的历史问题作出结论："张子华同志青年时期脱离地主家庭，追求进步，参加革命活动。三十年代，他在党的工人运动、地下工作和统一战线、团结抗日等方面，做了许多工作，对党的事业是有贡献的。在被审查期间，他坚持实事求是，对党忠诚，表现是好的。现决定解除对他的'政治嫌疑'，恢复名誉，承认党籍，并通知有关地区、单位做好善后工作。"

1985年5月，中共宁夏回族自治区委员会召开会议，为张子华恢复名誉，在八里桥革命公墓安放了他的遗像。

1937年，西安八路军办事处周恩来、叶剑英同工作人员合影（中排右一为张子华）

宁夏建省

一、宁夏建省

宁夏省政府大礼堂

宁夏省政府办公厅旧址

1928年秋，南京国民政府成立。冯玉祥为巩固在西北的地盘，扩大势力范围，以宁夏、青海距离甘肃省城太远，交通不便，不易发展为由，提出另设宁夏、青海两省的提案。

1928年9月5日，国民党中央政治会议第153次会议通过了甘肃省分治案。10月17日，第159次会议又根据第153次会议的甘肃分治案，决定将宁夏道旧属八县（即宁夏县、宁朔县、平罗县、中卫县、灵武县、金积县、盐池县和平远县）和宁夏护军使辖地（即阿拉善、额济纳二旗）合并建为宁夏省。

1928年10月20日，南京国民政府正式以国民政府命令行文，公布设置宁夏省。10月24日，

冯玉祥在国民党中央政治会议上提出了宁夏省政府组成委员的名单，并获通过。11月1日，南京国民政府正式颁布命令，任命冯部国民军第七军军长门致中为宁夏省政府委员兼省政府主席，任命邵遇芝、李世军、魏鸿发（魏绍武）、马福寿、白云梯、扈天魁为政府委员。同时，指定邵遇芝兼民政厅厅长，扈天魁兼财政厅厅长，李世军兼教育厅厅长，魏鸿发兼建设厅厅长。另外还任命王芝庭署任宁夏高等法院院长。接着，甘、宁、青三省根据国民政府第170号训令，共同商定了《甘肃、宁夏、青海三省划界实施办法草案》，着手对三省边界进行具体的勘察和划分。在上述一系列准备工作的基础上，南京国民政府颁布了第189号指令，宣告宁夏省于1929年1月1日正式成立。1月10日，全体省政府委员宣誓就职视事。

新的宁夏省共领九县两旗，即宁夏县、宁朔县、平罗县、中卫县、灵武县、金积县、盐池县、镇戎县（平远县）、磴口县和阿拉善额鲁特旗、额济纳旧土尔扈特旗。全省总面积共计27.491万平方公里，占全国总面积的2.38%，总人口约为70万。而额济纳、阿拉善两旗，虽在

1929年1月14日，天津《大公报》报道宁夏省成立

宁夏省之范围内，但一切管理行政之权省府仍不得过问。所以，宁夏省的实际管辖范围，仅为贺兰山以东 9 县，其土地面积为 2.945 万平方公里，约占全省总面积的 10.7%。

门致中（1889~1951），字清源，吉林省汪清人。行伍出身。1914 年 9 月保定军校一期毕业。后参加西北军，曾任团、师、军长，国民党宁夏省政府主席，冀察政务委员会委员兼建设委员会主席等职。1940 年，任伪华北政务委员会常务委员、治安总署督办、华北治安军总司令，是华北地区伪军最高指挥官，指挥伪治安军配合日军进攻抗日根据地，"围剿"抗日武装力量。1945 年 8 月抗日战争胜利后，被蒋介石委任为华北先遣军第九军总司令，不久逃往香港。

宁夏省第一任省主席门致中

二、马仲英攻占宁夏省城

1927 年 5 月徐州会议以后，冯玉祥联蒋反共的立场日益明显，国民军中刘郁芬等高级将领的军阀作风日益膨胀。在国民军统治的西北地区，粗暴地对待回族等少数民族。经济上，则毫不顾及人民生活，把庞大的军费和兵源负担强加于西北各族人民，连年的征兵、征粮、筹款使城乡经济的凋敝，最终导致 1928 年 5 月马仲英领导的震动西北、闻名全国的"河湟事变"。领导这场斗争

马仲英

宁夏省政府大门

的回族青年马仲英当时年方 17 岁，人称"尕司令"（当地方言称"小"为"尕"），他率领起义民众先后驰骋北至河套，南到阶文，东达平庆，西至南疆，时间长达 9 年之久，战尘远及数千里。

同年 5 月，马仲英曾率部三围河州。8 月，在国民军劲旅吉鸿昌师的攻击下，河州城围被解。11 月，马仲英率部退入甘肃洮岷地区，又转战陇南，最后退入青海。1929 年 2 月中旬，马仲英部进入河西。3 月 14 日，马仲英到达民勤城下，刘郁芬派驻天水的第十三师吉鸿昌部驰往民勤清剿。1929 年 4 月初。马仲英率部进入腾格里沙漠，经阿拉善旗向宁夏进军。

4 月 12 日，马仲英部越贺兰山苏峪口，下午

占领宁朔县城（宁夏新城）。次日，即攻打宁夏省城。因省城防守极为空虚，不到 1 个小时，即被攻破。省政府秘书长赵雪田自焚身死，而门致中从省城南门逃出。门致中自 1 月 10 宣誓就职，到 4 月 13 日逃离省城，在宁夏省主政不足 100 天，故被称为"百日省主席"。

三、吉鸿昌在宁夏

1929 年，吉鸿昌任宁夏省政府主席题照

吉鸿昌铜像

厅厅长，甄纪印任教育厅厅长，何肇乾任秘书长，鞠毅任省会公安局局长。吉鸿昌针对连年战乱中出现的回汉隔阂，提出"回汉一家，不分彼此"的口号，在安民告示中宣布："本军所到之处，只分良莠，不问回汉。"他严令部队尊重回族的风俗习惯，还邀请回族著名人士马进西、马震武等共商治理宁夏的大计，并与回族代表合影留念。他请人画了一张《回汉团结图》高悬于银川城中心的鼓楼上，画面上一回一汉两位老人正眉开眼笑握手言欢。他派人把这幅画的照片四处散发，并深入到纳家户、保家户回族聚居区广为宣传。平时，吉鸿昌还经常微服外出，体察民情。有时也身穿回族衣服，到清真寺与阿訇及上寺的回族促膝交谈。广大回族群众亲切地称

1929 年 4 月，马仲英攻占宁夏城（今银川）后，刘郁芬急令吉鸿昌率部经兰州、中卫驰援宁夏。马部不支，节节后退，吉部乘胜追击，一直追到宁夏省城之下。马仲英不敢恋战，匆匆率部出北门，退至石嘴山一带。5 月 24 日，吉鸿昌部进驻宁夏省城，升任第十军军长，并接任宁夏省政府主席。

吉鸿昌就任宁夏省政府主席后，首先改组了宁夏省政府，马福寿任民政厅厅长，刘继唐任财政厅厅长，魏鸿发任建设

1929 年 7 月 24 日，国民军联军第十军军长吉鸿昌就任宁夏省政府主席

1929 年 9 月 24 日，宁夏省回教代表举行大会欢迎吉鸿昌主席

吉鸿昌与宁夏各界代表合影(前左三吉鸿昌,左二马福寿)

吉鸿昌(中)参加罗秀峰、赵玉明婚礼

他为"吉青天""吉回回"。

吉鸿昌指示建设厅厅长魏鸿发编制垦荒计划,改良农业,开发矿产,发展工交运输业,振兴教育。他自称"开发西北总指挥",提出三项主张:"一、反对内战,安定民生;二、实行兵工政策,开发西北;三、枪口决不对内"。他把这三项主张

印在自己的名片背面,以表明自己的政治态度。但是,到1929年10月中旬,冯玉祥、阎锡山合谋倒蒋,中原大战在即,冯玉祥电令吉鸿昌率部迅速东下。吉鸿昌以开发西北,建设宁夏的大志未遂而郁郁离宁。后来,吉鸿昌亲自写了《醒胞》一书,强调回汉携手合作,唤起人民觉醒。

吉鸿昌赠宁夏高小以上学校秋季联合运动会题照

吉鸿昌的碗。吉鸿昌父亲告诫吉鸿昌"作官即不许发财",吉鸿昌以此为座右铭,并专门烧制写有七字的碗在军中使用

吉鸿昌 (1895~1934),原名恒立,字世五,河南省扶沟人。1913年加入冯玉祥部,从士兵递升至团长、师长。骁勇善战,人称"吉大胆"。1929年,任第十军军长兼宁夏省政府主席。1930年蒋冯阎战争后,接受蒋介石收编,任第二十二路军总指挥兼第三十师师长。旋奉命"围剿"鄂豫皖革命根据地,因不愿替蒋打内战,翌年称病去上海就医,与中共中央军委接触,随后曾在潢川组织所部起义参加工农红军未果。8月被蒋解职,强令出国"考察"。遂环游欧美,发表抗日演说。

1932年,吉鸿昌回国寓居天津,秘密与中共华北政治保卫局联系。8月,到湖北麻城宋埠策动旧部第三十师起义失败,潜回平津地区后加入中国共产党。1933年5月,与冯玉祥、方振武在张家口建立察哈尔民众抗日同盟军,任第二军军长,旋任北路前敌总指挥,率部向察北日伪军进去,连克四县,将日军驱出察境。但在蒋介石的破坏下长城抗战失败后,吉鸿昌前往天津继续从事抗日活动。

1934年,吉鸿昌参与组织中国人民反法西斯大同盟,被推为主任委员,秘密印刷《民族战旗》报,宣传抗日,联络各方,准备重新组织抗日武装。11月9日被捕,24日被杀害于北平陆军监狱,时年39岁。刑前题诗一首:"恨不抗日死,留作今日羞。国破尚如此,我何惜此头?"

四、宁夏建省前后状况

（一）增设磴口县

磴口县位于银川市东北，治磴口（今内蒙古自治区磴口县巴彦高勒镇）。总面积约1750平方公里，人口11800余。该县原为蒙古阿拉善旗王府控制的牧地。1926年，国民军冯玉祥至此，见该地人口众多，商业繁华，且临河与平罗两县城之间相距六七百里，中间无重要市镇，遂设立县治，以资管理。1929年1月30日，国民政

瘦骨嶙峋等待赈灾放粥的饥民人山人海

磴口县地理位置

府第197号指令正式认可，并将磴口县划归新成立的宁夏省管辖。然而，为了磴口设县事情，阿拉善旗和宁夏省政府曾发生很大纷争。1935年，国民政府特派蒙藏委员会委员唐柯三前往调解，前后50多日，拟定了解决原则：确定磴口县之土地所有权为阿拉善左旗所有，

行政权属宁夏省。

（二）1928年特大旱灾

据史料记载："民国十七年（1928年），甘肃全省春夏空前大旱，自陇东以迄河西，南起洮岷，北达宁夏，继1920年甘肃大地震后，50余县旱雹相继。春不能下种，夏旱魃为虐，寸草不生，颗粒未收。又值狄河战乱，天灾人祸相加，粮价昂贵，饥民号寒，哀鸿遍野，积尸梗道。人相食，甚至有掘尸、碾骨、易子而食者，实为甘肃空前未有之奇灾。"1929年，甘肃省已连续三年不雨，造成全省特大旱灾，78个县受灾者有57个县，灾民达457万余人。海原、固原、隆德3县灾情十分严重，灾民近20万人。以海原县最为严重，甚至出现了人吃人的惨相。隆德县城原有居民200余户，到是年

磴口县境内的阿贵庙

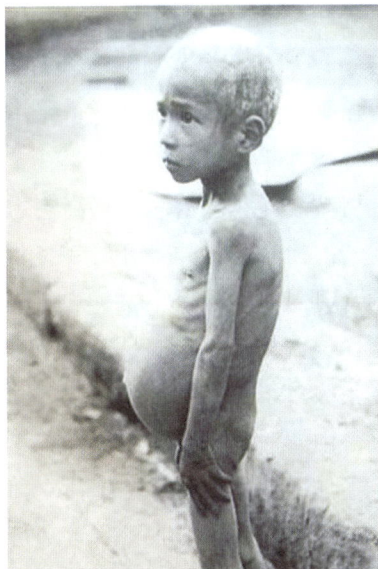

大灾中饥饿的儿童

饿毙街头的儿童

饥民遍地

夏季只剩下四五户。

1929年6月26日《申报》报道，甘肃"全省78县至少有四成田地未能下种子"，"遭旱荒者至40余县"，灾民"食油渣、豆渣、苜蓿、棉籽、秕糠、杏叶、地衣、槐豆、草根、树皮、牛筋等物，尤有以雁粪作食者。至瘠弱而死者，不可胜计"。时任甘肃督军刘郁芬在发给南京政府的电文中称"甘肃各地连年天灾兵祸，田庐漂没，村落焚毁，树皮草根俱已食尽，人相争食，死亡枕藉，山羊野鼠也已啖罄"，"灾民流离失所，无家可归者在百万以上"。当时有上海华洋义赈总会观察干事、外籍人安献金到甘肃省调查灾情。他在给总会的报告中，着重叙述了隆德、静宁、会宁和定县一带的灾情实况，报告中写道"沿途灾情之惨，出余意料之外"，"以人为食之事，在该省已司空见惯，不足为奇"，"天灾之重，可谓绝无仅有"。

饿殍遍野惨不忍睹

袁金章

雷启霖

司以忠

(三) 宁夏旅平学生会

1930 年春,一批在北平(北京)中国大学、国民大学、北平大学农学院和弘达学院求学的宁夏籍学生袁金章、谈尚彦、雷启霖、刘廷栋、李雨村、吴元辉、殷占雄、张子华(王绪祥)、孙殿才(赵忠国)等人,正式成立了宁夏旅平学生会,首届委员有殷占雄、袁金章、谈尚彦、雷启霖、李雨村 5 人。宗旨是:联络同学,增进感情,宣传科学,反动贪官污吏,打倒土豪劣绅,推动宁夏社会进步。1930 至 1931 年,又有一批学生从宁夏、兰州到北平求学,均参加了宁夏旅平学生会。当时学生会成员有 40 余人。其中,张子华、孙殿才在北平加入了中国共产党,和中共党员李天才一起在北平从事党的地下工作。

宁夏旅平学生会的主要革命活动:一是组织马克思主义学习小组。1931 年初,张子华、孙殿才吸收宁夏旅平学生会成员袁金章、高立天、殷占雄、阎廷栋、姚启圣、潘钟林、路秉鉴、征克非、吴介凡等 12 人,秘密组织了马克思主义学习小组,对外称读书会。二是出版进步刊物。筹办《银光》刊物,1931 年 2 月第一期出版。其宗旨是"根据团结精神,研究学识,唤起全宁睡民,改造险恶环境,以扬文化,以臻文明",目的在于揭露马氏家族在宁夏的黑暗统治,反映宁夏社会问题,号召宁夏人民团结起来,为反对黑暗统治而斗争。《银光》的发行,引起了宁夏统治者的极大不满与恐慌。1933 年马鸿逵主政宁夏后,明令禁止《银光》在宁夏地区发行。《银光》不久改名为《宁夏曙光》,出版 3 期后又改名为《塞北》出版了一期,1936 年被迫停刊。三是参加武装斗争。宁夏旅平学生会接受中共党员张子华、孙殿才等人的意见,主张在宁夏开展武装斗争。后因联络高士秀等武装力量未能成功,开展武装斗争的计划被迫放弃。1933 年 5 月,冯玉祥、方振武、吉鸿昌等爱国将领在张家口组织察哈尔民众抗日同盟军,中共河北省委组织大批青年学生参加,孙殿才参加并担任支部书记和前委巡视员,张子华也动员在北平的宁夏籍学生王子端、潘钟林、苏印泉等多人参加了抗日同盟军。1933 年 9 月,孙殿英部要经宁夏、甘肃开赴青海。中共中央北方局利用这一机会,派中共党员南汉宸、常立夫、刘继曾等人到孙部任顾问,支持孙殿英进攻宁夏,以推翻马鸿逵统治,与陕北红军和杨虎城西北军联合,共同经营西北。宁夏旅平学生会的中共党员和进步青年王子端、谈尚彦、樊应福等人积

1932 年 7 月 1 日旅平学生会创办的刊物《宁夏曙光》第三期封面

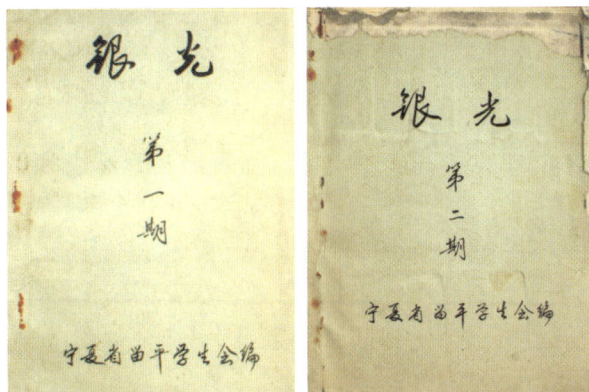

《银光》第一期　　《银光》第二期

极参加，并被委派军职，随军担任联络，并又与地方人士李冲和、叶松林等组织地方维持会，筹集粮草，支援孙军。后因孙殿英军队彻底失败，孙军中的共产党员和宁夏旅平学生会成员撤离宁夏。四是投身爱国活动。1931年"九一八"事变后，全国人民抗日热情高涨。北平学生游行示威，组织南下请愿团，进行卧轨斗争等。宁夏旅平学生会成员潘钟林、俞文学、王延龄、吴介凡等参加了这场活动，并参加北平学生支援保定师范学生的抗日罢课，上街贴标语、散传单，宣传抗日救国，揭露国民党的不抵抗政策，为抗日救亡而奔走呼号。1937年"七七事变"后，平津失陷，宁夏旅平学生分批辗转回到宁夏。又通过宁夏省教育厅组织了抗日宣传队，分别由司以忠、征克非、梁飞彪带领，深入到宁夏各地进行抗日宣传。

（四）银川设市

1944年1月，宁夏省政府呈报国民政府行政院，在宁夏省城设置银川市。10月，国民中央政府内政部来文通知，凡各省政府所在地，没有建立市一级政府机构的城市，都要规划建市。宁夏省国民党马鸿逵政府成立市政筹备处，由省政府建设厅厅长兼交际处处长的李振国负责筹建银川市的各项工作。1945年1月9日，宁夏市政筹备处公布《银川市筹备处组织章程》，宣布改宁夏省城为银川市。1947年4月18日，经国民党中央行政院批准，银川市正式成立，李振国任首任市长。

银川市市区范围：以省会城市为中心，东至红花渠西口，西至唐徕渠东口，西南至南关强家水渠，西北至小新桥以北李家寨止，北至盈水渠南口及教场湖、教场滩，东北至骆驼岭以南及高桥，南至红花渠北口（以上均为当时地名），面积约7.7平方公里，人口2.6万余。

银川市首任市长李振国（中）与其家人

马鸿逵修筑于银川西门外的碉堡

马鸿逵统治宁夏

一、马鸿逵任宁夏省政府主席

宁夏省政府主席马鸿逵

马福祥病故后，蒋介石重新任命马鸿逵为宁夏省政府主席。

1933年3月10日，马鸿逵率新的省政府委员宣誓就职。改组后的宁夏省政府委员为马鸿逵、罗震、梁敬镐、余鼎铭、葛武棨、马福寿、海涛、达理扎雅、马继德，马鸿逵兼任省政府主席，罗震兼民政厅厅长，梁敬镐兼财政厅厅长，余鼎铭兼建设厅厅长，葛武棨兼教育厅厅长。还任命冯延铸任省政府秘书长，叶森任垦殖总局总办，马福寿兼省警备司令，魏鸿发任省道管理处处长兼市政筹备处长。这一班人马，除葛武棨是蒋介石派遣，达理扎雅是阿拉善亲王外，其余不是马鸿逵的家族亲属，就是追随他多年的僚属。

马鸿逵主政宁夏后，马鸿宾将其所率第三十五师移驻黄河以东的灵武、金积一带。

马鸿逵到宁夏后，积极扩充整编部队。他的第十五路军辖陆军新编第七师，有三个独立旅和两个骑兵旅，另有特务团、教导团、炮兵营、工兵营，兵力2万余人。马鸿宾的陆军第三十五师下辖三个步兵旅、一个骑兵团，共9000余人。

1933年2月，宁夏省政府新主席（马鸿逵）与旧主席（马鸿宾）举行印信交接典礼

影攝禮典職就誓宣行補員委兩達萬省夏寧日十二月三年二十二國民華中

1933年3月20日，宁夏省万武榮、达理扎雅两委员补行宣誓就职典礼合影

马鸿逵率军政要员在中山堂前合影

宁夏警察局警察教练所开学典礼

影攝會大員委各及席主新馬迎歡縣四東河夏寧

1933年2月23日，宁夏河东金、灵、盐、豫四县欢迎新主席马鸿逵及各委员大会合影

宁夏省党务指导委员马鸿逵（左二）、王含章、陈克中暨书记长王崇熙与中央监察委员纪子明（中）合影（1934 年 7 月 23 日）

民国宁夏省
政府秘书长叶森

民国宁夏省
政府民政厅厅长冯延铸

民国宁夏省
公安局局长马如龙

二、孙马混战

国民党第四十一军军长孙殿英　　青海省政府主席马步芳

马鸿逵在宁夏立足未稳，就在宁夏境内爆发了与孙殿英部的混战。

孙殿英，名魁元，河南永城人。以封建会道门起家，后投靠军阀张宗昌，曾任直鲁联军第十四军军长。北伐后投靠蒋介石，曾因"东陵盗墓"恶名远扬。中原大战后投于张学良门下。"九一八"事变后升任第四十一军军长。1933年春，率部在赤峰、独石口一带抗击日寇。1933年6月，蒋介石以国民政府名义任命孙殿英为"青海西区屯垦督办"，令其率部队西移。蒋介石此举一来可以削弱冯玉祥倡导抗日的力量，二来可借孙殿英之力遏制西北马氏家族的势力。孙殿英也想凭借自己的实力，称雄西北，图谋发展。孙殿英的任命发布后，立即遭到宁夏、青海的马鸿逵、马步芳等地方军阀的强烈反对，马鸿逵、马鸿宾、马步芳、马

步青等为了共同利益，一致联合起来抗拒孙殿英。

孙殿英的第四十一军下辖3个师，全部人马号称8万之众，实际6万余人。宁夏、青海方面的参战部队，有马鸿逵和马鸿宾的全部军队以及马步芳、马步青陆续派遣的部队，总兵力为5万余人。

1934年1月12日夜，孙部先头部队进袭磴口，马部退至石嘴山。13日，孙部分两路猛攻石嘴山，马部守军退至黄渠

被定为国家级文物单位的西宁马步芳公馆旧址——馨庐

宁夏第一期国民军训练胸章和宁夏保安处职章

军被四面包围，双方短兵相接，激战至夕，孙军主力被击溃，退据城西北及满达桥一带各堡寨内。自此，双方在宁夏城郊展开了拉锯战。

孙部自攻打宁夏以来，大小数十战，并未占得一处重要城镇。拖延一月有余，进退维谷。2月22日，孙殿英亲率所部向马部全线进攻，在炮兵支援下，向海宝塔和赵家庄猛烈攻击。炮火严重损坏了具有悠久历史和精美造型的海宝塔。马部卢忠良部勇猛应战，守住了海宝塔。26日，孙部再次发动攻击，马部奋力应战，孙部纷纷溃退。至此，孙部已精疲力竭，锐气大挫，再无战斗能力。此时，蒋介石命令何应钦停发第四十一军的军饷和补给。接着，蒋介石下令撤销青海西区屯垦督办公署，免去孙殿英各职。孙殿英大势已去，所部官兵纷纷哗变。孙殿英自知败局已定，于3月19日下令总退

马步芳（左）与马步青（右）

桥。14日，孙部攻击黄渠桥，马部纷纷后退。19日，孙部刘月亭师从东、西、北三面包围了宁北重防平罗城。守城马鸿逵部旅长马宝琳，对死守城池已作了充分的准备。平罗城始终未被攻破，对孙部构成很大威胁。

26日，孙军留下小股部队佯攻平罗，刘月亭亲率主力两个师及炮兵旅，扑向宁夏省城。27日拂晓，孙部主力进至宁夏城北的满达桥一带，其先头部队从城西北方面猛烈攻城。防守城垣的马部立即展开反击。天亮后，马英才、马全良、卢忠良及马步芳部出击，孙

孙马大战中被战火毁为废墟的宁夏城(今银川市)外大礼拜寺

却，孙部残余人马被布防在石嘴山至三盛公一带的晋军缴械收编。

此次混战，以四马得胜告终。

20世纪30年代银川北门外通往平罗之大道，这里曾是孙马大战的主要战场

三、蒋介石三次来宁夏

1934年10月19日，蒋介石第一次来宁夏，马鸿逵率宁夏各界要人在机场欢迎。前排右一为马鸿逵，中为蒋介石，左为张学良

1934年蒋介石来宁夏在机场合影，照片下方所标序号，依次为：1张学良、2蒋介石、3马鸿逵、4胡宗南、5马鸿宾

蒋介石1934年在宁夏留影。前左起：马鸿逵、马福寿、胡宗南、张学良、蒋介石、宋美龄、马书城、刘慕侠

马鸿逵统治宁夏时期，蒋介石曾三次来宁夏。

1934年10月17日，蒋介石以"视察农村实业"为名，在张学良等陪同下偕夫人宋美龄等飞赴兰州考察。10月19日下午2时30分，由张学良、胡宗南等陪同，飞抵

宁夏。马鸿逵、马鸿宾亲自到宁夏省城东昌简易机场（在今通贵）迎接，并在停机坪合影留念。蒋氏一行于当天下午巡视宁夏城，次日飞返西安。

1936年11月中旬，蒋介石在张学良陪同下，再到宁夏。得知蒋介石要来宁夏，10月18日，马鸿逵亲自召集李翰园、冯延铸、杨鸿寿、马如龙、马玉贵、蔺敦道等人开会，研究接待蒋介石事宜，并亲自部署了警卫任务。

11月19日上午10点，马鸿逵携四姨太刘慕侠，带领省政府四大厅和省党部八大处的长官，到飞机场迎候蒋介石。随同欢迎的八大处长官穿着整齐的军装，笔直地站立着等待蒋介石检阅。

马鸿逵到机场迎接蒋介石一行的只有三辆小汽车，即两辆小卧车和一辆敞篷吉普车。蒋介石和宋美龄坐一辆小卧车，张学良等坐另一辆小卧车，马鸿逵和夫人只能乘坐敞篷吉普尾随在后。四大厅八大处的僚属，有的骑马，有的骑自行车，在后面紧紧追随。从飞机场到宁夏城20多里路，三步一岗，五步一哨，沿线警戒，城内从西门到大公馆组织了党政机关、工商界、教育界、群众团体、知名绅士、宗教界教长、阿訇以及学生队伍和居民夹道欢迎。蒋介石的汽车一进西门，站在最前面的党政头目和各界绅士一一列队鞠躬，中小学生和欢迎群众按照马鸿逵的事先安排，挥舞小旗欢呼"万岁"。

宁夏当时尚无像样一点的宾馆，马鸿逵只能用自己的私宅大公馆接待了蒋介石。刘慕侠还精心给蒋介石夫妇各缝

1936 年 11 月,蒋介石第二次来到宁夏,马鸿逵率众在机场欢迎蒋介石、宋美龄、张学良一行。前排中手执礼帽者为蒋介石,前排左二为宋美龄,左一为马书城;前排右二为张学良,右一为马鸿逵

制了一套"龙凤袍"即黄绸睡衣。

　　第二天上午,马鸿逵召集上校以上军官,在总部礼堂听取蒋介石和张学良的训话,中心议题仍然是大谈"剿共"。之后,蒋又把张学良介绍给大家,说:"张学良是西北剿共的代总司令,是代替我行使总司令职权的。你们要服从他的统一指挥,服从张学良,就是服从我蒋介石。"蒋介石、张学良讲话以后,马鸿逵最后也表态,表示绝对服从蒋总司令的领导,绝对服从张代总司令的指挥,坚决拥护蒋总司令"攘外必先安内"的政策等等。

　　第三天,蒋介石一行在马鸿逵的陪同下,游览了旧银川的市容市貌,登上了银川最古老的建筑北塔,徒步在中山公园走了一圈,随后来到园内马鸿逵为父亲修建的云亭纪念碑前。蒋介石观看了当年由他亲笔为马鸿逵父亲马福祥去世后书写的"遗爱长留"四个大字,和张学良一起向纪念碑行鞠躬礼,并和马鸿逵在纪念碑前留影。

　　10 月 21 日,蒋介石离开宁夏飞回南京。离宁前,蒋赠给少将以上军官每人一张十二寸戎装相片和镌有蒋介石名字的"中正剑"一柄。张学良也赠给上校以上军官每人一张十二寸相片。

蒋介石与宁夏党政要人在中山公园明耻楼前合影。前中蒋介石,右二马鸿逵,左二马鸿宾

银川清和门(东门)

蒋介石、张学良1936年来宁夏时在云亭纪念碑前合影留念

马鸿逵时修建的银川双城门，1969年被拆除

20世纪30年代宁夏省城北郊

蒋介石来宁夏时，赠给少将以上
军官每人一张十二寸戎装相片。图为
蒋介石所赠照片

民国时期银川中山公园全景

1942年9月，蒋介石偕夫人宋美龄第三次来宁夏，马鸿逵同夫人刘慕侠、庶母马书城及党政八大处要员到机场迎接

1942年宋美龄（中）同蒋介石来宁夏举行答谢宴会时，与马书城（右）、刘慕侠（左）合影

1942年9月1日，蒋介石第三次来到宁夏。下午一点多，蒋介石乘坐的飞机在银川西花园机场降落，除宋美龄外，随从人员为陈布雷、谷正伦、陈诚、朱绍良、傅作义等。在机场迎接的有马鸿逵和四姨太刘慕侠、庶母马书城及党政要员。

第二天，在省政府大礼堂召开欢迎和听蒋委员长"训话"的大会。蒋介石主要讲抗日战争已经五年多了，汪精卫投降日本当了汉奸。宁夏是抗战大后方，要坚持抗战到底，精诚团结，有钱出钱，有力出力，共赴国难。蒋介石把马鸿逵在宁夏执政褒奖了一番，说宁夏的水利灌溉、清丈土地、植树造林、整理保甲等工作很有成绩，特别强调不允许异党分子存在，表扬马鸿逵在"防共"方面措施得力等。

第三天上午，省城的各界妇女又召开了欢迎宋美龄大会以。由省妇女运动委员会主持。参加大会的有妇运会主任马书城（马鸿逵的庶母）、刘慕侠（马鸿逵的四姨太）、妇运会总干事瞿亚明（马鸿逵的二儿媳），此外，还有四大厅八大处官员的夫人亦陪坐在主席台上。除上述人员外，还有妇运会全体委员、各中学的妇女师生，以及各小学的女教师等，均奉命参加了大会。

当天下午，宋美龄视察了妇运会暨纺织合作社、识字班等，受到妇运会全体教职员工的夹道欢迎。当晚，马书城在中山公园的"工字楼"（又名明耻楼）设宴招待了宋美龄及其随行人员。

第四天上午，蒋介石一行离开宁夏。

1942年蒋介石偕夫人宋美龄来宁夏，宁夏妇女运动委员会举行欢迎宋美龄大会。前排：左二瞿亚明、左三刘慕侠、左四宋美龄、右四马书城、右三郑淑婉（宁夏中学校长）、右二李志贤（宁夏"国大"代表，梁飞彪之妻）

为蒋介石一行送行时马书城（左）、刘慕侠（右）与宋美龄（中）在机场合影

马鸿逵在宁夏构筑的碉堡

民国时期的慈善组织

——世界红卍字会宁夏分会

　　世界红卍字会是一个慈善组织，初创于山东济南，后在中外各地相继成立分会。以"道本人理、慈重济世"为宗旨，以"救灾匡世、厥效益彰"为己任。宁夏分会于（1931年）成立，会长由建设厅厅长魏鸿发担任。

　　宁夏分会成立后，以每年农历十一月至次年一月，放粥施舍3个月，救助对象主要是城市贫民和乞丐。并创办小学校，免收贫苦人家孩子学杂费和书本费；创办针灸所，免费针灸；遇有死后买不起棺材埋葬的，就给捐木板掩埋；某地遭受灾害，动员会员募捐救济；等。

世界红卍字会宁夏分会新基落成典礼合影

1941年1月15日，世界红卍字会吴忠镇分会正式成立典礼合影

1947年9月16日，世界红卍字会宁夏分会女道德社同修恭送懿萱老社长返平留影纪念

1942年9月16日，世界红卍字会宁夏分会成立十一周年纪念

1949 年 4 月 25 日，世界红卍字会中卫分会开幕大典留念

1941 年 9 月 18 日，世界红卍字会宁夏妇女分会成立开幕合影留念

1946年7月15日，宁夏私立卍慈小学校第一班学生毕业典礼合影

1947年，宁夏省政府粥厂放粥施舍情景

银川原八大商号和第一家照相馆

一、八大商号

　　宁夏的商业以省垣为中心，清代全盛之时人口达 10 万以上，全城大小商号有 800 余家，每年的贸易额高达 3000 余万两。同治战乱后商业衰落，民国后稍有恢复。1918 年左右，宁夏省城共有居民 1.9 万余人，大小商店 325 家，其中晋商居十分之六，秦商居十分之三，余则为天津、湖南、河南、四川以及本地商家。1935 年左右，共有商号 428 家，其中在商会者 268 家，不在商会者 160 家，资本在 10 万至 40 万元有 8 家。

　　创办于清同治、光绪年间，由山西人创办的八大商号久负盛名，即敬义泰、天成西、隆泰裕、合盛恒、百汇川、庆隆发货栈、福新店、永盛福店。

　　敬义泰商号。山西万泉县阎景镇李姓创办，初创时资金约 1000 两白银，后发展到年收入 20 万两。有 5 间铺面，30 多个店员和学徒。附设敬

敬义泰位于解放东街玉皇阁西侧

新中国成立后延续旧称的敬义泰副食品批零商店

义酱园和制作油、酱、醋、糕点、酿酒的手工作坊。闻名宁夏的有黄酒、玫瑰露酒及糕点，为当时民间婚丧嫁娶乃至上层官员相互馈赠的高级礼品。抗战期间，商号改名为"大同庆"。在天津设有敬盛永货栈。商号故址在今银川市玉皇阁西边。最后一任经理陈仰山。

天成西商号。山西交城县天元恒皮货庄的股东郭、丁、沈三家投资创办，初创时资金仅400块银元，民国初年兴旺时年收入20多万银元。有5间铺面，40多个店员和学

徒。在宁夏盐池、内蒙古鄂托克旗设有分号，在阿拉善左旗自养骆驼、牛、马、羊，兼做甘草、皮毛等生意。抗战期间改名为"乾元吉"。其故址在今银川市解放东街鼓楼西北角处。最后一任经理梁栖鹏。

隆泰裕商号。山西省平遥县董姓创办，初创资金约1000块银元。兴旺时年收入十八九万银元。有5间铺面，30多个店员和学徒。在阿拉善左旗养有骆驼、牛、羊。1948年，破产倒闭。故址在今银川市解放西街自治区政府东南角处。最后一任经理刘维汉。

合盛恒商号。山西省临晋县荆姓创办，原为陕北三边的一小客店，同治末年迁至银川，主要经营日用百货，后来发展成为拥有股金1.2万两银子，年收入12万两银子的富商号。有3间铺面，30多个店员和学徒，在中卫、平罗、黄渠桥均有分号。1947年，破产倒闭。故址在今银川市解放西街鼓楼电脑市场的路对面。股东兼最后一任经理荆子明。

百汇川商号。山西省平遥县雷泽霖创办，初创资金是3000两银子。民国以后，资金达30多万银元，兴旺时

①隆泰裕旧址侧门

②隆泰裕商号位于解放西街鼓楼的北侧

③合盛恒商号残存时四合院内之一角

④敬义泰改名"大同庆"百货商栈

⑤位于鼓楼西侧百川汇商号之一角

⑥位于鼓楼西侧的合盛恒商号（1949年后为红星旅馆）

⑦庆隆发商号一角

⑧庆隆发商号一角

20世纪20年代敬义泰店后附设加工厂，
银川解放后仍沿用

1949年后在隆泰裕旧址新建的五金大楼

年收入七八万银元。有3间铺面，十几个店员和学徒。附设万元汇分号以酿酒零售为主。抗战时期改名为"德丰隆"商号。故址在今银川市解放西街处鼓楼电脑市场的对面。最后一任经理张子珍。

庆隆发商号。与隆泰裕为同一店东，生意光旺时年收入10万银元。该商号在阿拉善左旗也做皮毛生意。抗战时期改名为"新华商店"。故址在今银川市鼓楼北街与文化东街交叉路口。最后一任经理赵子文。

福新店。为山西平遥县张姓等5家创办，股金1万银元。生意兴隆时年入6万银元。1946年，破产倒闭。故址在今银川市玉皇阁对面。最后一任经理张廷凡。

永盛福商号。山西河津县王姓创办。原为陕北三边小商，后成为年收入5万银元的大店。1938年，破产倒闭。故址在今银川市新华饭店东侧。

新中国成立后在福兴店旧址上建起的东街棉麻日杂五金水暖商店

位于玉皇阁对面，在解放东街坐南朝北的福兴店上房小阁楼

二、宝珍照相馆

宝珍照相馆创始人章万宝（1926年）

1924年，世居定远营的章万宝举家迁到宁夏省城谋求发展，用300块银元在柳树巷买下临街一座前后院的房产，开办了一家照相、镶牙、修理钟表的综合性店铺，使宁夏有了第一家照相馆——宝珍照相馆。1925年，西北军暂编第二师刘郁芬部开进宁夏，请章万宝随军拍照。章万宝3个月赚了500块银元，为创办宝珍照相馆掘得第一桶金。1926年，章万宝从北京买回了进口照相机。1928年，章万宝又从天津高薪聘请法国摄影师雷恩波师徒二人来到宝珍照相馆，使宝珍照相馆成为一家设备和技术都较好的照相馆，数十年来为宁夏拍下了无数珍贵的历史照片。1955年11月，宝珍照相馆实现了公私合营。1966年"文化大革命"开始后，宝珍照相馆改为新影照相馆。

宝珍相馆拍摄的儿童照片

位于柳树巷（银川市现步行街）东侧原宝珍照相馆旧址的上房小阁楼

宝珍照相馆拍摄的个人照片

宝珍照相馆拍摄的银川女中学生照片

宝珍照相馆拍摄的个人照片

章万宝全家福

宝珍馆师徒合影，前右二为章万宝长孙、87 岁高龄的章文焕

金江先生惠存

馬敦炎
馬惠明 敬贈
三十一年
四月十七日

金江先生惠存

馬家驛
馬昭賢 敬贈
三十一年
四月十七日

开宁夏婚纱照先河：宝珍照相馆于1942年
为马鸿逵侄儿拍摄的婚纱照

宝珍照相馆于1942年为马鸿逵孙子
拍摄的婚纱照

宁夏省小学教员冬期训练班合影照（宝珍照相馆拍摄于1935年）

红军长征、西征在宁夏

一、红二十五军长征过宁夏

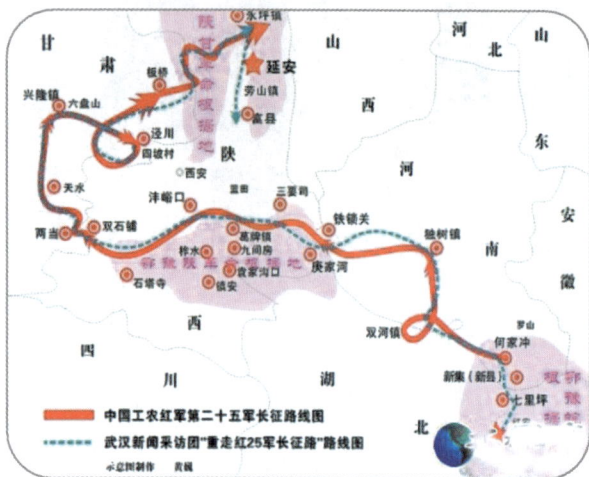

红二十五军长征路线图

红军长征中第一支进入宁夏的部队是红二十五军。1934 年 11 月 16 日，该军在中共鄂豫皖省委率领下，从河南省罗山县何家冲出发，开始长征。12 月 10 日，因在鄂豫陕边创建新苏区，决定将鄂豫皖省委改为鄂豫陕省委。

1935 年 7 月中旬，红二十五军得知红一、红四方面军在川西会师并继续北上的消息，省委决定率红二十五军主力西征北上，策应主力红军的北上行动。7 月 16 日，红二十五军在政委吴焕先、军长程子华、副军长徐海东率领下，从长安县沣峪口出发，挥师西出秦岭，北渡渭河，于 8 月 15 日转战至宁夏西吉县单家集、兴隆镇。

兴隆镇、单家集一带是回民聚居区。红二十五军到达该地以前，就在部队中进行了党的民族宗教政策教育。政委吴焕先多次向部队发出指

示：要争取革命成功，必须反对大汉族主义，团结和动员各族人民。并制定了"三大禁条，四项注意"。部队到达兴隆镇一带后，不仅严格执行以上规定，还广泛开展了群众工作。部队指战员宿营后，一方面深入农民家中宣传党的民族政策，一方面帮助回民群众挑水、扫院。回民群众盛赞红军是"仁义之师"。其间，军长程子华还给清真寺赠送了绣有"回汉兄弟亲如一家"的锦幛。清真寺的阿訇看到红军如此敬重回民，心情十分激动。

红二十五军是进入宁夏南部山区回族聚居地的第一支红军部队。先前由于国民党的反动宣传，当地回族群众对红军不大了解，一些群众怀有戒备和恐惧心理。但红二十五军模范地执行党的民族宗教政策和真诚的爱民行动，揭穿了国民党的欺骗宣传，使红军胜利通过了回族聚居区。后来中央红军长征经过这里时，也受到回族群众的热烈欢迎。毛泽东主席曾夸奖红二十五军路过

长征经过兴隆镇时红二十五军军长赠清真寺的锦幛

红二十五军政委吴焕先

红二十五军三团战斗旗帜

回族聚集区所做的工作时说，红二十五军政策水平很高，民族政策执行得很好。

1935年8月17日，红二十五军离开兴隆镇、单家集，沿西兰公路东进占领隆德县城（又放弃）后，又继续东进。连夜翻越六盘山，甩掉了追击的敌人。

8月18日，红二十五军进至瓦亭附近时，与由固原赶来堵截红军的马鸿宾部第三十五师一〇五旅遭遇。时逢大雨，在激战中红二十五军政委吴焕先不幸牺牲。红军冒雨将马鸿宾部击溃。8月19日，红二十五军出固原，后经平凉进入陕北，于9月15日到达延川县永坪镇。翌日，同刘志丹、谢子长领导的红二十六军、二十七军胜利会师，后合编为红十五军团。

西吉县单家集。1935年8月红二十五军经过这里。10月，陕甘支队（即中央红军红一方面军）进入宁夏境内，毛泽东、张闻天、王稼祥、博古等中央领导同志于5日到达单家集

中国工农红军长征路线图

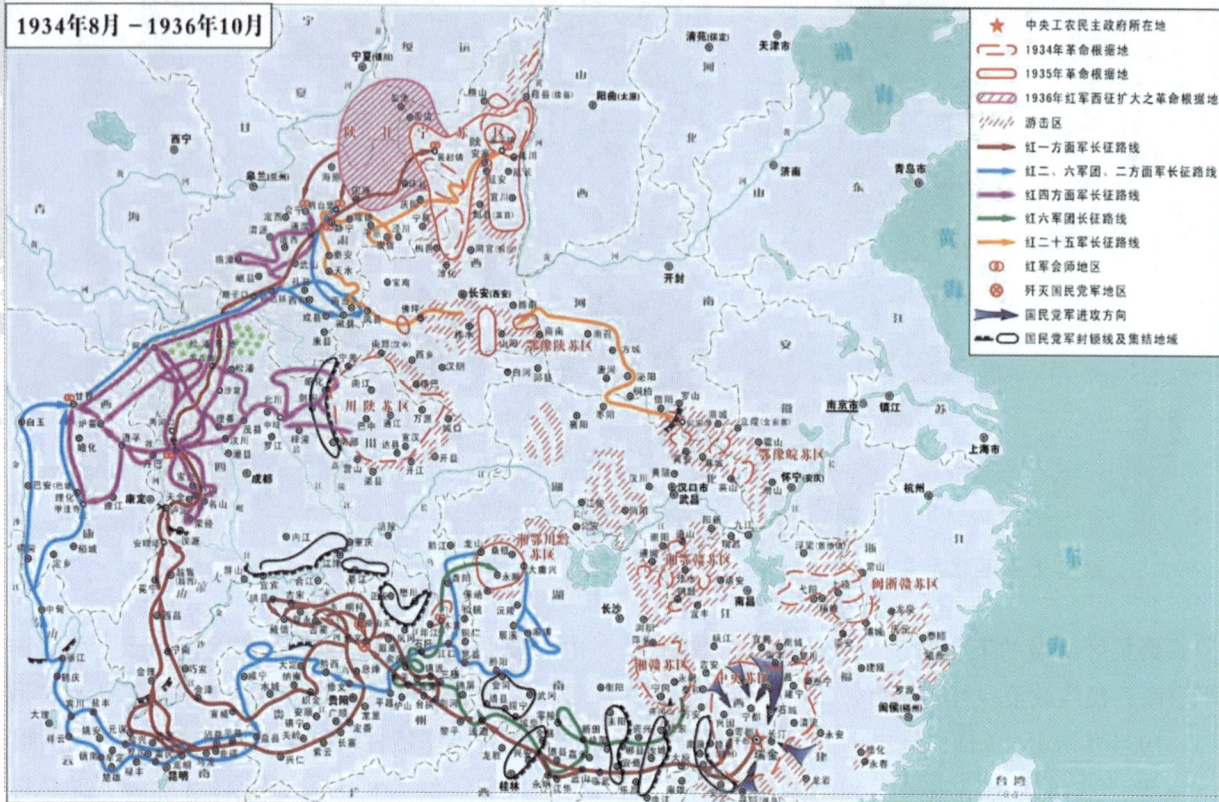

中国工农红军长征路线图

二、中央红军长征翻越六盘山

1935 年 10 月 5 日，中国工农红军一方面军组成的陕甘支队从甘肃界石铺、高家堡等地出发，分两路北上。一纵队到达宁夏兴隆镇、单家集一带，毛泽东、张闻天、王稼祥、博古等中央领导随一纵队行动，当晚宿营于单家集。二、三纵队到达宁夏隆德公易镇（今宁夏西吉）一带，宿营于公易、上村、新合庄、撒家湾、西冶等村镇。

10 月 6 日，中央红军分别从驻地出发，向六盘山挺进，当晚到达固原张易堡宿营。毛泽东等

红旗漫卷西风（油画 蔡亮作）

红军长征中在西吉县时留下的中华苏维埃共和国硬币

率中央领导机关，从单家集出发，抄小路于当天到达张易堡附近一小村庄宿营。

10月7日，红军主力部队沿王套、后莲花沟向六盘山挺进。毛泽东等中央领导从驻地出发，向东南绕隆德县境，沿小水沟上六盘山，从六盘山主峰之一的牛头山的山凹过山。

毛泽东在通过六盘山时，登高眺望，心情激动，思绪万千。当晚在阳洼村张有红家的窑洞里用半截铅笔写出了《长征谣》。后几经修改，形成气壮山河的著名诗篇《清平乐·六盘山》。

同日，陕甘支队一纵队，在青石嘴与敌军骑兵第七师十九团两个营相遇，歼敌骑兵200多人，缴获战马100余匹，马车10余辆，胜利通过六盘山封锁线。随后，沿小岔沟东进，当晚宿营于迺家河、阳洼一带。

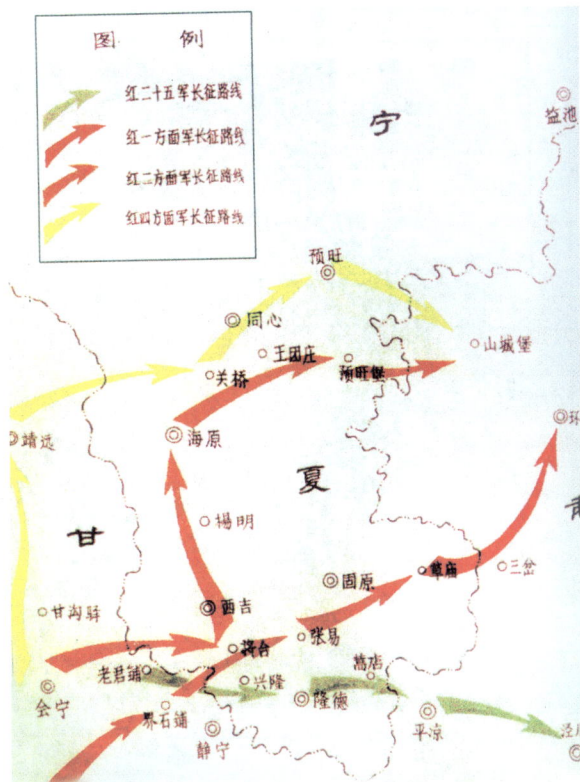

中国工农红军长征经过宁夏略图

10月8日，陕甘支队分别从驻地出发，分两路向白杨城（今宁夏彭阳县城）前进。当晚，毛泽东宿营于乔渠村乔生魁家的窑洞里。一、三纵队到达堡子崾岘、贾新庄、王洼、小岔子、杨家园一带。

10月9日，红军经长城塬、孟家塬向东挺进，出固原进入镇原县境，继续向陕北苏区前进。

回族农民王宗向当地驻军讲述当年红军长征过单家集他给带路的情景（1974年）

单家集清真寺北侧回族张春金家房子，1935年10月15日晚上毛泽东就住在这里

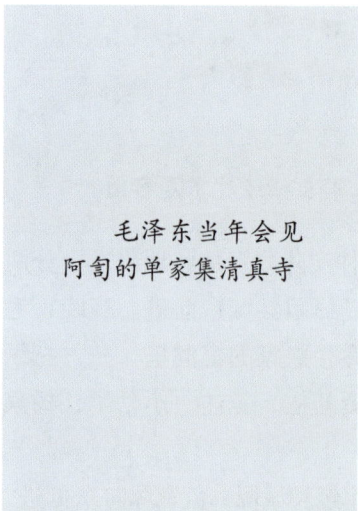

毛泽东当年会见阿訇的单家集清真寺

单家集清真寺礼拜大殿

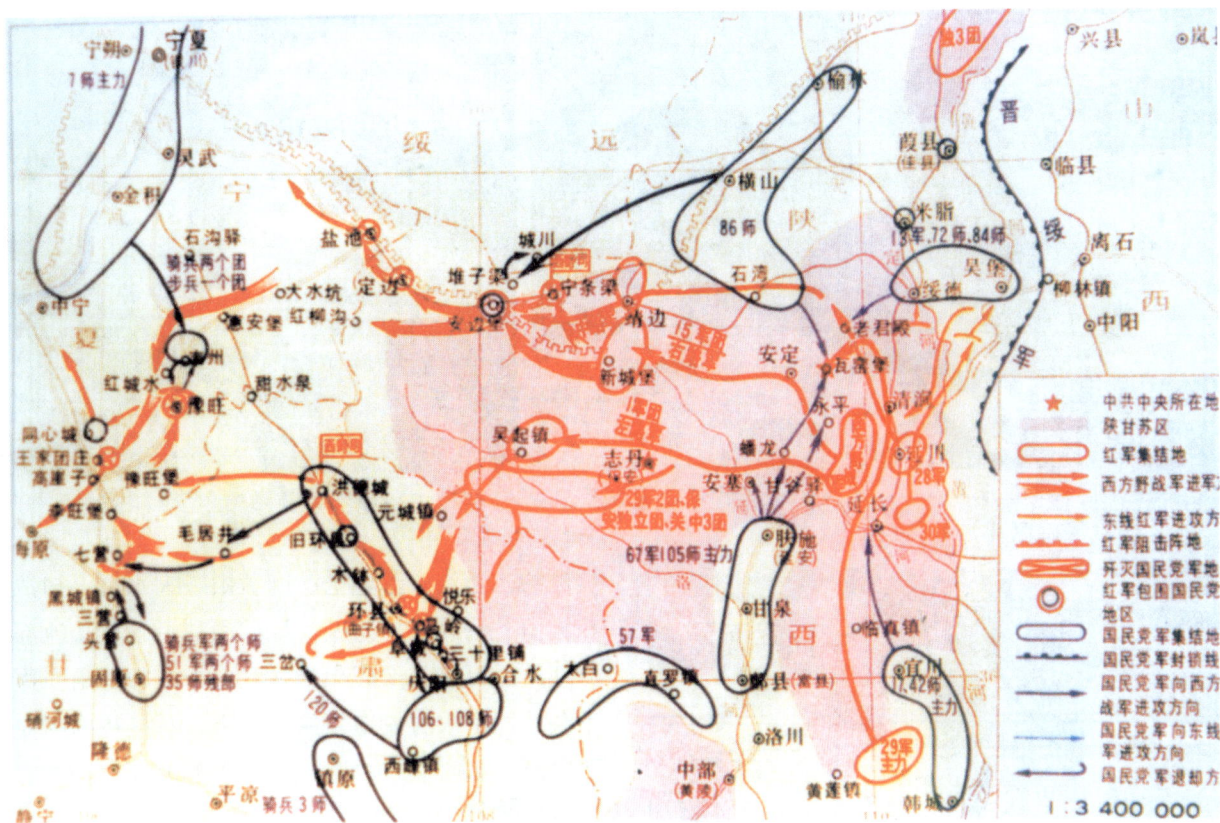

红军西方野战军西征路线图

三、红军西征在宁夏

1936年5月14至16日，中共中央在陕北延川县太相寺召开红一方面军团以上干部会议，作出了进行西征的决定。18日，中共中央和中革军委下达了西征的命令，任命彭德怀为红军西方野战军司令员兼政委，进军陕甘宁边界地区作战，实现扩大红军队伍、巩固根据地和迎接红二、红四方面军北上，打通经过新疆到苏联通道的战略目标。西方战野军分左、右两路。

红军西方野战军第十五军团七十八师于1936年6月21日解放盐池县城

红一军团代军团长左权
（抗战时照片）

红一军团政委聂荣臻

红七十八师师长韩先楚

红七十八师政委崔田民

盐池县苏维埃城市革命委员会旧址。当年县革命委员会领导曾在这里接待毛泽民一行

左路军由红一军团（辖一、二、四师）组成，由代军团长左权、政委聂荣臻率领，经永坪、蟠龙、保安（今志丹县）、吴起南下，进军曲子、环县、阜城等地，抵甘肃固原七营清水河一带；右路军由红十五军团（辖七十三师、七十五师、七十八师及八十一师、二十八军）组成，由军团长徐海东、政委程子华指挥，经安塞、保安一线进军三边，抵宁夏盐池、豫旺、同心等地。红军西征解放了宁夏大片土地，将陕甘苏区扩大为陕甘宁苏区。

（一）红军西征解放盐池

1936年6月上旬，西征红军右路军红十五军团七十三师、七十五师向西，经定边的红柳沟，

盐池的二道沟、苏堡子、麻黄山、大水坑，扫清在青山、毛儿庄、萌城等地的顽敌，解放盐池部分地区后挺进到豫旺一带。红七十八师围困安边不久，即由宋时轮率领的红二十八军接替围困安边之敌。红七十八师于6月17日攻克了定边城。

6月21日凌晨3时，解放盐池县城。从此，盐池县正式成为中国共产党领导的西北革命根据地（1937年9月改称陕甘宁边区）西部门户和前哨阵地，成为从土地革命到全国解放宁夏省唯一的一块红色革命根据地。

（二）红军西征在豫旺

6月9日，左路军红一军团二师先头部队进军豫旺堡。11日，徐海东、程子华率右路军红

中国人民抗日红军西方野战军前敌总指挥部将领在豫旺堡城隍庙前留影。左起：左权、彭德怀、聂荣臻、陈赓、孙毅、聂鹤亭

红十五军团政委程子华

红十五军团长徐海东

美国记者斯诺为西方野战军司令员彭德怀在豫旺堡城隍庙前留影

十五军团一部向豫旺县城——下马关和同心城、王家团庄进军。16日，红一军团二师在师长梁兴初、政委吴文玉（吴法宪）和政治部主任萧华率领下攻占豫旺堡。21日，红十五军团一部占领王家团庄。27日，红十五军团七十五师攻占豫旺县城下马关。

9月底，西征战役胜利结束，陕甘苏区扩大为陕甘宁苏区。

红一军团部分领导干部合影。前排右起为杨得志、邓华、朱瑞、熊伯涛、孙毅，后排右二为萧华

红一军团和红十五军团部分领导干部合影。左起：王首道、罗瑞卿、杨尚昆、×××、聂荣臻、陈光、徐海东、邓小平

豫旺堡子王清选家，红二师领导曾在这所房子住过，办公用的桌子临出发时留给王家

西方野战军红十五军团驻地之一——红城水娘娘庙

豫旺堡城隍庙

1936年，西征红军在同心红城水娘娘庙中墙壁上书写的标语口号

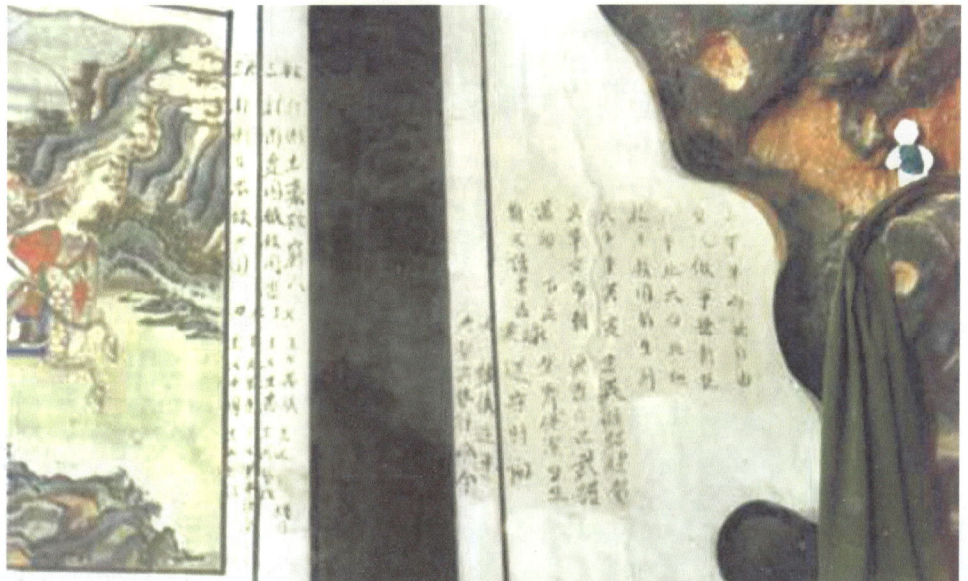

（三）斯诺、马海德在西征前线

8月15日，美国记者埃德加·斯诺和马海德医生从陕北瓦窑堡到达西征总部豫旺堡。彭德怀司令员和红一军团诸将领在豫旺堡东门热烈欢迎斯诺一行。22日，彭德怀在豫旺堡南门外召开军民联欢大会，隆重欢迎斯诺、马海德的采访考察。斯诺在大会上发表了热情洋溢的讲话，并拍摄了大量照片。斯诺在讲话结束时激动地高呼："中国革命胜利万岁！""红军胜利万岁！""世界革命成功万岁！"会后，斯诺讲话摘要被杨家堡子的红军用毛笔写在一间民房的墙壁上（一直保留到 20 世纪 60 年代）。26日，斯诺、马海德去下马关采访红十五军团，受到军民热烈欢迎。29日，斯诺随徐海东到七十三师驻地红城水考察采访。31日，红十五军团奉命从驻地西移，迎接红二、红四方面军。斯诺、马海德分路返回豫旺堡。斯诺在宁夏期间，先后采访了彭德怀、徐海东等多名红军将领和战士。9月7日，斯诺与同来的胡金魁、李长林离开吊堡子返回保安。1937年，斯诺的《西行漫记》著作出版，书中以珍贵的图片和相当篇幅介绍了西征红军以及在宁夏的所见所闻。

与斯诺同行的马海德，原名乔治·海德姆，祖籍在黎巴嫩，懂阿语。当时，为了扩大国际影响及加强对国民党反动派的震慑，把他作为土耳其的代表进行宣传，表明中国共产党领导全国人民抗战是得到世界

斯诺在豫旺堡南城墙上拍摄的《抗战之声》

各国人民支持的。海德姆来到豫旺堡后看到当地姓马的回民很多，就为自己起了一个中国名字马海德。马海德是一名医生，他热心为红军指战员和当地回汉族群众医治伤病，很受群众欢迎。很快他成为红军的一员，是著名的国际主义战士，一直在中国定居。

斯诺（左三）在豫旺堡与长征中强渡大渡河的红军 21 勇士合影

斯诺在西征前线

青年时代的马海德

马海德和他的中国籍夫人

斯诺所著《西行漫记》

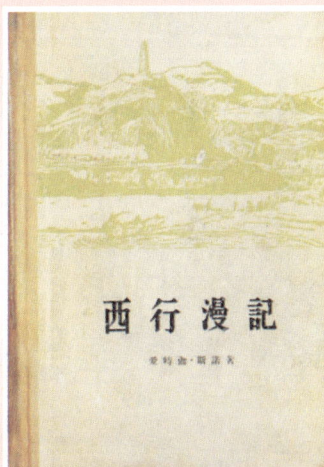
斯诺所著《西行漫记》

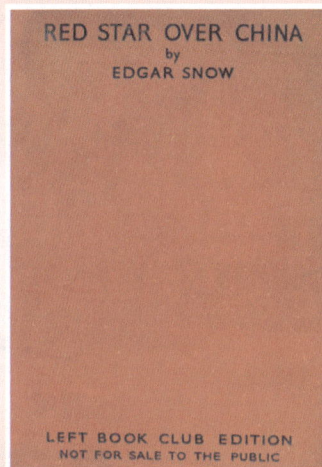
英文版《西行漫记》

斯诺在豫旺堡与接送他的西征红军战士合影

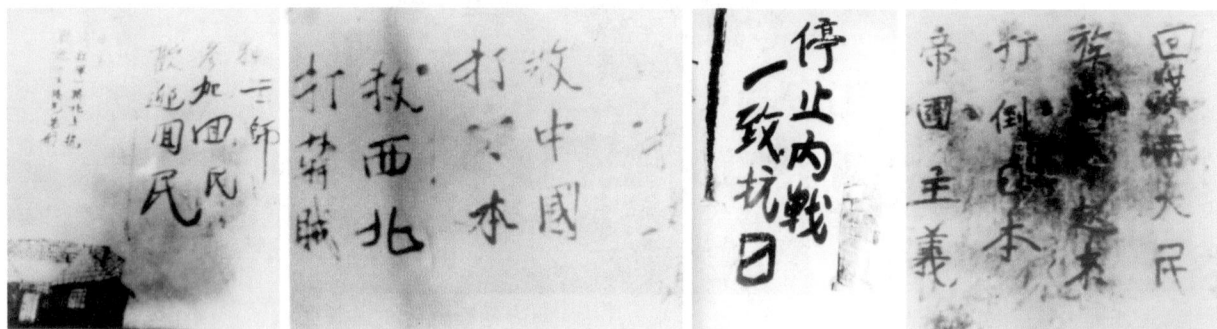

西征红军题写在墙上的标语

豫旺堡东门。美国记者斯诺到西征前线采访时,在这里受到红军将领和回汉人民群众的热烈欢迎

西征红军在豫旺堡沟滩村杨家堡子民房墙上抄写的美国记者演说词摘要

（四）成立豫海县回民自治政权

红军西征践行了中国共产党对回民地区民族工作的方针和策略。1936年5月24日红军西征一开始，红军总政治部就发出《关于回民工作的指示》，提出"加紧争取与帮助回民走到抗日反国民党军阀卖国贼的战线上来，并联合苏维埃红军为回族的自决与解放而斗争，创造西北新的伟大局面，是党和红军极迫切的重要政治任务"，并明确规定对回民的基本原则是"回民自决，回族事情由回族自己解决，我们只有站在帮助与督促的地位去推动与发动他们的斗争"。

红军指战员在进行军事训练、协助地方建政的同时，主要学习党的民族政策，提高文化素养，大力开展民族工作。除了坚决执行红军总政治部规定的回民工作"三大禁条，四大注意"外，还制定了《回民工作守则》，编印了关于回民工作的《连队讲话材料》，每个连队都有列宁文化室，室内办有学习专栏、墙报，有批评表扬、战地消息，针对实际提出和解答民族工作中的一些问题。

红军西征期间，各地不仅成立了区乡基层政府，而且建立了"回民解放会""回民联合会""抗日救国会""停战抗日促进会"等群众组织。深受压迫的广大回族群众开始觉醒，革命热情空前高涨，成立县级回民自治政权的条件基本成熟。8月，陕甘宁省委书记李富春来到同心城，会同红十五军团成立了以李富春、程子华、王首道、唐天际、王柏栋、黄镇、杨奇清、马青年等

为成员的豫海县回民自治政府筹备委员会，筹划豫海县的建立工作。筹委会经过紧张的工作，起草了自治政府有关的文件，拟定了代表大会议程，同时给毛主席、党中央、中革军委及回族宗教人士、土耳其代表发出了通电。

1936年10月20日，豫海县回民自治政府成立代表大会在同心清真大寺隆重召开，会期三天，参加大会的各界人士和代表300多人济济一堂，讨论了西北的形势和回民自治及抗日救国等当前重要问题，通过了《陕甘宁省豫海县回民自治政府条例》《减租减息条例》《土地条例》等决议案。选举产生了豫海县回民自治政府领导成员，穷苦出身的回族农民马和福当选为豫海县回民自治政府主席。大会决定正式启用刻有党徽和中阿两种文字并用的政府印章。大会期间，同心城人山人海，连平日不能随便出门见人的回族妇女也戴着盖头，参加了回民自治政府成立的盛会。红十五军团的星火剧社也连日演出。豫海县回民自治政府的成立，《红色中华》报及时予以报道："豫旺以西及海原地带的回民区域，现以同心城、王家团庄、李旺堡、窑山及海原城东，新成立完全的回民县……这是回民政府的第一次，是回民解放的先声。"豫海县回民自治政府的成立开创了中国回族解放和共产党民族区域自治的先河。

11月中旬，红军向东作战略转移，豫海等地复被国民党军队占领。1937年4月，马和福被捕牺牲，豫海县回民自治政府撤销。

红十五军团地方工作部协助豫海县回民自治政府起草的布告

中共豫海县委书记贺旭东
（贺恩宽，1986 年摄于广州）

豫海县回民自治
政府副主席李进善

豫海县回民自治政府办公地点——王家团
庄北堡子上房

豫海县回民自治政府印章

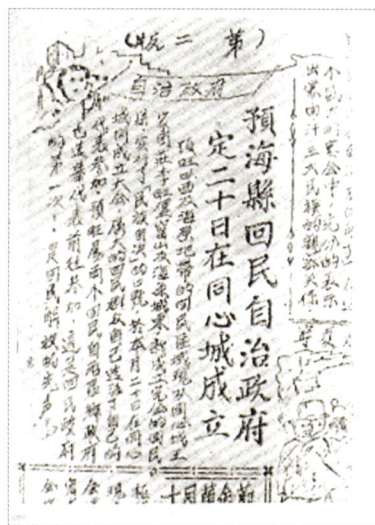

《红色中华》报刊登豫海县
回民自治政府成立的消息

马和福烈士故居——豫旺刘家堡子土窑洞

1936 年的同心清真大寺，西征红军和陕甘
宁省委在这里主持豫海县回民自治政府的成
立仪式

同心清真大寺正殿

豫海县回民
自治政府主席马和福画像

马和福（1893~1937），回族，经名尔西姆，原籍甘肃省临夏县东乡人。1896年祖父带领全家逃荒，辗转到今宁夏西吉县沙沟居住，以租种土地和打工为生。1920年，海原大地震后灾害严重，马和福遂投奔在今同心县张家塬乡险崖子村务农的大哥马金山，随后在豫旺定居，为人拉长工、打短工维持生计。

1936年，红军西征解放豫旺堡。马和福发现红军纪律严明，尊重回族风俗习惯，便东奔西走向听信谣言逃亡在外躲避的群众进行宣传。在他的宣传带动下，回族群众陆续回家，接纳了红军，并向红军送"欢迎粮"、赠"抗日款"，帮助红军解决吃水问题。在红军和政府领导干部的帮助下，马和福进步很快，不久加入了中国共产党，并担任了豫海县苏维埃政府主席。马和福带领20多名回民青壮年组成一支回民游击队，协助红军侦察敌情，打击不法豪绅。豫海县回民自治政府建立时，马和福当选为主席。

红军东撤以后，自治政府被迫转入地下斗争。1937年1月下旬，马和福不幸被捕。在敌人法庭上，马和福大义凛然，视死如归，面对敌人软硬兼施，严刑拷打坚贞不屈，表现了一个共产党员的革命气节。

1937年4月3日，回族英雄马和福英勇就义，时年44岁。

（五）红军会师将台堡

1936年7月初，红二、红四方面军在甘孜会师后并肩北上，挺进甘肃，向红一方面军西方野战军靠拢。7月底，西征战役结束后，西征红军根据中央指示精神，继续向西向南挺进，控制西（安）兰（州）公路，以便策应红二、红四方面军北上。红十五军团于9月14日占领靖远以西之打拉池，以保证三大主力红军会师时右翼的安全。红一军团沿吊堡子、七营方向南下，并以红一师和红一军团直属骑兵团组成特别支队，由军团政委聂荣臻率领直插静宁、隆德地区，以保证三大主力会师时左翼的安全。特别支队于9月14日占领隆德之将台堡，18日占领静宁县之界石堡，控制了红军三大主力在静（宁）会（宁）会师的主动权。

与此同时，已经北上的红四方面军经过艰苦鏖战，取得了岷（县）洮（州）西（固）战役的胜利，粉碎了敌人阻止红军北上的企图。红二方面军也于9月11日从哈达铺、礼县地区东进，仅以10天时间，行程700余里，胜利完成了成（县）、徽（县）两康战役计划，并准备以红六军团向宝鸡

西吉县将台堡红军会师地

方向推进。至此，红一方面军与红二、红四方面军形成夹西兰公路南北呼应，于 1936 年 10 月 9 日，红一、红四方面军在甘肃静宁会师。

21 日，红二方面军进入今宁夏西吉县境。当日，红二方面军总指挥贺龙、政委任弼时、副政委关向应和原红军总参谋长刘伯承等同志在平峰镇（时属甘肃庄浪县今为西吉县平峰乡）与红一方面军一军团（时属西方野战军建制）代理军团长左权、政委聂荣臻、政治部副主任邓小平会面。22 日，红二方面军总指挥部和红二军团到达将台堡，同红一军团领导及所部第二师（师长杨得志、政委萧华）会师，会师部队在将台堡南侧的大场上举行了规模盛大的联欢会。23 日，红二方面军六军团（军团长陈伯钧、政委王震）与红一军团一师（师长陈赓、政委杨勇）在距将台堡

《红色中华》报对红军西征的报道

红军长征胜利会师纪念邮票

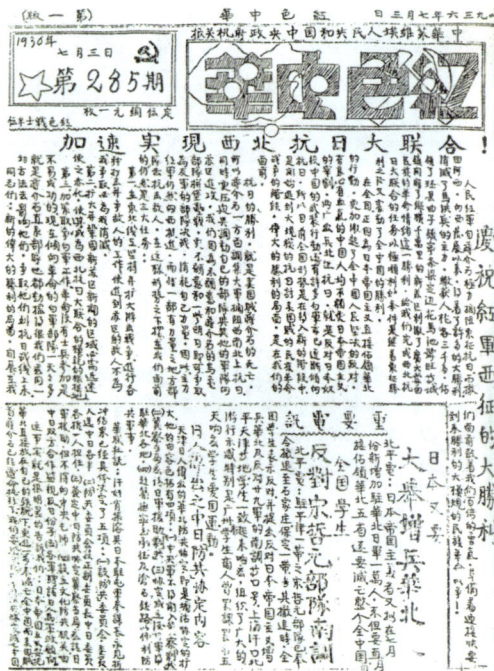

党中央为庆祝红军三大主力会师发出的通电

红军长征胜利会师（油画）

以南约 20 公里的兴隆镇会师。将台堡会师实现了红军三大主力的会师，胜利结束红军长征。中共中央将 10 月 22 日（将台堡会师纪念日）定为"红一、二、四方面军胜利会师之日"。1996 年 10 月，为纪念红军长征胜利 60 周年，经宁夏回族自治区党委报请中共中央宣传部同意，在将台堡修建了中国工农红军长征将台堡会师纪念碑，中共中央总书记、国家主席、中央军委主席江泽民题写了碑

将台堡会师后贺龙住过的地方

名。这一纪念标志的建成，与甘肃会宁的三军会师纪念塔相映生辉，是红军三大主力胜利会师的象征。

中国工农红军长征将台堡会师纪念碑，位于今宁夏西吉县城南 30 公里处的将台乡，是 1996 年为纪念中国工农红军三大主力会师暨长征胜利 60 周年而建

三军会聚同心城

（六）三军会聚同心城

11 月 1 日，红军三个方面军在前敌总指挥统一指挥下，于 11 月 7 日撤出海原地区，向东转移至同心城、王家团庄、李旺堡、吊堡子及其以东广大苏区，三军主要领导人也随之会聚同心地区。

11 月 7 日，适逢俄国十月革命胜利纪念日，是世界无产阶级革命的节日。全军同时于这一天举行庆祝三个方面军会师、誓师抗日暨十月革命胜利大会。于是，红一、红二、红四方面军在同心城西门外河滩上，举行了盛大的军民联欢大会。红军总司令朱德、红军西方野战军司令员彭德怀先后在大会上讲话。马和福致欢迎词，朱德总司令讲话，他说："红军汇聚同心城，是一件了不起的大事。"会后，红十五军团首长及豫海县回民自治政府主席马和福和红十五军团回民独立师师长马青年，在城内金振明的家里宴请了红军三个方面军的领导人。

11 月 12 日，经过短暂休整的红军三个方面军，从同心城、王家团庄、李旺堡一线东移。

红军战士剧社在同心、吊堡子、七营、关桥堡等地慰问红二、红四方面军指战员

1936 年 11 月 7 日，红一、红二、红四方面军会聚在同心城西门外河滩上，举行了盛大的军民联欢大会

同心县城金振明家。1936 年 11 月，同心城万人军民联欢大会后，红十五军团首长及回民独立师、豫海县回民自治政府领导在这里设宴招待了红二、红四方面军的领导同志

红军长征陕甘宁

红三军会聚同心城

萧克

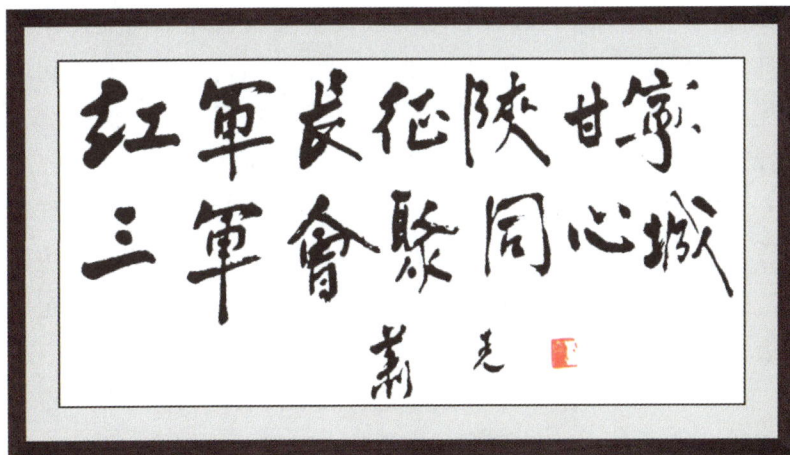

萧克将军为纪念豫海县回民自治政府建立60周年的题词
（1996年）

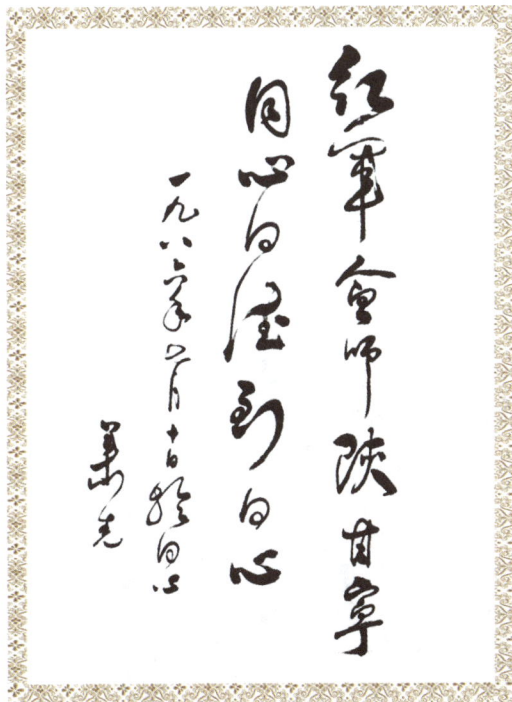

红军会师陕甘宁

同心为金为心

萧克将军1986年重访同心时题词

张国焘

三军会聚同心举行军民联欢大会

会聚同心城的红军主要领导人
朱德（上）、彭德怀（中）、贺龙（下）

（七）红军西征在宁夏的民族统战工作

红军西征不单纯是军事行动，而且具有重要的政治意义。在西征前，中共中央在瓦窑堡会议上确立建立抗日民族统一战线的总方针。西征战役刚刚开始，红一方面军总政治部就于1936年5月24日发出了《关于回民工作的指示》，颁布了对回民工作的"三大禁条，四大注意"以及在回民中的十五条口号。5月25日，又发表了《中华苏维埃中央政府对回族人民的宣言》。

在西征红军进入宁夏之前，就对部队进行了尊重回族风俗习惯和党的民族政策的教育，并印发了《红色中华》报刊登的《回民工作问答讲话》，解答了回族工作中的许多实际问题。

红十五军团驻守豫旺一带时，为做好伊斯兰教上层人士的工作，曾多次派干部到敌占区洪家岗子拜访虎夫耶派教主洪寿林。经过宣传，这位在当地回民中很有威望的教主对于共产党的民族宗教政策和救国救民主张表示理解与支持。一次，两位红军代表来到洪教主家，被国民党民团发现，派人在洪家周围监视。洪教主深明大义，怕红军被敌人抓去，就果断地将红军藏在自己的"禁房"里。他白天亲自送茶送饭，晚上与红军代表亲切交谈。红军代表的言谈引起了洪教主的共鸣，他激动地说："红军是顺民之师，必定胜利。"红军的两位代表在"禁房"住了7天7夜，最后洪教主安全地将红军代表送回豫旺堡。红军为了表彰和感谢洪教主对红军的支持，军团政治部敌工部首长唐天际、程宗受向洪教主赠送了一面上书"爱民如天"四个大字的红缎锦幛。

西征红军还创造性地开展抗日民族统一战线工作。红一军团二师与东北军何柱国部就"停止内战，抗日救国"达成协议，"维持双方阵地，停止敌对行动"，化干戈为玉帛，结成抗日统一战线，对之后的"西安事变"爆发有一定促进作用。

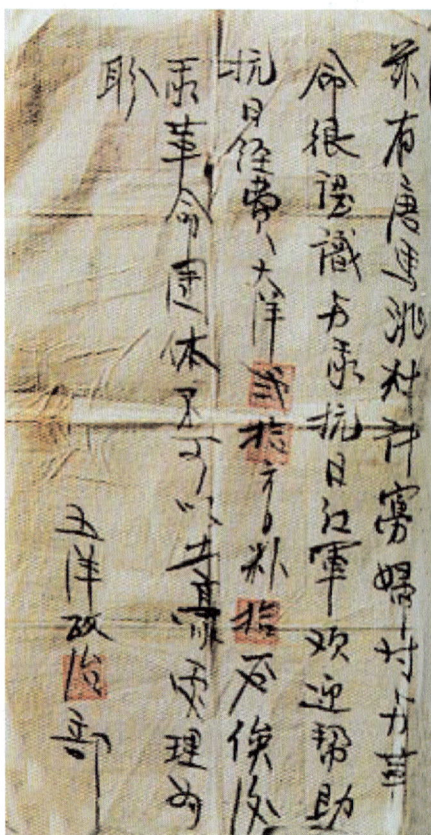

红一军团政治部保存的关于
不打许寡妇土豪的字据

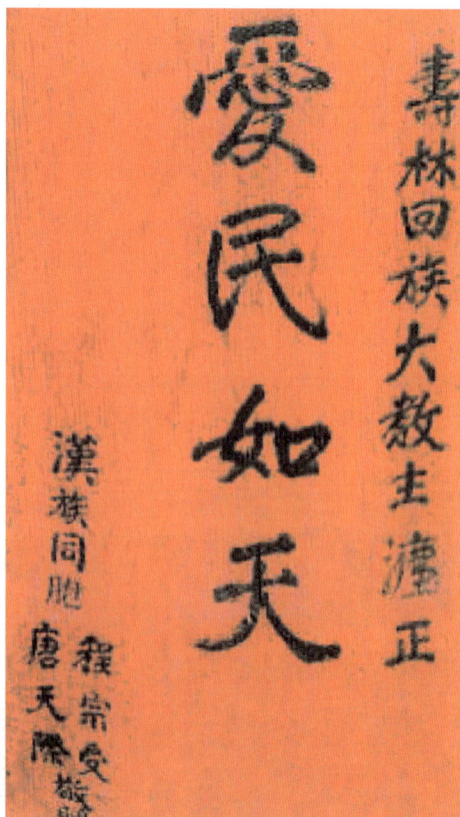

红十五军团政治部敌工部首长唐天际、
程宗受赠给洪寿林教主的红缎锦幛

宁夏少年战地服务团

1937年夏,部分宁夏少战团员在宁夏省立实验小学大礼堂前留影

1937年冬,宁夏少战团创始人杨文海(后排左一)与部分教师在宁夏省立实验小学留影

1937年7月7日,卢沟桥枪声响起,日本帝国主义发动了全面的侵华战争,中国大片国土沦丧,中华民族到了最危险的时候。

中国共产党号召"只有全民族实行抗战,才是我们的出路",唤起了全国民众,祖国大地到处燃烧起了抗日的烽火。在中共宁夏工委的领导和推动下,宁夏各种抗日救亡群众团体纷纷建立。其中,规模最大、影响最广、最为活跃的是宁夏少年战地服务团,简称"宁夏少战团"。

宁夏少战团发起于宁夏实验小学,是在担任该校教师的中共宁夏工委书记李仰南和地下党员杨文海、薛云亭、高立天等人领导下组织起来的。团员由初期的数十人最后发展到200多人,他们大都是在校的进步教师和高年级学生。活动的宗旨就是宣传抗日。宁夏少战团有铁的纪律,规定团员必须做到"三要""三不做""三不怕",即:要服从组织决定,要保守秘密,要忠心耿耿为抗战和战地服务;不做亡国奴,不做汉奸,不做"顺民";不怕苦,不怕难,不怕牺牲。宁夏少战团的师生们走出校门,走向社会,轰轰烈烈地开展抗日救亡活动。1938年春、夏两季,宁夏少战团宣传队在3个多月时间里行程1200多里,走遍了银南银北主要城乡。每到一地,他们就忙着画漫画,办街头墙

1938年4至5月,宁夏少战团徒步到省垣南北七个县进行抗日宣传活动。图为在黄渠桥街头宣传

部分宁夏少战团员与指导教师在实验小学留影（后排右一杨文海，左一薛云亭）

文化》等报刊，使大家对共产党的抗日民族统一战线政策有了更深的了解。他们还利用各种节日、纪念日在银川街头召集群众大会的机会，进行抗日宣传，"一二·九"运动两周年纪念会、"三八"国际妇女节纪念大会、"三一八"惨案纪念会、"四四"儿童节讲演会、端阳节大型演唱会、抗战巡礼展览会等等。在他们的影响带动下，各种各样的抗日民众团体，如后方抗战服务团、农村抗战服务团、回民教长战时教育研究会、小学教师战时研究会等纷纷组织起来，遍布宁夏山川。

正当各种抗日救亡活动在宁夏山川如火如荼大力开展的时候，国民党顽固派却于1939年又掀起了反共高潮。马鸿逵控制下的国民党宁夏省党部下令取缔抗日救亡团体，搜捕共产党人。在一片白色恐怖之

报，演讲抗战形势，号召同胞有钱的出钱，有力的出力，支援前线，支援抗战；他们给群众教唱抗日歌曲，演出抗日活报剧和话剧、戏曲，慰问抗日军人家属等等，受到群众热烈欢迎。

在宁夏省城少战团还举行了其他许多抗日救亡活动。他们经常举办专题讲座，邀请进步教师讲解国情及抗战形势，讲演"生活即教育""社会即学校"等进步理论，增强青少年爱国抗战的热忱。他们组织团员们阅读进步书刊，如《抗战》杂志以及《全民周刊》《民

意》，还有陕甘宁边区的《新华日报》《解放日报》《中苏

1986年，部分宁夏少战团员在银川举行的座谈会后留影。前排左起：张茂岚、白剑鸣、钱大钺、杨茂林（原少战团顾问）、杨文海（原少战团发起人）、胡志侠（原实验小学校长）及宁夏少战团员李志纯（原实验小学副校长）、贺守中、马少华。后排：汪德润（左一，原实验小学教导主任）及宁夏少战团员刘国安（左二，原实验小学副校长）、丁钧（左四）、白养元（左五）、匡正莲（右二）、陈津龙（右一，原实验小学教师）

宁夏少战团在排练《放下你的鞭子》

1937年夏,宁夏少战团团员在排练抗日宣传节目

杨文海为宁夏少战团员进行讲演

宁夏少战团《团歌》

中,宁夏少战团被迫解散。经过党组织批准,宁夏少战团员中的宋谦、钱大钺、饶毓龛、李有祯、李志纯等30多位进步青年和宁夏少战团的组织领导人,相继奔赴革命圣地延安,投入到了新的更大规模的革命洪流中。

1986年8月,当年宁夏少战团发起人杨文海(前排左七)及部分宁夏少战团员在银川实验小学与该校领导及部分教师举行座谈会后合影。自治区副主席马英亮(前排左八)及区、市有关领导应邀参加

中共宁夏工委与宁夏三烈士

宁夏革命三英烈遇难处——银川城隍庙后

原青铜峡小坝小学遗址。1940年3月，崔景岳在此地教书并召开第一次中共宁夏工委会会议

1937年10月，中共中央决定成立宁夏工作委员会，以便加强宁夏地区的工作。11月，李仰南（化名杨学文）、何广宽（化名杨文卿）分别从定边前往宁夏城。李仰南持张子华、赵统儒的信件拜访了袁金章，得到袁金章的支持。袁金章通过实验小学校长高立天（即高尚信）的关系，安排李仰南到实验小学任庶务主任，以此作掩护开展工作。李仰南多次去平罗、黄渠桥、石嘴山等地，通过王振纲、雷启霖结识了进步人士李冲和、叶松龄、雍民飞（雍生善）、贺闻韶、刘廷栋等人。何广宽暂以卖书报的名义往来于银川、平罗、黄渠桥、石嘴山等地，主要做中上层进步人士的统战工作。此后，李仰南又去吴忠、宁朔、中宁等地，先后与梁

大均、马云泽（即马思俊，1926年入党，1933年到宁夏瞿靖堡养病与组织失去联系，时任宁朔县宋澄堡小学校长）等人建立了联系。另外，还通过苗培植（中共地下党员，马英才旅副官）的关系，把从三边调来的党员李维钧安排在马英才部队，进行兵运工作。

中共宁夏工委利用国共合作的有利时机，在一批进步人士的帮助下，很快在宁夏打开了局面，在建立、发展党的组织，宣传抗日，发动群众，壮大抗日民族统一战线，培养革命骨干，开展学运和兵运等方面做了许多工作，取得了显著成绩。1939年10月，中央研究宁夏地区党的工作后，决定派崔景岳、王博（王连成）到宁夏接替李仰南的工作，1939年冬至1940年春，国民党掀起第一次反共高潮，马鸿逵对宁夏地下党组织和党员进行搜捕。共产党员杜琳、江生玉被捕后叛变，向敌人供出崔景岳是中共宁夏工委书记，并交出白玉光、王博及崔景岳写给中共中央西北局的报告。敌人一面逮捕了崔景岳、孟长有、白玉光、王博，一面派人搜出报告，按报告标明的12处联络点，大肆逮捕共产党员和进步青年。先后在平罗、黄渠桥、宝丰、石嘴山一

建于银川市景岳小学校园内的崔景岳、孟长有、马文良革命三烈士纪念碑

安葬崔景岳、孟长有烈士大会

带逮捕了雍民飞、杨天伟、童山斗、党廉清、郭铎教、蒋春芳、马兴隆、叶松龄、李如檀、雷润霖、刘振彦、高立天、俞占鳌、王振平、王福清、李高峰、冒海珠、梁振基等30余人。其中，共产党员16人。只有少数党员如郭英教、贺闻韶、杨森林脱险。敌人的大肆搜捕，使宁夏的地下党组织遭到严重破坏。

1941年4月17日深夜，中统特务高中第突然闯进牢房，把崔景岳、孟长有以及被捕的三边回民巡视团中共特支书记兼团长马文良（回族）押解到银川城隍庙后面挖好的土坑准备活埋。在活埋前敌人问崔景岳："还有什么话说？"崔景岳说："我本来不想跟你们说什么，你们要问，我就说上几句。人活百岁，总有一死。我们今天的死虽不得其时、其地、其所，但却死得其值。我遗憾的是祖国半壁河山在日寇铁蹄的蹂躏之下，你们不为民族着想，不积极抗日，却要积极反共，屠杀共产党人。你们应该对自己的行为扪心自问！"敌人恼羞成怒，用锹把、洋镐把崔景岳等3人的头骨、肩胛骨打折后推

1965年10月12日，自治区党委第二书记李景林在崔景岳、孟长有、马文良三烈士安葬仪式会上讲话

崔景岳被捕时所住的房屋

入土坑活埋。崔景岳时年 30 岁，马文良时年 29 岁，孟长有时年 25 岁。1965 年 10 月 12 日，宁夏回族自治区党委、银川市委在自治区党委第二书记李景林主持下，为崔景岳、孟长有举行了安葬仪式。1991 年 4 月 17 日，银川市在三英烈就义的地方即现在的景岳小学校园内，修建了崔景岳、孟长有、马文良烈士纪念碑。这里成为宁夏人民和青少年爱国主义教育基地。

崔景岳（1911~1941），陕西省旬邑县人。1926 年加入中国共产主义青年团，第二年转为中国共产党党员，同年 5 月参加旬邑县农民暴动。1930 至 1938 年，先后在中共陕西省委、中共西安中心市委工作，在陕西各地积极领导党组织开展革命活动。1938 年 10 月，党在宁夏的地下活动受挫，中共宁夏工委决定将党员撤回边区。边区党组织派崔景岳接任宁夏工委书记，重新开展工作。1940 年 4 月 13 日午夜被捕。由于叛徒出卖，崔景岳身份暴露。在监狱里，崔景岳组建狱中党支部，领导难友们进行新的斗争。1941 年 4 月 17 日深夜，敌人在银川城隍庙后面（今景岳小学）将崔景岳、孟长友、马文良三位革命战士活埋。

孟长有（1916~1941），出生在宁夏中卫县柔远镇孟家庄。孟长有上中学时，遇到地下共产党员尚建庵（著名历史学家尚钺）正在中卫中学任教，在他的教育引导下，1937 年 7 月孟长有奔赴革命圣地延安。1938 年年底，光荣地加入了中国共产党。1940 年初，受党组织的委派，回到故乡，在豫旺县（同心县）喊叫水海如学校任教。在教学中启发学生的爱国主义思想，经常组织学生到农村演出文艺节目，宣传抗日救国的道理。他还在学生中教唱《东北流亡曲》《义勇军进行曲》《大刀进行曲》等革命歌曲。1940 年 4 月，由于叛徒出卖被捕。在狱中，受尽酷刑仍坚贞不屈，表现出了一个共产党人顽强不屈的革命气节。孟长有还成为崔景岳组织的狱中党支部骨干成员，积极参加狱中斗争，与其他同志一起掩护崔景岳给党中央写汇报信，对狱卒俞桂林进行教育。在孟长有的影响下，俞桂林弃暗投明，到边区参加了革命。1941 年 4 月 17 日深夜，敌人把崔景岳、孟长有、马文良押到银川市城隍庙后活埋。

马文良（1912~1941），回族，原名尹九宫，曾用名尹绂，出生于辽宁省海城市。1936 年马文良在日本留学时，积极参加了共产党领导的革命群众组织"解放社"的工作，被日本当局列为"特嫌分子"，受到追捕。1937 年，在中共地下党组织的安排下，他离开日本来到延安，同年加入中国共产党。1940 年，马文良积极参与和发起组织"延安回民救国会""中国回教救国协会陕甘宁边区分会""边区回民文化促进会"。1941 年 1 月，中共西北工作委员会组织关中、陇东、三边三个回民巡视团，马文良担任三边团特支书记兼团长，到盐池县开展工作。在 2 月的一天，马文良等同志在盐池县第四区第五乡回六庄开展工作时，遭马鸿逵的骑兵便衣队包围被捕，押往宁夏军警联合督察处。在狱中，马文良受尽了敌人的百般折磨和严刑拷打，但他始终坚贞不屈，顽强斗争。1941 年 4 月 17 日深夜，马文良与崔景岳、孟长有同时被害。

宁夏军队绥西抗日

平素喜着便装的马鸿宾在绥西抗战中全身戎装

1934年，国民政府批准成立蒙古地方自治政务委员会，乌兰察布盟盟长（王爷）云端旺楚克（习惯称"云王"）为委员长，锡林郭勒盟盟长（王爷）德穆楚克栋鲁普（习惯称"德王"）为秘书长。但德王对有限的自治权极为不满，而日本则对德王早有图谋，积极拉拢、利诱，策动其搞蒙古独立。1936年，在日本人的操纵下，德王成立了伪"蒙古军总司令部"和所谓"蒙古军政府""蒙疆政府"，自任军政头目，公开投靠日本。伪蒙疆傀儡政府和伪蒙军队与日本侵略军相勾结，对西北构成极大的威胁，宁夏首当其冲。

为了防御日军向绥西进军，宁夏加强了北部的军事力量，马鸿逵将一六八师两个旅的4个步兵团由银南的灵武、吴忠调往银北的石嘴山一带布防。在尾闸、磴口、三盛公及宁夏北部黄河渡口两岸及贺兰山通道等处构筑防御工事，准备阻击来犯日军。八十一军军长马鸿宾积极制定克敌制胜的具体战术，并对广大官兵进行爱国主义教育，提高了官兵的战斗素质和爱国热情。马鸿逵也进行战前动员，提出了"发动群众，组织民众锄奸抗日"的口号，动员民众捐钱捐物支援抗战。七七事变后，绥远省主席傅作义退守山西，国民党当局任命马鸿宾为第十七集团军副司令、第八战区副长官，担任绥西防守司令，命他率八十一军主力三十五师开赴前线，担任绥西第一线防守任务。同时，马鸿逵派其主力部队骑兵第一、二旅和警备第二旅开赴临河、三盛公一线设防，归马鸿宾统一指挥。

1938年夏，宁夏部队向盘踞临河浪山口的察汗格尔庙的日伪军发起攻击，日伪军伤亡

1939年1月30日，固原县城遭日本飞机轰炸后情景

惨重，乘夜溃逃。1939年夏，日军坂垣师团一部由包头西进，向宁夏军阵地攻击，宁夏回汉官兵英勇奋战，使日军受到重创，极大鼓舞了军民士气。同年秋，山西形势趋于稳定，傅作义重返绥远。

为配合全国冬季攻势，1939年12月20日，在宁夏军的积极配合下，傅作义部收复日军重要据点包头。1940年，日军调集张家口、大同、太原、临汾3万余军队及伪蒙军6个师，由黑田重德师团长指挥，向绥西大举进犯。宁夏军步骑各部，在四仪堂、百林庙等地与日伪军激战后，各自向临河、磴口一带转进，以配合傅作义部攻占五原。此后，马鸿宾部八十一军由昭君坟一带渡河南撤，向黄河以南伪蒙骑兵进攻。经过十几次战斗，将伪军据点全部扫除，伊克昭盟（今鄂尔多斯市）东北地区全部收复。绥西抗战中，宁夏军配合傅作义部作战，收复了大片国土，粉碎了日军侵占宁夏和西北的战略计划，确保了宁夏和西北的安全，牵制了华北日军的力量。参战官兵为捍卫民族利益浴血奋战的精神受到全国人民的赞扬。国民政府授予马鸿逵、马鸿宾"忠勤勋章"，嘉奖他们在抗击日本侵略战争中的英勇表现。

马鸿宾、马鸿逵两部广大官兵在绥西抗战中的表现后人是不会忘记的。党的十二届三中全会后，内蒙古自治区巴彦淖尔盟政府重新修葺了乌不浪口烈士陵园，并将该处建成爱国主义教育基地和"双拥"宣传基地。每年都有大批青少年前往该地凭吊抗日先烈，弘扬爱国主义精神。

绥西抗战的宁夏骑兵部队向日军阵地冲锋

五原抗日烈士陵园

乌不浪口抗日阵亡将士墓地，1000多名宁夏抗日健儿长眠此地

驰骋绥西抗日前线英勇杀敌的骑兵部队

宁夏军队开往绥西抗日前线

民国时期宁夏省颁发"铁血八一三"抗日救国忠勇杀敌负伤将士流血纪念章和"百林庙"民国二十五年绥远抗战阵亡军民追悼大会纪念章

乌不浪口抗日民族英雄陵园大门

海固回民暴动

1939 年 1 月至 1941 年 6 月，聚居在甘肃省海原县、固原县（今宁夏西吉县、海原县、原州区）的回族农民，为反抗国民党的反动统治和民族压迫，寻找民族解放的道路，接连举行了三次大规模的武装斗争——"海固农民暴动"。

海固地区土地贫瘠，灾害频繁，苦甲天下。历代统治者不仅没有解决当地百姓的生计问题，反而不断加重压榨和剥削，使得阶级矛盾和民族矛盾日益尖锐。1920 年海原大地震，20 多万人罹难。1929 年海原大饥馑，饿殍遍野，加之连年兵荒马乱，人民备受天灾人祸之苦。中国工农红军进入陕甘宁边区后，国民党为围困边区，在海固一带屯聚重兵，以"抗日"为名，大肆增捐加税，抓兵派夫，横征暴敛，"官吏军队苛勒"，致使群众怨声载道。

回民骑兵团团长马思义

回民骑兵团政治教官杨静仁

回民骑兵团文化教员马克

这种暴政，迫使不畏强权、富于反抗精神又长期处于水深火热中的回族群众揭竿而起。

回族群众有虔诚的宗教信仰和独特的风俗习惯，有很强的民族自尊心。可是，国民党政府无视这些，驻在回族地区的国民党军队肆意践踏回族的生活习惯，甚至强奸回族妇女，强迫被抓去的回族壮丁上汉民灶进食。当地回族百姓对这些曾多次上诉，而国民党当局置若罔闻，纵容包庇。更不能容忍的是海原县政府蓄意欺侮回族，把原"大寨乡"改名"安化乡"等。对此，回族群众忍无可忍，联名上书县政府，责问"居心何在？"表示："如不改正错误，绝不罢休！"可是，国民党当局不仅不收敛，反而视为"造反"，变本加厉地继续施行高压政策，于是，长期积聚的怒火，终于引发为一场

暴动回民与敌军激战时敌军所挖战壕遗迹

大麻子山郑家堡子。暴动回民曾在这里歼灭敌军，敌黄团长躲进堡寨方得以逃命

回民骑兵团团长马思义（中）与部分官兵

大规模的群众性武装暴动。

这三次暴动发生于海原县的白崖、固原县的沙沟（今均属西吉县）和上店子一带，波及隆德、静宁、会宁、化平（今泾源）、张家川、庄浪、华亭、秦安8个县。参加暴动的农民（包括一些汉族）最多时达两万人。起义农民先后在马国瑞、马国璘、马英贵、马喜春、马国璠、马思义等人的率领下，主要以大刀，长矛、斧头等作武器，同国民党正规军和地方武装进行了英勇搏斗。这场斗争虽然在国民党政府的军事"围剿"和政治诱骗下失败，但是有力地震撼了国民党的反动统治，激发了回族人民的革命觉醒。特别是第三次暴动失败后，有230多人在马思义的率领下，突破重围，奔赴陕甘宁边区。在中国共产党的领导下，组成西北回族人民的第一支武装力量——回民抗日骑兵团，马思义任团长，杨静仁担任政治教官，马克担任文化教员，作政治工作。1941年7月，党组织安排马思义、周尚义、马智宽、苏山去延安参观学习。7月下旬的一天，毛主席、朱总司令和边区政府主席林伯渠，在边区政府礼堂接见了马思义等人。从此，在党的领导下，这支部队同边区其他部队一起，为保卫边区、保卫党中央而战斗，在抗日战争和解放战争中作出了不可磨灭的贡献。

1985年9月，自治区党委党史资料征集委员会在银川召开回民骑兵团部分领导、老战士座谈会，兰州军区、自治区党政军有关领导与参加会议全体人员合影留念

陕甘宁边区西北门户盐池县

一、土地革命时期

（1936 年 6 月至 1937 年 6 月）

1936 年 6 月 21 日，西征红军解放了盐池县城。从此，盐池县正式成为中国共产党领导的陕甘宁革命根据地（1937 年 9 月改称陕甘宁边区）的西北门户和前哨阵地，成为从土地革命到全国解放宁夏唯一的一块红色革命根据地。

盐池县革命委员会
委员佘成河

盐池县第一任县长
曹建勋

盐池县革命委员会
主席王锡林

盐池县第一任县委书记惠庆祺在盐池解放 50 周年庆祝大会上讲话（1986 年 9 月）

（一）中共盐池县委成立

西征红军解放盐池之后，宣布了以惠庆祺为书记的中共盐池县委员会组成人员名单，是宁夏境内成立的第一个中共县委组织。

县委下设组织部、宣传部、军事部和妇女工作部。组织部部长王敬民，宣传部部长王作圆，军事部部长白鸿德，妇女工作部部长陈彩茹、副部长蒋彦芳。

县委机构建立之后，抓紧发展党团组织，首先吸收了一批在打土豪、分田地、保卫革命政权中的积极分子入党入团。第一批入党的有袁兆瑞、韩宝善、李天德、王瑞祥等，入团的有郭文举、张民等。从陕甘宁革命根据地派来的 20 多名干部和西征红军中留下来的干部多数是党团员，一部分在县委工作，一部分到各区组建区委会。1937 年春，全

陕甘宁边区政府胸章

县建立起5个区委26个党支部（农村25个，城内1个），党员发展到90名（一区24名，二区5名，三区10名，四区25名，五区26名）。

（二）盐池县苏维埃政权建立

西征红军解放盐池后，由"五洲"（七十八师代号）政治部主持在县城召开群众大会，宣布成立盐池县城临时政权机构——盐池县革命委员会。管辖3个乡（县城1个，城外2个），地域东至东郭庄，西至八堡，南至无量店，北至北园子。盐池县革命委员会领导人有：主席王锡林，副主席袁兆瑞、韩宝善，委员牛占彪、余成河、宁寿山、王瑞祥、冯剃头匠、赵二、聂秉正、盛根才、贺六升老婆（名不详）。

盐池县革命委员会成立后，主要工作一是抓枪，二是抓粮，三是不准土豪转移财产，宣传动员县城商店开门营业，农民进城卖粮卖柴等。

1936年7月初，成立盐池县革命委员会，旋改称苏维埃政府，隶属陕甘宁苏维埃政府领导。苏维埃政府的主要工作：一是打土豪分田地；二是保障红军供给；三是办合作社，成立贸易局，发展经济；四是建立列宁小学。同时根据当时斗争形势，配合县委组建游击队和赤卫军，建立区乡苏维埃政权，发动和领导农民进行土地改革，募集粮草，支援前线。盐池县苏维埃政府领导人为：主席袁兆瑞，副主席张常山。根据当时各项工作的需要，设立的工作机构有财政经济部（部长王瑞祥）、土地部（部长余成河）、贫农部（部

长赵二）、粮食部（部长聂秉正）、武装部（部长牛占彪）、肃反委员会（主任冯剃头匠）。

1936年8至9月，盐池县委和县苏维埃政府派干部到农村，根据地理和历史习惯区域，将全县划分为城区、北区、西区、南区四个区，并分别建立了区苏维埃政府。区下面又划分为22个乡105个行政村，并分别建立了乡、村苏维埃政权。乡、村苏维埃政权的领导人多由从当地贫雇农中选拔的积极分子担任。1937年春，将1936年划归盐边县管辖的红井子区重划归盐池，盐池县共辖5个区26个乡。

（三）打土豪分田地

根据中央的指示，盐池县于1936年秋冬进行了土地改革。主要是打土豪、分田地，没收地主豪绅的金银、粮食、牲畜等浮财，其一部分分给贫雇农民，一部分支援前线部队。12月12日爆发了"西安事变"，国内形势发生急剧变化，为了团结一切爱国力量，抗击日本侵略者，中共中

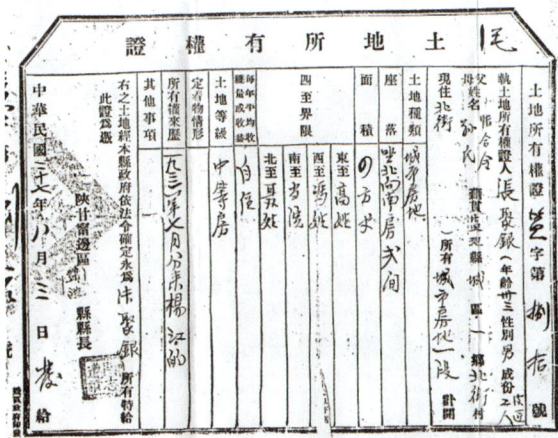

盐池县政府颁发的土地所有权证

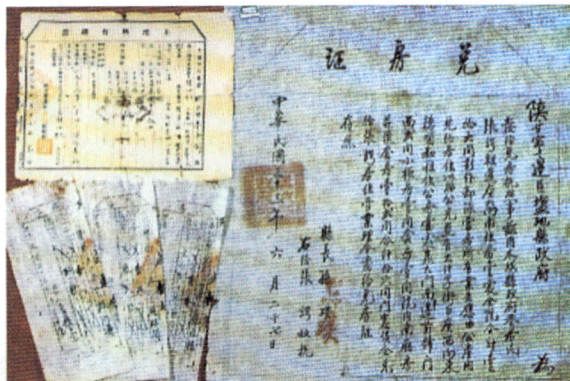

盐池县政府发放的兑房证

央决定停止打土豪、分田地，改为减租减息。县委便将土地、房产证发给贫苦农民，遵照党中央的抗日民族统一战线政策，号召各阶层人士有钱出钱，有枪出枪，有人出人，以实际行动参加抗日救亡运动。

　　人民当家做了主人，农民有了土地、耕畜、农具，生产积极性空前高涨。不少村庄还组织变工队、互助组，生产搞得很起劲。这年风调雨顺，农牧业获得了双丰收，全县呈现出一派五谷丰登、六畜兴旺、百姓安居乐业的升平景象。

边区政府《颁发土地所有证条例》

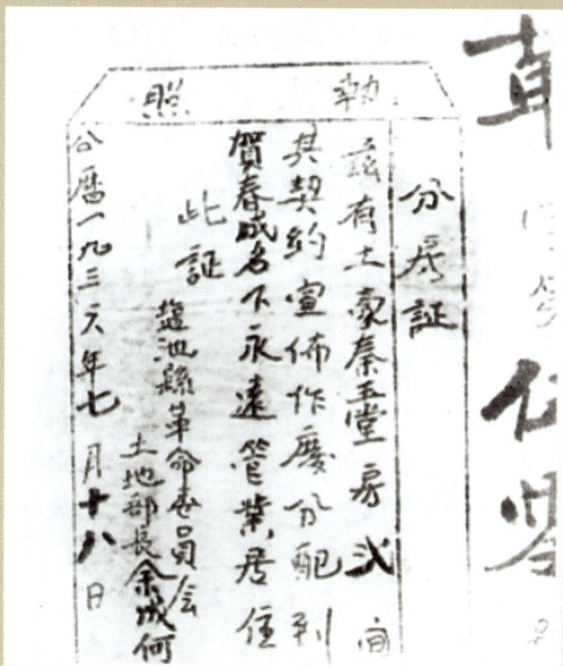

土地革命时期使用的中华苏维埃共和国国家银行发行的纸币，简称"苏币"。币面下方的防伪标志分别为毛泽民、邓子恢、林伯渠的外文签名

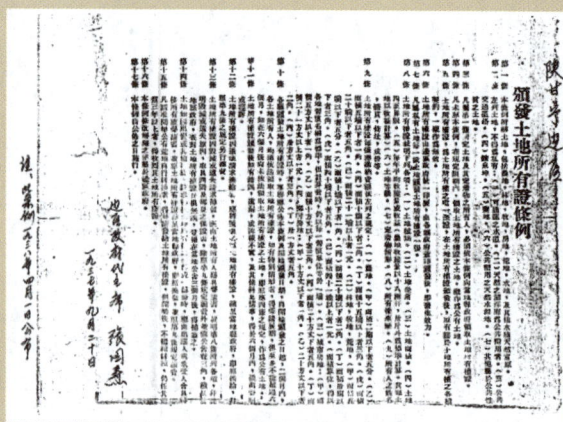

盐池县革命委员会在土地改革中分房证

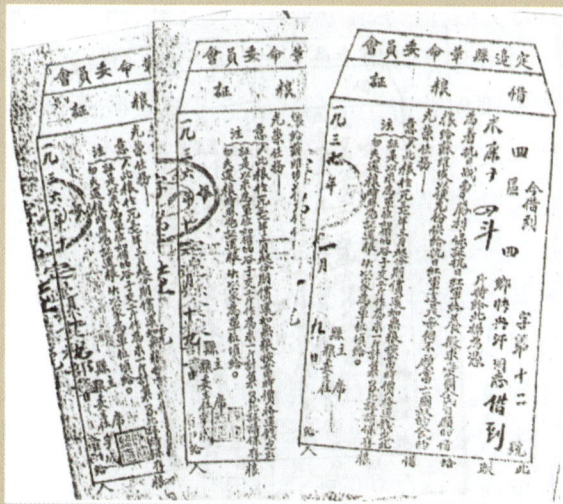

借粮证

（四）毛泽民在盐池

　　盐池刚解放时，群众一时还不了解党的政策，反动分子又在暗中破坏，城内商店不开门，城外老乡不进城，军队、机关和居民买不到粮食与柴火，群众必需的生产、生活用品得不到供应，解决军民的生活问题成为燃眉之急。

　　1936年6月底，时任中华苏维埃政府西北办事处国民经济部部长的毛泽民由定边来到盐池。他了情况后，便指示城市革命委员会把打土豪没收来的财物集中起来，办个消费合作社。有了资金以后，又在消费合作社附设一个食品合作社。合作社内杂货齐全，价格低廉，买卖公平，既方便了群众，又活跃了市场。

　　当时，市场上没有统一的货币流通。毛泽民即指示：由红色政权向群众发出公告，准许"法币""苏票"同时流通，允许群众用"苏票"兑换"法币"和银元。为了扩大资金，推动合作事业的发展，城市革命委员会在县城召开了一次有几百人参加的群众大会，毛泽民在会上宣传了办合作社的目的、意义和办法，号召群众积极入股，集资办好合作社。因为红军和政府在群众中的威望很高，会后群众即入654股，每股3角，共计196圆2角。合作社不仅供应群众必需的生活用品和生产工具，还收购农副土特产品。后来，又先后在各区成立了消费合作社。与此同时，毛泽民还广泛宣传党的保护工商业的政策，指出即使大商家，只要爱国抗日，拥护党的政策，就会受到政府保护。毛泽民还及时纠正了当时打土豪、分浮财中打击面偏大的问题，释放了不该捕押的几个商人。这样一来，影响很大，县城的20多家私商都陆续开门营业，原来不愿拿出卖的货物在消费合作社的影响下，也摆出来销售。市场很快活跃起来，城乡交流广为开展。外逃的地主、富商闻讯后也纷纷返回盐池，还向红军捐款，支援抗日。

　　毛泽民还广泛和商人结交朋友，发展贸易，

毛泽民

董必武珍藏的陕甘宁边区壹角纸币

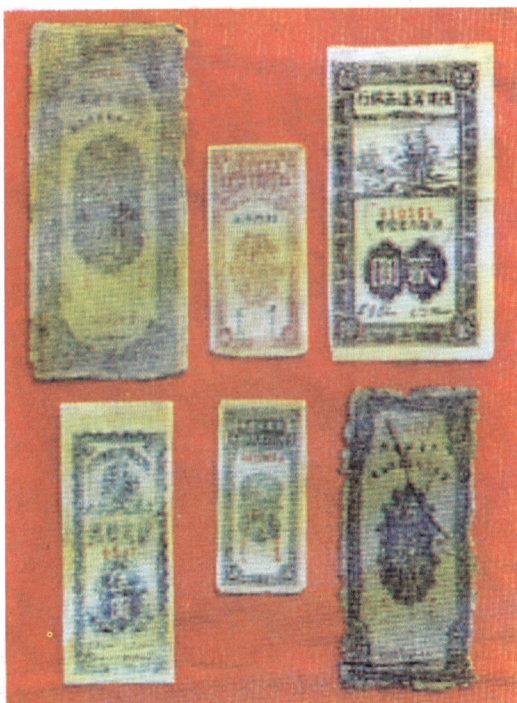

在盐池流通的陕甘宁边币

组织物资内购外销，以保证苏区的物资供应。当时苏区的食盐、皮毛、牲畜、清油、药材（甘草）、粮食的贸易收入占苏区财政收入的 90%以上，而盐池的食盐、皮毛和甘草占了大部分。

毛泽民在盐池，不仅跟商人接触频繁，而且还经常做少数民族的工作。为了工作需要，毛泽民、宋任穷、高岗、贾拓夫四人跟蒙古人结拜为盟兄弟，人称他们为"四弟兄"。同时，他们也做宁夏方面的回族工作。毛泽民在盐池期间，还亲自抓了整建税务工作。1936 年 10 月，成立了盐池税务局，在有的乡区设立了税卡，并且确定了应征税目和各项税率。规定的税收项目有入境布匹、烟酒等商品所得税，出境食盐、皮毛和牲畜等土产品贸易税，境内物资销售交易税等。规定的税目、税率既公平合理，又防止了乱征滥罚，使各业都得到休养生息，因而受到人民大众的支持与好评，进一步促进了商业贸易的发展繁荣。西安事变后，毛泽民离开了盐池。

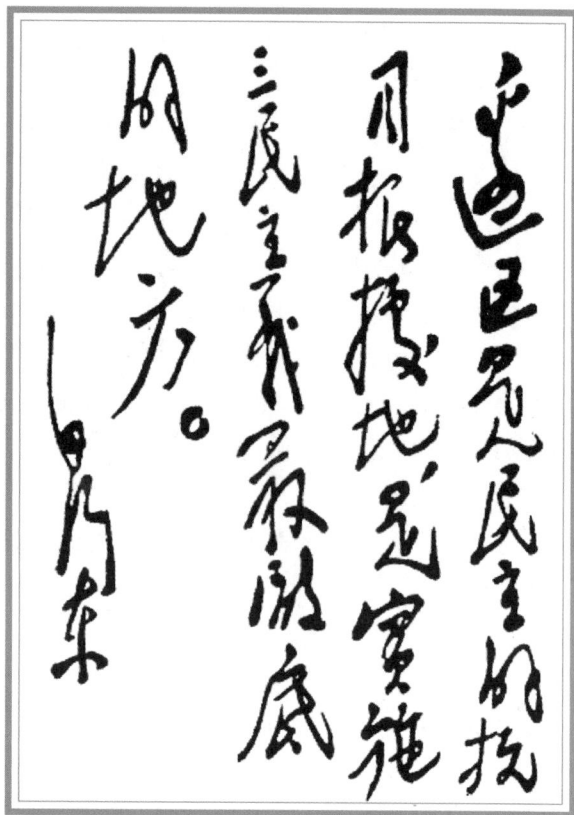

毛泽东为《边区实录》题词

1936 年,任三边特委机关总支书记的钱希钧（毛泽民夫人）

贾拓夫与夫人白茜(三边特委妇女部长)及长女

三边特委书记贾拓夫　三边特委代书记李维汉（罗迈）　三边特委白区工作部部长秦力生　三边特委军事部部长高岗

（五）中共三边特委与中央少数民族工作委员会在盐池

1936年10月初，为了进一步加强和统一领导三边工作，党中央决定再次成立三边特委（1935年11月曾第一次成立三边特委，后遭敌人破坏）。特委机关驻盐池县城，与盐池县委合署办公。在1937年初移驻定边。1937年5月，根据形势发展的需要，三边特委撤销，成立中共定边中心县委。三边特委遵循党中央的方针、政策，不断发展壮大党组织，建立各级政权机构。特委隶属中共陕甘宁省委，下辖定边、盐池、安边、靖边四个县委及相应的苏维埃政府。

三边特委首任书记是张德生，不久即由贾拓夫接任。西安事变后贾拓夫调离，由李维汉代理。三边特委组成是组织部部长朱协辉、宣传部部长贺级三、军事部部长高岗、白区工作部长秦力生、工会主席刘长胜、青年团书记揭俊勋、妇女部部长白茜、机关总支书记钱希钧。

1936年7月，中央认为三边地区邻近蒙古，为贯彻党的民族政策，决定在三边地区成立"蒙民工作委员会"，高岗任主任，贾拓夫任巡视员。9月，为实现西北地区各民族的大联合，团结蒙古族和回族群众，中央又决定将"蒙民工作委员会"改为"中共少数民族工作委员会"，高岗任书记，直接受中央和陕甘宁边区党委领导，下设回民和蒙民两个部。蒙民部驻定边，高岗兼部长；回民部驻盐池，贾拓夫任部长。同时还建立了相应的游击武装，高岗兼任蒙古游击司令。1937年10月，高岗调回延安，中共少数民族委员会撤销，将下辖的蒙民和回民两个部交归三边特委领导。

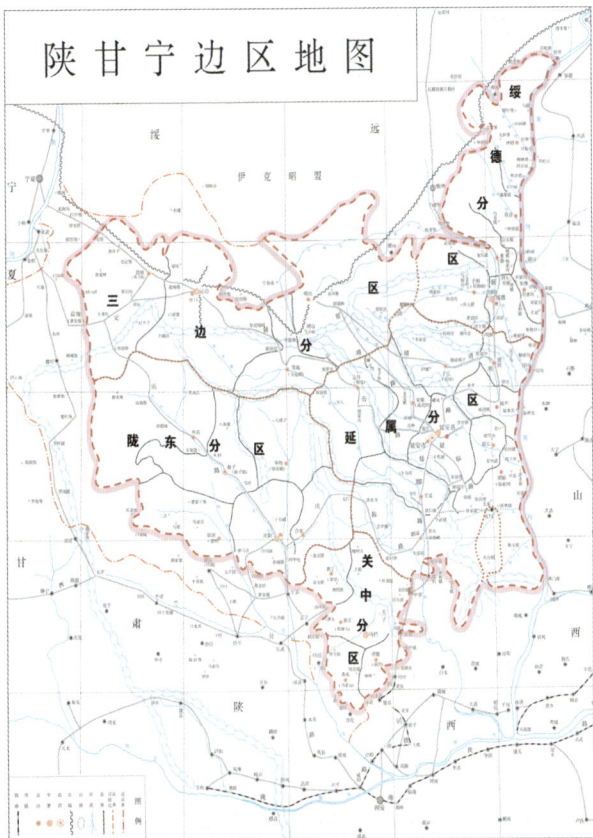

陕甘宁边区地图

军民开荒种地

三五九旅四支队打盐的情景

二、抗日战争时期

（1937 年 7 月至 1945 年 8 月）

大生产运动中驻盐池
警备一团团长贺晋年

（一）军民大生产

1940 年，陕甘宁边区警备一团由团长贺晋年（警备三旅旅长兼）率领驻防盐池。警备一团在盐池驻守了五年多，消灭了到处流窜烧杀抢掠危害人民的武装股匪（俗称杨猴小

子），保障了人民的生命财产。警备一团还大量开垦荒地，兴修水利，发展副业，实行自给，在大生产运动中做出了突出贡献。

警备一团从各方面发展生产、增加收入。在八岔梁、叶记豁子、黄沙窝等地开设农场，还在北园子、五堡泉、红山沟开辟水地 200 多亩，种植蔬菜；养猪百头以上，养羊 500 多只，不但解决了自己食用，而且还能出卖一部分供应群众。在盐池开设盐坝子十几处，年产盐万余担（每担 100 斤）。开磨房 4 家，挖甘草、打柴等副业生产都搞得很好，除自己加工外还供应市场。

1941 年秋，八路军一二〇师三五九旅四支队千余人积极响应党中央和毛主席关于抗

日根据地军民开展大生产运动的号召，来到长城脚下的花马池（即盐场堡）开展打盐生产。部队到盐池后，为了不打扰当地群众，在明代古长城上挖建了一百多孔简陋土窑洞里住了下来。随即，他们一边捞晒成盐，一边砍沙蒿柴，筑坝畦，整盐坑，为来年大规模地开展打盐生产创造条件。

1942 年 5 月，一场军民热火朝天的打盐运动打响了。虽然当时困难很大，打盐条件极差，但四支队的战士没有捞耙就用手捞，没有车担就用脸盆端、子弹箱子扛。许多人的腿和脚板被锋利的盐茬刺破了，再被盐水一蚀，伤口钻心地疼痛，但战士们仍然克服困难苦战不休。打下的盐运往陕甘宁边区各县，满足了军民的食盐

军队战士捞(修切捆扎)甘草

需要，而且还通过多种渠道输入白区，换回不少粮食、布匹、钢铁、药品、器械等边区急需物资，有力地支援了伟大的抗日战争。

1943年春，三五九旅四支队开赴延安南泥湾，参加了大规模地大生产运动。

大生产运动中，盐池县涌现出大批劳动英雄。盐池籍八路军战士武生华在开荒种地生产中被誉为"气死牛"，他的模范事迹在边区广为流传，毛泽东、林伯渠等中央领导亲自为其题写了奖状。

三五九旅四支队打盐工具——草筐、刮板

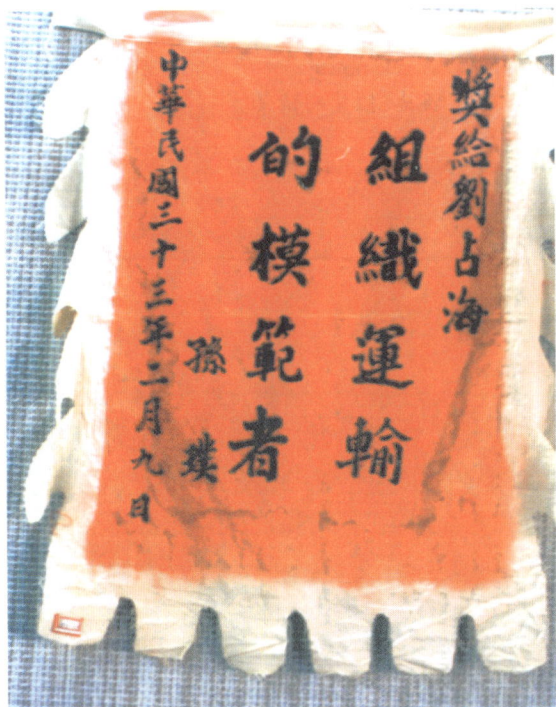

盐池县县长孙璞为劳动模范刘占海题赠锦旗

军民纺线

装包待运的盐驮子

毛泽东、林伯渠、高岗
亲笔为武生华题写奖状

军民晒盐、担盐的情景

响应党中央的号召：到盐池驮盐去

盐池县著名民主人士、
陕甘宁边区政府委员靳体元

抗战时期元华工厂的工人们加紧生产支援前线

(二) 边区工业的明珠

1941年,盐池县为了发展地方经济,克服当时所面临的严重困难,在民主人士靳体元的积极倡导和筹措以及边区政府的支持下,开办了元华工厂。陕甘宁边区银行投资5万元,当地集资7万元,公私合股经营,延安团结工厂派3名工人,并带来3台机器等办厂设备。到1942年,元华工厂的资本扩大到945.69万元,工人亦由原来开办时的几个人增加到五六十人,主要生产毛毡、毛毯、毛布口袋等产品,同时还经营运输业(骆驼63头,骡子30头),开办农牧场,种地120架(一架也叫一坰,等于5亩),牧场有羊300只、牛36头等。1942至1944年,生产各种毛毯609件,各式地毯8027方尺、毛布77疋,棉布21疋,各种毡2952条,毡鞋988双,毡帽1100顶,毛包子1899对,口袋443条、被胎子3126床,衣胎17169套。所出产品颇受各方欢迎,支援了边区建设和抗战的需要。

1944年7月,靳体元光荣地出席了在延安召开的陕甘宁边区合作社劳动英雄会议。毛泽东主席于7月3日下午亲切接见了边区的16位合作社英雄,靳体元是其中之一。他向毛主席汇报了办元华厂的情况,毛主席听了非常高兴,赠给他一套毛呢服装,勉励他办好工厂。1946年4月2至27日,陕甘宁边区第三届参议会在延安召开,靳体元被选举为陕甘宁边区政府委员。

元华工厂用自制毛呢给军政干部制作的制服(老红军李科保留)

元华工厂的纺车和为八路军制作的毛毯、毡帽等产品

三、解放战争时期
（1945年9月至1949年9月）

李 季

新中国成立后的李季

（一）李季写作《王贵与李香香》

1944年秋，李季被分配到陕甘宁边区盐池县，担任政府秘书。

1945年隆冬，李季在县政府一间宿舍兼办公室的小屋里，用信天游形式写出了长达七百四十多行的叙事诗《红旗插到死狼湾》。之后，李季利用茶余饭后或下乡的机会，

不厌其烦地念给盐池县委、政府以及区乡的干部和农民们听，虚心接纳众人的意见，又作了多次修改。1946年夏，《红旗插到死狼湾》首先在《三边报》上连续发表。同年秋，延安《解放日报》将该诗题目改为《王贵与李香香》，于9月22至24日连载。时任中共中央宣传部部长的陆定一专门撰写了编者按语，高度评价《王贵与李香香》是"新诗歌的方向"。接着，《王贵与李香香》又由延安广播电台广播，并由新华社用电讯发出，不少解放区出了单行本。从此，李季一鸣惊人，成为20世纪40年代中期解放区诗坛上的新秀。《王贵与李香香》也从盐池走向了全国，轰动了新诗坛。

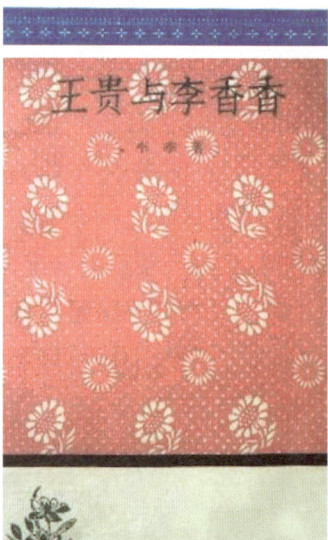

各种版本《王贵与李香香》

李季深入民间采访

1947 至 1949 年盐池县委所在地——李塬畔

保卫盐池时的八路军警备一团政委高波（左）和
警备八团团长王正川（右）

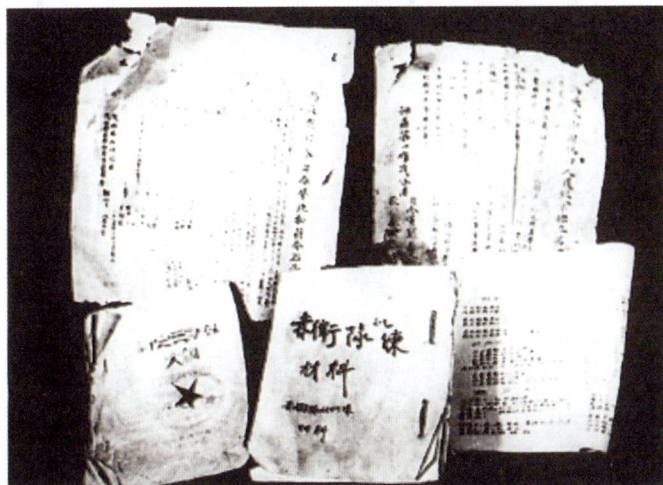

盐池县武工队、游击队学习材料

（二）坚持三年游击战争

1946 年 6 月，蒋介石发动全面内战，大举进攻解放区。宁夏的马鸿逵配合胡宗南向陕甘宁边区进犯，于 1947 年 3 月集中 9 个团约 1.6 万兵力，分兵三路向盐池发动全面进攻。3 月 24 日，马部侵占盐池县城，县委、政府撤退到南部山区，领导人民开展游击战争。

马部侵占盐池后，盐池县 5 个区 26 个乡的人民政权大部分遭到破坏，反动派组织清乡团向农民反攻倒算，实行血腥统治。敌军所至，到处横征暴敛，搜刮民财，奸淫烧杀，蹂躏百姓，无所不为。

由于敌人的侵占，党的组织也遭到了严重的破坏，县委和政府转入南山一带开展游击活动，与敌人进行顽强斗争。1947 年 7 月 7 日，第一野战军收复盐池，游击队和干部立即回到县城，访问群众，清理组织，建立政权，领导生产。后因解放军主力转移，8 月 9 日马部又犯三边，盐池二次沦陷，县党政机关撤至定边姬原一带和盐池五区山地进行游击战争。

从 1948 年春到 1949 年春的一年多时

间内，盐池游击队在县委的领导和广大人民的积极援助与大力支持下，与敌人进行了艰苦的斗争，摧毁敌人 3 个乡 21 个据点，建立了革命政权，扩大了行政区，在保卫盐池、保卫家乡、保卫边区，打击敌人，保护群众，并以人力、物力大力支援解放战争。

高波烈士

原盐池游击四大队副政委兼参谋长张光祖在庆祝盐池解放五十周年大会上讲话（1986 年）

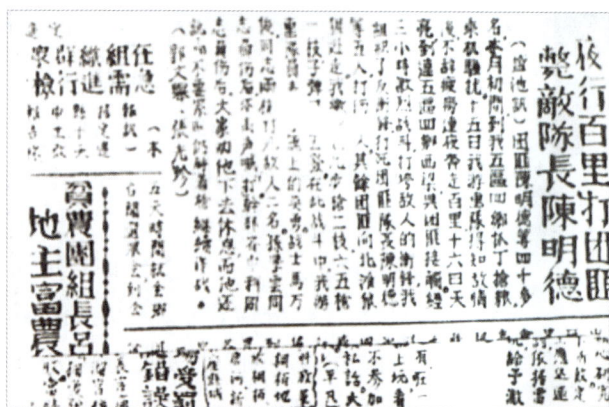

《三边报》报道盐池游击队取得战斗胜利的消息

盐池游击队员使用过的部分武器

盐池武工队负责人郭文举（右）、白凤奎（右）

老百姓踊跃送缴公粮支援前线

（三）支援解放西北、解放宁夏

在解放战争中，特别是人民解放军展开全面战略反攻向宁夏进军以后，盐池县人民掀起了轰轰烈烈的支前热潮，做军鞋、组织担架队随军远征和运粮草等，以实际行动支援解放西北、解放宁夏。

1949年的春天，全国各个战场上的捷报频传。以县长韩效忠和副县长聂秉和为首组成了盐池县支前委员会，领导全县人民广泛开展支前活动。随着解放宁夏的脚步越来越近，支前工作首先就在盐池南部地区轰轰烈烈开展起来了。

在短短的两三个月中，解放区、游击区共筹军粮53万多斤，马料16万多斤，军鞋800余双。在解放军西进时，仅盐池县四区和五区就组织了180余峰骆驼和大批毛驴，往灵武、韦州运送粮食16万多斤，组织担架100余副，并支援羊皮600张供解放军做羊皮筏子，以便顺利渡过黄河，解放宁夏。

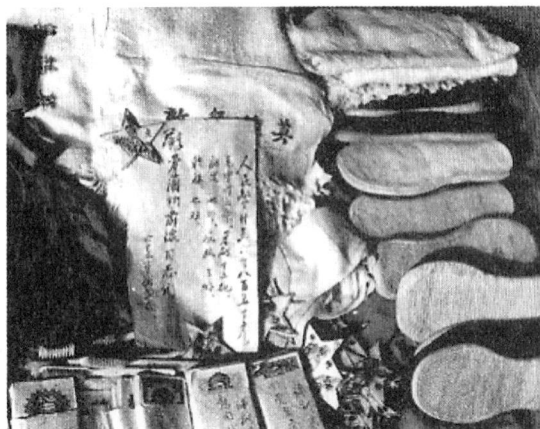

老区人民送给解放军六十五军的军鞋、衣被等慰问品

妇女们为进军大西北的解放军赶做冬衣

老解放区的支前民工随军远征,参加解放宁夏

老区妇女为解放军赶制出成捆的"踢倒山"布鞋,送往前线

踊跃支前,部队打到哪里,人民就把弹药送到哪里

(四)盐池解放区流通的陕甘宁边区货币

延安光华商店代价券。1937 年,陕甘宁边区建立后,时值国共两党第二次合作。根据两党有关协议,边区不设银行,不印发货币,一律流通法币。国民党政府为禁止银圆流通,以中央、中国、交通、农民四银行名义发行纸币。为了加强货币流通,陕甘宁边区政府 1938 年 3 月以光华商店名义发行辅币代金券,俗称"光华票"。初发行贰分、伍分两种,继发行壹角、贰角、伍角三种,后于 1940 年又发行伍角及柒角伍分两种,共发行 7 种,5 种横型,两种竖型。

陕甘宁边区银行券。1941 年 1 月,以蒋介石

为首的国民党对边区进行军事挑衅和经济封锁,使革命根据地的经济和财政陷于极端困难的境地。为了适应革命和抗战的需要,党中央一方面号召边区人民自力更生,开展大生产运动,努力发展边区经济;另一方面则积极发展金融事业,将原中国工农民主共和国(或称中华苏维埃人民共和国)国家银行西北分行改组,成立陕甘宁边区银行。总行在延安,下设绥德、关中、三边及陇东四个分行与数个支行及办事处。当年 4 月 28 日,边区政府决定发行边币,禁止法币在边区流通。规定边币发行壹角、贰角、伍圆、拾圆和贰佰圆等面额。截至 1946 年

先后共发行 18 种。

陕甘宁边区贸易公司商业流通券。1944 年西北财政经济办事处批准发行"陕甘宁边区贸易公司商业流通券"。面额为伍圆、拾圆、贰拾圆等 13 种，皆竖型。最小面额为伍圆，最大面额为伍仟圆，没有圆以下的辅币也没有圆的本位票壹圆券。办事处规定，以陕甘宁边币贰拾圆折合陕甘宁边区贸易公司商业流通券壹圆的比价并行流通。在 1946 年以后开始发行"伍佰圆"及"伍仟圆"的大面值票。

陕甘宁边区贸易公司是以本公司及其所属西北土产公司、光华盐业公司、运输公司、南昌公司之全部财产作为发行基金，并由陕甘宁边区银行给以保证，这样做的目的在于巩固、稳定边币币值，扩大货币流通范围，融通金融资金。1948 年 1 月，该公司流通券停止发行在盐池解放区流通历时四个年头之久的边币。

大西北解放后，陕甘宁边区同晋绥边区统一为西北解放区，陕甘宁边区银行同晋绥边区的西北农民银行合并为西北农民银行，停止发行陕甘宁边币。

1948 年 12 月 1 日，以西北农民

修建于 1952 年的盐池县革命烈士纪念塔

银行、华北银行（1948 年 5 月晋察冀边区与晋冀鲁豫边区合并为华北解放区，成立华北人民政府，两区银行合并为华北银行）和北海银行为基础成立人民银行，发行了全国性的统一人民币，停止发行边币。边币从此完成了它的历史使命。

在盐池县流通的光华商店代价券"光华票"

在盐池县流通的陕甘宁边区贸易公司商业流通券

中共宁夏组织与回汉支队

一、中共宁夏组织机构

何广宽

梁大均

中共三边地委书记
兼宁夏工委书记高峰

中共宁夏工委书记、
宁夏人民解放军司令员赵
忠国(孙殿才)

从 1926 年到 1940 年，中国共产党先后 7 次在宁夏建立党的组织，均因形势所迫，工作时间不长便停止了活动。1940 年中共宁夏工委遭马鸿逵破坏后，党在宁夏开展活动已很困难。从 1942 年起，中共三边分区(地区)党委将宁夏党的组织机构，设立在边区境内毗邻宁夏的盐池县。

(一) 中共金灵工委

1942 年 9 月 4 日，中共三边分区党委决定在盐池县成立金灵工委，即金积、灵武工作委员会(又称河东工委)。会议指出："我盐池边境与金积、灵武、惠安堡(国民党盐池县政府所在地)毗连 200 余里，双方居民经常来往不断，且我区之绅士、非党的、党的干部及党员多在金、灵、惠有亲友关系。根据多年来对宁夏工作的经验，利用此种适当的关系，施以适当的教育，在职业的掩护下，进行中层的统战工作和下层的建党工作及社会调查工作是非常可能的。"9 月中旬，金灵工委正式成立，何广宽任书记，许宗岳、江云分别任组织部部长、宣传部部长。工委办公地点设在靠近灵武的曾家畔(盐池县三区政府所在地)。1943 年 3 月 1日，中共金灵工委撤销。

(二) 中共宁夏河东工作组

1945 年 3 月，为了加强党对宁夏的工作，迎接抗日战争的最后胜利，中共三边地委决定成立中共河东工作组，并明确提出了今后工作的方针是："以建党为中心，走农村路线，深入下层发动与组织广大群众，同时不放弃任何有机会的统战工作。"4 月，河东工作组正式成立，组长赵文献(中共三边地委常委、专署保安处处长)，副组长梁大均，成员何广宽。工作组下设余庄子(盐池县二区政府所在地)、红井子(盐池县五区政府所在地)两个工作据点。余庄子据点负责人由梁大均兼任，红井子据点负责人由何广宽兼任。不久，三边地委又在内蒙古鄂托克旗靠近盐池县的三级地设立了一个据点，负责人王延，活动范围为陶乐、惠农、平罗、磴口四县和阿拉善旗。

1943年,三边党政军联席会议

在河东工作组领导下,3个据点的工作发展很快,到1945年年底,新发展党员60名。1945年12月,中共三边地委在盐池县召开了河东工作组会议。鉴于抗日战争胜利后出现的形势,进一步提出大量发展党员的方针,主要对象是工人和贫苦农民。并要求培养党的核心骨干力量,领导工厂、农村群众的自发斗争。要把建党工作同群众的自发斗争紧密结合起来,同时,重视和加强中层统战工作。

(三)中共宁夏工作委员会

为了加强党对宁夏工作的领导,1946年6月,中共西北局决定建立中共宁夏工作委员会(以下简称"宁夏工委")。6月17至21日,三边地委在定边城召集余庄子、红井子、三段地据点干部会议,传达了西北局对宁夏工作的指示,宣布宁夏工委正式成立,同时撤销河东工作组。三边地委书记高峰兼任宁夏工委书记,三边地委统战部部长赵忠国(孙殿才)任宁夏工委副书记。

宁夏工委建立后,将原余庄子和红井子两个工作据点改成工委,即习惯称为"小工委"(亦称二区工委和五区工委)。余庄子工委由梁大均、李健负责,红井子工委由何广宽负责,三段地仍以据点开展工作,由王茜、王延负责。

为了便于工作和领导,1947年1月17日中央西北局决定,将宁夏工委与伊盟工委合并成立绥宁工委,调原陇东地委副书记兼任甘肃工委书记朱敏到三边,担任中共三边地委副书记兼绥宁工委书记,赵忠国为副书记。绥宁工委日常生活仍与三边地委在一起,对外以三边地委统战部的形式出现。

1947年马鸿逵部队侵占盐池以后,绥宁工委领导回汉支队转战于盐池、定边、环县、同心一带的广大山区,打击国民党地方反动民团,收复失地,开辟新区,为解放宁夏作出了重大贡献。

1948年,粉碎了国民党军队向陕甘宁边区的重点进攻后,为了适应革命形势飞速发展的需要,中共中央西北局又批准将绥宁工委分设,组建新的宁夏工委。8月31日,西北局决定:以赵忠国、孙璞、梁大均、何广宽、李健、张广珍、薛池荣、王志强(回)8人(之后又补充了回汉支队队长刘思孝)为宁夏工委委员。以赵国忠为书记,孙璞为第一副书记;梁大均为第二副书记兼回汉支队政委,梁东泉为该支队副政委。宁夏工委统一领导党在宁夏国统区的工作,在极其困难的环境中,同马鸿逵的反动统治进行斗争,使党的组织有了一定的发展。

二、回汉支队

配合十九兵团解放宁夏的回汉支队

1946年,宁夏工委派何广宽、梁大钧、李健、王茜等人在红井子、余庄子、三段地,分别组织了三支游击队武装。1947年1月19日,这三支游击队和金三寿在定边组织的另一支回族武装合编为"回汉支队"。刘振宇任支队长,梁大均任政委,金三寿任副支队长。战士大都来自宁夏地区为逃避马鸿逵抓兵跑到盐

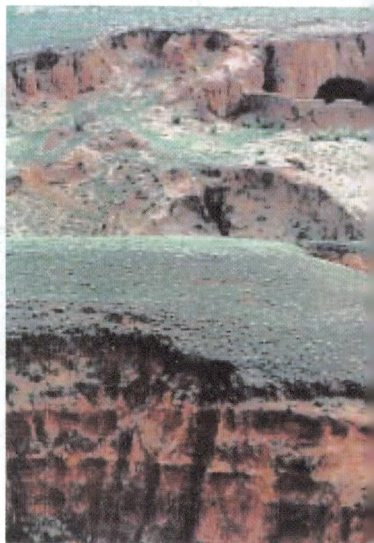

原回汉支队支队长刘振宇（右）、第八挺进支队政委何广宽（中）和回汉支队政委梁大均（左）在 1985 年合影

池、定边两县的回汉青年，也有马鸿逵部的逃兵。当时共有 234 人，其中有党员 47 人，有回族 65 人。

后根据上级指示，曾一度将回汉支队改组为宁夏中国人民解放军，司令员赵忠国，政委邓国忠，副司令员梁大均，参谋长刘振宇，政治部主任何广宽。下设两个支队，第一支队（即回汉支队），刘振宇兼任支队长，梁大均兼任政委；第八挺进支队，金三寿任支队长，何广宽兼政委。每支队各设 3 个中队，总兵力 500 余人。

回汉支队的主要任务就是在三边军分区和宁夏工委的领导下，打击和消灭地方反动武装，保护地方政权开展工作，扩大边区政治影响。回汉支队的活动区域西至盐池县，东到靖边县，南到甘肃环县，北到内蒙古鄂托克旗边界，中心在盐池县。

回汉支队自成立到宁夏解放，一直在三边地区坚持战斗，取得一个又一个的胜利。扩大了红色地区，保卫了后方，钳制了"宁马"部队援陕行动，有力支援了主力部队在前方作战。1949 年回汉支队配合大部队收复三边后，又随大部队参加了解放宁夏的战斗。

解放宁夏战役中，中共宁夏工委书记、回汉支队政委梁大均（前右二）等地方领导同解放军一起从中宁石空堡对岸渡过黄河，前往银川参加接管工作

原回汉支队副支队长金三寿
（20 世纪 80 年代照片）

回汉支队第一次集训地——盐池县雷家沟

刘思孝、张明瑞、李国秀、王佩祥1945年12月在宁镇合影

回汉支队老战士座谈会合影（1985年）

孙殿才（1909~1975），曾用名赵忠国，宁夏中宁县恩和堡人。1926年加入中国共产主义青年团，1930年转入中国共产党。曾任北平工人联合会组织部部长，中共唐山煤矿特委书记，上海工人联合会委员长，中共舒无地委副书记。从1943年至1949年，曾担任三边地委统战部部长，绥宁工委副书记，宁夏工委书记。中华人民共和国成立后，历任中共宁夏省委员会常委、宁夏省人民政府副主席，中共甘肃省委常委、副省长。1957年，在甘肃省整风运动中，被打成"孙、梁、曹、陈"反党集团，受到错误处理，下放甘肃引洮工程指挥部任处长。1963年初，中共中央决定撤销对孙殿才的错误处理，彻底恢复其名誉。1964年5月，任甘肃省政协副主席。1975年病逝。

解放宁夏

一、十九兵团进军大西北

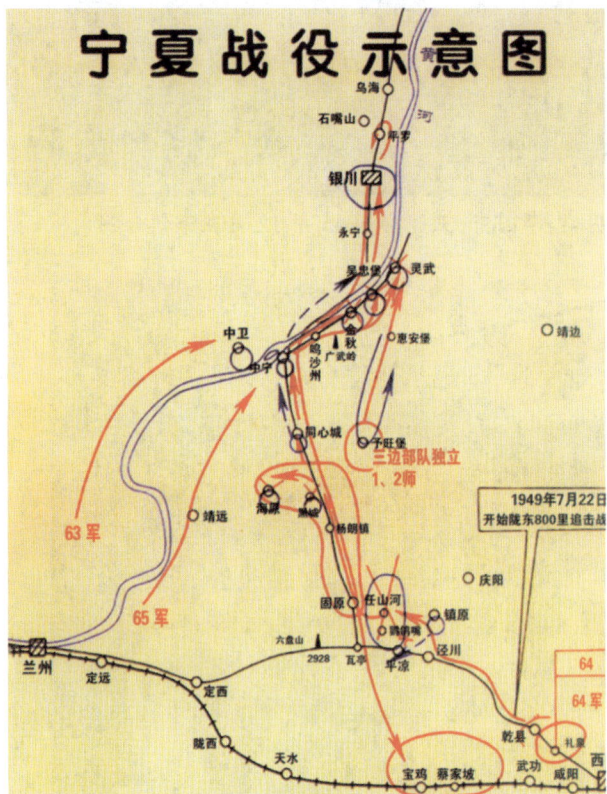

宁夏战役示意图

1949年解放战争取得了决定性胜利。中国人民解放军百万雄师渡过长江，1949年4月23日解放南京，国民党军队望风披靡，蒋介石的反动统治已处于风雨飘摇之中。蒋介石集团只得把赌注压在西北的一胡（胡宗南）二马（马步芳、马鸿逵）和退缩西南的白崇禧身上，妄图保住西北，扼守西南，伺机卷土重来。

党中央和毛主席为粉碎敌人的阴谋，决定让华北野战军第十八、十九两个兵团，在结束太原战役后加入第一野战军序列，在彭德怀司令员的统一指挥下，参加解放大西北的战斗。4月24日，太原解放。5月19日，西安解放。7月，取得扶眉战役的胜利，并乘胜攻克宝鸡、凤翔等城。人民解放军取得的这一系列胜利，不仅达到了分割胡、马的目的，而且使人民解放军在西北战场上从相对优势转为绝对优势，牢牢掌握住西北战场的主动权，为继续西进，完全解放大西北创造了有利的条件。

人民解放军向兰州发起总攻

扶眉战役革命烈士纪念塔

第一野战军司令员彭德怀发出进军大西北的命令

修筑在固原古城的任山河战斗烈士纪念塔

1950年西北军政委员会颁赠解放西北纪念章

国民党部队逃到哪里，人民解放军就追到哪里

中国人民解放军第十九兵团向大西北进军

兰州解放,人民解放军举行入城仪式

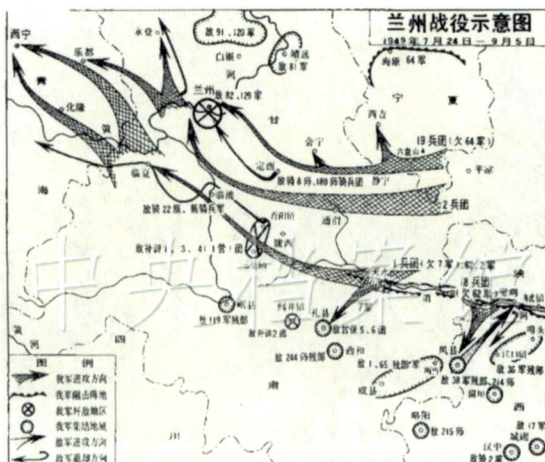

人民解放军解放兰州战役示意图

二、解放固原

扶眉战役之后,青、宁"二马"准备在平凉地区再次与人民解放军决战,妄图把人民解放军主力堵在甘宁大门之外。解放军第一野战军决定以十八兵团牵制胡宗南部,以一、二、十九兵团分左、中、右三路,发起旨在追歼"二马"的陇东战役。

担任右路追击的十九兵团,一路攻关夺隘,势不可挡,连克邠州、长武、泾川等城,前锋直指甘肃东部重镇平凉。敌宁夏兵团慑于被歼,被迫放弃平凉,仓皇向宁夏境内撤退。7月30日,解放平凉。根据西北战场形势的发展变化,彭德怀总司令重新修订作战计划,命令十九兵团继续追击"宁马",一、二兵团分两路追击"青马"。8月1日,十九兵团之六十四军于固原以南任山河地区,歼灭"宁马"十一军千余人,并一举攻占了固原城。同时,六十五军向扼守六盘山三关口的"宁马"一二八军发起强攻,很快夺取三关口,占领了战略要地六盘山。至此,人民解放军打开了甘肃的东大门,并将青、宁"二马"分割开来,使西北战场之胡部与"二马"各自孤立,为下一步各个歼灭创造了有利条件。

陇东战役结束以后,青、宁"二马"各自缩回巢穴。兰州、银川随之告急,引起了国民党政府的极度恐慌。广州政府行政院院长阎锡山急忙召集马步芳、马鸿逵、胡宗南到广州开"西北联防会议",并精心策划了一个兰州决战计划。解放军第一野战军前委分析认为,马鸿逵小心谨慎,

解放军在固原抢救被敌人烧毁的粮仓

人民解放军展开陇东千里追击战

一贯奉行保存实力的政策，是西北的一匹"滑马"；而马步芳以"西北军政长官"自居，狂妄自大，是西北的一匹"野马"。如先打"宁马"，"青马"必以全力增援；若先攻"青马"，"宁马"很可能犹豫不决，采取观望态度。于是，前委作出先歼"青马"，后打"宁马"的决策，并积极争取以和平的方式解决宁夏问题。

8月25日拂晓，解放军以强大兵力向固守兰州的马步芳军发起总攻，经两天激战，歼其国民党八十二军和一二九军等部3万余人，8月26日，兰州宣告解放。

1949年7月30日，人民解放军开进平凉，受到当地人民群众热烈欢迎

解放军穷追不舍

向宁夏进军

三、进军宁夏

彭德怀在兰州指挥第一野战军各兵团向宁夏、青海、新疆进军

军民联欢,同庆固原解放

兰州解放后,"宁马"孤立无援,已成瓮中之鳖,马鸿逵军队濒临被歼灭的绝境。为了阻止解放军前进,敌人部署了三道防线:以骑兵二十团守同心,第八十一军一部守靖远,新成立的骑兵第一旅守景泰,以此构成第一道防线;以贺兰军守中宁,第八十一军主力守中卫,构成第二道防线;以第一二八军守金积,第十一军守灵武,以此构成第三道防线。宁夏兵团司令马敦静无视解放军的和平政策,秉承其父马鸿逵"宁夏要效法阎锡山的做法,抵抗到底,就是损失净尽,也在所不计"的旨意,企图在金(积)灵(武)地区与解放军决战。他一面下令在秦渠、汉渠决堤放水,以阻止解放军前进;一面指使一二八军军长卢忠良率四个步兵团和两个骑兵团偷袭了解放军驻下马关地区的三边地方部队。

为了使"塞上江南"免遭战火,争取和平解放宁夏,解放军推迟了进军日期,以便给马鸿逵、马敦静父子留下充足的考

十九兵团六十四军自固原地区北进直取中宁县

虑时间。当时，兰州军管会副主任韩练成曾给马鸿逵写信，讲明当前形势，劝其接受和平条件，但遭到马家父子的拒绝。在这种情况下，解放军第一野战军司令部命令十九兵团兵分三路，向宁夏进军，坚决歼灭"宁马"军，解放全宁夏。

十九兵团六十三军一八八师五六四团一营从黄河南岸乘羊皮筏子向中卫进军

1949 年 9 月 12 日，六十四军一九〇师解放同心城

和平老人

南浦郭老先生存念

中国人民解放军第十九兵团

整 全體指战员敬赠

解放军十九兵团首长杨得志等同郭南浦亲切交谈

解放军十九兵团将一面写着
"和平老人"的锦旗赠给郭南浦先生

解放军十九兵团首长在中宁接见以郭南浦为首的兰州赴宁和
平代表团（前排执手杖者为郭南浦）

四、和平老人

兰州解放后，彭德怀司令员即派和平代表团赴宁夏做马鸿逵的工作，组成了以回族知名人士为主、82 岁的郭南浦老人为团长的赴宁和平代表团。成员有马守礼、马宏道、马凤图、马季康、吴鸿业、马元凤、马忠汉、白连升等11 人。

8 月底，代表团随军出发。9 月 14 日，到达银川。负责接待的宁夏省政府秘书长马廷秀奉命不让代表团与任何人接触，并派人监视，实际上是把代表团软禁了。

当听到八十一军起义的消息后，马敦静见大势已去，9 月 19 日清晨匆忙乘飞机逃往重庆，郭南浦等人始恢复自由。经他与军政当局和各界人士广泛接触，积极宣传"和平解放宁夏八条建议"和解放军的宽大政策，消除了多数旧军政人员的顾虑，对于促成马鸿宾八十一军起义和银川和平解放起了重要作用。

为了褒奖郭南浦为和平解放宁夏做出的贡献，人民解放军十九兵团赠给郭南浦一面"和平老人"的锦旗。

五、八十一军和平起义

被改编的国民党八十一军骑兵部队

1949年12月18日，独二军在中卫县城举行隆重的授旗仪式。图为授旗大会主席台

人民解放军十九兵团分三路向宁夏进军。北路六十三军一八八师沿黄河右岸向中卫前进，中路六十三军、六十五军沿黄河左岸向中卫、中宁前进，已在固原地区的六十四军为南路，配属兵团野战营、战车队，并在三边独立第一师、第二师的配合下，沿平（凉）中（宁）公路向中宁挺进。9月12日，解放同心县。14日，南路先解放中宁，并以炮火控制了黄河对岸的中（卫）银（川）公路。另一部直插鸣沙洲，斩断中（宁）金（积）公路，堵死了敌军逃往金积的退路。16日，中路军先头部队占领杨家滩渡口，与中卫隔水相望。与此同时，北路六十三军一八八师在景泰地区迫敌新编骑一旅投降后，直逼中卫城下，对国民党八十一军形成极大威胁。

在人民解放军三路大军的强大压力下，国民党八十一军军长马惇靖于9月19日与解放军在中宁举行谈判，签订了和平解放协定，首先率部起义。10月23日，原国民党八十一军被改编为中国人民解放军西北军区独立第二军。军长马惇靖，政治委员甄华。

国民党八十一军和人民解放军十九兵团签署和平协议

军长马惇靖光荣地接过解放军军旗

国民党八十一军和平起义的士兵佩戴上中国人民解放军的胸标

从十九兵团调往解放军西北独立第二军的部分政工干部

马惇靖带领全军官兵宣誓

六、金灵之战

9月19日八十一军起义当天，宁夏兵团司令马敦静仓皇乘飞机逃走。卢忠良指挥一二八军、十一军和贺兰军，以地势险要的牛首山为屏障，在河东地区重新部署兵力组织顽抗，企图挽回败局。

解放军十九兵团首长根据敌情变化，决定在金（积）灵（武）集中力量打击敌主力一二八军，并令六十四军担任主攻，六十三军沿黄河北上，协同作战。六十四军一九一师于9月17至19日相继攻占牛首山、广武岭、青铜峡等地，向金积前进。

六十四军一九二师经滚泉向金积方向迂回前进

对此宁马部队惊恐万状，纷纷向金积、灵武败逃。驻守金积的河东国民兵团司令马得贵竟然下令决堤放水，淹没大片良田民宅，妄图阻止解放军前进。9月20日，解放军一九一师、一九二师向金积之敌发起攻击，迫使金积堡敌军放下武器。卢忠良等见势不好，一面通电求和，一面加强吴忠堡的兵力部署，凭借坚固工事企图负隅顽抗。

9月20日晚，解放军六十四军一九一师、一九二师迅即北上，与一九一师五七一团和独一师等部会合，围歼驻守吴忠堡之敌。9月21日凌晨，一九二师五七五团强渡涝河，攻占了敌桥头阵地，守敌保三师大部被歼。卢忠良亲率二五六师和三个骑兵团从灵武赶来增援，遭解放军炮火迎头痛击，四下溃散，卢忠良只身逃回银川。同日，吴忠解放。敌二五六师和一二八军军部一部向灵武逃窜。解放军乘胜追击，迅速包围灵武之敌，迫使敌军投诚。至此，解放军经过三天四夜的激战，将河东的敌人全部消灭。

1949年9月21日吴忠堡解放，六十四军文工团向群众宣传全国胜利的形势

涝河桥烈士陵园。1951年由吴忠县人民政府修建，又经1969年、1986年、1999年三次修整

余家桥烈士陵园。1949年10月为原宁朔县（今青铜峡市）人民政府修建，后几经修葺

敌军在金积地区决渠放水，给当地人民造成重大灾难

十九兵团六十四军一九一师攻占黄河天险青铜峡隘口

强渡涝河桥的六十四军一九二师五七五团的部分勇士

七、中宁签字

金积、灵武惨败使宁夏当局极度恐慌，纷纷派代表求和。9月22日上午，原国民党西北军政长官公署副长官马鸿宾，以马家家长身份，召集在银川的宁夏军政要人开会，商定派一二八军军长卢忠良为全权代表，宁夏保安司令部参谋长马光天和宁夏省政府秘书长马廷秀为代表，于次日到达中宁与解放军十九兵团签订了和平解决宁夏问题的协议。

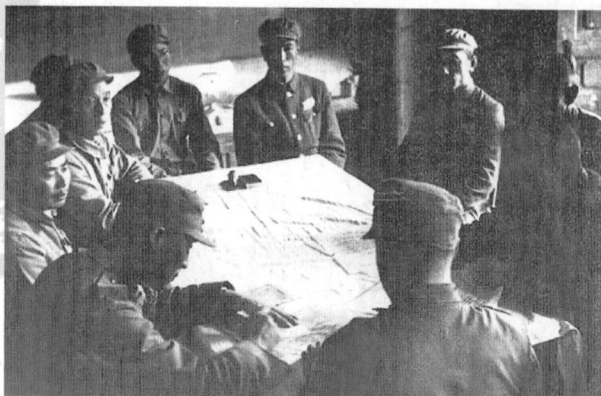

1949年9月23日，和平解决宁夏问题协议在中宁正式签订。国民党宁夏军政代表卢忠良在协议书上签字

国民党宁夏军政代表马光天、马廷秀在协议上签字

签订《和平解决宁夏问题之协议》后，双方代表合影。前排右起：耿飚、马廷秀、杨得志、卢忠良、马光天。后排右起：康博缨、潘自力、李志民、张朝栋、葛晏春

宁夏军政当局与十九兵团签订的《和平解决宁夏问题之协议》

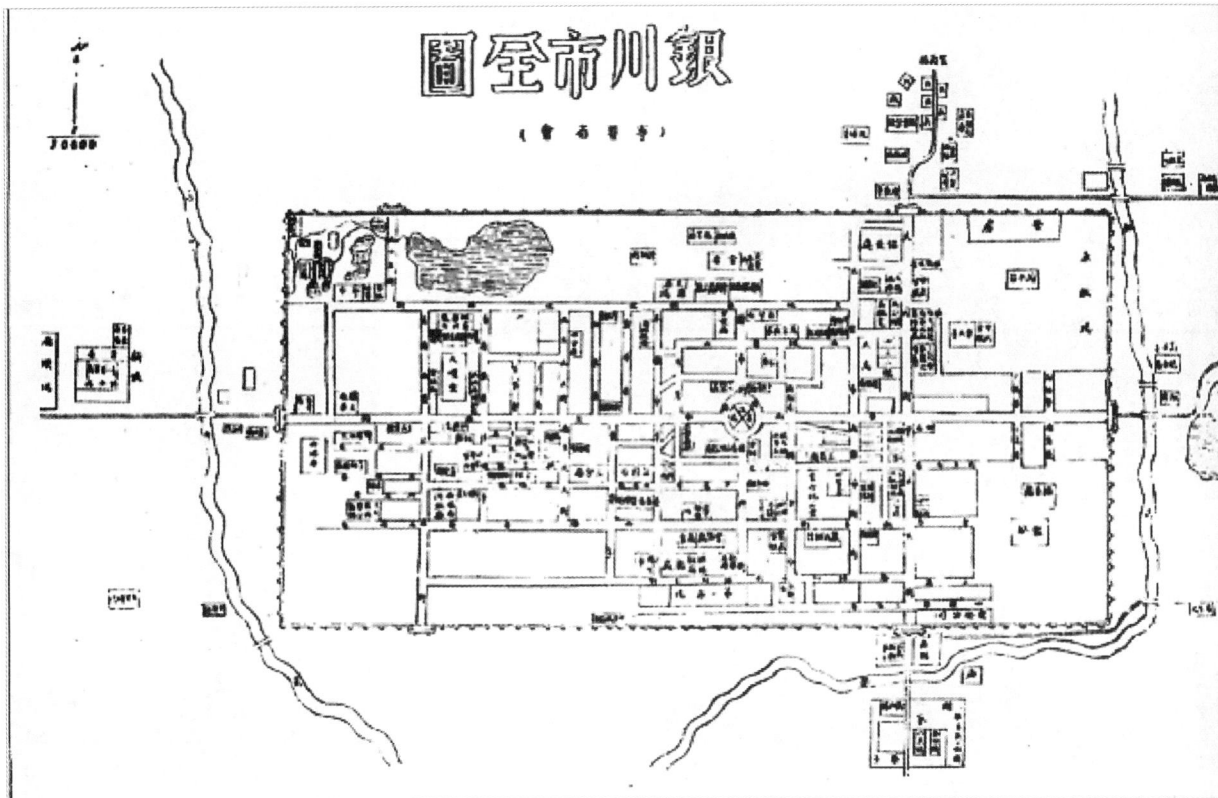

宁夏地下党组织为迎接解放军解放银川，秘密绘制的银川市全图

八、开进银川

和平解决宁夏问题的协议在中宁签字后不到两个小时，驻河西的贺兰军和十一军开始溃散，到处抢劫，乱打枪炮，无法控制。贺兰军军长马全良不得不跑到吴忠堡解放军六十四军军部要求保护。在马鸿宾和银川市各界人民的一再请求下，兵团首长命令六十四军一九一师提前于9月23日进驻银川，维护城内治安，保护人民群众生命财产的安全。是夜秋雨绵绵，人民解放军冒雨开进银川实施军事接管。

耿飚当年拍摄的黄河西岸仁存渡口

人民解放军进入银川后首先接管了马鸿逵的大公馆『将军第』，并控制了鼓楼等制高点。图为解放军进占『将军第』

1949年9月23日夜,人民解放军六十四军先头部队冒雨从仁存渡口渡过黄河

解放军先头部队渡过黄河后乘汽车向宁夏省会银川市开进

人民解放军十九兵团步兵一部由小南门开进银川市

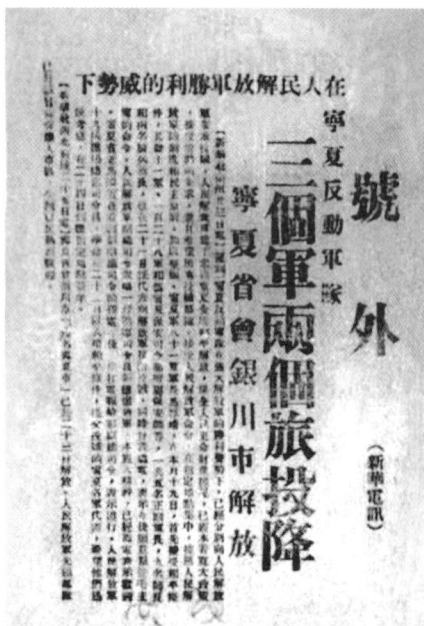

《新华电讯》刊登银川解放的号外

银川市人民群众热烈欢迎解放军进城

人民解放军十九兵团司令员杨得志等在城郊和马鸿宾会面

马鸿宾率宁夏各界700多人在南门外迎接解放军进城(前排为首者为马鸿宾)

人民解放军十九兵团战车部队开进银川

解放军一九一师五七二团进占银川新城飞机场,并接管飞机一架

手持各色彩旗的欢迎队伍

九、成立银川军事管制委员会

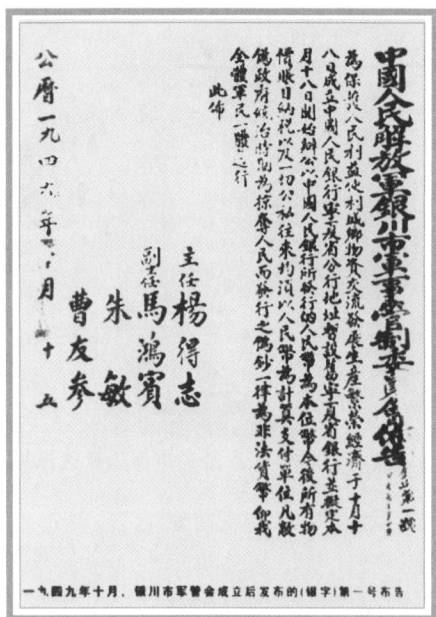

银川市军事管制委员会第一号布告

毛泽东主席 1949 年亲笔
为《宁夏日报》题写报头

1949 年 9 月 26 日，中国人民解放军十九兵团大部队正式举行入城仪式，陆续进驻银川城。

解放军十九兵团总部和大部队浩浩荡荡开进银川市，受到全市各族各界人民的热烈欢迎。市民们张灯结彩，夹道欢呼，万人空巷，盛况空前。当日，中国人民解放军银川市军事管制委员会宣布成立，十九兵团司令员杨得志兼任主任，马鸿宾、朱敏、曹又参为副主任。军管会发布包括九项规定的"解字第一号"布告，宣布人

民政权的政策、纪律，并将军管会的组成成员向全省人民公布。"一号布告"受到全市广大人民群众的热烈拥护。在中国共产党和人民解放军政策的感召与广大群众的支持配合下，马军散兵游勇纷纷投诚登记，社会秩序日趋安定。

为了及时报道新中国的大好形势，宣传党和人民政府的政策，银川军管会接收宁夏省《宁夏民国日报》后，于 9 月 28 日暂时印发了《新闻简报》，作为军管会的机关报，至同年 11 月 8 日停止发行。当月 11 日，中共宁夏省委机关报《宁夏日报》（创刊号）面世。1949 年 12 月 21 日，《宁夏日报》首次使用毛泽东主席题写的"宁夏日报"报头。

军管会人员的胸标

接管的驼群

回汉群众争相阅读十九兵团发布安民告示

接管的牛群

接管的羊群

十九兵团骑兵一部开进银川城

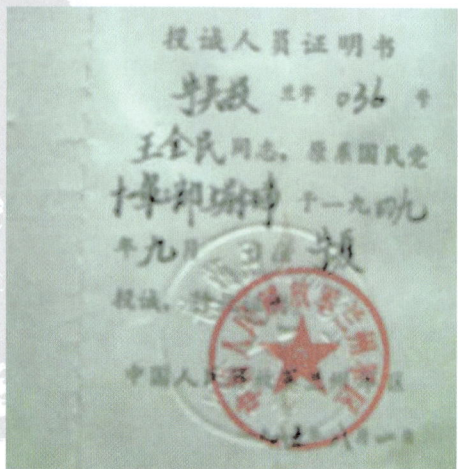

投诚人员证明书(影印件)

群众争先恐后地向解放军的宣传车要宣传品

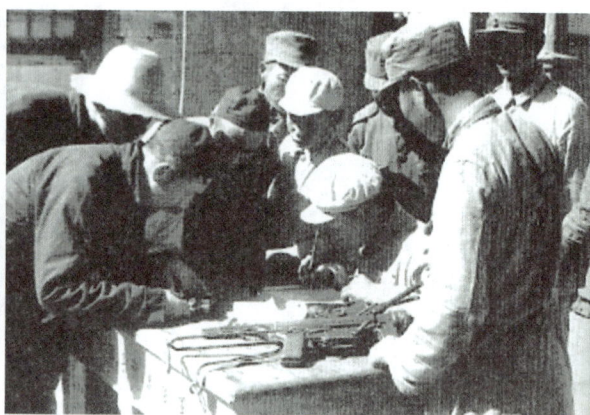

银川市军管会第一号布告发布后,马军散兵游勇纷纷到军管会联络处报到登记和上缴武器

十九兵团首长与留宁参加地方工作的军队干部在一起

原宁马一二八军军长卢忠良(左一)、贺兰军军长马全良(左二)、十一军军长马光宗(左三)到军管会登记后合影

逃离宁夏后,马鸿逵在重庆准备登机飞往台湾

十九兵团首长杨得志、李志民、潘自力等到"五亩宅"(马鸿宾私宅)看望马鸿宾

十九兵团司令员杨得志和副政委兼政治部主任潘自力等,查看接收的部分火炮

1954年第一届全国人民代表大会第一次会议期间,毛泽东主席在宴会上与西北少数民族代表把酒言欢(左一为马鸿宾)

十、蒙旗起义

1949 年 8 月 5 日，正当解放军十九兵团进入宁夏省境内时，一些聚集在阿拉善旗旗府巴彦浩特的蒙古封建反动王公贵族们，趁国民党政府逃亡广州自顾不暇之机，成立了一个以德穆楚克栋鲁普（简称德王）为主席，达理扎雅为副主席的所谓"蒙古自治政府"，企图与在乌兰浩特成立的内蒙古人民自治政府分庭抗礼。

当解放军第十九兵团就要渡过黄河进取银川时，达理扎雅于 9 月 23 日通电起义，并派旗保安总队副总队长罗瑞光等五人星夜赶到银川，欢迎解放军进驻阿拉善旗。随后，宁夏额济纳旗札萨克塔旺嘉布也宣布起义，脱离国民党广州政府的统治。

9 月 29 日，解放军六十三军一八八师五六四团越过贺兰山。达理扎雅派何兆麟为代表前往迎接慰问。部队进入巴彦浩特城，受到达理扎雅为首的旗政府官员和当地蒙汉人民群众的热情欢迎。阿拉善旗、额济纳旗人民从此获得了翻身解放。

人民解放军六十三军一八八师五六四团穿越腾格里大沙漠

宁夏阿拉善旗旗府所在地巴彦浩特全景

人民解放军进军阿拉善旗途中宿营

解放军六十三军一八八师五六四团从中卫出发，于 9 月 29 日进驻阿拉善旗腰坝地区

十九兵团司令员杨得志在银川接见阿拉善旗政府代表罗瑞光等人

夹道欢迎解放军的蒙古族群众和宗教界人士

阿拉善旗人民以宗教最高礼节"色木腾"夹道欢迎解放军

额济纳旗札萨克塔旺嘉布

阿拉善旗札萨克达理扎雅

1949年10月10日,阿拉善旗札萨克达理扎雅亲率代表团到银川,向十九兵团司令员杨得志献旗(左边执旗者为达理扎雅)

达理扎雅代表全旗人民献给彭德怀司令员的锦旗

人民解放军第一野战军司令员彭德怀

人民解放军十九兵团司令员杨得志

达理扎雅和其夫人金允城

1950年西北军政委员会成立，为解放大西北立有一等功以上指战员颁发"人民功臣"勋章

银川市解放广场和宁夏解放纪念碑

人民解放军第十九
兵团政委李志民

人民解放军十九兵团
副政委兼政治部主任潘自力

银川市军管会
副主任朱敏

银川市军管会
副主任曹又参

1949年9月26日,《群众
日报》报道金灵战役

1949年9月28日,《人民日报》
报道银川解放消息(拼接放大版)

1949年9月28日,《人民日报》
报道宁夏省会银川解放(原版)

人民解放军六十三军一八八师五六四团干部在阿拉善旗看望喇嘛寺的喇嘛,并向喇嘛们宣传共产党的宗教信仰自由的政策

庆祝大会会场

建立人民政权

一、庆祝中华人民共和国成立和宁夏解放

　　1949年10月1日，中华人民共和国成立。10月7日上午10时，人民解放军十九兵团举行入城式，银川市人民拥上街头，夹道欢迎解放军。

　　下午一时，银川市各族各界人民两万多人举行庆祝大会，庆祝中华人民共和国成立和宁夏解放。大会主席团由十九兵团司令员兼银川市军管会主任杨得志、中共宁夏省委书记潘自力、银川市军管会副主任马鸿宾、回族教主马震武等人组成。当鲜艳的五星红旗在礼炮声中缓缓升起时，人群中"中华人民共和国万岁！""拥护中央人民政府！""中国共产党万岁！""毛主席万岁！"的口号响

彻云霄，经久不息。

　　在庆祝大会上，杨得志司令员、潘自力书记和马震武（郭南浦代）等讲了话。他们强调宁夏回、汉、蒙古各族人民要紧密团结起来，在中央人民

政府和毛主席的统一领导下，建设人民民主的新中国和人民的新宁夏。会上，宁夏各族各界人民代表向十九兵团献锦旗和鲜花。大会一致通过了给中央人民政府和毛主席、朱总司

在十九兵团军乐队雄壮的乐曲声中，银川市上空第一次冉冉升起了五星红旗

令的贺电与致敬电。

会后，举行了保卫世界和平示威游行。晚间继续举行火炬游行，全市人民沉浸在一片欢乐喜庆和幸福的气氛之中。

宁夏各界人民代表纷纷向十九兵团首长献旗

十九兵团首长杨得志等和群众代表在鼓楼上观看游行

银川市人民群众夹道欢迎人民解放军

欢迎群众举起小旗，高呼"毛主席万岁！""朱总司令万岁！"

十九兵团司令员杨得志（左）、政委李志民（右）持旗在主席台上

庆祝大会上徐宗孺代表教育界讲话

银川市二万馀回汉人民举行空前盛大庆祝会

解放军举行入城式，晚间火炬游行，毛主席为政贺题微笑容。

《新闻简报》报道银川市庆祝大会的盛况

银川市妇女代表向十九兵团首长献上鲜花

庆祝中华人民共和国成立和宁夏解放集会后举行保卫世界和平示威游行的回民队伍

1949 年 10 月 7 日下午，银川市各界群众举行的保卫世界和平示威游行

二、中共宁夏省委、省人民政府成立

1949 年 9 月初，在解放军十九兵团开始向宁夏进军的同时，中共中央西北局决定组建中共宁夏省委员会，为接收宁夏国民党政权做准备。9 月 9 日，西北局任命十九兵团副政委潘自力为宁夏省委书记，三边地委书记朱敏为副书记，同时任命了省委各主要工作部门负责人。省委机关于 10 月 7 日进驻银川开始工作，并于 10 月 9 日发出了《中共宁夏省委对目前几个中心工作的指示》，强调要做好接管、恢复和发展生产、安定社会秩序以及加强支前战勤等中心工作，并陆续成立起 17 个市、县、旗委的工作班子。10 月 18 日，经西北局提议中共中央批准，中共宁夏省委由 13 名委员组成（其中常委 5 名）：潘自力、朱敏、杨得志、李志民、李景林、孙殿才、王金璋、赵文献、贾怀济、孙润华。潘自力任书记、朱敏任副书记，11 月 30 日，中共宁夏省委正式宣告成立。1950 年 1 月，杨得志、李志民随军调离，增补王道邦为委员、常委。

1951 年 10 月潘自力调离，朱敏接任中共宁夏省委书记。

陕甘宁边区政府报经中共中央批准，于 1949 年 10 月 29 日决定成立宁夏省人民政府，任命潘自力、李景林、马鸿宾（回族）、孙殿才、杨得志、朱敏、王金璋、石子珍、赵文献、徐宗孺、郝怀仁、曹又参、云祥生（蒙古族）、梁大均 14 人为委员，潘自力为主席，李景林、马鸿宾、孙殿才为副主席。省人民政府成立后，各地陆续建立市、县、旗人民政府和区、乡基层人民政权。

1949 年 12 月 23 日，宁夏省人民政府正式成立。图为成立大会会场

宁夏省人民政府主席潘自力在成立大会上讲话

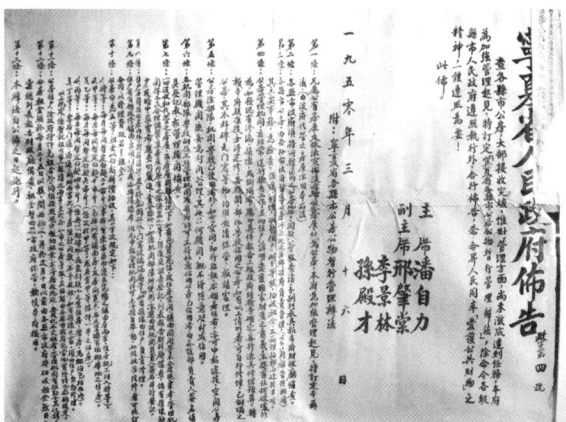

宁夏省人民政府发布的布告

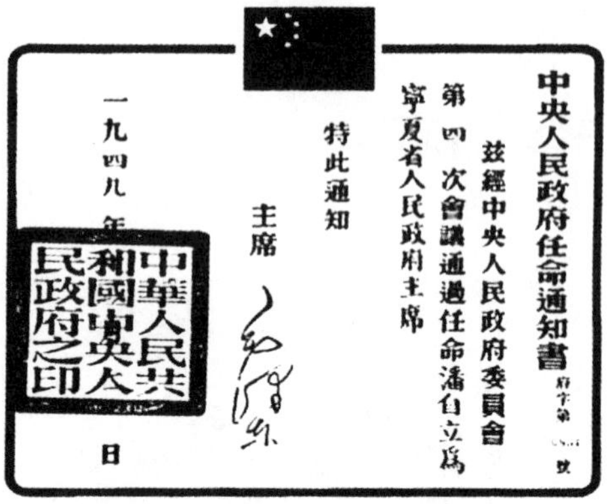
中央人民政府任命通知書

茲經中央人民政府委員會第四次會議通過任命潘自立為寧夏省人民政府主席

特此通知

主席 毛澤東

一九四九年 月 日

中央人民政府任命书

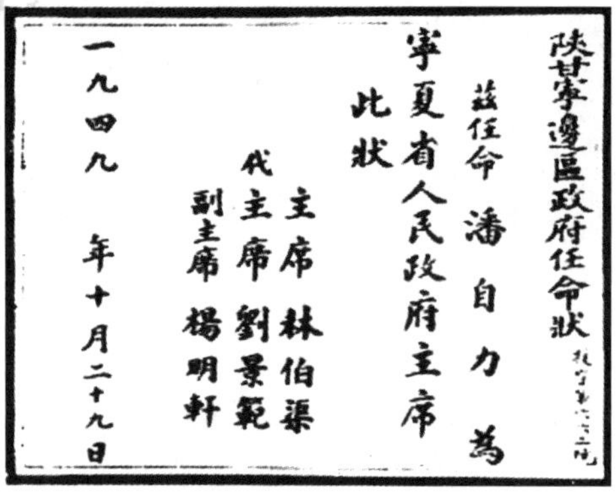
陝甘寧邊區政府任命狀

茲任命 潘自力 為寧夏省人民政府主席

此狀

主席 林伯渠

代主席 劉景範

副主席 楊明軒

一九四九年十月二十九日

陕甘宁边区政府任命状

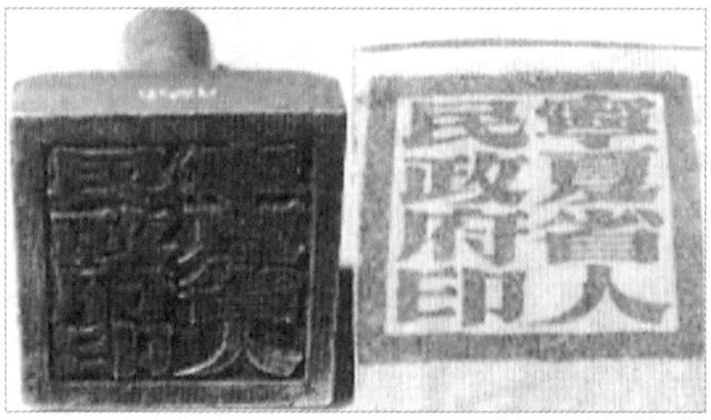

宁夏省人民政府印鉴

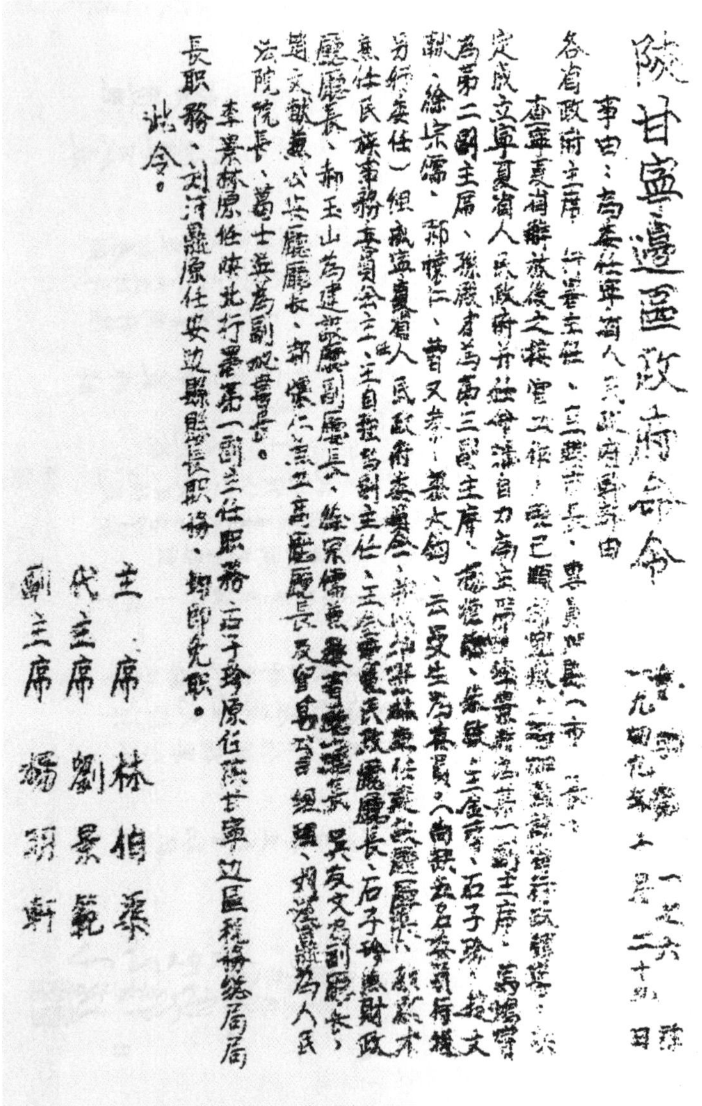
陝甘寧邊區政府命令

事由：為委任寧省人民政府[illegible]由

各省政府主席、行署主任、[illegible]

[illegible]

李景林原任陝北行署第一副主任職務，石子珍原任陝甘寧邊區稅務總局局長職務，劉漢鼎原任安邊縣縣長職務，均即免職。

此令。

主席 林伯渠

代主席 劉景範

副主席 楊明軒

陕甘宁边区政府任命宁夏省政府干部的命令

12 月 2 日，中央人民政府通过决定，任命由 21 名委员组成的宁夏省人民政府委员会，潘自力为主席，邢肇棠、李景林、孙殿才为副主席。增加邢肇棠、王道邦、李冲和、金三寿、马全良、黄执中、黄罗斌、达理扎雅（蒙古族）、刘汉鼎等 9 人为委员。

1949 年 12 月 23 日，宁夏省人民政府宣告成立。潘自力主席在成立大会上的讲话中，阐述了人民政府的性质和宗旨，强调指出了当时面临的主要任务。

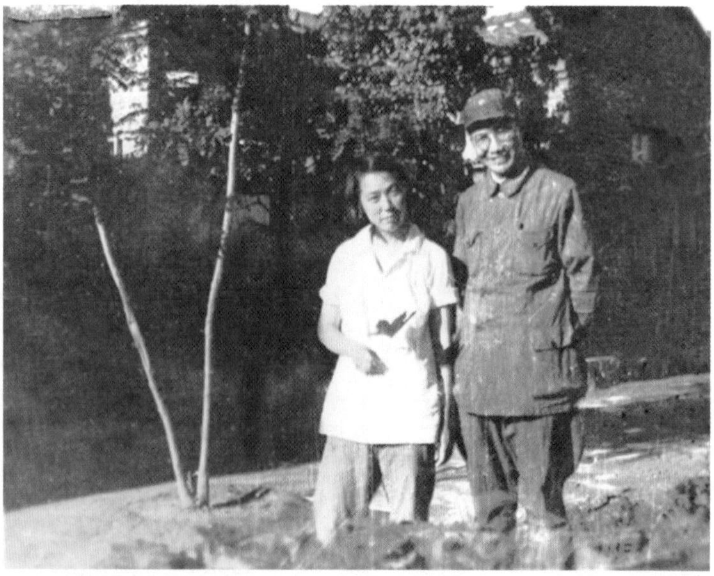
潘自力和夫人姚淑贤在宁夏(1946 年 7 月 14 日拍摄)

潘自力（1904~1972），陕西省华县人，1904年出生，1923年参加革命，1926年参加中国共产党，曾受党的派遣在苏联学习。历任中共西安市委书记，中共陕西省委书记，中共川陕省委宣传委员会副主任，中共陕西省委宣传部部长，晋察冀军区政治部宣传部部长、政治部副主任，晋察冀野战军政治部主任，十九兵团政治部主任、副政委。新中国成立后，担任过中共宁夏省委书记、省人民政府主席，宁夏军区政委，中共中央西北局委员，中共陕西省委书记、省人民政府副主席。还历任中国驻朝鲜、印度、尼泊尔、苏联大使。曾当选中共第八届中央委员会候补委员，曾当选为第一届和第三届全国人民代表大会代表。十年动乱时期，遭到林彪、"四人帮"反革命集团的残酷迫害，于1972年5月22日含冤去世，终年68岁。1979年2月平反昭雪。

朱敏（1912~1981），陕西省榆林市镇川镇朱家寨村人。1927年，进米脂三民第二中学读书，受到革命思想熏陶。1928年5月，参加中共米脂县委组织的"五四"运动纪念大会等活动。7月，加入中国共产党。1929年，被地下党组织派往山东烟台做青年团工作。9月，到北平四川中学学习，任地下党支部书记。1931年5月，奉山西省委之命作转战晋、陕的红二十四军通讯情报工作。1932年，任中共陕西省委地下交通员，后任上海沪东区互济会营救部长兼宣传部长。1933年3月，在上海被捕。1934年，出狱后任北平市工委组织部长，长期从事地下工作。历任中共河北省直南特委组织部部长、直南特委书记，中共北方局交通员，陕甘宁边区庆环分区合水县委书记，中共陇东特

委统战部副部长，陕甘宁边区陇东分区专署副专员，中共甘肃省工委书记，陕甘宁边区三边分区地委书记，中共绥宁工委书记。1949年宁夏解放后，任中共宁夏省委副书记，1951年10月任中共宁夏省委书记，1953年1月后历任西北大区财委副主任、农业部畜牧兽医总局局长、农业部长助理、农业部机关党委书记。"文化大革命"中饱经迫害，1979年初平反后继续工作。1980年8月任政协第五届全国委员会委员，10月任农业部顾问。1981年因病逝世。

出席银川市各族各界人民代表会议代表合影。前排左十一为杨得志，左十二为潘自力。

三、宁夏省各族各界人民代表大会

1949 年 12 月 1 日，银川市人民载歌载舞，热烈庆祝银川市各族各界人民代表大会胜利开幕

1950 年 9 月 23 日，召开宁夏省第一届各族各界人民代表大会

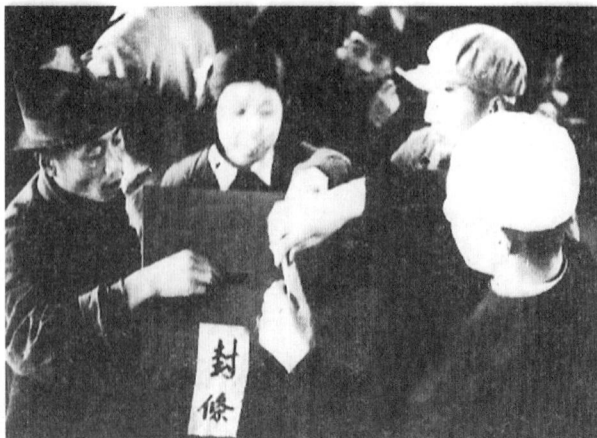

投票选举宁夏省人民政府主席、副主席、委员和宁夏省第一届各界人民代表协商委员会委员

宁夏省、县、市、旗党政机关相继建立后不久，同级各族各界人民代表会议也相继召开。

1949 年 12 月 1 至 4 日，银川市各界人民代表会议召开，到会代表 115 人。会议听取了银川市军管会主任杨得志所作的接管工作和解放以来两个月的工作情况的报告，制定了以后工作的方针和任务。

1950 年 9 月 23 日，正值宁夏解放一周年之际，宁夏省第一届各族各界人民代表会议在银川市隆重开幕。出席这次会议的各族各界代表共

242名。

宁夏省人民政府副主席邢肇棠作了《关于宁夏省人民政府一年来的工作报告》，省人民政府主席潘自力作了《关于今后一年的工作方针与任务的报告》，还有其他领导、代表作了相关方面的工作报告和发言。会议选举潘自力为宁夏省人民政府主席，邢肇棠、李景林、孙殿才为副主席，会议还产生了宁夏第一届各界人民代表协商委员会，选举潘自力为主席，朱敏、达理扎雅、马腾霭为副主席。

出席省首届各界人民代表会议的部队代表合影留念

1950年10月4日，宁夏省第一届各界人民代表会议选举产生的人民政府主席、副主席、委员合影

工人代表们向大会献花

农民代表向大会献旗

四、清剿土匪，巩固人民政权

宁夏解放初期，土匪、特务到处搞破坏，社会秩序十分混乱，直接影响人民群众的生活和新生政权的巩固。因此，省、市、县和区、乡人民政府成立后，都把清匪肃特作为中心任务之一列入重要议事日程。特别是在全国统一部署开展镇压反革命运动后，发动群众，集中力量，打击土匪、特务等各种反革命分子，镇压将矛头指向新生人民政权的反革命活动，并取得了重大胜利。

宁夏解放初期，全省有以惯匪散匪为主的大股土匪14股，共数千人，经常活动于惠农、平罗、贺兰、永宁、宁朔等县和阿拉善旗的沿贺兰山地带，以及同心、中宁两县的长山头和固原、海原等县的山区。由起初的打家劫舍、杀人越货，发展到同国民党特务、反动军官相勾结，发动多起反革命武装暴乱。各股土匪武装在1950年春夏期间的反革命活动最为嚣张，他们袭击区（乡）人民政府，

1950年7月31日，中共阿拉善旗工委书记曹动之遭郭拴子土匪的伏击遇难

抢劫国营贸易公司，破坏工矿企业生产，断绝公路干线通道，对社会安定造成了极大破坏。在短短半年多时间里，全省共发生匪案661起，除35名基层干部和70多名群众惨遭杀害外，解放军所属部队被袭击伤亡的指战员也有170多人。因此，宁夏解放后，银川市军管会和各级人民政府都把清剿土匪武装作为保持社会安定和巩固新生政权的重中之重予以重视。

曾于1949年8月策划"西蒙自治"而成立"蒙古自治政府"的德王（德穆楚克栋普鲁），

在中国人民解放军进军宁夏后，仓皇窜逃阿拉善旗北部的沙尔扎庙、拐子湖一带，并与曾在陶乐、磴口一带流窜的残匪李守信会合，烧杀抢掠，继续与人民为敌。在人民解放军的沉重打击下，其所部先后被消灭或投诚安置。德王、李守信不听劝降，逃往蒙古人民共和国，1950年初被引渡回国。德王、李守信这股匪患至此全部被肃清。

1950年初，同心、海原、固原一带是宁夏匪患十分严重的地区，其中尤以马绍武、李成富、张海禄等股匪为害最重。早在1936年就曾伏击过途经宁夏的工农红军的马绍武，在解放军进军宁夏时，组织反共游击队，继续与人民为敌。宁夏解放后，他率部假投降，不到1个月又叛变为匪，同李成富、张海禄等股匪合伙，盘踞同心县庙山一带，自称"小台湾"。在1950年春夏，匪首马绍武和李成富、张海禄等先后被捕。至此，活动于同心、海原、固原一带的股匪基本上被肃清。

宁夏惯匪头子郭拴子（郭

永胜），盘踞贺兰山北段为匪已久。宁夏解放前就曾被马鸿逵政府收编任为平罗县保安司令。宁夏解放时向解放军投诚后，被任命为改编后的贺平惠保安大队大队长，但不久就叛变并打起"贺兰山黑虎军"的旗号，同国民党特务机关挂上了钩，被委任为"西北反共救国军宁夏司令官"。在1950年春夏期间，郭匪气焰十分嚣张，连续多次袭击解放军驻守部队和几个县的区乡政府，杀害多名解放军指战员、基层干部和人民群众，抢劫国家大批粮食和物资。7月底，在围攻阿拉善旗政府所在地定远营后，伏击杀害了中共阿拉善旗工委书记曹动之。同年夏秋，解放军派部队在贺兰山一带围剿搜捕，在公安机关、地方干部和人民群众的密切配合下，于10月6日凌晨将藏匿于贺兰山中的郭匪一伙活捉，并于11月19日在银川市东校场召开公判大会，处决了郭拴子等5名匪首。至1950年11月底，基本铲除了宁夏的匪患，巩固了新生的人民政权。

人民解放军帮助地方政府建立的人民群众自卫武装

人民解放军首长王道邦、曹又参写给德王的劝降信

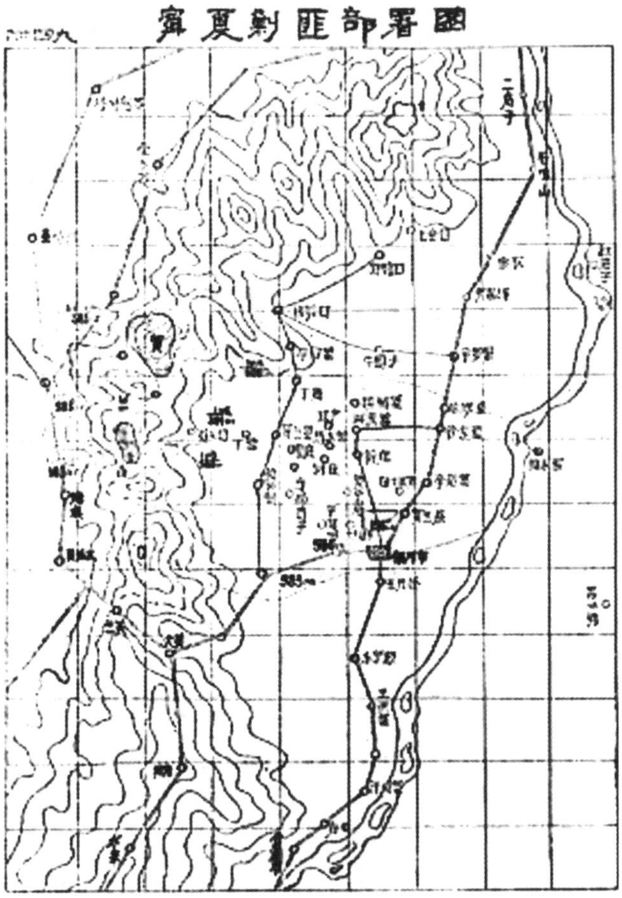

人民解放军六十五军绘制的贺兰山剿匪部署图

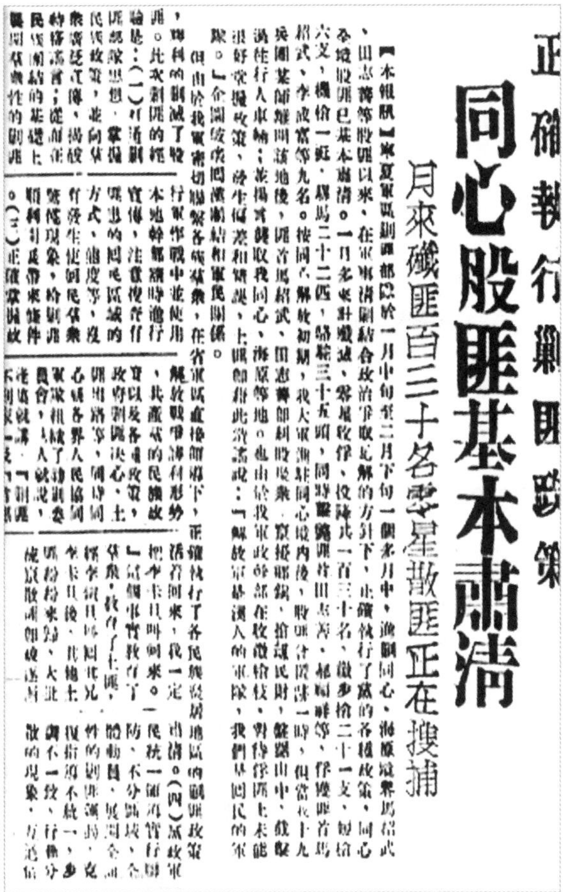

《宁夏日报》关于同心股匪基本肃清的报道

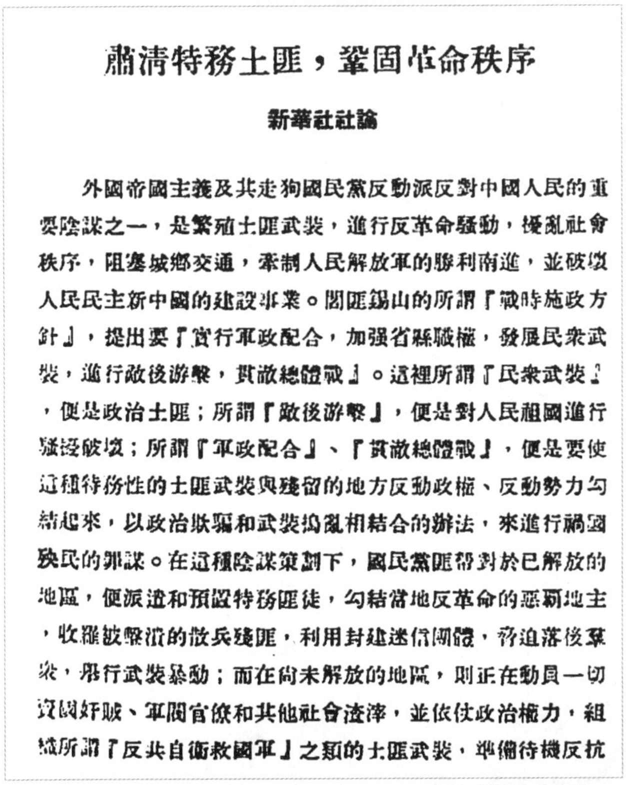

肅清特務土匪，鞏固革命秩序

新華社社論

外國帝國主義及其走狗國民黨反動派反對中國人民的重要陰謀之一，是繁殖土匪武裝，進行反革命騷動，擾亂社會秩序，阻塞城鄉交通，牽制人民解放軍的勝利南進，並破壞人民民主新中國的建設事業。閻匪錫山的所謂「戰時施政方針」，提出要「實行軍政配合，加強省縣職權，發展民眾武裝，進行敵後游擊，其敵總體戰」。這裡所謂「民眾武裝」，便是政治土匪；所謂「敵後游擊」，便是對人民祖國進行騷擾破壞；所謂「軍政配合」、「其敵總體戰」，便是要使這種特務性的土匪武裝與殘留的地方反動政權、反動勢力勾結起來，以政治欺騙和武裝搗亂相結合的辦法，來進行禍國殃民的罪謀。在這種陰謀策劃下，國民黨匪帮對於已解放的地區，便派遣和預留特務匪徒，勾結當地反革命的惡霸地主，收羅被擊潰的散兵殘匪，利用封建迷信團體，脅迫落後羣眾，舉行武裝暴動；而在尚未解放的地區，則正在動員一切賣國奸賊、軍閥官僚和其他社會渣滓，並依仗政治權力，組織所謂「反共自衛救國軍」之類的土匪武裝，準備待機反抗

新华社发表社论《肃清特务土匪，巩固革命秩序》

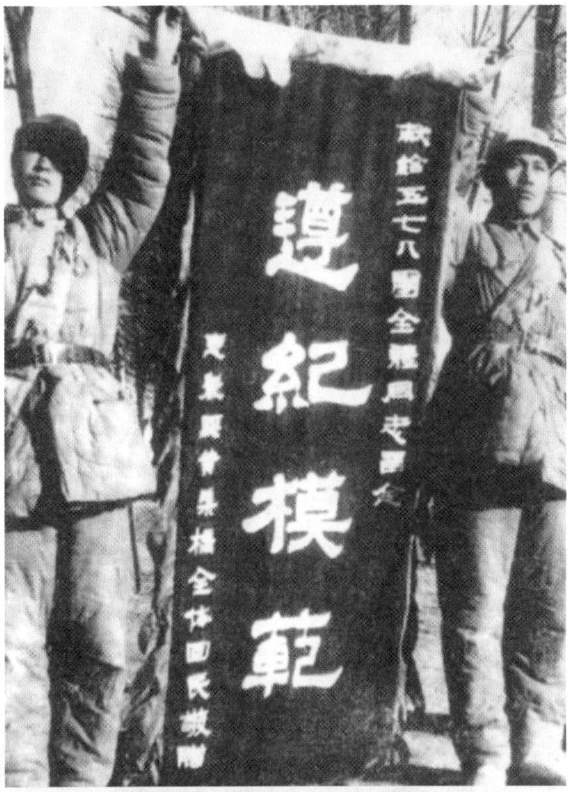

黄渠桥全体回民向部队赠旗

人民群众向解放军六十五军剿匪部队报告土匪活动情况

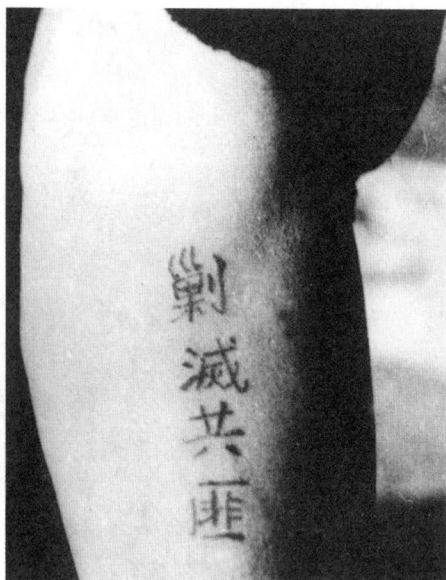

反动成性的土匪将反革命口号刻在胳膊上

阿拉善旗人民向凯旋的六十五军剿匪部队赠送礼品

银川市召开万人大会公审罪恶累累的郭拴子等匪首

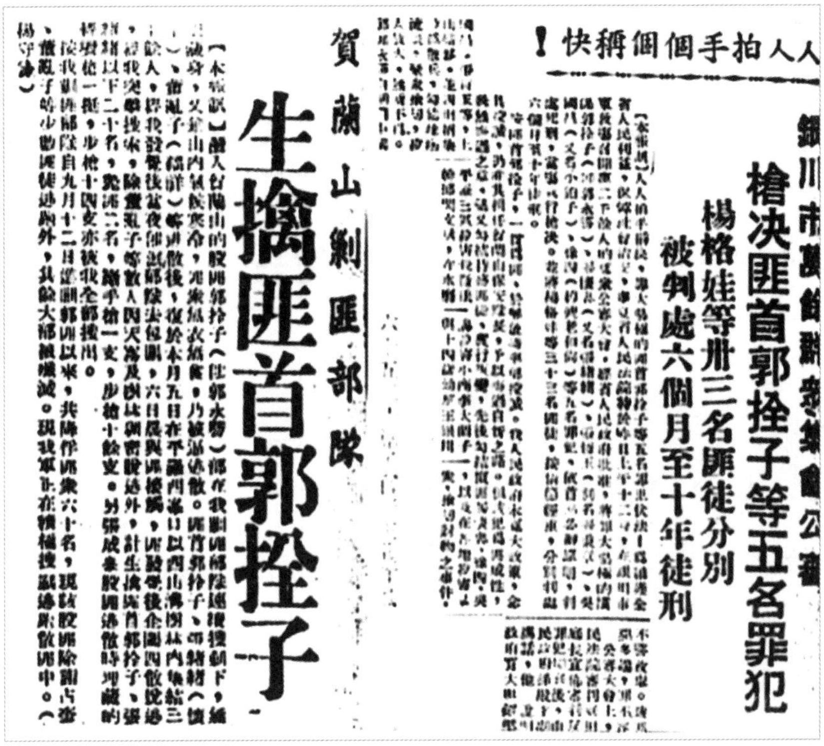

銀川市各界代表集會公審
槍決匪首郭拴子等五名罪犯
楊格娃等卅三名匪徒分別被判處六個月至十年徒刑

人人拍手個個稱快！

賀蘭山剿匪部隊
生擒匪首郭拴子

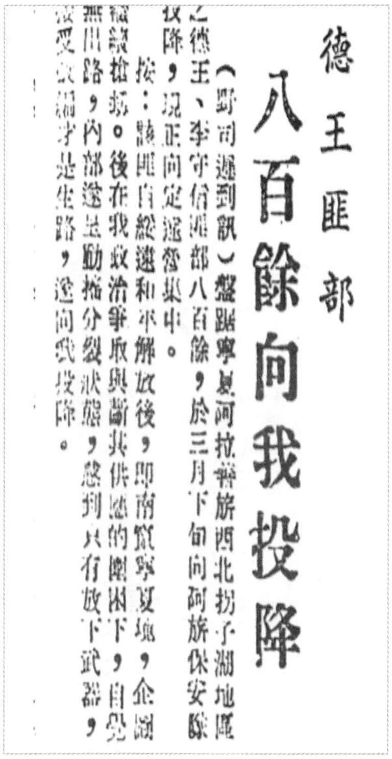

德王匪部
八百餘向我投降

（野司遲到訊）盤踞寧夏阿拉善旗西北拐子湖地區之德王、李守信匪部八百餘，於三月下旬向阿旗保安隊投降，現正向定遠營集中。

按：該匪自綏遠和平解放後，即南竄寧夏境，企圖繼續搶掠。後在我政治爭取與斷其供應的圍困下，自覺無出路，內部遂呈動搖分裂狀態，感到只有放下武器，接受改編才是生路，遂向我投降。

十九兵团《子弟兵》报和《宁夏日报》报道关于生擒与枪决郭拴子等5名匪首的情况

德王的残匪向人民解放军投降

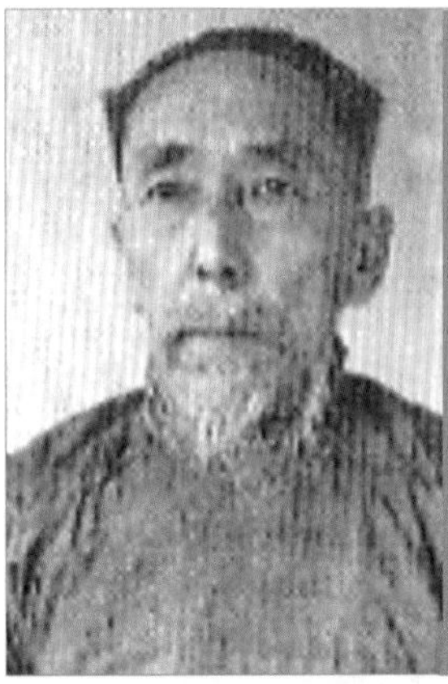

德王（德穆楚克栋普鲁）被引渡回国后监禁时的照片

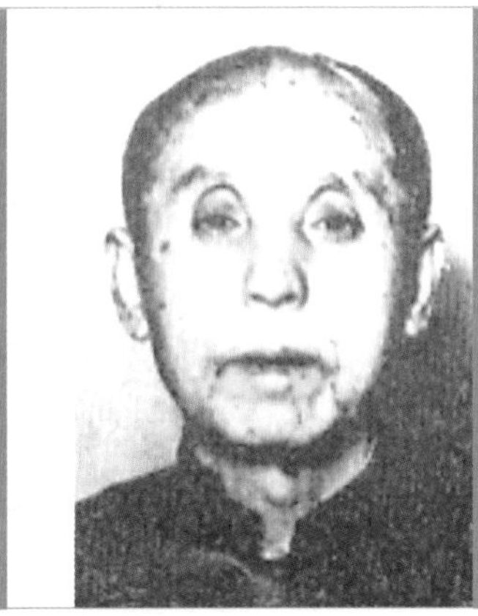

土匪头目李守信

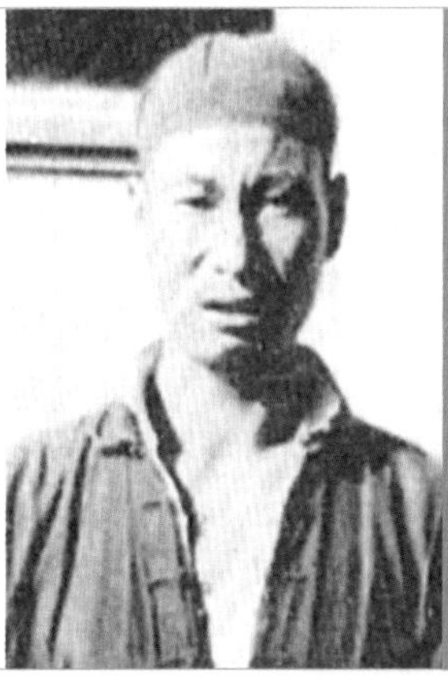

匪首郭拴子

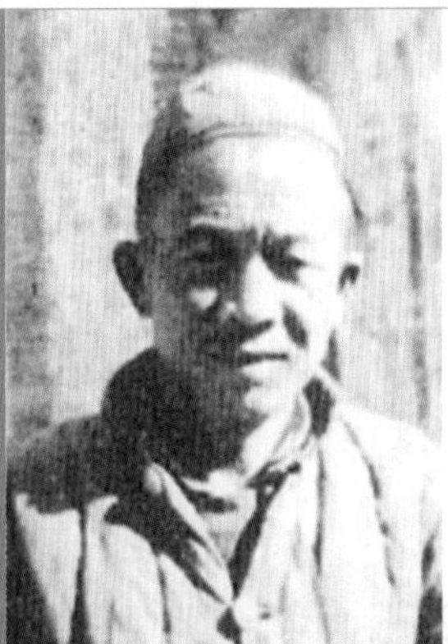

匪首谢占魁

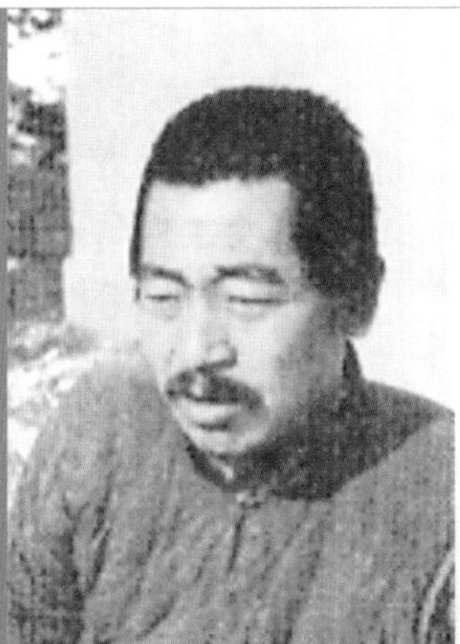

匪首张廷芝

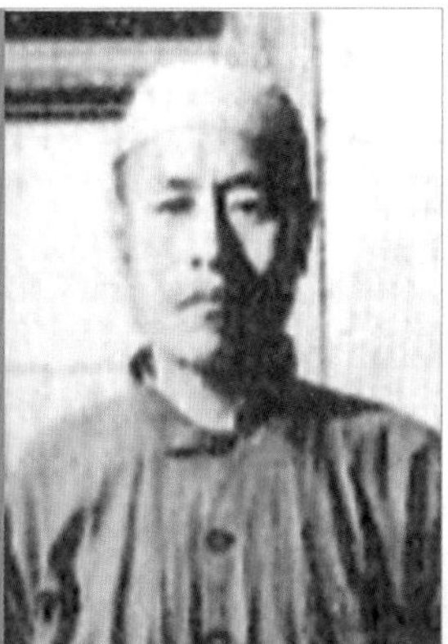

匪首马绍武

中共宁夏回族自治区历次代表大会

一、中共宁夏回族自治区第一次代表大会

中共宁夏回族自治区第一届代表大会召开

1959年2月17日至3月2日，中共宁夏回族自治区第一次代表大会在银川召开。出席会议的代表289名，代表着自治区38715名党员。大会主要议程是：总结1958年工作经验，确定1959年工作任务，选举产生中共宁夏回族自治区第一届委员会。大会主席团由汪锋、李景林、刘

格平（回族）、甘春雷（回族）、马玉槐（回族）、罗成德、吴生秀、王金璋、王志强（回族）、郝玉山、马信（回族）、刘震寰（回族）、朱声达、金浪白（回族）、马思义（回族）、江波、方明、鹿鸣、杨沧、杨正喜、冯茂、张文林、罗文蔚等组成。大会秘书长韩道仁，副秘书长胡永连、金晓邨。大会代表资格审查委员会主任甘春雷，副主任杨沧、马佩勋，委员冯茂、江波、罗文蔚、胡永连、张文林、韩效忠、杨正喜、韩幽桐。汪锋致开幕词。

大会听取并讨论通过了李景林所作的《中共宁夏回族自治区工作委员会工作报告》和刘格平所作的《1959年经济建设工作报告》。两个报告，总结了1958年的工作，确定了1959年工作任务。

大会肯定了自治区工委成立一年来的工作成绩，同时强调1959年的任务更加艰巨，各级组织必须继续贯彻执行党的社会主义建设总路线和一整套"两条腿走路"的方针，一手抓工业，一

中共宁夏回族自治区委员会第一次党代会会场

手抓农业，加强对经济工作的领导，在大力巩固人民公社的基础上，充分挖掘生产潜力，高速度发展国民经济。必须加强党的领导，改进领导作风，不断提高党员干部的思想水平，做好党的组织建设工作，壮大党的队伍，充分发挥基层党组织的战斗堡垒作用，为实现1959年的工作任务而奋斗。

大会选举产生了28名委员和8名候补委员组成的中共宁夏回族自治区第一届委员会。在一届一次全委会上选出常委14名，第一书记汪锋，书记处书记5名分别是李景林、刘格平（回族）、甘春雷（回族）、马玉槐（回族）、罗成德。

1960年7月，中央任命吴生秀为自治区党委书记处书记。9月，自治区党委书记处书记、自治区人民委员会主席刘格平在"反地方民族主义"斗争中被撤职，同时杨静仁被任命为自治区党委书记处书记兼自治区主席。7月，江云任自治区党委常委。1961年1月，自治区党委第一书记汪锋调动，由杨静仁接任自治区党委第一书记，李景林为第二书记。1962年12月，罗成德、王志强等被调免。

中共宁夏回族自治区第一届委员会第一次会议全体委员合影

自治区党委第一书记汪锋（前右一），书记处书记李景林（前右二）、甘春雷（前右三）视察银川市车辆修理厂

二、中共宁夏回族自治区第二次代表大会

自治区党委第一书记杨静仁在银川市庆祝中国共产党成立四十周年大会上讲话

汪锋（1909~1998），陕西蓝田人。1927 年加入中国共产党。曾任蓝田县团委书记，中共蓝田县委书记，西安市军事委员会书记，陕西省军事委员会书记，中共渭北特委书记，陕甘宁苏区红二十六军代理政委，中共陕西省工作委员会书记，豫陕鄂边区区委书记兼军区政治委员和边区政府主席，西北民主联军三十八军政治委员，陈谢大军南下总指挥部中共前敌常委会常务委员。中华人民共和国成立后，历任中共陕西省委书记兼陕西省军区政治委员，中共西北局常务委员兼统战部部长，西北军政委员会民委主任，中共甘肃省委第一书记，中共新疆维吾尔自治区委员会第二书记，中央统战部副部长，中央民委副主任，中共宁夏回族自治区工委第一书记和自治区党委第一书记。1986 年增选为第六届全国政协副主席，是中共第八届中央候补委员、十一届中央委员，中顾委委员，第一、二届全国人大常委。

1964 年 1 月 30 日至 2 月 10 日，中共宁夏回族自治区第二次代表大会在银川召开。出席会议代表 290 名，代表着自治区 56994 名党员。会议主要议程是：总结 1958 年以来的工作，确定今后的任务，选举产生中共宁夏回族自治区第二届委员会。大会主席团由 24 人组成，按姓氏笔画排列顺序是：马玉槐（回族）、马佩勋、马信（回族）、方明、王金璋、冯茂、史玉林、甘春雷（回族）、江云、江波、刘震寰（回族）、朱声达、李景林、吴生秀、苏冰、张文林、罗文蔚、金浪白、杨正喜、杨沧、杨静仁、胡春浦、鹿鸣、黎光。主席团常委有：杨静仁（回族）、李景林、甘春雷（回族）、马玉槐（回族）、吴生秀、江云、王金璋、朱声达、马信（回族）、金浪白（回族）。大会秘书长江云，副秘书长胡永连、鱼化龙、赵延年。大会代表资格审查委员会主任王金璋，副主任杨沧、马志新，委员冯茂、江波、毕秉鉴、罗文蔚、杨正喜、胡永连、韩效忠、贺文玳。

大会听取并讨论通过了杨静仁所作的《高举毛泽东思想红旗，发扬革命精神，乘胜前进》的报告，通过了《中国共产党宁夏回族自治区第二次代表大会第一次会议决议》。杨静仁在工作报告中指出，六年来，自治区党委在党中央、毛主席和西北局的领导关怀下，团结全区党员干部和各族人民，高举毛泽东思想红旗，高举三面红旗，实现了人民公社化，贯彻执行了党中央提出的调整、巩固、充实、提高的方针，在社会主义革命

中共宁夏回族自治区第二届委员会会场

和建设的各条战线都取得了巨大的胜利。大会选举产生了由 30 名委员和 13 名候补委员组成的中共宁夏回族自治区第二届委员会。在二届一次全委会上，选出常委 11 名，第一书记杨静仁，第二书记李景林，书记处书记 3 名，分别是甘春雷、马玉槐、吴生秀，候补书记 1 名，江云。

大会同时选举产生了中共宁夏回族自治区监察委员会，监委书记甘春雷，副书记武韵庵、马志新、艾青山、赵玉玺、路思温。

1965 年 10 月，中央调杨一木任自治区党委书记处候补书记。

杨静仁（1918~2001），甘肃省兰州人。回族。1937 年加入中国共产党。曾任中共甘肃省工委直属特别党支部书记，甘肃省教育促进会常委、伊斯兰协会常务理事，甘肃省青年救国会常务干事，陕甘宁边区骑兵团政治教官，中共中央西北局统战部民族科科长，陕甘宁边区政府民委委员。中华人民共和国成立后，历任第一届全国政协筹委会委员、政协委员，中共中央统战部四处处长，国家民委委员、副主任，中共宁夏回族自治区委员会第一书记，自治区人民委员会主席，中共中央西北局书记处书记，中共宁夏回族自治区委员会书记、自治区革命委员会副主任，自治区政协主席，国家民委主任，中共中央统战部副部长、部长，国务院副总理，全国政协副主席。是中共第十一、十二、十三届中央委员，第一、二、三、五、六届全国人大代表，第五、六、七、八届全国政协副主席。

中共宁夏回族自治区第二届委员会委员合影

中共宁夏回族自治区第三次代表大会会场

三、中共宁夏回族自治区第三次代表大会

　　1970 年 3 月 25 日，经中共中央批准，宁夏回族自治区革命委员会党的核心小组成立，组长康健民，副组长王志强。此后，市、县革委会党的核心小组相继成立。1971 年 8 月 11 至 18 日，中共宁夏回族自治区第三次代表大会在银川召开。出席会议的代表 415 名，代表着全区已恢复组织生活的 75853 名党员。大会主席团由丁毅民、于学进、王玉英、王全茂、王志强等 65 人组成。大会秘书长蔡剑桥。主席团召集人康健民、王志强、陈养山、高锐、张桂金。大会的主要议程是：高举马列主义、毛泽东思想的伟大红旗，学习党内两条路线斗争的历史经验，深入开展批修整风，进行思想和政治路线方面的教育；总结自治区"文化大革命"以来特别是自治区革委会成立以来的两个阶级、两条道路、两条路线斗争的经验；动员全区党员进一步贯彻执行中共"九大"路线，更好地完成"九大"和九届一中全会、二中全会确定的各项战斗任务；选举中共宁夏回族自治区第三届委员会。会议讨论并通过了康健民代表自治区革委会党的核心小组向大会所作的题为《沿着党的"九大"路线奋勇前进，

为进一步巩固无产阶级专政而奋斗》的工作报告。张桂金、邵井蛙分别在大会上致开幕词和闭幕词。

　　会议要求全体代表更高地举起"九大"团结胜利的旗帜，更好地完成中共"九大"和九届一中全会、二中全会提出的各项战斗任务，为进一步巩固无产阶级专政而斗争。大会选举产生了由 53 名委员和 10 名候补委员组成的中共宁夏回族自治区第三届委员会，在三届一次全委会议上，选举产生了常委 14 名，第一书记康健民，第二书记高锐，书记张桂金，副书记王志强（回族）、邵井蛙、赵志强（女，回族）。

　　1977 年 1 月康健民病逝，中央任命霍士廉为中共宁夏回族自治区委员会第一书记，接着又调整了常委班子。1977 年 7 月 18 日，中央任命黄经耀为自治区党委常委、书记，李学智为常委、副书记，江云为常委。8 月 17 日，中央任命杨静仁为自治区党委常委、书记。在清查与林彪、江青反革命集团阴谋篡党夺权有牵连的人和事中，经中央批准自治区党委常委、副书记王志强、赵志强于 7 月 29 日停职审查。1978 年 2

月，免去锁云龙、李跃松常委职务。调整后的自治区党委常委班子为 11 人，分别是霍士廉、张桂金、杨静仁（回族）、黄经耀、邵井蛙、李学智、姜玉安、陈养山、蔡剑桥、江云、马思忠（回族）。

这一阶段，按照中央的部署，在全区范围进行了揭发批判林彪、江青两个反革命集团罪行的运动，并清查了与林彪、江青两个反革命集团阴谋篡党夺权有牵连的人和事。先后共审查 1193 人，最后定为"三种人"的 8 人（造反起家的 1 人，打砸抢分子 7 人），犯有严重错误的 57 人，并根据他们问题的性质和程度进行了处理。由于贯彻执行了党的"十一大"路线，在指导思想上还没有摆脱"左"的错误影响和"两个凡是"的束缚，全区工作呈现出在徘徊中前进的局面。

康健民（1916~1977），甘肃省定西人。1932 年，参加中国工农红军。1933 年，加入中国共产党。1937 年，入延安抗大学习。曾任红第二十六军连指导员、团和骑兵团副团长以及八路军骑兵团团长、旅长、师长。中华人民共和国成立后，历任中国人民志愿军军政委，石家庄卫戍区司令员，兰州军区副司令员。1955 年，授予少将军衔。曾获二级八一勋章，一级独立自由勋章，一级解放勋章。1968 年 4 月 10 日，任宁夏回族自治区革命委员会主任。1970 年 3 月，任宁夏回族自治区党的核心小组组长。1971 年 8 月，当选中共宁夏回族自治区第三届委员会第一书记，兼自治区革委会主任。是中共七大代表，中共第九、第十届中央候补委员，第四届全国人大代表。1977 年 1 月，病逝于银川。

四、中共宁夏回族自治区第四次代表大会

中共宁夏回族自治区第四次代表大会会场

1978 年 4 月 12 至 16 日，中共宁夏回族自治区第四次代表大会在银川召开。出席大会的正式代表 472 名，代表着全区 131071 名党员，列席代表 27 名。

大会主席团由霍士廉、黄经耀、邵井蛙、李学智、马玉槐（回族）、薛宏福、林山、姜玉安、兰天民、蔡剑桥、江云、马思忠（回族）、马金花（女、回族）、丁毅民（回族）、万连亿、马信（回族）等 50 人组成。大会主席团常务主席霍士廉、黄经

耀、邵井蛙、李学智、马玉槐、薛宏福、林山、姜玉安、兰天民、蔡剑桥、江云、马思忠、马金花，秘书长李学智（兼）。

大会讨论通过了霍士廉代表中共宁夏回族自治区第三届委员会所作的题为《高举毛主席的伟大旗帜，紧跟华主席为首的党中央，为实现新时期的总任务而奋斗》的工作报告，并作出了《关于工作报告的决议》，通过了《中共宁夏回族自治区委员会关于改进领导作风的决定》，选举产生了由 50 名委员、12 名候补委员组成的中共宁夏回族自治区第四届委员会。在四届一次全委会议上，选举产生了由 11 名委员组成的常务委员会，选举了第一书记霍士廉，书记黄经耀、邵井蛙、李学智、马玉槐，副书记薛宏福。

大会还选举产生了中共宁夏回族自治区委员会纪律检查委员会。书记李学智，副书记张俊贤、史玉林、于程九。

1978 年 5 月，增补陈冰为自治区党委常委。

1978 年 12 月，中共十一届三中全会以后，中央对自治区党委常委以上领导成员先后作了两次调整。1979 年，霍士廉、邵井蛙、马玉槐、杨一木、江云先后调离宁夏。任命李学智为自治区党委第一书记，马信（新增补）、薛宏福为书记，林蔚然、陈冰、申效曾为副书记，增补王金璋、李恽和、史玉林、马青年为常委。免去黄经耀自治区党委书记职务，只任常委。1981 年 6 月黄经耀调到部队，增补齐安昌为自治区党委常委。1981 至 1983 年，陈冰、马信、林蔚然调离宁夏。薛宏福、马青年、王金璋、史玉林、齐安昌因调整工作而免去职务，黑伯理任自治区党委书记，李恽和、郝廷藻为副书记，增补刘国范、蔡竹林为常委。

霍士廉在中共宁夏回族自治区第四次代表大会上作报告

马玉槐在中共宁夏回族自治区第四次代表大会上讲话

中共宁夏回族自治区第四届一中全会会场

霍士廉（1910-1996），山西省忻州人。1936年加入中国共产党。曾任中共陕北关中特委宣传科科长、陕甘宁边区党委秘书长，中共中央山东分局秘书长、中共鲁中区委书记、沂山地委书记，中共中央华东局秘书处处长。中华人民共和国成立后，历任浙江省副省长，中共浙江省委员会书记处书记，中共陕西省委第一书记，中共中央西北局书记处书记，中共宁夏回族自治区委员会第一书记，农业部部长，中共山西省委第一书记，山西省顾委主任。是中共第十一届中央委员、中顾委委员，第一至第五届全国人大代表。

李学智在中共宁夏回族自治区第四次代表大会上讲话

霍士廉和代表们交谈

1981年1月20日，自治区主席马信在自治区党代会上讲话

五、中共宁夏回族自治区第五次代表大会

1983 年 3 月 17 至 22 日，中共宁夏回族自治区第五次代表大会在银川召开。出席会议的代表 396 名，候补代表 35 名，列席代表 94 名，代表着全区 152947 名党员。大会主席团由马立凯（回族）、马启新（回族）、马青年（回族）、马英亮（回族）、马思忠（回族）、薛宏福、薛维堂、蔡竹林等 44 人组成。大会主席团常务主席李学智、黑伯理（回族）、郝廷藻（回族）、李恽和、申效曾、赵敏、刘国范、马思忠（回族）、蔡竹林、马英亮（回族）、王燕鑫、杨惠云（女，回族）、薛宏福、史玉林、文力（回族）、马青年（回族）、王金璋、徐芊，秘书长黑伯理（兼），副秘书长郝廷藻（兼）、马启新、荆响。

大会的中心任务是：学习贯彻中共"十二大"精神和各项方针、政策，加快改革步伐，实现工作重点转移，搞好经济建设；切实端正党风，加强党的建设。大会讨论通过了李学智代表自治区党委第四届党委所作的题为《坚决贯彻"十二大"精神，全面开创宁夏社会主义现代化建设的新局面》的工作报告。该工作报告总结了自治区第四次党代表大会后五年来的工作，认为这是在拨乱反正中胜利前进，实现历史性转变的五年，是在改革中破旧创新，取得重大成就的五年。大会讨论通过了自治区党委纪检委书记文力作的《区党委纪律检查委员会工作报告》。大会确定了以中共"十二大"精神为指导的五项主要工作任务：认真组织广大干部、党员学好《邓小平文选》，以文选精神指导整党；积极进行各项改革，搞好经济建设；进一步落实党的知识分子

1983 年 3 月，召开中共宁夏回族自治区第五次代表大会

政策，认真实行民族区域自治政策；切实端正党风，加强党的建设。

大会选举产生了由45名委员、10名候补委员组成的中共宁夏回族自治区第五届委员会，选举产生了自治区党的顾问委员会和党的纪律检查委员会。为了加强党的纪检委领导班子，根据中纪委文件精神，全区各级党的纪检委书记均先后配备同级党委副书记一级干部担任。

在中共宁夏回族自治区第五届委员会第一次全委会议上，选举产生了由9名委员组成的常务委员会。书记李学智，副书记黑伯理（回族）、郝廷藻（回族）、李恽和、申效曾。

1984年9月，增补白振华（回族）为自治区党委常委。1985年3月，免去李恽和的自治区党委常委、副书记职务，任命常委刘国范为副书记，增补马英亮（回族）为常委。同年10月，免去赵敏的常委职务，增补刘学基为常委。1986年12月，因工作变动，免去李学智的常委、书记职务，免去黑伯理的常委、副书记职务，任命沈达人为常委、书记，白立忱为常委、副书记。此时自治区党委有常委10名，书记1名，副书记仍为4名。

李学智（1923年~　　），山东临清人。1938年，加入中国共产党。曾任中共鲁西区委员会泰西地委青委书记，东阿、汶上县委书记。中华人民共和国成立后，历任中共金华地委副书记、书记，宁夏回族自治区革委会生产指挥部副主任、农办主任，中共宁夏回族自治区委员会副书记、第一书记、书记，全国人大常委会常务委员、民族委员会副主任。是第十一届中央候补委员，第十二届中央委员，十三大代表，第八届全国人大常委。

六、中共宁夏回族自治区第六次代表大会

1988年6月24至30日中共宁夏回族自治区第六次代表大会在银川召开。出席会议的正式代表348人，代表全区190583名党员。列席158人，特邀代表3人。会议审议通过沈达人代表中共宁夏回族自治区第五届委员会作的题为《进一步解放思想，加快改革，为振兴宁夏团结奋斗》的报告，提出今后五年宁夏经济发展的总体构想：充分发挥农业、能源两大优势，狠抓科技、教育两个关键，建设银川、银北、银南、固原四个各具特点的经济区，抓好一些有发展后劲的重点工程项目，大力发展乡镇企业，以提高经济效益

沈达人在中共宁夏回族自治区第六次代表大会上作工作报告

1988 年 6 月,召开中共宁夏回族自治区第六次代表大会

为中心,促进产业结构的合理配置和生产要素的优化组合,使国民经济逐步走上注重效益、提高质量、协调发展、稳步增长的轨道。提出今后几年宁夏经济体制改革的主要任务是围绕发展社会主义商品经济,继续推行以企业承包制为主的多种经济责任制,改善企业经营机制,进一步深化农村改革,以价格改革、工资改革为重点,有步骤地推行各种综合配套改革,逐步建立新经济体制的主导地位。政治体制改革的近期目标是建立有利于提高效率、增强活力和调动各方面积极性

薛宏福作顾问委员会工作报告

的领导体制,使社会生产力得到更快的发展。在党的建设上坚持党要管党,从严治党,进一步增强党的活力,走出一条不搞政治运动,而靠改革和制度的新路子。会议审议通过了薛宏福、马启新分别代表自治区党的顾问委员会和纪律检查委员会向大会作的工作报告。会议选举产生了由 34名委员和 10 名候补委员组成的自治区第六届委员会,选举产生了新的自治区顾问委员会和纪律检查委员会。

7 月 1 日,自治区第六届委员会顾问委员会和纪律检查委员会分别举行第一次全会,选出 3个委员会领导机构。自治区党委常委有沈达人、白立忱、刘国范、刘学基、蔡竹林、白振华,马英亮,沈达人当选为自治区党委书记,白立忱、刘国范为副书记。自治区党的顾问委员会常委有薛宏福、蒋光东、徐芊、丁毅民、李庶民,薛宏福当选为自治区党的顾问委员会主任,蒋光东、徐芊、丁毅民、李庶民为副主任。自治区党的纪律检查委员会常委马启新、马廷荣、樊福昌、刘仲、张鸣中,马启新当选为自治区纪律检查委员会书记,马廷荣、樊福昌为副书记。

沈达人（1928年~　　　），江苏吴县人。1954年，加入中国共产党。历任江苏常州新毅纺织厂科长、车间主任、办公室主任、副厂长，常州纺织工业局人事科长、副局长、党委书记、局长，中共常州市委副书记、书记、市长，中共江苏省委副书记、政法委书记。中共宁夏回族自治区委员会书记，中共江苏省委书记，江苏省人大常委会主任。中共十三、十四届中央委员。

自治区主席白立忱在大会上讲话

马启新作纪检委工作报告

中共宁夏回族自治区第六届党委常委合影

热烈祝贺自治区第六次党代表大会隆重召开

自治区第六届全体委员合影

自治区第六届顾问委员会委员合影

自治区第六届纪律检查委员会委员合影

七、中共宁夏回族自治区第七次代表大会

1993 年 4 月，召开中共宁夏回族自治区第七次代表大会

1993 年 4 月 25 至 28 日，中共宁夏回族自治区第七次代表大会在银川举行。出席会议的正式代表 362 人。会议审议通过了黄璜代表自治区第六届委员会作的题为《抓住机遇，加快发展，为把宁夏建设成为社会主义现代化民族自治区而奋斗》的报告；审议通过了自治区顾问委员会和纪律检查委员会的工作报告；选举产生了由 39 名委员、10 名候补委员组成的中共宁夏回族自治区第七届委员会，由 23 名委员组成的中共宁夏回族自治区纪律检查委员会。大会同意不再设立自治区顾问委员会。会议提出，宁夏 20 世纪 90 年代改革与建设的指导思想和主要任务是：要在邓小平建设有中国特色社会主义理论指导下，坚定不移地贯彻执行党的基本路线，加快改革开放和现代化建设步伐，进一步发挥农业、能源两大优势，加强交通、通信等基础设施建设，大力解决制约经济发展的薄弱环节，加快科技进步，加快结构调整，加快社会发展，加快南部山区建设，力争国民生产总值"八五"后 3 年年均增长 9%～10%，"九五"年均增长 10%以上，至本世纪末，提前一年实现国民生产总值翻两番半，使全区经济实力、人民生活、社会进步事业上一个新台阶。

中共宁夏回族自治区第七届党委常委合影。自左到右：马锡广、任启兴、胡世浩、马启智、黄璜、白立忱、姚敏学、康义、李俊杰、陈法光

中共宁夏回族自治区第七次代表大会党委委员和候补委员合影

4月29日，中共宁夏回族自治区第七届委员会和自治区纪律检查委员会分别举行第一次全体会议，选举出了两个委员会的领导机构。自治区党委常委有黄璜、白立忱（回族）、姚敏学、马启智（回族）、康义、胡世浩、李俊杰、任启兴、程法光、马锡广（回族）；自治区党委书记黄璜，副书记白立忱、姚敏学、马启智、康义。自治区纪律检查委员会常委有李俊杰、樊福昌、吴国才（回族）、李淑芬（女）、赵克非、朱立清、王文华、包天柱、何耀东（回族），书记李俊杰，副书记樊福昌、吴国才、李淑芬。

黄璜（1933 年~　　），江苏涟水人。1946 年，参加中国人民解放军。1949 年，加入中国共产党。历任中共安徽安庆地委机要科长、统战部办公室主任，望江县委书记处书记，中共安徽省委组织部一级巡视员，无为县委副书记，霍邱县委第一书记，六安地委副书记，中共安徽省委书记，江西省副省长，中共宁夏回族自治区委员会书记。中共十二、十四届中央委员，第六、七届全国人大代表。

八、中共宁夏回族自治区第八次代表大会

自治区党委第八届委员会常委合影。左起：周生贤、陈希明、马锡广、任启兴、马启智、毛如柏、韩茂华、卢普阳、刘丰富、马文学、王正伟

1998 年 4 月 23 至 28 日，中共宁夏回族自治区第八次代表大会在银川举行。会议代表 399 名，列席 155 名，特邀代表 11 名。会议审议通过了毛如柏代表中共宁夏回族自治区七届委员会作的题为《团结奋进，加快发展，把宁夏改革开放和现代化建设事业全面推向新世纪》的报告。提出今后五年发展思路和目标：以富民为本，以市场为导向，实施农业产业化、工业现代化、新技术应用"三线"推进，加快改革开放步伐，加快经济结构调整，加快非公有制经济发展，加大扶贫攻坚力度，加快社会进步，形成宁夏经济发展新优势；实现经济社会协调发展，使宁夏各项事业三年上个新台阶，五年有个大发展。力争经济增长速度年平均达到 10%，圆满完成"九五"计划，到 2002 年国内生产总值达到 400 亿元，地方财政收入达到 30 亿元，城镇居民人均收入在西部地区居于中上水平，农民人均纯收入接近全国中等水平。灌区全面实现小康，逐步迈向宽裕；山区解

中共宁夏回族自治区第八次代表大会会场

毛如柏在中共宁夏回族自治区第八次代表大会上作报告

决温饱，开始向小康迈进。以思想道德修养、科学文化水平、民主法制观念为主要内容的全民素质明显提高，以积极健康、丰富多彩、服务人民为基本要求的文化生活质量明显提高，以社会风气、公共秩序、生活环境为主要标志的城乡文明程度明显提高。会议审议通过了自治区纪律检查委员会的工作报告；选举产生了由 42 名委员和 9 名候补委员组成的自治区第八届委员会，选举产生了由 25 名委员组成的自治区纪律检查委员会。

28 日，自治区第八届委员会和自治区纪律检查委员会分别举行第一次全会，选出两个委员会的领导机构。自治区党委常委有毛如柏、马启智（回族）、韩茂华、任启兴、卢普阳、马锡广（回族）、刘丰富、陈希明（女）、马文学（回族）、周生贤、王正伟（回族），毛如柏当选为自治区党委书记，马启智、韩茂华、任启兴为副书记；自治区纪委常委有：刘丰富、马占山（回族）、李淑芬（女）、何耀东（回族）、王文华、郁纪鸣、魏康宁、夏继学、田成江（回族），刘丰富当选为自治区纪检委书记，马占山、李淑芬、何耀东为副书记。

毛如柏（1938 年~　　　　　　），江苏扬州人。1959 年 11 月，加入中国共产党。1961 年，毕业于南京大学气象系。1961 年 8 月至 1965 年 2 月，在西藏自治区气象局工作，历任预报组组长、政工科科长、政治处主任、拉萨气象台台长和自治区气象局副局长、局长。1984 年起，任中共西藏自治区区委副书记、西藏自治区党委副书记，西藏自治区政府副主席和国家建设部副部长。1998 年 5 月，任中共宁夏回族自治区区委常委、书记。1998 年 4 月至 2002 年 3 月，任第八届中共宁夏族自治区区委常委、书记。1998 年 5 月至 2002 年 4 月，任宁夏回族自治区八届人大常委会主任。2002 年 4 月，任第九届全国人民代表大会环境与资源保护委员会副主任委员。2003 年 3 月，任第十届全国人大环境与资源保护委员会主任委员。

宁夏历届人民代表大会

一、宁夏省第一届人民代表大会

经过三年的民主建政工作和各族各界人民代表会议的过渡准备，在基层普选和县市人民代表大会召开的基础上，宁夏省第一届人民代表大会第一次会议于 1954 年 7 月 23 至 28 日在银川召开。出席会议代表共 149 人，其中：男 128 人，女 21 人；汉族 92 人，回族 47 人，蒙古族 9 人，满族 1 人；中共党员代表 76 人，共青团代表 3 人，民革代表 8 人，民盟代表 4 人，民建代表 1 人，无党派代表 57 人，工人代表 2 人，农民代表 32 人，牧民代表 1 人，文教卫生工作者代表 4 人，部队代表 6 人，党政机关工作人员代表 66 人，民主人士代表 34 人，工商业资本家代表 4 人。

会议审议通过了宁夏省主席邢肇棠作的《宁夏省人民政府五年来工作基本总结的报告》与李景林作的《关于宁夏和甘肃两省合并问题的初步意见的报告》。会议指出：五年来，在中国共产党、毛主席和中央人民政府的领导下，在社会主义改造运动、国民经济恢复和发展、文教事业建设、民

宁夏省第一届人民代表大会召开之前，各县市相应召开首届第一次人民代表大会。图为 1954 年 4 月宁朔县第一次人民代表大会全体代表合影

族工作等方面皆已获得很大成绩，从而使各族人民的物质和文化生活得以逐步改善，为国家有计划地进行经济建设创造了良好的条件。会议号召进一步团结各族人民，发扬成绩，克服缺点，在过渡时期总路线的光辉照耀下，为逐步实现国家的社会主义工业化，逐步实现国家对农业、手工业和资本主义工商业的社会主义改造而奋斗。

会议学习了 1954 年 6 月 19 日中央人民政府委员会第 32 次会议通过的《中央人民政府关

于撤销大区一级行政机构，合并若干省、市建制的决定》。决定中规定："宁夏省建制撤销与甘肃省合并为甘肃省。"与会代表经过认真学习讨论，一致拥护中央的决定。大会决定出席此次会议的代表即作为出席甘肃省人民代表大会的代表。由于宁夏省建制即将撤销，这次代表大会没有进行选举。1954 年 9 月 23 日，甘肃省人民政府和宁夏省人民政府联合发布公告，正式宣布撤销宁夏省建制，完成了甘宁两省的合并工作。

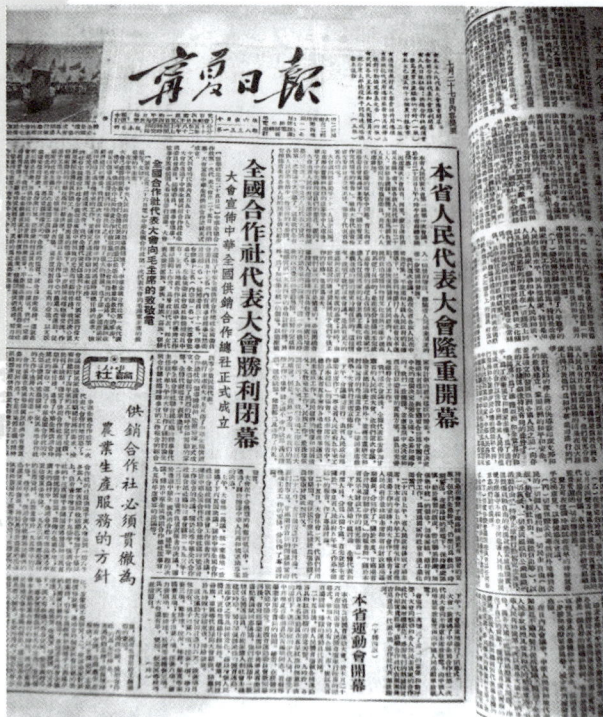

1954 年 7 月 27 日《宁夏日报》头版头条关于《本省人民代表大会隆重开幕》的报道

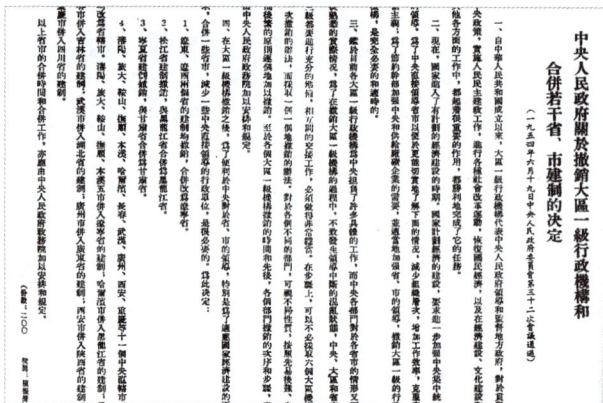

1954 年 6 月 19 日，中央颁布《中央人民政府关于撤销大区一级行政机构和合并若干省、市建制的决定》

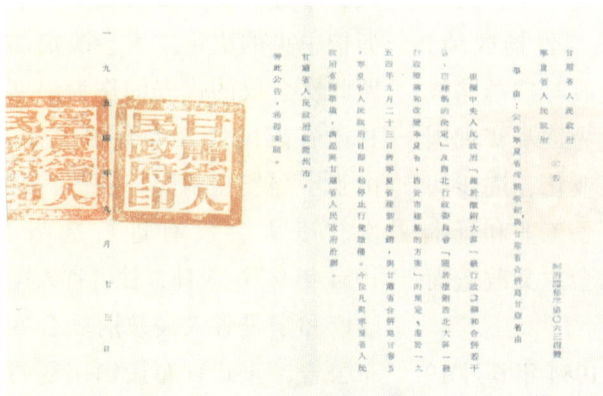

关于撤销宁夏省和将宁夏、甘肃两省合并为甘肃省的公告

　　邢肇棠（1884~1961），甘肃省通渭县人。1917 年，毕业于甘肃省陆军测量学校。先后任甘肃省测量局科员、科长，陇东镇守使署参谋。1921 年，加入陕军第十一师。1923 年加入国民党。次年 1 月受陕军派遣，到广州向孙中山先生汇报西北军事工作，被派回北方，协同李大钊、谭平山开展党务工作。后相继任吴佩孚部团长、武汉国民政府十九军师长、高桂滋四十七军师长、冀察游击司令部副司令、混合支队司令等职，曾掩护中共地下组织开展工作。1939 年任国民党太行区新编第五军副军长。1940 年起义，投奔晋冀鲁豫抗日根据地。1941 年，当选为晋冀鲁豫抗日政府参议会副议长。后赴延安，受到毛泽东和贺龙等领导人接见。1945 年 9 月，经中共中央批准，成为中共正式党员。是年 11 月，任民主建国军（高树勋率国民党新八军在邯郸起义后改编）第一副总司令，对该军进行整编改造。后历任华北人民政府水利委员会主任委员，西北军政委员会委员等职。1949 年 12 月，任宁夏省人民政府副主席。1951 年 10 月，接任宁夏省人民政府主席。宁夏省与甘肃省合并后，调任河南省人民政府副主席。1961 年 5 月在郑州逝世。

宁夏回族自治区第一届人民代表大会会场

二、宁夏回族自治区成立暨自治区第一届人民代表大会

（一）建立宁夏回族自治区的筹备工作

宁夏省建制撤销后不久，国家民委党组于1954年10月向中共中央提出《关于拟在西北回聚居区建立回族自治区的请示报告》。中共中央于1956年2月正式提出拟在甘肃省东北部回族较为集中地区建立省级回族自治区的倡议，并指示有关方面认真研究。同年9月，中共第八次全国代表大会期间，中共中央统战部副部长汪锋同中共甘肃省委负责人就建立回族自治区问题交换了意见，并建议成立筹备组织进行筹备工作。此后由中共甘肃省委牵头，并在同年10月成立了一个由8人（后加中央提名的3人，共11人）组成的筹备委员会，对成立回族族自治区的可行性和具体方案进行深入调查研究。

1957年5月2至3日，甘肃省人民政府和甘肃省政协举行联席会议，讨论通过了中共甘肃省委根据中共中央倡议提出的在甘肃省东北部地区建立回族自治区的方案，上报中共中央和国务院审议。随后，全国政协常委会于5月27至31日召开的扩大会议上，对在甘肃省东北部建立回族自治区及其区划方案表示赞同。6月7日，国务院第五十一次全体会议听取和讨论了关于建立宁夏回族自治区的报告，决定成立宁夏回族自治区，提请全国人大审议批准。在6月26日至7月15日召开的一届人大四次会议期间，根据周

恩来总理的提议，在听取和讨论乌兰夫副总理所作的《关于建立广西壮族自治区和宁夏回族自治区的报告》后，通过了关于成立宁夏回族自治区决议。决定宁夏回族自治区的行政区划，包括银川专区、吴忠回族自治州、固原回族自治州及平凉专区的隆德县和泾源回族自治县，共辖2市17县，面积6.64万平方公里。

为了加快自治区筹备工作的步伐，中共中央

自治区筹备委员会主任刘格平在筹委会成立会议上讲话

1958年6月，召开宁夏回族自治区筹备委员会成立大会

宁夏回族自治区筹备委员会成立大会上进行投票表决

于1957年11月初决定成立中共宁夏回族自治区工作委员会，由刘格平等11名委员组成。1958年6月，国务院决定成立由15名委员组成的宁夏回族自治区筹备委员会，任命刘格平为主任，马玉槐、吴生秀为副主任。在6月中旬召开的自治区筹委会成立会议上，讨论通过了自治区1958年国民经济计划、财政预算报告等五个文件的决议，通过了关于撤销吴忠回族自治州、固原回族自治州、银川专署和设固原专署及改泾源回族自治县为泾源县的方案。

（二）宁夏回族自治区成立暨第一届人民代表大会

宁夏回族自治区第一届人民代表大会第一次会议于1958年10月24至30日在银川隆重召开。出席会议的代表208人，其中，回族89人，汉族117人，满族2人，军队6人，妇女41人。实到代表186人，列席36人。

10月25日，举行宁夏回族自治区成立典礼大会，会议选举产生了由35名委员组成的宁夏回族族自治区人民委员会，刘格平（回族）当选为主席，马玉槐（回族）、吴生秀、王金璋、

宁夏回族自治区第一届第一次人代会召开

宁夏回族自治区筹备委员会成立大会在银川举行

王志强（回族）、马腾霭（回族）、郝玉山、黄执中当选为副主席，正式宣告宁夏回族族自治区成立。

中共中央、全国人大常委会和国务院派出以中共中央政治局委员、全国人大常委会副委员长林伯渠为团长的代表团专程前来祝贺。会议期间，全国人大常委会、国务院发来了贺电，全国人大、国家民委、全国总工会、全国妇联等部门及部分省、直辖市也发来贺电，甘肃、青海、陕西、新疆、内蒙古、西藏、广西、北京、云南、河南、山东、河北、辽宁、吉林、广东、湖南、安徽、四川、贵州等19个省、自治区、直辖市及中国人民解放军铁道兵、兰州军区等都派代表前来祝贺。10月26日，《人民日报》发表题为《祝宁夏回族自治区成立》的社论，银川市各族各界群众两万多人集会庆祝宁夏回族自治区成立，热烈欢呼宁夏历史翻开新的一页。

会上，汪锋作了题为《团结在党中央和毛主席的旗帜下，乘风破浪，奋勇前进》的讲话。大会在听取和讨论刘格子所作的题为《苦战三年，改变宁夏面貌》的工作报告等有关报告后，通过了关于工作报告和关于宁夏回族自治区1958年国民经济计划执行情况及1959年国民经济计划草案等四个决议，选出刘格平（回族）、李景林、马玉槐（回族）、马腾霭（回族）、雷启霖五人为出席第二届全国人民代表大会代表，并通过了大会向中共中央和毛泽东主席、刘少奇委员长、周恩来总理的致敬电。

宁夏回族自治区辖20个

1958年，李维汉（居中者）赴宁夏视察。右一为马玉槐，右二为赛福鼎·艾则孜

地、市、县，其中包括：原银川专署所属 9 个市县、吴忠回族自治州所属的 5 个市县，固原回族自治州所属的 3 个县及原甘肃省平凉专区所属的隆德县和泾源回族自治县；撤销银川专署和吴忠回族自治州的建制，改固原回族自治州为固原专区，改泾源回族自治县为泾源县；固原专区管辖固原、海原、西吉、隆德、泾源 5 个县。1962 年，

撤销宁朔、金积两县成立青铜峡市，撤销惠农县成立石嘴山市。全区面积 66400 平方公里，人口 1970524 人，其中回族 633659 人，占总人口 32.15%。

自治区一届人大二次会议于 1960 年 3 月 10 日在银川召开。出席大会代表 153 人，自治区主席刘格平致开幕词，自治区副主席马玉槐代表自治区人民委员会作了《关于自治区

1958 年 10 月 26 日，《宁夏日报》报道了宁夏回族自治区成立的盛况

宁夏回族自治区人民政府第一届主席、副主席。左起：王志强、王金璋、刘格平、马玉槐、吴生秀

1959 年国民经济计划执行情况和 1960 年计划安排意见》的报告，王志强作了《关于自治区1959 年财政决算和 1960 年财政预算草案》的报告。大会代表资格审查委员会主任郝玉山作了《关于代表资格审查情况》的报告。

自治区一届人大三次会议于 1960 年 9 月 13 至 15 日在银川召开。自治区副主席马玉槐代表自治区人民委员会作了《关于加强民族团结、反对地方民族主义》的报告，自治区副主席郝玉山作了《关于动员全区人民坚决贯彻以农业为基础的方针，大办农业，大办粮食，开展以粮、钢为中心的增产节约运动》的报告。自治区党委第一书记汪锋向大会作了政治报告。会议同意马玉槐代表自治区人民委员会提出的关于罢免"以刘格平为首的地方民族主义反党集团"主要成员的行政职务的建议。决定罢免刘格平的自治区主席职务，王志强的自治区副主席职务，李微冬、马思义的自治区人民委员会委员职务。会议主席团发布了公告。同时，选举杨静仁为自治区主席，补选韩道仁、哈炯磊为自治区人民委员会委员。

自治区一届人大四次会议于 1962 年 12 月 19 至 26 日在银川召开。出席会议代表 151人，各厅、局、委、办负责人列席了会议。自治区主席杨静仁代表自治区人民委员会作了

林伯渠在宁夏回族自治区成立大会上讲话

《关于几年来工作基本总结和今后工作任务》的报告，并通过了相应的决议。

在自治区党委和人民委员会领导下，宁夏各族人民克服困难，艰苦奋斗，总结经验教训，采取有效措施，使自治区在经济、文化及工农业生产的基本建设方面取得了很大成绩。工农业总产值由 1957 年的 25004 万元增加到 1964 年的 41724 万元。

1960 年 9 月 6 日，中央决定杨静仁兼任宁夏回族自治区主席。1961 年 11 月 11 日，中央任命孙君一为宁夏回族自治区副主席。1964 年 3 月 20 日，中央又任命马信为宁夏回族自治区副主席。

刘格平在自治区一届人大一次会议上作报告

汪锋和自治区民主党派人士座谈

自治区党委书记处书记李景林在自治区一届人大二次会议上作政治工作报告

宁夏回族自治区成立纪念章

党的民族政策又一重大胜利

宁夏回族自治区成立

刘格平当选为自治区主席,马玉槐等七人当选为副主席

林伯渠同志代表中央向宁夏人民祝贺

祝宁夏回族自治区成立

1958 年 10 月 26 日,《人民日报》发表
宁夏回族自治区成立的贺电和社论

自治区主席刘格平参观银川农具制造厂

自治区主席杨静仁在自治区一届
人大二次会议上讲话

1962 年 2 月 19 日,自
治区一届人大四次会议召
开,杨静仁作政府工作报告

刘格平（1904~1992），回族，河北省孟村回族自治县大堤东村人。1923年2月，主持建立了津南地区第一个中国社会主义青年团支部——大堤东支部。1925年12月，与中共党员张隐韬一起发动和领导了津南农民自卫军起义。1926年7月，转为中国共产党党员。1934年4月，在领导庆云县马颊河罢工斗争中被捕。在狱中坚贞不屈，坚决拒绝国民党当局要求政治犯在"坚决反共，效忠党国"的启事中签字。1944年4月出狱后，经渤海区党委派遣，到天津开展工作。同年8月，中共天津市临时工作委员会成立任书记，组织了天津市救国会并任主任。10月下旬，回到渤海解放区。同年年底，调山东分局工作，并任山东省回族民协会主任。1945年9月，任华东局民运部副部长。1947年11月，任渤海区党委副书记兼组织部部长、城工部部长。1949年3月，随军南下，任华东南下干部纵队渤海三支队政委。同年5月，华东人民革命大学成立，任副校长。1949年9月，当选为中央人民政府委员。10月，中央人民政府民族事务委员会成立，任副主任委员。1952年，任中央统战部副部长、中央民委党组书记。1955年3月，任中央民族学院院长。1958年初，负责筹建宁夏回族自治区，任筹委会主任、工委书记。1958年10月，宁夏回族自治区成立，任自治区主席、区党委书记处书记、代理第一书记。1960年5至7月，宁夏开展所谓批判"以刘格平为首的地方民族主义反党集团"，被打成"地方民族主义分子"，于当年秋调离宁夏，到中央党校学习。1965年后，任山西省副省长、革委会主任、党的核心小组组长，山西省军区第一政委和北京军区政委等职。为第一、第二届全国人大常务委员会委员，全国人大民族委员会主任委员，中共第八、第九届中央委员，第八届中央监察委员会委员，第六届全国政协委员。曾担任中国回族文化协进会主任、中国巴基斯坦友好协会会长等职。1992年3月病逝。

黄执中在自治区一届人大二次会议上发言

黑伯理在自治区一届人大四次会议上发言

三、宁夏回族自治区第二届人民代表大会

1964年9月26日至10月4日，自治区二届人大一次会议在银川召开。出席大会代表170人，自治区各部门负责人列席了会议。

会上，马玉槐作了《宁夏回族自治区人民委员会工作报告》，王金璋作了《宁夏回族自治区1962年、1963年财政决算和1964年财政预算报告（草案）》，杨静

1964年5月，自治区党政领导人甘春雷、王金璋、冯茂、张浩等与银川市先进标兵合影

自治区二届人大一次会议在银川召开

仁讲了话。大会选出了由 35 名委员组成
的自治区第二届人民委员会和自治区高级
人民法院院长。选举杨静仁为自治区人民
委员会主席，马玉槐（回族）、吴生秀、
王金璋、马腾霭（回族）、黄执中、马信
（回族）为副主席。同时，选出了杨静仁
（回族）、李景林、马玉槐（回族）、马腾
霭（回族）、杨生桂、夏似萍（女）、冯
茂、姚以壮、雷启霖、马寿桃（回族）、
马玉如（回族）、李鸣盛、马思忠（回
族）、买树桐（回族）、杨秀蓉（女）为出
席第三届全国人民代表大会代表。

1965 年 11 月 19 日，中央决定陈养
山任自治区人民委员会副主席。

1966 年 2 月 27 日，自治区第二次贫下中农代表会和农业
先进生产者代表大会在银川体育馆开幕。图为代表们进入会场

1966 年 3 月 16 日，自治区党政负责同志接见全区农业战线先进红旗单位代表并合影

1968年2月14至15日,自治区革命工人代表大会召开

四、宁夏回族自治区革命委员会

1968年4月12日,自治区革委会第一次扩大会议在银川举行

1968年4月10日,银川庆祝自治区革委会成立

1967年8月,兰州军区副司令员康健民奉中央之命,带领兰州军区六十二师等部队到宁夏"支左",介入宁夏"文化大革命"。后经中央批准,宁夏回族自治区革命委员会筹备小组于1967年12月27日成立,康健民任组长。1968年2月,相继召开"工代会""农代会""红代会",筹备成立宁夏回族自治区革命委员会(简称自治区革委会)。

1968年4月10日,宁夏回族自治区革命委员会宣告成立,组成了军队、干部、群众代表三结合的领导班子。康健民任自治区革委会主任,张怀礼、徐洪学、王志强、安建国任副主任。自治区革委会下设政治部、生产指挥部、保卫部和办公室"三部一室"的机构取代了自治区党委和政府在"文化大革命"前的各工作部门,实行"一元化"领导。继之,各县市革委会相继成立。1973年7月,自治区革委会撤销三部,恢复原部委厅局建制,根据中央指示,开始整顿各方面的工作。正当各项工作都有转机之时,1975年"四人帮"掀起了"反击右倾翻案风"的恶浪,全区又陷于一片混乱,直到1976年10月粉碎"四人帮"反革命集团，"文化大革命"最终结束。

　　1970 年 3 月 28 日，中央增补陈养山、刘振寰为自治区革委会副主任。1971 年 6 月 29 日，又任命邵井蛙为自治区革委会副主任。

　　1976 年 10 月粉碎"四人帮"后，原自治区

革委会领导人的任职延续到自治区第四届人民代表大会召开。1977 年 1 月，康健民病逝，中央任命霍士廉为自治区革委会主任。同年 7 月，又任命丁毅民、杨一木为革委会副主任。

1968 年 4 月 10 日，《宁夏日报》报道宁夏回族自治区革命委员会成立

盐池县革委会成立

1971 年，自治区领导康健民、王志强看望王绍飞

1977年12月，宁夏回族自治区第四届人民代表大会召开

五、宁夏回族自治区第四届人民代表大会

1977年12月19至26日，自治区四届人大一次会议在银川召开。这是在社会主义现代化建设新时期自治区召开的第一次人民代表大会，出席大会代表698人。会议听取、讨论和通过了霍士廉代表自治区革委会作的工作报告，同时，选举产生了新的自治区革委会主任、副主任、委员。主任霍士廉，副主任杨静仁（回族）、邵井蛙、马玉槐（回族）、丁毅民（回族）、马思忠（回族）、杨一木、马信（回族）、史玉林、李力。选举马廷贵（回族）、马寿山（回族）、马烈孙（回族）、王国义、王耀花（女，回族）、李福、陈养山、陈志恩、杨静仁（回族）、周银、赵仲修（纳西族）、贾创业、袁佳琴（女）、郭凤兰（女）、秦凤仙（女）、银花（女，蒙古族）、霍士廉、魏廷祥等18人为出席第五届全国人民代表大会代表。

自治区党委书记、革委会主任霍士廉在自治区第四届人民代表大会第一次会议上作政府工作报告

1977年12月，参加自治区第四届人大一次会议的解放军代表团在审议各项报告

1979 年 2 月，霍士廉调离，中央任命马信为宁夏回族自治区革委会主任，还先后任命李庶民、夏似萍（女）、康志杰、李恽和、薛宏福等 5 人为革委会副主任。

马信（1917~1999），回族，原名马果毅，经名伊斯哈格，河北省宣化市人。1937 年 7 月，参加革命。1940 年，入晋察冀边区抗大二分校学习。1942 年 3 月，加入中国共产党。曾任晋察冀边区易县、龙华县政治教育科长，北平行署科长，龙（关）崇（礼）宣（化）联合县政府教育科长，张家口市教育局局长。1945 年 10 月后，任察北、热西分区专署民教科科长，围场县委书记、县长。中华人民共和国成立后，历任热河省公路局局长、农林厅厅长和财委、计委副主任，中央工业交通工作部副处长等职。1957 年 11 月，参与宁夏回族自治区筹建工作。1958 年 6 月，任自治区筹委会经济计划委员会主任，11 月，任自治区计划委员会主任。1959 年 2 月和 1964 年 1 月分别当选为自治区党委常委和自治区人民委员会（政府）副主席兼计委主任。"文化大革命"中受到冲击和错误批判。重新工作后，历任吉兰泰盐场革委会负责人，银川市委书记、市革委会主任。1977 年 12 月，任自治区革委会副主任兼秘书长。1979 年 2 月，任自治区党委副书记兼自治区革委会主任。1983 年 2 月，调离宁夏，任第六届全国政协常委、民族组组长，第七届全国政协常委、民族委员会副主任。是中共十一、十二大代表，中纪委委员，第五届全国人大代表。1999 年 10 月在北京逝世。

自治区第五届人大常委会委员合影

六、宁夏回族自治区第五届人民代表大会

自治区五届人大一次会议于 1983 年 4 月 20 至 29 日在银川举行。会议根据《中华人民共和国地方各级人民代表大会和地方各级人民政府组织法》及《中华人民共和国全国人民代表大会和地方各级人民代表大会选举法》有关规定，按照 1982 年 12 月召开的自治区四届人大五次会议作出的关于自治区第五届人民代表大会代表名额和选举问题的建议，同意自治区五届人大代表名额为 465 名，实出席代表 461 名。自治区人大常委会主任马青年作了《自治区人民代表大会常务委员会工作报告》，自治区代主席黑伯理作了《关于第六个五年计划的报告》，自治区财政厅、自治区高级人民法院和自治区人民检察院等领导也作了有关的报告。大会审议和通过了上述报告，并作出了相应的决议。

会议选举产生了自治区五届人大常委会主

自治区人大常委会主任马青年在五届人大一次会议上作常委会工作报告

任，副主任和委员。主任马青年（回族），副主任张俊贤、马有德（回族）、黄执中、丁毅民（回族）、李庶民、郭文举、彭林柏（回族）、梁飞彪，委员马启智（回族）、马彩花（女，回族）、王伯祥（满族）等31人。同时，选举了自治区主席、副主席。主席黑伯理（回族），副主席李恽和、马英亮（回族）、马思忠（回族）、马腾霭（回族）、王彦鑫、杨惠云（女，回族）。会议还选举马青年（回族）、马烈孙（回族）、马福康（回族）、冯茂、吕淑英、李文斌、陈玉书、

严纪彤、杨维智、张杰、禹世英、赵仲修、洪梅香（女，回族）、海保仁（回族）、梁飞彪、黑伯理（回族）、傅玉梅等17人为宁夏回族自治区出席第六届全国人民代表大会代表。

1987年3月5至7日，在自治区五届人大常委会第22次会议上，通过了《关于接受黑伯理辞去自治区人民政府主席、白立忱代理自治区人民政府主席的决定》。1987年4月22至29日，在自治区五届人大五次会议上，选举黑伯理为第五届人大常委会主任，选举白立忱为自治区主席。

1983年4月20日，自治区五届人大一次会议召开

黑伯理（1918年~　），回族，经名穆罕默德，山东临清人。1937年，参加革命，同年加入中国共产党。曾任八路军一二九师驻临清联络处主任，中共鲁西区委秘书长、地委宣传部部长，临清市市长。中华人民共和国成立后，历任中央政法委副处长，中央政法干部学校办公室主任，法律出版社副社长等职。1959年8月，任宁夏回族自治区人民委员会（政府）秘书长。1963年12月，起任民族出版社党委书记、社长，中共中央宣传部政治部副主任，国家民委秘书长。1982年4月，任宁夏回族自治区党委副书记。1983年7月起，任宁夏回族自治区党委副书记，自治区政府代主席、主席。1987年4月，任宁夏回族自治区五届人大常委会主任。中共第十二届中央候补委员，第六届全国人大代表，第七届全国政协常委。

马青年（1917~1997），回族，又名马青廉，经名撒力海，陕西省安康县城关人。1935年参加中国工农红军，同年加入中国共产党。历任红军排长、连长、政治指导员、红十五军团政治部宣传干事。参加了长征。曾任回民独立师师长、赤峰市市委书记等职。中华人民共和国成立后，任甘肃省委常委、常务副省长、中共西北局统战部副部长、陕西省革命委员会副主任、宁夏回族自治区党委常委、人大常委会主任，全国人大代表，全国政协常委等职。是中共七大旁听人员，中共十二大代表，第二、第三、第五、第六届全国人大代表。

七、宁夏回族自治区第六届人民代表大会

1988 年 5 月 19 日，自治区六届人大一次会议召开

1988 年 5 月 19 日至 6 月 2 日，自治区六届人大一次会议召开。会议传达第七届全国人民代表大会第一次会议精神，听取和审议自治区主席白立忱所作的关于政府工作报告及其他一系列文件，马思忠（回族）当选为自治区六届人大常委会主任，马腾霭（回族）、王燕鑫、梁飞彪、冯茂、文力（回族）、张仕儒、雷鸣当选为副主任，白立忱（回族）当选为自治区主席，马英亮（回族）、杨惠云（女，回族）、李成玉（回族）、任启兴、程法光当选为副主席。

自治区人大常委会副主任马腾霭（右）在审议报告时发言

白立忱（1941 年~ ），回族，辽宁凌源人。1971 年 4 月加入中国共产党。1960 至 1964 年，就读沈阳农学院农机系农业机械化专业。1964 至 1968 年，为辽宁省营口市农业机械化研究所技术员。1968 至 1972 年，下放到"五七干校"劳动。1972 至 1980 年，任辽宁省营口市委组织部干事、市人事局副科长。1980 至 1983 年，任辽宁省营口市郊区区委副书记、书记。1983 至 1984 年，任辽宁省营口市委副书记、市长。1984 至 1985 年，任辽宁省盘锦市市委书记，辽宁省省长助理。1985 至 1986 年，任辽宁省委常委、副省长。1986 至 1987 年，任宁夏回族自治区党委副书记、自治区副主席、代主席。1987 至 1997 年，任宁夏回族自治区党委副书记、自治区主席。1997 至 1998 年，任中华全国供销合作总社党组书记。1998 至 2003 年，任第九、十届全国政协副主席，并一度兼任中华全国供销合作总社党组书记、理事会主任。为中共第十三至十六届中央委员，全国人大第七、第八届代表。

自治区主席白立忱
在六届人大一次会议上
作政府工作报告

马思忠（1931~2010），回族，1931年2月生，宁夏西吉人。新中国成立后，历任西吉县委青年干事，城关区副区长，白崖区副区长、区长，泾源县公安局局长、县委第二书记、县委书记处第一书记。1972年8月至70年代末，历任固原地委副书记、自治区党委常委、革委会副主任。1981年1月当选为自治区党委常委、自治区副主席。1988年6月和1993年5月，先后当选为宁夏回族自治区第六、第七届人大常委会主任并兼任党组书记。1998年5月，当选为政协宁夏回族自治区第七届委员会主席并兼任党组书记。马思忠是中共十一、十二、十三、十四、十六、十七大代表，第十一至第十三届中央候补委员，第三、第七、第八届全国人大代表，第八届全国人大民族委员会委员，第九届全国政协委员。

自治区六届人大一次会议上当选的自治区主席、副主席合影。白立忱（左三）、任启兴（左一）、杨惠云（左二）、马英亮（右三）、李成玉（右二）、程法光（右一）

八、宁夏回族自治区第七届人民代表大会

1993 年 5 月 15 至 23 日，自治区第七届人民代表大会第一次会议在银川召开。会议听取和审议了自治区主席白立忱以及有关部门负责人所作的关于政府工作等六个报告，并作了相应的决议。会议选举马思忠（回族）为自治区人大常委会主任，白振华（回族）、文力（回族）、杨惠云（女，回族）、汪愚、马启新（回族）、张位正、张立志为副主任，王一宁（回族）为秘书长；选举白立忱（回族）为自治区主席，任启兴、程法光、马文学（回族）、周生贤、刘仲（回族）为副主席；选举邹

自治区七届人大一次会议在银川召开

献朝为自治区高级人民法院院长，马钊（女，回族）为自治区人民检察院检察长；补选王

沧海、何琼、徐鸣凤、董家林为出席第八届全国人民代表大会代表。

自治区人大常委会主任马思忠在七届人大一次会议上作人大常委会工作报告

自治区主席白立忱在七届人大一次会议上作政府工作报告

自治区七届
人大二次会议投
票选举

九、宁夏回族自治区第八届人民代表大会

1998 年 5 月 12 至 20 日，自治区八届人大一次会议在银川召开。自治区代主席马启智代表自治区人民政府在会上作工作报告。提出今后五年政府工作的主要任务是：高举邓小平理论伟大旗帜，全面贯彻党的十五大精神，按照自治区第八次党代会的总体部署，进一步解放思想，加快改革开放，加快结构调整，加快科技进步，加快脱贫致富，放手发展非公有制经济，大力推进两个根本性转变，实现社会事业全面进步，维护社会稳定，建设一个初步繁荣、富强、文明的新宁夏。在圆满完成"九五"计划的基础上，力争五年经济增长速度平均达到 10%，到 2002 年，国内生产总值达到400 亿元，地方财政收入达到 30 亿元，全社会固定资产投资年均增长 18%、城镇居民人均收入在西部地区居于中上水平，农民人均纯收入接近全国中等水平；全民素质和文化生活质量、城乡文明程度明显提高。会议还听取了自治区计委、财政厅关于自治区 1997 年国民经济和社会发展计划执行情况、财政预算执行情况及1998 年国民经济和社会发展计划草案、财政预算草案的报告；听取了自治区七届人大常委会和自治区高级人民法院、自治区人民检察院工作报告。会议批准政府工作报告并通过有关

2000 年 1 月 26 日，自治区党委书记、人大常委会主任毛如柏在自治区八届人大三次会议上讲话

2000 年 1 月 21 日，自治区主席马启智在自治区八届人大三次会议上作政府工作报告

决议。毛如柏当选为自治区八届人大常委会主任，马启智（回族）当选为自治区主席；马昌裔（回族）、周秋英（女）、韩有为（回族）、黄超雄、刘兴中（回族）、师梦雄、陈敏求当选为自治区八届人大常委会副主任，周生贤、刘仲（回族）、于革胜、马骏廷（回族）、王全诗当选为自治区副主席；黑俊英（女、回族）当选为自治区高级人民法院院长，胡叙明当选为自治区人民检察院检察长。

1998 年 5 月 14 日，召开自治区八届人大一次会议主席团会议

1998 年 5 月 12 至 20 日，自治区八届人大一次会议在银川召开

宁夏人民大会堂

马启智（1943 年~　　），回族，宁夏泾源人。1968 年，毕业于中央民族学院历史系。1972 年，加入中国共产党。历任鞍钢育成中学、银川市第二中学教员，自治区团委办公室副主任、副书记，中共固原地委副书记，自治区党委组织部副部长，银南地委副书记，银南地区行署专员。1991 年，任自治区党委常委、宣传部部长。1993 年 4 月，当选为第七届自治区党委副书记。1997 年 12 月，任自治区副主席、代主席。1998 年 4 月，任第八届自治区党委副书记。1998 年 5 月至 2007 年 4 月，任自治区主席。2007 年 4 月至 2011 年，任全国人大农业与农村委员会副主任委员、民族委员会主任。为中共第十四届中央候补委员、中央委员，第十五届中央候补委员，第十六届中央委员。

（人大常委会主任毛如柏简介见"中共宁夏回族自治区历次代表大会"之八"中共宁夏回族自治区第八次代表大会"）

政协宁夏回族自治区委员会

一、宁夏省协商委员会

（一）宁夏省协商委员会第一届委员会

宁夏省第一届各界人民代表会议，于 1950 年 9 月 23 日至 10 月 5 日召开。会议选举产生了宁夏省首届人民代表会议协商委员会。主席潘自力，副主席朱敏、达理扎雅、马腾霭，秘书长雷启霖。成立秘书处，为省协商委员会的办事机构。

省协商委员会一届二次会议于 1951 年 9 月 6 至 12 日召开，第三次会议于 1951 年 9 月 2 日召开，第四次会议与宁夏省人民委员会一届五次会议联席会议于 1951 年 12 月 10 至 12 日召开，第五次会议与宁夏省人民委员会一届六次会议联席会议于 1952 年 4 月 20 至 22

宁夏省第一届协商委员会主席潘自力（中排左二）与部分委员合影

日召开，第六次会议与宁夏省人民委员会一届七次会议联席会议于 1952 年 7 月 28 至 31 日召开。

（二）宁夏省协商会议第二届会议

宁夏省协商委员会二届一次会议于 1953 年 1 月 13 至 20

日召开。推选李景林为主席，马振东、洪清国、塔旺嘉布、徐宗孺为副主席，王志强为秘书长，李盛春、景伯衡为副秘书长。

省协商委员会二届二次会议于 1953 年 5 月 11 至 14 日举行，第三次会议于 1953 年 10 月 30 日至 11 月 2 日举行，第四次会议于 1954 年 6 月 10 至 12 日举行。

省协商委员会于 1954 年 7 月 28 日召开协商委员会联席会议，协商讨论了宁夏省建制撤销后的协商机关和民主党派、工商联的组织及工作问题。9 月 14 日，宁夏省协商委员会发出通知：宁夏省协商委员会与甘肃省协商委员会合并为甘肃省协商委员会。

李景林（1909~1980），陕西省清涧人。1925 年，加入中国共产主义青年团。1927 年，转入中国共产党。曾任中共陕西省清涧县委代书记、洛河川特委书记，陕甘省委宣传部部长、延安市委书记兼市长，陕北行署副主任。中华人民共和国成立后，历任宁夏省人民政府副主席，中共宁夏省委第二书记、书记，中共甘肃省委第三书记、书记，宁夏回族自治区区委第二书记，政协宁夏回族自治区第一、第二届委员会主席和第三届委员会副主席。是中共第七次全国代表大会代表，第一、第二届全国人民代表大会代表，中国人民政治协商会议第五届全国委员会常务委员。

二、政协宁夏回族自治区委员会

第一届自治区政协主席李景林在一届二次会议上讲话

（一）政协宁夏回族自治区第一届委员会

1958 年 10 月 12 至 13 日，政协宁夏回族自治区第一届委员会第一次会议召开，选举李景林为主席，马思义（回族）、袁金璋、李冲和、何义江（回族）、洪清国（回族）为副主席，李健为秘书长，马有德（回族）等 16 人为常务委员。

1960 年 3 月 9 至 15 日召开的第二次会议上，增选刘震寰（回族）为副主席，金凤山、杨铨、韩效琦为常务委员。1961 年 4 月 25 日至 5 月 12 日召开的第三次会议上，增选雷启霖为副主席，刘震寰为副主席兼秘书长，刘继增、金占鳌、吴鸿业、赵耀先、霍流为常委会委员。1962 年 12 月 13 日召开的第四次会议上，增选李盛春、李向良、陈元瑕、胡春浦为常委委员，选举胡春浦为秘书长。

（二）政协宁夏回族自治区第二届委员会

1964 年 9 月 25 至 30 日，召开政协宁夏回族自治区第二届委员会第一次会议。会议选举李景林为主席，袁金璋、李冲和、刘震寰、刘继增、雷启

第一届自治区政协副主席李冲和在会上发言

1959 年 4 月 24 日，自治区政协召开座谈会，谴责支持西藏叛乱的印度扩张主义分子，自治区政协副主席、自治区工商联主任委员何义江在会上发言

霖、洪清国为副主席，胡春浦为秘书长，黄执中等23人为常务委员。

"文化大革命"开始后，宁夏各级政协被迫停止工作。粉碎"四人帮"后，特别是党的十一届三中全会以后，宁夏各级政协陆续恢复工作。

（三）政协宁夏回族自治区第三届委员会

1977年12月18至26日，政协宁夏回族自治区第三届委员会第一次会议召开。会议选举杨静仁为主席，李景林、王金璋、雷启霖、牛化东、吴鸿业、金三寿、黄执中、马腾霭、洪清国为副主席，马德钟为秘书长，于达等34人为常务委员。1980年1月7至15日，召开自治区政协三届二次会议。会议选举王金璋为主席，增选马佩勋、李凯国、杨正春、杨遇春、罗文蔚、李青萍、金凤山、李凤藻为副主席，卫一吾等23人为常务委员。1981年6月7至17日，召开自治区政协三届三次会议。会上增

自治区政协二届一次会议会场

政协第三届常委杨秀蓉（马骏烈士夫人）投票选举政协领导人

选黄敬芳为常务委员。1982年6月22至7月1日，召开自治区政协三届四次会议。1982年12月21至28日，召开自治区政协三届五次会议。

（四）政协宁夏回族自治区第四届委员会

政协宁夏回族自治区自治区第四届委员会第一次会议于1983年4月18至28日举行，选举王金璋为主席，雷启霖、陈静波、马立凯、张源、金三寿、洪清国、马烈孙、杨正喜、杨遇春、金凤山、李凤藻、吴尚贤为副主席，马德钟为秘书长。1984年4月23至30日，举行自治区政协四届二次会议，会议增选李怀珠、胡惠峰为常务委员。1985年

自治区政协委员投票选举第三届委员会主席、副主席、秘书长、常委

4月28日至5月7日，举行自治区政协四届三次会议。会议通过了王金璋、金三寿、杨正喜、于达、高宜之五位申请辞职的决议，选举李悍和为主席，杨辛为副主席，史邦英等8位为常务委员。1986年4月20至29日，召开自治区政协四届四次会议，补选马德钟为副主席，信雅琴、王文韬、董敬舒为常务委员，肖文荫为秘书长。1987年4月20至27日，召开自治区政协四届五次会议。

自治区政协四届一次全委会在宁夏宾馆举行。图为委员步入会场

自左至右：主席李悍和，副主席洪清国、杨遇春、杨辛在自治区政协四届二十四次常委会议上

王金璋（1909~1985），陕西延长人。1926年，加入中国共产主义青年团。1928年转入中国共产党。曾任延长县一区区苏维埃主席、肤施县委书记，米脂县委宣传部部长、东北军工作委员会秘书，中共清涧、吴堡县委书记，延安大学干教处处长，安边县委书记，三边地委组织部部长。新中国成立后，历任宁夏省委组织部部长，宁夏、甘肃省民政厅厅长，宁夏回族自治区副主席，宁夏回族自治区区委常委，宁夏回族自治区第三、第四届政协主席。是第五届全国政协委员。1985年11月17日在银川病逝。

1987年7月8至10日，自治区政协召开全区政协工作会议，讨论各级政协如何进一步发挥"政治协商、民主监督"作用

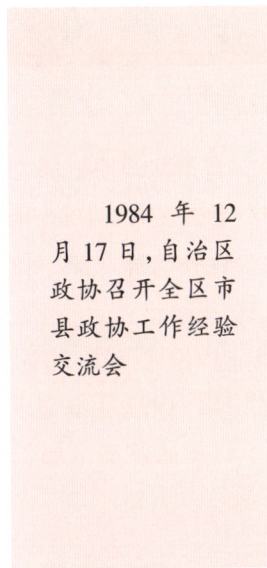

1984年12月17日，自治区政协召开全区市县政协工作经验交流会

1985年9月，西北五省区政协第四次文史资料工作协作会议在银川举行

自治区政协主席李恽和,副主席陈静波、吴尚贤、马德钟、汪愚在五届一次会议上

（五）政协宁夏回族自治区第五届委员会

政协宁夏回族自治区第五届委员会第一次会议,于 1988 年 5 月 18 至 29 日举行。选举李恽和为主席,申效曾、雷启霖、陈静波、马立凯、洪清国、马烈孙、吴尚贤、杨辛、马德钟、汪愚为副主席,肖文萌为秘书长。会议期间,与会同志列席了自治区六届人大一次会议。

1989 年 4 月,申效曾因工作变动,不再担任自治区政协五届委员会副主席。1990 年 4 月,马立凯因病逝世。1989 年 4 月,自治区政协五届二次会议补选刘闽生为五届委员会副主席,1990 年 4 月,自治区政协五届三次会议补选郝廷藻、强锷为自治区政协五届委员会副主席。

1989 年 4 月 21 至 28 日、1990 年 4 月 20 至 28 日、1991 年 4 月 20 至 27 日、1992 年 3 月 7 至 14 日,自治区分别召开了自治区政协五届二次、三次、四次、五次全委会。

自治区政协副主席马立凯（右二）、马烈孙（右一）、吴尚贤（左二）参加委员会小组讨论

1988年5月18至29日，自治区政协五届一次会议在银川召开

1988年11月，自治区政协成立老委员联谊会

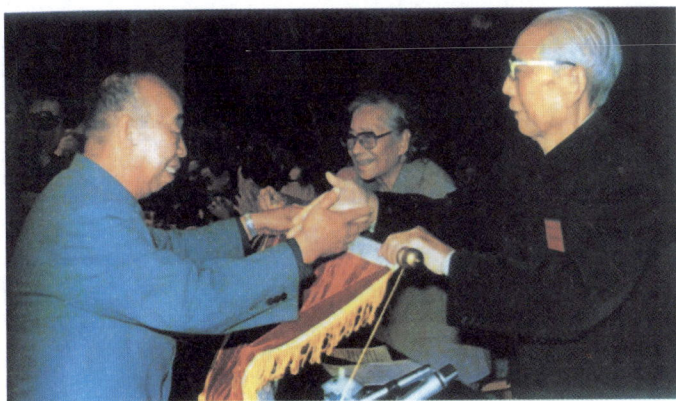

1988年9月，在自治区成立30周年大会上，中央代表团团长王震（右一）、副团长雷洁琼（右二）向自治区政协赠送"加强民族团结，促进民族繁荣"的贺幛

李恽和（1921~2003），山西定襄人。1936年11月，参加革命。1938年2月加入中国共产党。历任晋绥军区第八分区第六支队政治处主任、第五支队政委兼离东县委书记、吕梁军区第四师政治部主任。1950年3月，任陆军第五军政治部副主任。1950年7月，兼任中共伊犁区委秘书长、宣传部部长。1951年6月，任陆军第五军政治部主任。1952年10月，任中共新疆分局办公厅副主任、主任，中共新疆维吾尔自治区委副秘书长兼办公厅主任，新疆区经济委员会党组书记、副主任，新疆军区战备办公室副主任。1972年7月至1977年4月，任中共新疆维吾尔自治区党委常委。1977年4月至1979年8月，任新疆维吾尔自治区党委副书记。

1979年8月至1980年1月，任中共宁夏回族自治区党委常委、自治区革委会副主任。1980年1月，任中共宁夏回族自治区党委常委、自治区副主席。1982年4月至1985年4月，任中共宁夏回族自治区党委副书记、自治区人民政府常务副主席。1985年4月至1988年5月任宁夏回族自治区第四届政协主席、党组书记。1988年5月至1993年5月，任宁夏回族自治区第五届政协主席、党组书记。是中共十三大代表，第四、第五届全国人大代表。2003年5月10日在北京逝世。

1993 年 5 月 14 日，自治区政协六届一次会议开幕

（六）政协宁夏回族自治区第六届委员会

政协宁夏回族自治区第六届委员会第一次会议于 1993 年 5 月 14 至 24 日举行。会议主席团常务主席刘国范主持开幕式并致开幕词。会议听取了自治区政协副主席郝廷藻所作的五届委员会常务委员会工作报告，全国政协委员、自治区政协副主席马烈孙传达关于全国政协八届一次会议精神。会议审议通过了自治区政协六届一次会议政治决议及其他报告，听取了自治区人大政府工作报告及其他报告。会议通过等额无记名投票方式选举刘国范为主席，雷启霖、郝廷藻、洪清国、马烈孙、吴尚贤、刘闽生、强锷、仝开锦为副主席，魏世成为秘长，丁志臣等 55 人为常委。郝廷藻副主席主持闭幕大会。新当选的自治区政

协主席刘国范致闭幕词。

1994 年 4 月 10 至 14 日、1995 年 4 月 4 至 10 日、1996 年 4 月 20 至 27 日，1997 年 3 月 26 至 31 日，分别召开自治区政协六届二次、六届三次、六届四次、六届五次全委会议。

1994 年 12 月 27 日雷启霖逝世，1995 年 11 月 20 日洪清国归真，1994 年 3 月马烈孙被撤销副主席职务。1996 年 4 月，自治区政协六届四次会议补选洪维宗、冯炯华、魏世成为自治区政协六届委员会副主席，补选丁成、马霆、马仁昌、马国全、李永盛、高嵩为常务委员。

1996 年 2 月 23 日，自治区政协主席刘国范在银川西关清真大寺向穆斯林群众祝贺开斋节

1997 年 10 月 15 日，自治区政协六届 23 次常委会议通过《政协宁夏回族自治区委员会关于学习中共十五大精神的决议》

1997 年 6 月 27 日，自治区政协、自治区党委统战部在银川举行宁夏各界人士庆祝香港回归祖国茶话会

刘国范（1929~2001），辽宁开原人。1954年6月，加入中国共产党。宁夏回族自治区成立后，刘国范积极响应党和国家支援大西北建设的号召，于1958年12月调到宁夏工作，历任宁夏煤管局设计局第一副主任，西北煤矿基建局工程科科长，贺兰山煤炭工业公司政治部办公室副主任，宁夏煤炭工业小组基建组组长，宁夏燃化局副局长、党组副书记。粉碎"四人帮"后，刘国范历任宁夏煤炭工业局代局长、党组代书记、局长、党组书记，宁夏回族自治区党委常委、副书记。1993年5月，当选为政协宁夏回族自治区委员会第六届委员会主席，并任党组书记。1998年5月，离开领导工作岗位。是中国共产党第十二、第十三届中央委员会候补委员，中国共产党第十四届全国代表大会代表，中国人民政治协商会议第九届全国委员会委员。2001年8月25日在银川逝世。

自治区政协领导视察自治区农科院种羊场

（七）政协宁夏回族自治区第七届委员会

政协宁夏回族自治区第七届委员会第一次会议于1998年5月10至17日举行。开幕大会由主席团常务主席马思忠主持。自治区党政军及有关方面的领导应邀出席了会议开幕式和闭幕式，自治区党委书记毛如柏在会议开幕时讲了话。会议听取并审议了魏世成副主席代表六届政协常务委员会所作的工作报告，书面传达了全国政协九届一次会议精神，列席了自治区八届人大一次会议，听取并讨论了政府工作报告和其他报告。会议对六届政协五年来的工作表示满意，认为六届委员会的工作总结实事求是，对七届政协工作的建议切实可行。会议对过去五年全区各族人民在自治区党委和政府领导下，取得的改革开放和社会主义现代化建设成就感到由

自治区政协七届一次全会期间，政协领导和委员们一起议政建言

自治区政协召开全区各县市政协主席座谈会

自治区政协七届一次会议的委员们参加投票选举

政协委员中的名书画家利用休息时间挥毫泼墨，以此庆祝政协会议召开

衷的高兴，对当前自治区经济和社会发展中存在的一些重大问题深表关注，并就稳定和加强农业基础地位、深化国有企业改革、推进下岗职工再就业、反腐倡廉、科教兴宁等方面提出了意见和建议。会议共收到大会发言材料 40 份，有 27 名委员作了大会发言。会议期间共收到提案 326 件，经审查立案 322 件。会议选举马思忠为主席，任怀祥、周文吉、刘闽生、洪维宗、魏世成、金晓昀、周振中、马国权为副主席，马仁昌等 57 人为常务委员。

1999 年 2 月，自治区政协七届二次会议上补选李增林为自治区政协副主席，张广生为政协秘书长。1999 年 9 月 23 日，洪维宗归真。2000 年 8 月，周文吉被撤销副主席职务。

宁夏军区

一、宁夏军区成立与演变

1949年12月19日，原国民党八十一军被改编为中国人民解放军西北军区独立第二军。图为在中卫县城广场举行隆重的授旗仪式

1950年4月27日，西北独立第二军全体青年代表合影

1949年9月，宁夏解放，中国人民解放军宁夏省军区成立。

1949年10月，宁夏省军区组建，解放军十九兵团司令员杨得志兼任司令员，中共宁夏省委书记、省政府主席潘自力兼任政治委员。此时，中共宁夏省委、省人民政府、宁夏省军区和驻宁部队在地方公安部门和广大民

兵配合下，进行剿匪与平叛斗争。1950年4月1日，中共中央西北局决定由十九兵团六十五军兼宁夏省军区，原省军区机关与六十五军合并。1950年6月，朝鲜战争爆发。1951年2月，六十五军免兼宁夏省军区，参加中国人民志愿军赴朝作战。

1953年年底，中共中央确定"建设一支优良的现代化革命军队，以保卫社会主义建设，抵御帝国主义侵略"的总方针和总任务。据此，宁夏省军区和驻宁部队狠抓部队的中心工作，开展大规模的军事训练。1954年6月，宁夏省撤销，同时撤销宁夏省军区建制，组建甘肃省银川军分区。这一时期，除宁夏驻军外，主要有银川军分区、西海固军分区和吴忠回族自治州兵役局，隶属甘肃军区建制。1955年，宁夏各军分区、驻宁部队与全军一样，开始逐次实行义务兵役制、薪金制、军衔制和颁发勋章奖章。各军分区按照国家第一部兵役法的要求，开始实施征兵，实现由志愿兵役制向义务兵役制的转变。

随着宁夏回族自治区的筹备成立，1958年6月6日，中共中央解放军宁夏军区也相应组建。12月3日，宁夏军区第一届党代会第一次会议召开，讨论贯彻军委扩大会议和兰州军区党代会精神，检查军区临时党委和军区领导机关工作，选举成立军区党委。

军区实行党委领导下的首长分工负责制，司令员和政委同为军区首长，第一政

委一直由自治区党委主要负责人兼任。1992年10月，由宁夏军区代管的原兰州军区守备师撤销后，宁夏军区除领导机构和司、政、后工作机构外，下属机构有地（市）军分区4个，县（市区）人民武装部24个。2000年6月16日，中共中央总书记、国家主席、中央军委主席江泽民在银川市接见宁夏军区、驻银部队和武警部队师以上干部，为宁夏军区题词："发扬贺兰山精神，履行省军区职能，加强部队全面建设。"

1951年1月，宁夏军区第一届人民武装代表合影

1954年，银川军分区第一次党的代表大会召开

1958年12月，宁夏军区第一次代表大会在银川召开

二、宁夏军区历任司令员、政委

（一）司令员

王道邦（1911~1959），江西省永新县人。1930年参加中国工农红军，同年加入中国共产党。历任红十五军特务营班长、红一方面军司令部警卫连政治指导员、红一军团第一师二团总支部书记、第二师五团代理政治委员、军团政治部巡视组组长、第一师政治部组织科科长、晋察冀军区第一军分区一团政治委员、第五支队政治委员、第一军分区政治主任、第九军分区代司令员、晋察冀军区第八旅旅长兼政治委员、晋察冀军区第三纵队副政治委员、华北军区第八纵队政治委员、第19兵团65军政治委员。

1949年7月，王道邦率部参加解放大西北的陇东战役，率六十五军作为宁夏战役中的中路，并亲自参加国民党第81军的改编。1949年10月，任中共第一届宁夏省委委员、常委，领导第六十五军驻防宁夏地区。1950年4月，六十五军兼宁夏（省）军区，王道邦兼任宁夏（省）军区司令员，直至1950年11月。1952年9月，王道邦随19兵团抗美援朝，任中国人民志愿军第19兵团65军军长兼军政治委员，回国后任河北省军区司令员。1955年被授予中将军衔。1959年11月，因病在北京逝世。

黄罗斌（1916~1998），陕西省蒲城县人。1929年，加入中国共产主义青年团。1932年，转入中国共产党。同年，参加中国工农红军。历任渭北苏区游击队班长，红军连政治指导员，陕甘边地区红26军42师3团政治委员、红15军团78师232团政治委员、八路军保安司令部神府军分区司令员，陕甘宁晋绥联防军警备第3旅第7团团长、该旅副旅长兼第7团团长、陇东军分区副司令员兼385旅副旅长、警备第3旅旅长。1943至1945年在中央党校学习。当选为"七大"代表，出席"七大"会议。1948年2月，该旅改编归属西北野战军第4纵队，仍任旅长。1949年初起，任西北独立第2师政治委员，陕北军区代理司令员，西北独立第1师师长兼政治委员。中华人民共和国成立后，于1950年4月任宁夏（省）军区第一副司令员兼副政治委员、中共宁夏省委副书记。1953年5月，任宁夏省委副书记兼宁夏（省）军区政治委员。1954年6月，宁夏省撤销，调任白银有色金属公司经理、党委书记。1958年10月起，历任甘肃省副省长，中共新疆维吾尔自治区委员会副书记、书记，甘肃省第五届政协主席，中共甘肃省顾问委员会主任等职。1998年6月，在兰州病逝。

马惇靖（1908~1972），字立青，回族，甘肃省临夏县人。曾任国民党马鸿宾部营长、团长、旅长、第八十一军参谋长。1949年9月初，其父马鸿宾去绥远与傅作义、邓宝珊共商起义事宜，

指示他的部队相机行事，争取起义。在马鸿宾返宁途中，马惇靖毅然接受中国人民解放军第 19 兵团提出的和平条件，于 9 月 19 日率部在中卫县起义，为宁夏和平解放作出重大贡献。第 81 军被改编为中国人民解放军西北军区独立第二军，马惇靖任军长。1950 年 4 月，调任宁夏（省）军区副司令员，仍兼独立第二军军长。1952 年 8 月，任宁夏（省）军区司令员。1953 年 9 月离开宁夏（省）军区，转任甘肃省政协副主席。1961 年，当选为第三届全国人民代表大会代表。1972 年 10 月 1 日，因病在兰州逝世。

朱声达（1914~1985），湖北省江陵县人。1931 年，参加中国工农红军，先后在红 3 军第 9 师 25 团当勤务员、特务员。翌年加入中国共产党。1934 年 8 月，任红 3 军团第 6 师 18 团副连长、连长。后到红军大学 4 分校（驻湖南桑梓）学习，于 1936 年毕业，任红 1 军团 4 师 10 团连长、八路军 120 师警卫营营长、358 旅 716 团营长，晋绥军区特务团营长、参谋长、副团长、团长等职。1945 年，当选为中共第七次代表大会代表，先后任晋绥野战军独立第 3 旅参谋长，西北野战军独立第 5 旅旅长、酒泉城防司令员，后兼任酒泉军分区司令员。1950 年 8 月，调任 3 军 8 师师长。1951 年参加抗美援朝，任中国人民志愿军 3 军 7 师副师长。1952 年，任甘肃军区副司令员兼参谋长，1955 年 11 月，被授予少将军衔。1957 年，任陕西省军区副司令员兼参谋长。1958 年，宁夏回族自治区成立前，参与组织领导宁夏回族自治区党委、人民委员会和军区的筹建工作。9 月，被任命为司令员。1968 年 9 月，被免去宁夏军区司令员职务，下放劳动达 4 年之久。1972 年 12 月，任甘肃省军区副司令员。1978 年，任甘肃省军区顾问组组长、甘肃省政协副主席。1979 年，中央军委、总政治部和兰州军区党委为其彻底平反。1983 年离休。1985 年 1 月在兰州病逝。

张桂金（1917~2001），陕西省吴堡县人。1935 年 7 月参加中国工农，1935 年 9 月加入中国共产党。后任陕北红 1 团 2 连、红 27 军 2 团 3 连排长。抗日战争期间，历任八路军留守兵团警备 1 团四连排长、6 连政治指导员，陕甘宁晋绥联防军警备第 3 旅 7 团 2 连连长、1 营营长等职。解放战争时期，先后任西北野战军第 4 纵队警备 1 旅 3 团副参谋长、副团长兼参谋长，第一野战军 2 兵团 4 军 10 师 28 团团长等职。中华人民共和国成立后，任 4 军 11 师 32 团团长、11 师副参谋长，中国人民志愿军 60 军 179 师副参谋长。1954 年 2 月，入南京军事学院高级速成系学习，1955 年被授予上校军衔。1957 年 3 月毕业后，任步兵 11 师第一副师长兼参谋长。1963 年 2 月，任骑兵第 2 师师长。1964 年，晋升为大校军衔。1968 年 9 月，调任宁夏军区司令员。1970 年 6 月，改任宁夏军区政治委员。1971 年 8 月至 1976 年 10 月，兼任中共宁夏回族自治区委员会书记。1978 年 7 月，被免去宁夏军区政治委员职务。是第四届全国人民代表大会代表、中共第十一届党代表大会代表。1983 年 9 月离休。2001 年 5 月，在西安病逝。

姜玉安（1919~1999），河南省上蔡县姜家庄村。1939年11月赴山西参加革命，1940年加入中国共产党。历任晋西北新军决死2纵队6团9连、班长、排长等职。1943年任山西交城县大队2中队队长。次年，任晋西北8分区6支队6连副连长，旋调任豫西军分区洛宁支队1连政治指导员，晋冀鲁豫军区特务团连长，晋冀鲁豫军区8纵队第24旅70团连政治指导员，中原野战军4纵队12旅34团1营副营长、营长、副团长等职。后任第19军55师163团团长。1960年10月，任55师副师长，于1962年率部参加中印边界自卫反击战。1964年任62师师长。1968年5月，被任命为宁夏军区副司令员，1970年6月，升任宁夏军区司令员。1971年8月至1978年4月兼任自治区党委常委。1972年6月，改任宁夏军区第一副司令员（正军职）。1981年2月，任宁夏军区顾问组组长，1983年，离职休养。1999年11月8日，在银川病逝。

高锐（1919年~　　　　），曾用名高玉麟，山东省莱阳县人。1937年11月参加革命，1938年2月加入中国共产党。历任陕北公学学员，胶东抗日军政干部学校教育长，抗大一分校胶东支校营长、军教股长，山东军区教导第2团营长、副教育长，胶东军区第14团参谋长等职。解放战争时期，历任胶东军区司令部作战科科长、参谋主任，胶东军区新5师参谋长，华东野战军第13纵队第37师副师长、代理师长、师长，第31军第91师师长等职。中华人民共和国成立后，历任31军参谋长，华东军政大学训练部部长，解放军第3高级步兵学校副校长兼训练部部长、总高级步兵学校副教育长兼训练部部长、军事科学研究部部长，军事科学院战术研究部副部长、部长。1970年2月，任兰州军区参谋长。翌年8月，任中共宁夏回族自治区委员会第二书记。1972年6月，被任命为兰州军区副司令员兼宁夏军区司令员。1975年9月，调任军事科学院副院长。是第六届全国人民代表大会代表、第七届全国政协委员。1961年，晋升为少将军衔。1998年，离职休养。

黄经耀（1915~2005），江西省于都县人。1931年2月参加中国工农红军，1932年4月加入中国共产主义青年团，1935年10月转入为中国共产党。土地革命战争时期，历任红一方面军1军团2师5团通讯员、侦察员、侦察班长等职。抗日战争时期，任八路军115师343旅685团排长，苏鲁豫支队3大队连长、副营长、营长，新四军第3师第7旅20团1营营长、第8旅22团副团长等职。解放战争时期，先后任东北人民自治军（东北民主联军）第2纵队第4师第10团团长、副师长，东北野战军39军115师副师长。1950年2月，调任第四野战军第12军126师师长，率部参加抗美援朝。1952年底回国后，于1953年任黑龙江军区司令员。1954年，调黑龙江省军区任第一副司令员。1955年，入南京军事学院基本系学习，于1959年毕业，仍任原职。1961年，晋升为少将军衔。1967年，调任陕西省军区副司令员，兼任陕西省革委会第一副主任、陕西省委书记。1977年6月，任兰州军区副司令员兼宁夏军区司令员。其间，兼宁夏回族自治区党委书记

和常委。1981 年 5 月，免兼宁夏军区司令员。1983 年离职休养。2005 年 8 月在北京病逝。是中共十一大代表。中共十二届中央委员，第四届全国人大代表。

陈如意（1921~1992），山西省沁县人。1938 年 1 月参加革命。1940 年 5 月加入中国共产党。历任晋西北新军决死 1 纵队班长，八路军太岳纵队兼太岳军区第 4 军分区见习参谋，太岳军区 212 旅 54 团排长、连长、副营长，冀南军区第 7 军分区 36 团营长、参谋长、副团长。中华人民共和国成立后，任 19 军 57 师 170 团团长。1951 年 8 月，入南京军事学院基本系学习。于 1955 年 8 月毕业，留学院任高级兵团教研室教员。1957 年 8 月，调任北京高等军事学院战役教研室教员。1962 年 2 月至 1963 年 1 月，入解放军北京政治学院外语系学习。1963 年 2 月，任 55 师副师长，后任师长。1964 年 3 月，晋升为大校军衔。1969 年 1 月，调任甘肃省武威军分区司令员兼武威地委书记。1978 年 8 月，改任甘肃省天水军分区司令员。1981 年 5 月，任宁夏军区司令员。1983 年 5 月，任宁夏军区顾问组组长。1984 年 12 月离职休养。1992 年 1 月，在兰州病逝。

刘学基（1928~2008），曾用名刘西园，山西省原平县西坪村人。1938 年 10 月参加革命，1945 年 7 月加入中国共产党。历任晋察冀军区第 4 军分区 5 团 6 连班长，延安中央党校警卫队及中直机关排长、晋察冀军区和张家口卫戍区教导师第 2 团 1 连副指导员、队长，冀晋军政干部学校区队长，晋察冀野战军第 1 纵队警卫营连长、副营长，66 军直属警卫营副教导员、营长等职。参加抗美援朝。历任 66 军 198 师 592 团副团长、593 团参谋长、594 团长，北京军区工程兵第 5 团团长、第 1 工区参谋长，兰州军区司令部作战部副部长，青海省军区参谋长。1980 年 4 月，任宁夏军区参谋长。1983 年 5 月，任宁夏军区司令员，是宁夏回族自治区党委常委，第六届、第七届全国人大代表。1988 年 9 月，晋升为中将军衔。1993 年 3 月离职休养。2008 年 10 月，在银川病逝。

胡世浩（1935 年~　　　），浙江省东阳县人。1951 年 3 月在家乡参军，1953 年加入中国共产党。1953 年 5 月，任中国人民志愿军 21 军 62 师 185 团营部通讯员、6 连副班长、班长，5 连副排长。1956 年 8 月任 185 团排长，参加抗美援朝。1959 年 1 月，进入解放军广西桂林步兵学校学习。1960 年 10 月毕业，后历任 62 师司令部作训科参谋，186 团 2 营营长、团参谋长、副团长、团长，62 师参谋长、副师长。1983 年 5 月，任 21 军副军长。同年入解放军军事学院二年制高级指挥班学习。1985 年 8 月，任宁夏军区副司令员。1988 年 9 月，被授予少将军衔。1990 年 6 月，升任宁夏军区司令员。是第八届全国人大代表。1994 年 8 月退休。

李良辉（1940年~　），河北省深县人。1961年9月入伍。1963年12月加入中国共产党。历任空降15军44师130团班长、排长、政治指导员、营长、参谋长、团长等职。1976年6月，任该军副军长。1980年，兼任空降兵第44师师长。1983年5月，升任该军军长。1987年12月，在沈阳军区空军帮助工作。1990年6月，被任命为宁夏军区副司令员（正军职），1993年7月，任宁夏军区司令员。1997年3月，调任新疆军区司令员。曾先后在军事学院和国防大学学习。1989年6月，被授予空军大校军衔。1990年7月，晋升为少将军衔。1998年7月，晋升为中将军衔。中共十五届中央委员。后任济南军区副司令员。

全国政协常委会委员。

卢普阳（1942年~　），陕西省兴平市人。1961年8月入伍。1963年4月加入中国共产党。入伍后在青海省公安总队6支队5中队任战士、学员、班长。1965年10月，任新疆军区独立师步兵第2团警通排排长。1967年3月，任该团1营副连长。从1969年11月起，历任青海省军区教导大队中队长、副大队长、大队长，青海省果洛军分区参谋长、海东军分区司令员等职。1981年9月至1983年7月，在解放军军事学院学习。1990年6月，任青海省军区参谋长。1996年5月，任青海省军区副司令员。1997年7月，调任宁夏军区司令员，为第九届全国人大代表。1992年7月，晋升为少将军衔。1997年，为中共宁夏回族自治区党委委员、常委。1998年1月，当选为全国第九届人民代表大会代表。2002年10月退休。

（二）政　委

潘自力　宁夏解放后，任中共宁夏省委书记、宁夏省政府主席，兼任宁夏（省）军区政治委员，主持宁夏党政军全面工作。（其他从略）

朱　敏　1951年10月，任中共宁夏省委书记兼宁夏（省）军区政治委员、宁夏省第一届协商委员会副主席。（其他从略）

汪　锋　从1958年3月起，任中共宁夏回族自治区工委第一书记、自治区党委第一书记。9月，兼任宁夏军区政治委员。（其他从略）

杨静仁　1960年9月，调宁夏回族自治区工作，任自治区党委第一书记和自治区人民委员会主席，兼任宁夏军区政治委员、中共中央西北局书记处书记。（其他从略）

张桂金　1968 年 9 月，调任宁夏军区司令员。1970 年 6 月，改任宁夏军区政治委员。（其他从略）

林山（1919 年~　　），曾用名吉绍安，江苏省昆山县人。1937 年 2 月参加革命，于次年加入中国共产党。1937 年 5 月，参加延安抗大学习。历任山西青年抗敌决死队 2 纵队连指导员、营教导员，5 团政治处主任，山西新军总指挥部宣传科科长，吕梁军区第 9 军分区组织部部长、政治部主任。1943 至 1945 年，在绥德抗大学习。中华人民共和国成立后，历任公安 4 师政治部主任，西北军区公安部队政治部主任，青海省军区政治部主任、副政治委员，兰州军区生产建设兵团政治委员等职。1975 年 7 月至 1984 年 4 月，任宁夏军区政治委员。

齐安昌（1917~2000），曾用名张福昌，山东省昌邑县人。1938 年 7 月参加革命，9 月加入中国共产党。历任八路军山东纵队 8 支队（后改 1 支队）、政治指导员，山东纵队 1 旅 1 团 2 营副政治教导员、民运股股长、敌工股股长，鲁南军区武工队队长、军分区民运科科长、敌工科科长，山东野战军第 8 师联络科科长，23 团政治委员，第 8 师政治部主任等职。中华人民共和国成立后，历任 22 军 65 师政治部主任、政治委员，舟嵊要塞区政治部主任、副政治委员，南京军区空军政治部主任等职。1955 年，被授予大校军衔。1979 年 2 月，调任宁夏军区第二政治委员，后改为政治委员。1981 年 6 月至 1983 年 2 月兼任自治区党委常委。1983 年 2 月离职休养。是中共十二大代表。2000 年 1 月，在杭州病逝。

赵敏（1925 年~　　），曾用名赵起銮，安徽省天长县人。1940 年 2 月参加新四军，1940 年 6 月加入中国共产党。历任淮南津浦路东军分区独立 4 团、独立 5 团政工队员、青年干事，新四军第 2 师 5 旅 13 团 4 连政治指导员，东北野战军第 49 军第 6 师 437 团营政治教导员、师政治部宣传科科长、秘书科科长和敌工科科长、师教导大队政治委员、团政治处主任等职。中华人民共和国成立后，任 49 军 146 师后勤部政治委员、炮 5 师 30 团政治委员、炮 15 师政治部副主任、主任、师副政治委员，兰州军区政治部国防工业工程工作部部长，兰州军区炮兵副政治委员，陆军第 21 军副政治委员。1983 年 5 月，任宁夏军区政治委员。1985 年 9 月，调任兰州军区纪委专职副书记。1987 年 11 月离职休养。

王焕民（1928 年~　　　），曾用名王范起，江苏省宿迁市人。1944 年 5 月参加新四军，次年加入中国共产党。历任泗宿县区中队和独立团文书，华中野战军九纵队 81 团和 79 团宣传员，华东军区 2 纵队 5 师 15 团文化教员、干事等职。中华人民共和国成立后，任陆军第 21 军 62 师 186 团政治指导员、政治教导员、志愿军 21 军 62 师 186 团政治教导员。1953 年 5 月，参加抗美援朝。1956 年 1 月，入解放军政治学院完成系学习。1958 年 9 月起，历任 62 师政治部干部科科长、181 团副政治委员、师炮兵团政治委员，坦克 12 师 45 团政治委员，陆军第 19 军 55 师副政治委员等职。1978 年 10 月，任陆军第 20 师政治委员。1980 年 10 月，入解放军政治学院高级队学习。1983 年 5 月，任宁夏军区副政治委员。1985 年 8 月，任宁夏军区政治委员。1988 年 9 月被授予少将军衔。1990 年 6 月，离职休养。

董道圣（1934 年~　　　），山西省曲沃县人。1951 年 3 月在家乡参加革命工作。1956 年 8 月加入中国共产党。历任山西省曲沃县二区和五区见习干事、干事，曲沃县人武部助理员，侯马市人武部干事，晋南军分区动员科参谋，山西省军区政治部宣传处干事，北京军区政治部群工部干事、副科长、科长、副部长、部长，山西省军区副政治委员。1988 年 6 月，任北京卫戍区政治部主任。1990 年 6 月至 1993 年 6 月，任宁夏军区政治委员。1988 年 9 月被授予少将军衔。1994 年 8 月退休。是中共第十四次全国代表大会代表。

王永正（1940 年~　　　），山西省临汾市人。1958 年 12 月入伍。1960 年 12 月加入中国共产党。历任 21 军 62 师 185 团营部书记、团政治处干事、连副政治指导员，军政治部干部处干事，兰州军区政治部干部部副科长、科长、副部长、部长等职。1990 年 6 月，任陕西省军区副政治委员。1992 年 10 月，调任宁夏军区副政治委员。1993 年 6 月，任宁夏军区政治委员。1993 年 7 月，晋升为少将军衔。是中共第十五次全国代表大会代表。2000 年 12 月退休。

宁夏回族自治区历次庆祝活动

一、自治区成立五周年庆祝活动

1963 年 10 月 25 日，自治区各族和各界群众在银川举行大会，热烈庆祝宁夏回族自治区成立五周年。全国人大常务委员会副秘书长、国家民委副主任余心清，中共中央西北局统战部部长常黎夫，甘肃省副省长何成湘和自治区、银川市党政军领导出席大会。

之前，为祝贺宁夏回族自治区成立五周年，天津杂技团、中国人民解放军总政治部话剧团、兰州军区战斗文工团陆续到达银川，分别在银川各剧场演出。天津杂技团在银川演出后，还在石嘴山、中卫、吴忠等县作祝贺演出。

自治区成立五年间，全区基本建设投资总额比第一个五年计划期间增长了 8.6 倍，全部和部分建成投入生产与交付使用的建设项目共 1900 多个，兴建了一批煤炭、钢铁、机械、皮革、造纸、化工和建材等现代化骨干企业，县以上工业企业较 1957 年增长 1 倍多，主要工业产品增加到 122 种，新增加的公路通车里程占总里程的 22%，新增加的载重汽车占汽车总数的 80%。

国家文化部和国家民委派来的杂技艺术团在银川南门广场为群众演出，庆祝宁夏回族自治区成立五周年

1963 年 10 月 25 日，庆祝宁夏回族自治区成立五周年大会会场

二、自治区成立二十周年庆祝活动

1978年10月25日，庆祝宁夏回族自治区成立二十周年大会会场

1978年10月24日，银川各族人民热烈欢迎参加宁夏回族自治区成立二十周年庆祝活动的中央代表团

1978年10月24日以中共中央政治局委员、全国人大常委会副委员长乌兰夫为团长和以国务院副总理谷牧、全国政协副主席张冲及郭洪涛、刘景范、刘静海、云世英为副团长的中央代表团到达银川，参加自治区成立二十周年庆祝活动。到达银川的还有兰州部队第一政委萧华、新疆维吾尔自治区党委第一书记汪锋、甘肃省委第一书记宋平、青海省委第一书记谭启龙、陕西省委第二书记王任重、兰州部队副司令员黎原，以及一些省、自治区、直辖市和各回族自治州、县（区）的代表团代表与特邀代表。由28个民族组成的中央歌舞团160多人，于22日先期到达银川。

10月25日上午9时，自治区暨银川市各族各界10万人在银川举行盛大集会和游行，热烈庆祝宁夏回族自治区成立二十周年。会上，中央代表团团长乌兰夫讲了话，代表中共中央、人大常委会和国务院向宁夏各族人民、驻宁部队全体指战员致以热烈的祝贺和亲切的慰问。副团长谷牧宣读了人大常委会、国务院发来的贺电，马玉槐宣读了大会给中共中央和华国锋主席的致敬电。

庆祝大会结束后，举行了盛大的庆祝游行。意气风发的工

1978 年 10 月 25 日，乌兰夫副委员长在宁夏参加自治区成立二十周年主席台上

人、农民、驻宁部队指战员、干部、知识分子、大中专学校学生等组成的 150 个方队，簇拥着一辆辆彩车，阔步前进。秧歌队、腰鼓队、旱船队、狮子高跷队等载歌载舞，龙灯翻飞腾跃，显示出一派喜庆欢乐的景象。

同日，《人民日报》发表题为《宁夏各族人民在新的征途上奋勇前进——热烈庆祝宁夏回族自治区成立二十周年》的社论。

26 日上午，在银川中山公园举行了自治区成立二十周年盛大游园联欢活动。乌兰夫、谷牧等中央代表团成员在自治区党政军负责同志的陪同下游园，并观看了文艺表演。27 日，中央代表团团长乌兰夫在自治区领导霍士廉、李学智等人陪同下为"宁夏回族自治区成立二十周年社会主义革命和建设成就展览"剪彩。

中央代表团和各兄弟省、区的领导同志，在参加自治区成立二十周年庆祝活动期间，深入工厂、农村牧区，亲切看望各族各界群众，还接见

了宁夏各部门领导、各条战线先进人物、知名人士和到北京参加国庆观礼的代表。

在庆祝活动期间，自治区举办了军事表演、文艺演出、美术摄影展览、电影展播等一系列活动。自治区各地、市、县（旗）也都以各种形式开展了自治区成立二十周年的庆祝活动。

乌兰夫在自治区幼儿园参观

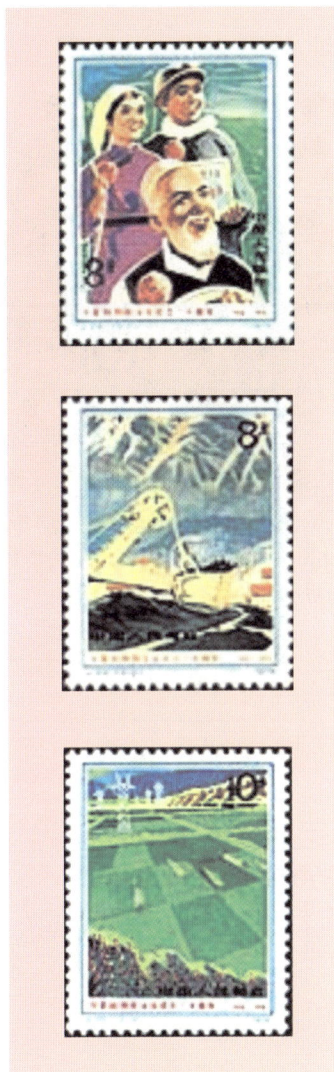

宁夏回族自治区成立二十
周年纪念邮票

中央代表团参观自治区水利建设成就展，观看青铜峡水电站模型

谷牧、萧华等参观巴音浩特延福寺

王任重、萧华、谭启龙、宋平等人参观自治区
二十周年成就展览

谷牧到达阿拉善左旗时受到热烈欢迎

中央代表团团长乌兰夫等领导接见少数民族群众代表后合影

1978 年 10 月 25 日，在南门召开自治区成立二十周年大会后游行

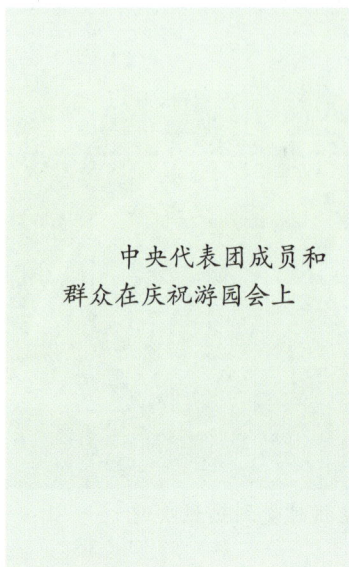

中央代表团成员和群众在庆祝游园会上

三、自治区成立三十周年庆祝活动

1988年9月21日，以王震为团长、雷洁琼为副团长的庆祝宁夏回族自治区成立三十周年中央代表团来到银川，受到自治区领导和回汉各族人民热烈欢迎

自治区主席白立忱在自治区三十年建设成就展开幕式上讲话

1988年9月21日，为庆祝宁夏回族自治区成立三十周年，以国家副主席王震为团长，全国人大常委会副委员长雷洁琼为副团长的中央代表团抵达银川，参加自治区成立三十周年庆祝活动。下午，中央代表团全体成员亲切接见了自治区党、政、军领导人。

22日，自治区成立三十周年民族团结进步先进集体、先进个人表彰大会在银川隆重举行，王震、雷洁琼和中央代表团全体成员、自治区领导以及应邀参加庆祝活动的中央和各省、自治区、直辖市、兰州军区的来宾参加了会议。23日，银川市各族干部、群众隆重集会，热烈庆祝宁夏回族自治区成立三十周年。

中央代表团接见宁夏党、政、军、政协代表

1988 年 9 月 23 日上午，自治区成立三十周年庆祝大会在银川举行，王震在大会上讲话

1988 年 9 月 22 日下午，自治区领导陪同中央代表团参观宁夏博物馆

自治区领导向中央代表团汇报宁夏经济建设情况

王震、雷洁琼在贺兰山宾馆与离休老干部亲切交谈

杨静仁宣读中共中央、全国人大、国务院的贺电

庆祝自治区成立三十周年之际，自治区隆重举行民族团结进步表彰大会，中央代表团全体成员参加（左一赵延年，左二李学智，中司马义·艾买提，右一沈达人，右二杨静仁）

中央代表团成员与银川群众一起热烈庆祝自治区成立三十周年

银川各族各界群众在街头表演社火，庆祝宁夏回族自治区成立三十周年

银川各族各界群众载歌载舞庆祝宁夏回族自治区成立三十周年

中央代表团成员与自治区领导在宁夏宾馆合影

庆祝宁夏回族自治区成立三十周年纪念币

四、自治区成立四十周年庆祝活动

1998 年 10 月 24 日，以国务院副总理温家宝为团长的中央代表团来宁参加自治区成立四十周年庆祝活动

10月25日上午，宁夏回族自治区成立四十周年庆祝大会在首府银川隆重举行。温家宝等中央代表团成员，毛如柏、马启智等自治区领导和5000多名各族各界代表出席了庆祝大会。会上，中央代表团团长温家宝向自治区党委、政府赠送了江泽民总书记题写的"庆贺宁夏回族自治区成立四十周年"铜匾，代表中央代表团向自治区党委、政府赠送了科技奖励基金和纪念挂毯，向西海固等贫困地区赠送了中央代表团精简节约的活动经费，并作了重要讲话。

1998 年 10 月 23 日，在宁夏人民会堂隆重召开庆祝宁夏回族自治区成立四十周年干部大会暨民族团结进步表彰大会。

10月24日，以中共中央政治局委员、书记处书记、国务院副总理温家宝为团长，全国人大常委会副长何鲁丽，国务委员兼国务院秘书长王忠禹，全国政协副主席白立忱，中央军委委员、解放军总政治部主任于永波为副团长的中央代表团抵达银川，前来参加宁夏回族自治区成立四十周年庆祝活动。

在宁夏回族自治区四十华诞之际，中央代表团艺术团带着党中央的亲切关怀和全国各族人民的深情厚谊来到宁夏，为宁夏人民献上了大型歌舞《深情洒满宁夏川》，为自治区成立四十周年庆祝活动增添了欢乐和光彩。

1998 年 10 月 23 日，庆祝宁夏回族自治区成立四十周年干部大会暨民族团结进步表彰大会在银川召开

1998 年 10 月 25 日上午，庆祝宁夏回族自治区成立四十周年大会在银川召开

自治区领导在庆祝大会主席台上

中央代表团参加宁夏回族自治区成立四十
周年建设成就展开幕式

中央代表团与宁夏回族代表合影

游行方队经过大会主席台

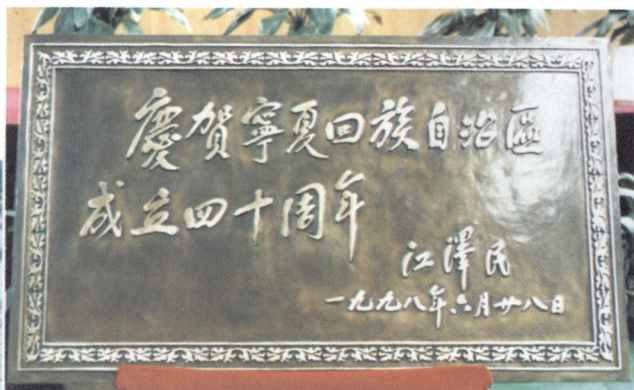

江泽民总书记为宁夏回族自治区成立四十周年
题赠的铜匾

党和国家主要领导人视察宁夏

一、邓小平来宁夏视察

　　1964年3月9日，中共中央总书记、国务院副总理邓小平和中央政治局委员、人大常委会副委员长彭真来宁夏视察工作。自治区党委第一书记杨静仁率自治区党政军负责人到银川火车站欢迎。

　　邓小平曾于1927年、1935年、1936年三次到过宁夏，1964年3月是他第四次来宁夏。他一来到银川，就提出先看一看城市建设、市容市貌。在自治区、银川市领导的陪同下，邓小平一行七人乘车穿过银川西大街、鼓楼、玉皇阁、南门城楼之后，即驱车到银川北郊观看海宝塔和郊区田野。邓小平健步登上海宝塔眺望四周的田野，感慨地说："过去这里是一片湖，白茫茫的盐碱地。现在好了，可以种粮食，就是树太少了。"

　　在视察中，邓小平详细询问了银川城市布局规划、城乡人民生活后，他指示银川城市建设要抓好绿化、卫生，要抓好水、电、路。指示宁夏的同志要加强民族团结，做好民族、统战、宗教工作。并指出宁夏的西海固地区是红军长征经过的地方，要把工作做好。

　　当天下午，邓小平一行离开银川返回北京。

邓小平、彭真在银川视察

1964年3月9日，中共中央总书记、国务院副总理邓小平到宁夏视察工作

邓小平和彭真在银川海宝塔参观

邓小平和彭真与自治区党政军领导合影

二、胡耀邦来宁夏视察

中共中央总书记胡耀邦在宁夏视察时同自治区领导谈话

1980 年 8 月 17 至 20 日，中共中央总书记胡耀邦来宁夏视察工作。

胡耀邦在宁夏视察时指出：对农田水利建设投资可以拿出点钱来搞沼气和太阳能，不能像过去搞工业总想一个钢，搞农业光想一个水。西北大部分地区包括宁夏要大力种草种树，增加覆盖，减少风沙。还着重讲了思想问题，说农民干了几十年，饿肚子饿怕了，允许他们试验包产到户。还说单干也不是都是资本主义，有些活要伙干，有些活要单干。胡耀邦这次视察讲话，在宁夏引起了强烈反响，对宁夏党政主要领导干部在推行农村包产到户生产责任制等问题上转变思想起了重要作用。

胡耀邦来宁夏考察时和群众在一起

胡耀邦与宁夏党政领导留影

1980 年 8 月 20 日，胡耀邦接见驻宁某部一八八团指战员

三、江泽民来宁夏视察

2000年6月14日，中共中央总书记、国家主席、中央军委主席江泽民来宁夏考察

1991年6月16至20日，中共中央总书记、国家主席、中央军委主席江泽民在宁夏考察。在宁期间，江泽民在自治区党政领导黄璜、白立忱和兰州军区司令员傅全有的陪同下，先后到农村、工厂、矿山、部队进行了考察，听取了自治区党委、政府的工作汇报，并就党的建设、经济工作、民族工作等作了重要指示。

江泽民总书记在宁夏视察期间强调，要认真抓好农业这个基础和增强企业活力这两个经济工作中的大事，在任何情况下，加强农业这个基础的决心不能动摇。要千方百计提高企业的经济效益。要促进民族地区经济、文化的发展和全面进步，以实现共同富裕、各民族共同繁荣这个目标。

陪同江泽民考察的还有全国政协副主席、国家民委主任司马义·艾买提、中央办公厅第一副主任杨德中、农业部部长刘中一、国家计委副主任刘江、中国人民解放军副总参谋长何其宗、中央政策研究室副主任回良玉。

2000年6月14至17日，中共中央总书记、国家主席、中央军委主席江泽民再次来宁夏视察工作。

江泽民和随行的中共中央政治局候补委员、书记处书记、中央组织部部长曾庆红在考察中，听取了自治区党委、政府的工作汇报。在银川国际饭店和灵武市崇兴镇中北村，江泽民两次主持召开了农村基层党建工作座谈会，并接见了自治区、银川市领导班子成员和驻银部队、武警部队师以上干部，看望了支宁退休老教师王家光，并为宁夏有色金属冶炼厂挥笔题下"科技创新，再攀高峰，为国争光"几行大字。

江泽民总书记在自治区党委书记黄璜、自治区主席白立忱陪同下到银川平吉堡奶牛场考察

江泽民总书记亲切看望退休老教师王家光一家

江泽民总书记视察宁夏时与副省级以上干部合影

四、李鹏来宁夏视察

国务院总理李鹏来宁夏视察工作时会见自治区领导

1996 年 9 月 9 至 11 日，中共中央政治局常委、国务院总理李鹏在自治区党委书记黄璜、自治区主席白立忱陪同下，考察了宁夏吴忠市农业、乡镇企业，走访回族农户，在银川市接见了100 多名优秀教师代表，听取了自治区党委、政府的工作汇报。

李鹏在考察时强调：要搞好民族团结，尊重和保护宗教信仰自由；要把农业放在国民经济的首要地位，抓紧抓好；要加大扶贫工作的力度，抓好宁夏扶贫扬黄工程建设，增强信心，艰苦创业，充分发挥资源优势，努力发掘发展潜力，在中央和全国人民的支持下，把西部地区建成各族人民的幸福家园。李鹏还为即将竣工的陕甘宁盐环定扬黄灌溉工程题名"陕甘宁盐环定扬黄工程"。

陪同李鹏考察的有国务院有关部门负责人何椿霖、刘促蔾、韩杼滨、刘江、王梦奎、戴相龙、陈耀邦、张基尧、周永康等。

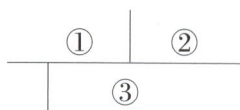

① 李鹏总理同吴忠汉渠乡回族农民交谈

② 李鹏总理在银川国际饭店会见宁夏教师代表

③ 李鹏总理在自治区领导黄璜、白立忱陪同下参观吴忠农业开发区

五、胡锦涛来宁夏视察

1995年6月19至20日，胡锦涛在同心县窑山乡五道岭村察看灾情

1995年6月19至24日，中共中央政治局常委、书记处书记胡锦涛来宁夏考察工作。在自治区党委书记黄璜、自治区主席白立忱等领导陪同下，先后到石嘴山、中卫、同心、中宁、永宁、银川等地，深入农村、国有大中企业考察基层党组织建设工作。

2000年5月4至8日，中共中央政治局常委、国家副主席胡锦涛再次来宁考察，在自治区领导毛如柏、马思忠、马启智、韩茂华、任启兴等自治区领导的先后陪同下，深入宁夏农村、城镇、街道和治沙企业，考察了农村产业结构调整和沙化治理工作。

5月4日上午，胡锦涛来到银川市城区凤凰北街办事处和唐徕小区考察城市社区建设工作，还亲切看望了正在坚守工作岗位的办事处公安派出所值班民警。胡锦涛从凤凰北街办事处步行来到银川市唐徕小区视察了小区改造工作情况，向居委会的老大妈询问了居委会的组织生活情况、小区内的收费管理情况等。

5月4日下午和5月5日上午，胡锦涛到革命老区盐池县，视察了盐池县沙地旱生灌木园和全国防沙治沙工程毛乌素沙地试验示范区盐池县柳杨堡试验示范基地，特意看望了全国治沙"百佳"女模范白春兰，对工程治沙和生态环境工作进行了考察。

在听取了自治区党委、政府的工作汇报后，胡锦

涛作了重要讲话。他指出：各级领导干部必须以"三个代表"重要思想为指导，进一步提高"三讲"自觉性，巩固和扩大"三讲"教育的成果。在考察期间，胡锦涛还看望了宁夏军区、驻宁部队及武警宁夏总队团以上干部。

1995年6月20日，胡锦涛在同心扬黄新灌区考察农民庭院经济

2000年5月4日，胡锦涛视察银川唐槐园小区

胡锦涛到盐池县看望全国治沙"百佳"女模范白春兰

六、朱镕基来宁夏视察

1999 年 10 月 27 至 30 日，中共中央政治局常委、国务院总理朱镕基来宁夏考察工作。在毛如柏、马启智等自治区领导同志陪同下，视察了宁夏扶贫扬黄灌溉工程、银川黄河大桥，参观了西夏王陵，听取了自治区党委和政府的工作汇报。朱镕基强调指出：实施西部大开发要进一步加快基础设施建设，加强生态环境保护和建设，积极调整产业结构，大力发展科技和教育；推进国有企业改革和发展，要重点抓好企业管理体制与机制改革，帮助企业解决实际困难，加快社会保障体系建设，加大结构调整力度。10 月 30 日，自治区党委常委扩大会议就如何结合宁夏实际贯彻落实朱镕基总理指示精神进行了安排和部署。

黄河大桥 国务院总理朱镕基视察银川

自治区领导 国务院总理朱镕基亲切接见

国务院总理朱镕基与银川市委书记陈育宁亲切握手

国务院总理朱镕基视察红寺堡扶贫开发区

移民、知青支边在宁夏

一、移民支宁

1953年，支边（甘、宁、青三省）的北京国立回民学院首届毕业生在西安古城留影

宁夏地处祖国边陲，宜农宜牧，矿产资源丰富，开发潜力很大，但劳动力相对缺乏。20世纪五六十年代，国家为支援边疆建设，有计划有组织地向宁夏进行过四次较大规模的移民支边。

第一次移民是1951年至1957年，为了解决北京、上海两市无业人员就业问题，共向宁夏移民32804人，大都安置在条件较好的贺兰、永宁、中卫、中宁等县。贺兰县京星农场，即从1955年先后分8批安置从北京城区迁来城市居民及浙江湖州市迁来支宁青年，河南周口市移民和全国其他省、市以及本地农户共同组建的一个农牧场。

第二次移民是1956年兴建三门峡水库，国家决定将水库淹没区的部分农民迁移到宁夏垦荒。先后接收陕西省移民29931人，在银川、陶乐、贺兰等市、县建立了14个生产基地，集中安置。后来，由于三门峡水利工程压缩，移民停止，一些移民又相继返乡。到同年8月，三门峡移民只剩下不到5000人。到1962年，陕西移民全部返回原籍。1956年，上海也向银川移送了1500名单身青年妇女，参加农业生产。

第三次移民是1958年，接收河南省移民16996人。为传播河南的先进耕种技术，使移民与当地居民打成一片，采取了分散插队的方法，安置在贺兰、永宁、平罗、金积、灵武等9个县。

第四次是1959至1960年，计划从人口稠密的浙江省动员30万名青年来宁参加建设。两年中共接收96739人，有51.8%的人被安置到农村人民公社，36.3%的人安置在国营农场，11.9%的人被安置在公交、文教、卫生、水利等部门。

1960年，宁夏进入的困难时期，安置在农村公社的人大部分返回浙江，安置在企事业单位和国营农场的人多数留在了宁夏。

1953年9月22日，支宁的北京回民学院校友为母校校庆寄上的合影照片

浙江省东海县安峰公社赴宁夏国营连湖农场的支宁青年告别家乡留影

支宁移民曾居住的土窝子

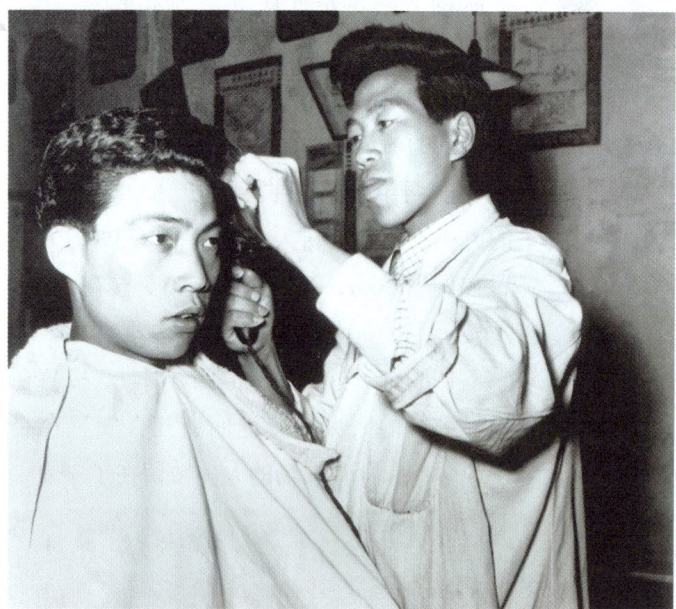

北京牛街 17 岁回族姑娘马玉兰 1953 年由北京回民学院毕业来宁，扎根宁夏支教 40 年，直至 1993 年退休。为自治区"五一"劳动奖章和全国"五讲四美 为人师表"优秀老师奖章获得者

上海理发师郑忠才来宁夏国营理发店工作

1960 年 10 月，银川市园艺场支宁青年用劳动收获向家乡县委人民报喜

支宁青年成长为宁夏第一代女拖拉机手、"三八"红旗手的楼菊升

杭州火柴厂欢送青年支援宁夏建设

1957年,当地回民帮助来宁的移民丁保俊一家修建住房

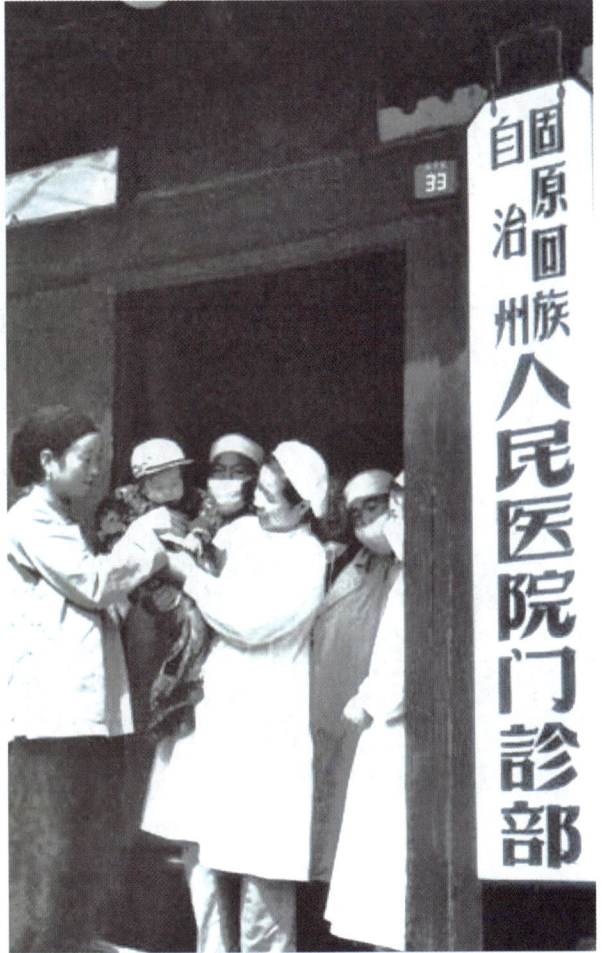

抗美援朝归国的医务工作者又来到固原为山区人民服务

贺兰县团结乡火星社河南移民参加劳动

1965年，第一批北京知青来到银川

二、知青支宁

1965 至 1966 年，又有 1739 名北京、杭州 等地知识青年来宁，安置在永宁、青铜峡两县 的 6 个公社和 1 个农场。两年后，多数以招工、招生、参军等方式转入城镇工作。

在灵武农场落户的北京支宁青年自己动手建房

在永宁李俊公社古光大队落户的杭州知青

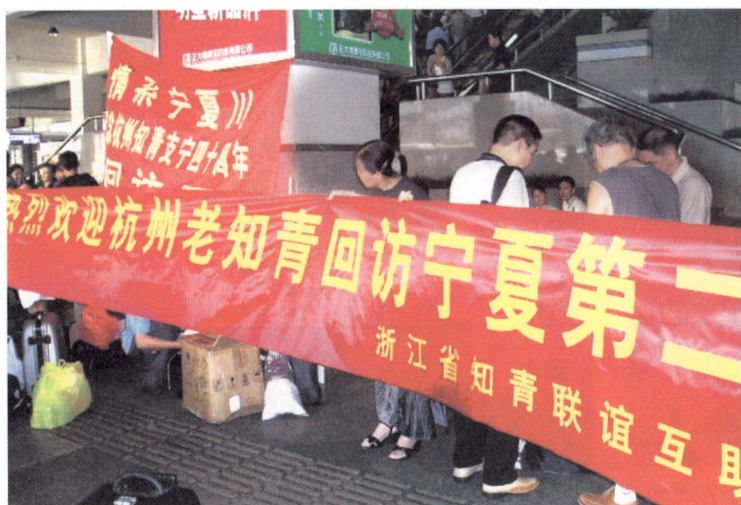

杭州老知青回访宁夏

在宁夏国营连湖农场落户的支宁青
年拍张照片寄回家

惠农县部分支宁青年合影

在宁夏扎根的北京知青

支宁知青在条件简陋的居民点日常生活一瞥

1968年12月19至25日，自治区召开首次活学活用毛泽东思想积极分子代表大会

"文化大革命"时期中卫市红太阳广场的毛主席塑像

"文化大革命"片段

一、活学活用

学习毛泽东著作的运动在20世纪60年代初期就已兴起。在1966年7至8月召开的自治区党委第二次委员会议上，为推动学习毛泽东著作的群众运动，决定召开全区学习毛泽东著作积极分子代表大会，迎接全国学习毛泽东著作积极分子代表大会的召开。1966年国庆节前后，全区机关、学校、街道突出宣传"文化大革命"的意义，动用一切可以动用的力量，在城乡广泛书写毛泽东语录和革命标语，建筑毛主席"语录碑""语录牌"和巨型毛泽东塑像。仅银川市就在大街上挂出毛泽东像124500余幅。10月12日，《宁夏日报》转载《人民日报》11日社论《学习毛泽东思想，必须认真地学，刻苦地学》，推广解放军"活学活用"的学习经验。

1968年10月31日，党的八届十二中全会《公报》提出进一步开展学习毛泽东著作的群众运动后，各级革委会把"活学活用"毛泽东思想摆在"先于一切、大于一切、高于一切、重于一切"的地位，先后建立并派出工人、贫下中农毛泽东思想宣传队，深入工厂、学校、农村宣传。仅

盐池县惠安堡镇街心广场"文化大革命"时期建立的语录塔

固原红河党支部坚持开展学习毛主席著作

工人学习毛主席著作

1968 年，全区就建立宣传队 380 多个，宣传员 6000 多人，基本上达到了公社有宣传队、大队有宣传组、生产队有宣传员，并举办了各种类型的毛泽东思想学习班，仅 1968 年就达 73700 期，参加学习的有 1200 多万人次，按当时全区总人口计算，每人平均学习 4 次以上。传达毛主席"最新指示"不得过夜，经常是半夜三更组织群众上街游行，敲锣打鼓欢呼毛主席"最新批示"的发表。

为了推动"活学活用"毛泽东思想的群众性运动，自治区革委会先后于 1969 年 4 月 10 日至 5 月 17 日、1970 年 11 月 20 日至 12 月 2 日两次召开全区"活学活用"毛泽东思想积极分子代表大会和多次不同范围、不同层面的座谈会，交流"活学活用"的经验，表彰了吴忠县革委会、吴忠县波浪渠大队、银川橡胶厂、石嘴山二矿、青铜峡"支左"小组等 31 个"活学活用"先进集体和 46 名积极分子，并由部分积极分子组成巡回讲用团，深入银川、银北、银南和固原地区进行讲用，传播学习经验。

在"活学活用"中，死记硬背"老三篇""毛主席语录"，要求人们"三忠于""四无限""早请示、晚汇报"成了制度。特别是党的九大前后搞"红海洋""献忠心"、跳"忠"字舞和佩戴毛主席像章成风，在全国掀起了一个神化领袖的热潮。

1969 年下半年至 1970 年，《人民日报》《解放军报》《红旗》杂志等报刊曾多次发表工农兵学习毛泽东哲学著作的文章，自治区革委会政治部作出了在职干部理论学习的安排意见，全区又出现了学习马克思主义哲学的高潮。

1968 年 10 月，银川市各界群众高举"忠"字牌和巨型毛主席像章庆祝国庆 19 周年

二、红卫兵运动

1966年,宁夏红卫兵出发"大串联"

1966年8月18日,毛泽东主席在北京天安门城楼接见和检阅了来自全国各地的百万"红卫兵"和群众,林彪在会上号召红卫兵要"大破一切剥削阶级的旧思想、旧文化、旧风俗、旧习惯",发扬"敢闯、敢干、敢造反的无产阶级革命造反精神"。8月22日,北京第五十五中学、北京第三十中学几名红卫兵到银川串联,在自治区党委门口贴出十几张大字报,提出"要用毛泽东思想衡量宁夏回族自治区党委",银川一中、银川女中等校学生贴出大字报欢迎北京红卫兵来宁夏。8月23日,自治区党委发出紧急通知,要求各地、市、县委和自治区直属各部门热烈欢迎北京红卫兵来银川煽"革命"之风、点"革命"之火。当天,在银川市召开的中等学校"文化大革命"动员大会上,自治区党委第一书记杨静仁就区党委向高校派工作组等问题作了检讨。同日,"宁夏大学毛泽东

思想红卫兵"宣告成立,此后,其他大中学校以"红五类"出身为主体的红卫兵组织也接连成立,红卫兵运动爆发。

红卫兵组织成立后,在新华社8月22日报道首都红卫兵上街横扫"四旧"的影响下,宁夏各地红卫兵也立即开始破"四旧"横扫一切。短短的几天之内,银川市各街道、学校、商店的名称被更换,橱窗陈设被砸毁,所谓的"奇装异服""奇异发型"被禁绝,文物、古玩书画尽被焚毁。城乡各地的许多古旧建筑、寺庙(包括清真寺)被捣毁或焚毁。个人改名风靡一时,姑娘的辫子、老者的长发也被当成"四旧"强行予以剪除。随后又发展到打人、抄家等危害人民生命财产的活动。一切要"左",不准"右",人、车上街要"靠左行"。破"四旧"一度造成了群众出行、公务交往、邮电通信等混乱不堪。

9月25日,在前来银川串联的北京第五十五中学、北京第三十中学及清华大学等几个红卫兵的支持下,由宁夏大学部分师生及银川地区一些机关、厂矿企业部分群众发起,在银川体育馆广场召开了"万炮齐轰区党委大会",会上提出了"炮轰司令部""火烧区党委""踢开党委闹革

宁夏红卫兵徒步革命"大串联"到达延安

命""揭发批判区党委走资本主义道路当权派"等口号，并点名批判马玉槐、杨一木、陈养山等自治区党政领导人。会后出现了"大辩论"，围攻自治区党政领导人的现象时有发生，批判矛头逐步升级。各大中专院校和部分机关团体、厂矿企业纷纷宣布成立各种名目的"造反团""战斗队"，各地区和县、乡也纷纷效仿。各造反派组织为了显示力量和大造声势，纷纷上街游行示威，工厂停工，学校停课，红卫兵为所欲为，社会逐渐出现混乱。

根据 1966 年 9 月初中共中央、国务院《关于组织外地高等学校革命师生、中等学校革命师生代表和革命教职员工代表来北京参观文化大革命运动的通知》精神，9 月中下旬，全区各大中学相继"停课闹革命"，开始参加全国性的"大串联"。到 12 月，全区 200 个"长征队"分别到北京、延安、井冈山、遵义等地进行"革命串联"。1966 年 11 月底、1967 年 3 月 19 日，中央相继发出停止"大串联"的通知，红卫兵"大串联"方

1968 年 8 月 18 日，银川市各界群众游行庆祝毛主席第一次接见红卫兵一周年

才停止。

1970 年以后，各中小学陆续开始"复课闹革命"，中学的"红卫兵"、小学校的"红小兵"取代了原来的少先队、共青团组织。直到十年"文化大革命"结束，"红卫兵""红小兵"的称号才被取消，重新恢复了共青团、少先队组织。

各种各样瓷质毛主席像章

"文化大革命"期间佩戴毛主席像章风靡一时

三、知识青年上山下乡

"欢迎你们来！"回汉人民群众欢迎知识青年到农村

1965 年 9 月 19 日，银川市 65 名知识青年到固原县黄垛山落户，这是全区最早的一批上山下乡知识青年。1966 年 7 月至 1968 年 12 月，浙江省舟山专区一批 224 名、杭州市两批 1000 名以及固原、银川 3777 名知识青年先后分别到青铜峡县、永宁县和固原地区插队落户。作为劳动就业的一项措施，与经济和社会发展有着密切联系的知识青年上山下乡，在"文化大革命"的特殊历史条件下，变成了政治运动的一部分。

1968 年 12 月 22 日，《人民日报》刊登了题为《我们也有两只手，不在城里吃闲饭》的报道，传达了毛泽东关于"知识青年到农村去，接受贫下中农的再教育，很有必要"的指示。《宁夏日报》同日转载了《人民日报》的文章并发表《伟大的召唤亲切的关怀》的社论，自治区革委会和宁夏驻军支左小组听到广播后立即召开电话会议，号召知识青年响应毛主席的最新指示，立即掀起到农村去安家落户的新高潮。12 月 25 日，自治区革委会和银川市革委会联合召开知识青年、城市居民上山下乡誓师大会，动员城市初中、高中毕业生和城市居民响应毛泽东主席的号召，到农村参加农业生产劳动，经风雨、见世面，坚定不移地走与工农相结合的道路，在"三大革命运动"中把自己锻炼成无产阶级革命事业的可靠接

班人。会后，全区掀起了知识青年到农村去。

各市县组织以学生为主体的知识青年奔赴农村，除少数人被安排到农场、林场外，大部分直接插队落户到村、社、队，参加生产队劳动，与农民一样评工记分。一些城市居民也向甘肃省会宁县的城镇居民学习，自愿到农村安家落户。1968 年 12 月，仅固原县一次就有 234 户 920 名城镇居民到农村安家落户，参加农业生产劳动；青铜峡县东风镇也有 35 户 115 名居民到本县农村安家落户。1975 年，全区有近万名知识青年上山下乡，是"文化大革命"以来知识青年上山下乡人数最多的一年。宁夏在"文化大革命"中，共有 5.6 万名知识青年上山下乡。

为了做好知识青年的安置和管理，推动上山下乡工作，自治区党委、革委会贯彻全国知识青年上山下乡工作会议精神，多次召开知识青年上山下乡工作会议、现场会议、座谈会议、上山下乡知识青年积极分子代表大会等会议，听取先进单位关于加强对知识青年进行思想政治教育和管理经验以及知识青年代表接受贫下中农再教育的体会，讨论安置工作的规划以及政策措施等。1973

年8月29日至9月11日，在自治区党委召开的知识青年上山下乡工作会议上，制定了《关于知识青年上山下乡若干问题的试行规定》和《一九七三年到一九八〇年知识青年上山下乡的初步规划》。为了加强对知识青年上山下乡工作的领导，1973年春成立了自治区城镇知识青年上山下乡工作领导小组，各地、市、县（旗）也成立了相应的机构。从1970年开始，因大学开始试点招收工农兵学员，工厂、企业招工，事业单位招收干部，上山下乡知识青年陆续返城。1979年以后，随着城镇知识青年不再上山下乡和劳动就业工作的逐步开展，全区各级知青工作机构陆续被撤销。1982年，自治区知青安置办公室撤

1974年12月，自治区第一届上山下乡知识青年积极分子代表大会在银川召开

销，知识青年上山下乡运动结束。

四、"五七"干校

1968年10月5日，《人民日报》在头版发表了《柳河"五七"干校为机关革命化提供了新的经验》的报道，认为"五七"干校是改造和培养干部的好地方，是实现机关革命化，搞好斗批改的一种好办法，并在"编者按"中引用了毛泽东主席关于广大干部下放劳动的

六盘山干校的学员

"五七"指示。从此，各地开始干部下放劳动，开办"五七"干校。

10月上旬，自治区革委会决定下放部分干部到县社工作。10月18日，自治区革委会在银川召开大会，欢送首批下放干部走上劳动岗位，并从10月下旬起创办自治区级机关毛泽东思想干校，将自治区区级机关、事业单位的干部按类似军事组织的营、连、排、班编制下放，实行所谓的思想革命化、行动军事化、组织集体化的管理方式。这些干部一边劳动，一边进行"斗、批、改"。此后，各市县都先后在农村创办了"五七"干校，下放大批干部到农村劳动。10月22日，自治区区级机关毛泽东思想干校第一批460多名干部学员入住干校。1970年5月，银川市革委会实行"三三制"（全市机关干部一部分下放劳动锻炼，一部分到基层搞调查，一部分留在机关抓日常工作），3个月轮换一次。截至1968年10月底，全区12100名干部中的4470名（占36.9%）被下放劳动。

1970年3月5日，自治区区级机关毛

泽东思想干校 40 名干部下放平罗县插队落户。在"一打三反"运动告一段落之后的 1970 年 11 月底，自治区革委会和自治区区级机关毛泽东思想干校又以"打农业翻身仗"之名，将持不同观点的原自治区党政领导机关的 500 多名干部迁往山川各县农村，到 1972 年才陆续返回原工作单位。中宣部、解放军总后勤部、国务院直属口、国家民航局等中央和国家部委也在宁夏设立了"五七"干校，一大批干部集中下放到宁夏劳动锻炼。据 1976 年 1 月 3 日《宁夏日报》报道，当时全区进"五七"干校学习的干部有 15.3 万多人。"文化大革命"结束后，"五七"干校撤销。后来人们将"五

宁夏"七二一"工人大学

七"干校称之为劳动改造干部的"牛棚"。

五、庆祝粉碎"四人帮"的伟大胜利

1976 年 10 月 22 日，银川各族各界群众 10 万人冒雨集会，欢庆粉碎"四人帮"

军民同仇敌忾揭批"四人帮"

1976 年 10 月 6 日，以王洪文、张春桥、江青、姚文元为首的"四人帮"反革命集团被党和人民一举粉碎。消息传来，宁夏各族人民欣喜若狂，全区上下一片欢腾。10 月 22 日，银川地区各族各界群众 10 万余人冒雨在南门广场举行集会和游行，庆祝粉碎"四人帮"反革命集团的伟大胜利。工人、农民、解放军和学生代表纷纷发言，坚决拥护中共中央的英明决策，表示一切听从中共中央的指挥，同"四人帮"反革命集团进行坚决斗争。10 月 25 日，自治区党委发出《关于贯彻中共中央（1976）16 号文件的通知》。10 月 28 日，自治区党委又在银川召开了声讨和批判"四人帮"的万人大会。粉碎"四人帮"斗争的胜利，标志着"文化大革命"十年内乱的结束。

粉碎"四人帮"反革命集团是中央政治局执行党和人民的意志，在非常形势下采取特殊方式进行的一场斗争。这是全党全军和全国各族人民长期斗争取得的伟大胜利。粉碎"四人帮"反革命集团，实现了党和人民的共同意愿，从危难中挽救了党、挽救了国家、挽救了中国的社会主义事业，为实现党的历史的伟大转折创造了前提。

工业概况

一、新中国成立前

20世纪三四十年代宁夏毛毯厂的童工

1943年，宁夏富宁公司在银川市南关建立的利民面粉公司。公司为官商合办，占地17.1亩，4层粉楼为当时银川最高楼房。新中国成立后被人民政府接管，改名为宁夏省人民面粉厂

1934年，宁夏省主席马鸿逵从天津碎铁局购得原供慈禧太后使用的一台废旧发电机。经过修理，这台发电机于次年10月运行发电。这台发电机作为文物，现藏盐池县博物馆

旧中国宁夏工业极其落后，基础极其薄弱，主要是作坊手工业。1926年，芬兰人维利俄斯在银川市郊八里桥兴办了加工熬制甘草膏的裕宁甘草公司，这是宁夏第一家部分使用机器的小型工厂。20世纪30年代马鸿逵主政宁夏后，为聚敛财富，着手逐步创建了一些工厂。宁夏第一家由中国人兴办的使用机器的企业——宁夏电灯公司直到1935年才出现，其发电机还是清朝慈禧太后在颐和园使用过的75千瓦的小发电机，所发电力只能供马鸿逵政府少数上层人士照明使用。

抗日战争爆发后，因沦陷区同宁夏的交通断绝，外地日用工业品运不进来，宁夏工业曾出现过一个小小的"繁荣"时期，陆续兴办了一批小型工厂（场）。如1938年开办的皮工厂、制革厂，1939年开办的造纸厂、印刷局、毛织厂、宁达棉纺厂，1940年成立的兴灵、义兴纺织厂，1941年后成立的中和纺织厂、火柴厂、瓷厂、肥皂厂等。这些工厂（场）规模都很小，到1942年总共只有工人1000多名、资本95万元，并且绝大部分采用手工及简单机械操作。如宁达、兴灵、义兴、中和等虽称为纺织工厂，但主要生产工具仅为手摇纺车和人力铁木织机，生产粗毛毯、毛巾、袜子等。

抗日战争胜利后，外地工业品涌入，加上通货膨胀，人民购买力极低，上述工厂（场）绝大部分无法维持，相继停产倒闭。到宁夏解放前夕，尚在勉强维持生产的一共只有以下几家（不包括国民党军队系统的修械所和被服、皮革厂）：1个有3台发电机共160千瓦（实际安装使用的仅2台、100千瓦）和42名工人的小电厂，1个有4台钢磨、200多名工人的小面粉厂，1个有6部车床、2部刨床、

23名工人从事修配业务的小铁工厂，1个有60名工人的小造纸厂，1个有69名工人用人力铁木织机生产粗毛毯的小毛织厂，1个设在大武口的有42名工人、用手工操作生产粗瓷碗的小瓷厂。另外，在平罗县汝箕沟、灵武县磁窑堡、中卫县上下河沿、单梁山和银北的大磴沟、王全沟等地，还有一些小煤窑，其中较大的汝箕沟德昌炭厂有工人126人，磁窑堡的德兴煤矿公司有职工235人，均为手工开采、人力背煤、辘轳排水、产量极低。除中卫县上下河沿煤矿可利用黄河水运外，其余各矿有的可通畜力大车，有的在洪水季节连大车也通不了，只能用驴、骆驼运煤。此外，当时宁夏还有200多个手工业作坊。1949年，宁夏工业总产值（包括手工业产值）一共只

20世纪50年代银川亚麻厂一角

有1214万元，仅占工农业总产值的6.4%。工业产品品种只有原煤、粗毛毯、纸张、瓷器、肥皂、砖瓦等寥寥可数的10多种简单产品，至于冶金、化工、机械、电子等现代工业则完全是空白。

二、解放初期状况

银川亚麻厂加工生产车间

石嘴山煤矿工人背煤情景

宁夏工业建设起步晚，基础薄弱。1949年9月解放时，仅有10余家规模很小的工厂和200余家简陋的手工作坊。主要从事原煤开采、日用陶瓷、粗毛毯、纸张、肥皂、砖瓦生产和粮食加工，基本没有现代意义上的工业。新中国成立后，宁夏对遗留下的一些资本主义工商业进行了社会主义改造，同时建设了一批新的小型工业企业，迈出了宁夏工业发展的第一步。但是，在20世纪50年代，宁夏的工业生产还十分落后，煤矿工人还靠背篓从井下背煤，每天背20余趟，是十分繁重的体力劳动。

20世纪50年代隆德县榨油厂榨油车间

20世纪50年代银川毛纺厂生产车间

20世纪50年代仍沿用煤矿工人用背篓从井下背煤

1958年，贺兰县习岗农具厂工人在打制农具

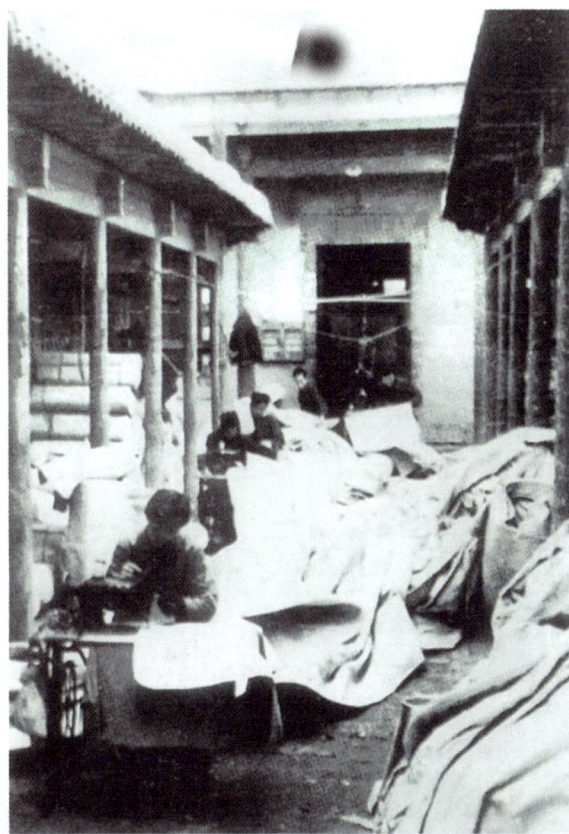

20世纪50年代银川被服厂

20 世纪 50 年代吴忠皮毛厂

银川毛纺厂回族纺织女工

20 世纪 50 年代银川磷肥厂生产车间

20 世纪 50 年代中宁县新建的土法水泥厂

银川毛纺厂生产出畅销全国的各色毛料

"大跃进"时期群众创造的太阳能

20世纪50年代中卫新建起的土法炼铁小锅炉

水泥厂进行原料加工

"大跃进"时期群众创造的风力发电机

20 世纪 50 年代石嘴山瓷厂

20 世纪 50 年代银川新城发电厂还在使用慈禧太后的发电机,发电量 3000 千瓦

20 世纪 50 年代银川墨水厂

银川酿酒厂生产十几种名酒畅销各地

20 世纪 50 年代银川酿酒厂

宁夏炼油厂

三、自治区成立后的工业发展

大武口电厂

青铜峡大坝电厂

1958年10月自治区成立，掀起了宁夏工业建设的第一个高潮。

是年，国家从全国各地抽调了一批从事工业建设的领导干部、技术骨干和熟练工人支援宁夏，并且加大了对宁夏工业建设的投资，一批骨干企业建成投产。1958年年底，建成石嘴山矿区。1959年，石嘴山发电厂第一台装机容量为6000千瓦的发电机组投产。到1978年先后建成石嘴山矿务局、石炭井矿务局、石嘴山钢铁厂、石嘴山发电厂、吴忠仪表厂、银川拖拉机修配厂、银川通用机械厂、青铜峡铝厂和宁夏有色金属冶炼厂等骨干企业，初步形成包括地质勘探设计、施工、机修、电机制造、洗煤等较为完整的煤炭工业体系。煤炭、电力工业产值已占全区工业总产值的25%。重工业产值在全区工业总产值的比重，由1958年的18%上升到1978年的75%。宁夏的能源、矿产资源初步得到开发利用，特别是装备制造工业的兴建，对宁夏的工农业生产起到了积极的促进作用。

"文化大革命"期间，宁夏工业建设受到冲击。但"五小"（小钢铁、小煤炭、小化肥、小水泥、小机械等小型工业）工业却应运而生，有一定的发展。到 1970 年年底，各市县建成"五小"企业 300 多个和一批农机修造厂，还建成社队农机修造网点 144 个，农机修造网络基本形成。

与此同时，宁夏轻工业得到了相应的发展。食品工业方面先后建成了银川糖厂、银川肉联厂、吴忠卷烟厂、宁夏味精厂等骨干企业。纺织工业建成了银川棉纺厂、银川亚麻纺织厂、灵武绒线厂以及中宁针织厂、银川针织厂和银川棉线厂等骨干企业。造纸工业中，1969 年建成了宁夏第一个机制

石嘴山发电厂

纸厂——贺兰造纸厂，同年兴建青铜峡造纸厂。20 世纪 70 年代先后在平罗、吴忠、石嘴山、永宁、中宁等地兴建一批造纸厂。造纸工业产值由 1969 年的 123 万元上升到 1979 年的 1570 万元，10 年间增长 11.8 倍，年均递增 29%；机制纸及纸板产

量由 1300 吨上升到 1.06 万吨，增长 7.2 倍，年均递增 23.3%。

县社工厂先后试制和生产了纯碱、洗衣粉、砂糖、卷烟、棉针织品等 300 多种日用工业品，部分新产品还填补了宁夏工业产品的空白，提高了工业品自给水平。

四、"三线"建设迁建企业

1969 年，银川机械修配厂试制成功一台减速机

1964 年秋冬，国家决定将部分企事业单位全部搬迁到"三线"地区，较大规模的"三线"（1964 至 1978 年，在中国中西部的十三个省、自治区进行了一场以战备为指导思想上的大规模国防、科技、工业和交通基本设施建设）建设全面开始。根据国家"三线"建设的决策，从 1965 年初开始，一大批沿海和发达省市的工业企业内迁宁夏，宁夏工业建设出现了第二次高潮。迁建企业主要有：石家庄拖拉机配件厂迁建于吴忠县的吴忠配件厂，最大的钽铌铍生产科研基地和全国唯一的铍材料研究中心——宁夏有色金属冶炼厂（又称西北稀有金属材料研究院），大连仪表厂迁建于银川的银河仪表厂，沈阳

大河机床厂

中捷人民友谊厂迁建于
银川的长城机床铸造厂，
辽宁瓦房店轴承厂迁建
于平罗县大水沟的西北
轴承厂，天津红旗仪器
厂迁建于吴忠县的吴忠
微型试验仪器厂，山东
732 厂迁建于银川的兴庆
机器厂，张家口煤矿机
械厂和淮南煤矿机械厂
迁建于大武口的西北煤
矿机械厂，吉林省 524
厂迁建于固原县的清河
机械厂等。这批"三线"
建设陆续建成投产的企
业，填补了宁夏工业的
空白，改善了工业布局，
壮大了工业基础，为宁
夏经济社会的大发展奠
定了重要的基础条件。

宁夏第一代回族矿工

全国劳动模范杨庭军

1972 年,自治区革委会召开向一不怕苦、二不怕死的好矿工郝珍同志学习活动大会

五、工业学大庆

王震副总理在全国工业学大庆会议上给宁夏代表颁发纪念册

1972 年 10 月,自治区召开工业学大庆经验交流会议

1964 年,全国开展工业学大庆活动。1966 年,召开了全国工业交通会议。宁夏为会议推荐了青铜峡水电厂等 70 个大庆式先进单位,并受到表彰。

1966 年"文化大革命"开始后,工业学大庆活动也受到严重影响。1971 年,工业学大庆活动被重新列入日程,自治区革委会政治部和生产指挥部于 7 月 8 日召开了银川地区部分企业学大庆经验座谈会,讨论部署了工业学大庆的问题,工业学大庆活动又在宁夏轰轰烈烈地展开。1976 年 9 月 10 日,自治区召开工业学大庆经验交流会议,表彰了全区工业学大庆先进单位、先进集体、先进个人等。

粉碎"四人帮"后,工业学大庆活动继续开展。1977 年,自治区转发中共中央、国务院关于工业学大庆的通知。同年,自治区党委召开了全区工业学大庆经验交流会,《宁夏日报》连续刊载了全区有关典型单位工业学大庆经验材料。

1978 年 1 月 13 日,在全国冶金工业学大庆会议上,表彰了冶金战线学大庆的先进集体,银川氮肥厂榜上有名。1月31日，全国农机化会议召开，号召在工业学大庆中，互相比学赶超。2月1日，全国煤炭工业学大庆赶开滦群英大会召开，全区煤炭工业战线在工业学大庆中涌现出西北煤机三厂、石炭井矿务局等一大批先进集体和个人。当年，自治区重工业局也召开了工业学大庆经验交流会，表彰先进集体、先进个人。

工业学大庆活动的开展，促进了宁夏工业的发展。到1978年，宁夏工业总产值达到138485万元（当年价，以下同），是1965年的6.8倍。轻、重工业总产值分别达到34453万元和104032万元，分别是1965年的3.3倍和10.6倍。

六、新时期工业的快速发展

十一届三中全会以后，宁夏工业立足资源优势和已有基础，进入了持续、稳定、快速发展新阶段。能源工业得到优先发展，优势更加突出。煤电工业规模迅速扩大，原煤开采能力、洗煤能力、发电装机容量大幅提高。在灵武、盐池一带找到了石油资源，建成了拥有年产30万吨原油加工能力的长庆采油三厂，结束了宁夏不产石油和石油产品完全依靠外援的历史。能源工业的快速发展有力地带动了石化、冶金、建材工业，特别是高耗能工业的发展。一方面，自治区加快对宁夏化工厂、宁夏炼油厂、宁夏水泥厂等大中型骨干企业进行扩能改造；另一方面加快发展高载能工业，硅铁、碳化硅、金属镁和电石生产能力处于全国领先地位。宁夏成为全国能源和高耗能产品重要的生产基地。依托农业优势，纺织、造纸、制糖、食品等轻工业产品不断发展，农副产品加工业开始步入全面推进农业产业化进程的新时期，形成粮食加工、肉奶制品、葡萄酿酒、枸杞系列、土豆淀粉、皮毛皮革等为主体的优势农副产品加工工业产业群。这一时期是宁夏工业发展史上增速最为稳定、发展质量较高、成效突出的时期。

宁夏立足资源优势，依托骨干企业，

宁夏组织工业部门领导及工人代表赴大庆登门求教，学习大庆经验

1974年12月25日，宁夏第一座日用化工厂建成并投入生产

1977 年 10 月 23 日，自治区召开工业学大庆会议

械制造工业，以水泥、玻璃深加工及高档卫生洁具产品为主体的建材工业，以四环素、苦参碱、金莲清热口服液、洁白胶囊肠胃药为主体的医药工业，以粮食加工业、肉奶制品业、葡萄酿酒业、水产果蔬业、枸杞系列产品、土豆加工系列产品等为主体的特色农副产品加工工业等 6 个在全区工业经济中比重较大、产品市场竞争优势较强的支柱产业，极大地提高了宁夏工业发展的稳定性、延展性和开放性。

加大了支柱产业的培育力度，逐步形成了以橡胶、化肥、石油加工产品、电石深加工系列产品、氯碱为主体的石油化工工业，以铝镁、钽铌、金属制品、铁合金、碳化硅、焦炭、碳素制品为主体的冶金工业，以数控机床、煤矿机械、仪器仪表、轴承、起重机、机床铸件为主体的机

进入 20 世纪 80 年代后，随着经济体制的改革，"工业学大庆"的口号已不再提倡，但艰苦创业、敢于拼搏的大庆精神依然激励着人们为社会主义建设事业奋斗不息，宁夏工业突飞猛进地向前发展，进入一个新的时代。

崛起的宁夏羊绒产业

高速发展的能源化工企业

灵新煤矿

宁夏化工厂

宁夏化工厂生活区

七、主要工厂概况

（一）宁夏化工厂

宁夏化工厂位于银川市西部贺兰山脚下，距银川市区22公里，是1978年从国外引进的大型合成氨装置之一。它以炼油厂的渣油为原料，年产合成氨30万吨，加工高效肥料尿素52万吨，副产品硫酸铵4万吨。

合成氨装置采用了美国德士古氧化法，尿素装置采用荷兰的二氧化碳汽提法。两套装置有完整的公用工程及辅助工程。工艺技术比较先进，自动化程度较高，总体布置紧凑，整个生产过程实行高度集中控制。

宁夏化工厂总占地面积为112.6公顷，总投资为7.3亿元。1985年5月16日正式开工建设，1988年6月投料试车，7月试生产尿素，为宁夏回族自治区成立三十周年献礼性大型企业。

1984年5月1日，自治区领导李学智等为宁夏化工厂奠基

投产后的年总产值可达2.12亿元，年创总税利6890万元。

（二）银川橡胶厂

银川橡胶厂位于银川市西夏区怀远路，是国家重点轮胎生产企业之一，也是国家唯一能够翻新航空轮胎的企业。拥有炼胶、压延，成型、硫化、航空轮胎翻新、轮胎生产检测等专用设备600余台。

银川橡胶厂主要生产汽车轮胎、农用车轮胎和航空轮胎三大类。以"长城"为注册商标的汽车、农用车轮胎共有35个规格、84个品种，航空轮胎共有26个规格、31个品种。三叉戟、运七、波音707等型号的飞机轮胎均可翻新。产品远

银川橡胶厂生产车间

银川橡胶厂硫化车间

银川橡胶厂生产的轮胎源源不断运出厂房

银川橡胶厂生产飞机轮胎

销波兰、罗马尼亚、德国、巴基斯坦、埃及、日本、香港等十几个国家和地区。先后被宁夏回族自治区、化工部、环境保护部、国家经委授予"经济效益显著企业""三创先进单位""环境优美工厂""全国企业整顿先进单位"等光荣称号。

1993 年 12 月，银川橡胶厂同香港中策投资有限公司的子公司中国轮胎集团有限公司合资，组建了银川中策（长城）橡胶有限公司。

1999 年，由银川橡胶厂和宁夏电力投资公司共同投资组建的银川中策（长城）橡胶有限公司成立。由于实力不断增强，在世界轮胎企业的排序不断提升，到 2000 年名列第 43 位。

（三）西北轴承厂

西北轴承厂是国家轴承行业的重点骨干企业，是自治区十大企业之一。在"六五"和"七五"期间均被列为国家重点支持进行技术改造的企业。该厂1965 年由瓦房店轴承厂搬迁兴建，1982年与宁夏银川轴承厂合并，并在银川市西夏区开辟新厂区。

西北轴承厂采用国际标准和国家最新技术标准生产的轴承有 9 大类 700 多个品种，分小、中、大和特大型四个档次，轴承外径从 40 毫米到 2000 毫米不等。此外还生产各种特殊结构的非标准轴承。主导产品是石油钻机轴承、铁路车辆轴承、冶金机械轴承、矿山机械轴承、加强型

圆锥滚子轴承和调心滚子轴承。轧钢机压下轴承为国家首创。轴承产品远销世界 50 多个国家和地区，国内畅销 28 个省、自治区和直辖市。

1993 年，西北轴承厂等 6 家企业组建西北轴承股份有限公司，是国有相对控股的大型企业，是全国 512 户重点企业和 6 大轴承生产企业之一，是国家一级计量单位。

成批生产的轴承产品

西北轴承厂生产车间

（四）银川拖拉机厂

银川拖拉机厂位于银川市凤凰北街，厂区占地面积 9.4 万平方米，有各种机械设备 458 台，具有年产手扶拖拉机 1 万台、小四轮拖拉机 5000 台，年产值 3000 万元的生产能力，为机械工业部生产手扶拖拉机的定点厂家。

银川拖拉机厂，主要产品为东风型-12A 手扶拖拉机、银拖-12/15 型轮式拖拉机，被评为宁夏回族自治区优质产品。产品一度行销全国 9 个省，59 个地、市、县。

手扶拖拉机源源不断从工厂开出

20 世纪 70 年代银川拖拉机厂生产车间

银川拖拉机厂生产两种规格的小型拖拉机

（五）大峰露天煤矿

大峰露天矿位于石嘴山市汝箕沟矿山的中部，矿田走向长 3.83 公里，宽 0.6 至 1.3 公里。矿区内有铁路、支线公路和大武口、石嘴山、西大滩、银川相通，矿区交通较为便利。大峰露天矿于 1970 年开始建设，1973 年投入生产，设计生产能力为年产原煤 90 万吨，是我国煤炭统系第一个使用汽车的山坡露天煤矿。

汝箕沟矿区生产的原煤，自 1964 年以"太西煤"为代号进入国际市场以来，享有很高声誉，畅销比利时、法国、英国和东南亚等国。太西煤具有"三低六高"的特点，被誉为"煤中之王"。

被誉为"煤中之王"的太西煤

露天采煤场景

（六）太西洗煤厂

宁夏石炭井矿务局太西洗煤厂位于石嘴山市，与平罗火车站相邻，是一座年入洗 21 万吨无烟煤的工厂。

太西洗煤厂入洗的原料煤是产自汝箕沟矿的"太西煤"，采用淘汰法洗煤。"太西煤"经过洗选加工之后，称为"太西精煤"，提高和稳定了质量，进一步增强了"太西煤"在国际市场上的竞争能力和信誉。"太西精煤"除了大量出口之外，国内工业生产上应用更广。

太西洗煤厂厂区

（七）银川化肥厂

银川化肥厂于 1972 年正式投产。核定生产能力为合成氨 4 万吨，尿素 6 万吨，是中型合成氨厂。

银川化肥厂以宁夏无烟煤为原料生产的"六盘山"牌尿素，从 1983 年起连续获得自治区"优质产品"称号。近年不断推出的新产品有氩气、氯碘化聚乙烯（高级防腐涂料），多元微量元素肥料填补了自治区的空白。其中，氯磺化聚乙烯获自治区技术开发优秀成果奖。此外，银川化肥厂所生产的氧气、氮气、消防用二氧化碳也行销全区市场。

银川化肥厂是化学工业部和自治区列为"七五"期间重点技术改造企业，被化工部评为"全国化工企业思想政治工作先进单位"，自治区总工会颁发了"五一"劳动奖状。

（八）银川毛纺织厂

银川毛纺织厂于 1954 年 9 月正式投产。现有 10 个车间，25 个职能科室，厂区占地面积为 13.7 万平方米。

银川化肥厂产品仓库

主要产品有毛呢、毛毯、针织纱。独具特色的 S502 纯毛提花毯是用宁夏特有的滩羊毛制成，毛面均匀，绒毛顺服，色泽鲜艳，毯表呈现水浪式的波纹。自 1985 年打入国际市场以来，已行销世界五大洲 22 个国家和地区。1987 年"滩羊牌"毛毯和 6508 纯毛提花毯被纺织工业部评为优质产品，在北京举办的"十省市名优产品展销会"上，被中国消费者协会评为"最受消费者满意产品"。

银川毛纺织厂

(九) 银川棉纺织厂

银川棉纺织厂始建于 1966 年，是自治区唯一的全能棉纺织厂。主要生产设备有纱锭 3 万枚、布机 480 台，主要产品有纯棉 21S 纱、棉型腈纶 35S 针织纱、21S×21S 市布印染坯布、棉维混纺市布、橡胶帆布、150D×150D 涤纺长丝华达昵棉麻胶织布、21S 出口纱等。产品销往区内及陕西、甘肃、浙江、湖北、东北、香港等地区。

固原毛纺厂

银川市纺织厂生产车间

银川棉纺织厂女工

银川棉纺织厂生产线

技术人员研究瓷器彩绘

(十) 石嘴山市瓷器厂

石嘴山市瓷器厂原名"光华瓷厂"，1943 年始建于大武口。新中国成立后收归全民所有，1952 年迁至石嘴山。数十年来工厂由小到大，产品由陶器到瓷器，由黑瓷到白瓷，由粗瓷到细瓷，由内销到出口，由单一品种发展到多品种，由手工制作到机械至半自动化生产。瓷器厂生产设备先进，技术力量雄厚。全厂安装机械设备 374 台，拥有 5 条滚压链式生产线，有 60 米和 75 米隧道窑各一座，90 立方米倒焰窑两座，36 米半自动烤花窑一座,窑炉总容积 454 立方米。年产日用瓷器 1400 万件,年产值 400 万元。

石嘴山市瓷器厂系宁夏唯一生产综合瓷器的厂家。主要生产日用细瓷、出口瓷、民族用瓷、建筑瓷和艺术陈设等瓷器,共 126 个品种 560 多个花色。瓷厂生产的瓷器洁白如玉,造型别致,具有较强的民族特色和浓郁的伊斯兰风格,在全国瓷器行业中别具一格,深受国内外用户欢迎。产品出口东南亚和中东一些国家,行销全国 13 个省、市和地区。

大批生产民用瓷器

(十一) 宁夏第一塑料厂

宁夏第一塑料厂是自治区生产塑料制品的重点厂家,厂区占地面积 14.7 万平方米,建筑面积 1.74 万平方米。全厂共分三条生产线:引进日本年产 6 万条塑料编织袋生产线一条,有年生产 200 万米 PVC 人造革或 700 吨压延膜、硬片生产线一条,还有年生产能力 2100 吨的农用地膜、工业包装生产线。

宁夏第一塑料厂主要产品有宽幅型编织袋、防滑型编织袋、内插袋式编织袋、人造革及各种高压聚乙烯薄膜、软管等制品。产品除满足本地需要外,还销往外地。

宁夏第一塑料厂生产车间

吴忠市塑料编织袋厂生产车间

(十二) 吴忠市塑料编织袋厂

吴忠市塑料编织袋厂是轻工部塑料编织袋定点生产厂家之一,隶属市二轻工业局。占地面积为 6 公顷,1976 年土法上马,1985 年成功地引进了西德年产 1000 万条塑料编织袋生产线,1988 年晋升为自治区一级企业,有塑料加工专用设备 60 台 (套),年塑料制品加工能力 4000 吨。

主要产品有塑料编织袋、薄膜、塑绳、打包带、手工仿古羊毛地毯。"丰硕牌"塑料编织袋连续四年被评为区优产品,畅销国内 17 个省、自治区、直辖市,并已打入日本、法国、东南亚等国家和地区的市场。

（十三）吴忠仪表厂

宁夏吴忠仪表厂建于 1959 年，是上海自动化仪表七厂的内迁企业，生产自动调节阀及其附件。产品主要用在石油、化工、冶金、电力等行业及实验装置。它是自动化仪表中的执行器，通常称自动化仪表的"手脚"。

该厂技术力量雄厚，加工设备成龙配套，具有较先进的测试手段。在 20 世纪 70 年代就试制成功了国内独此一家的 O 型、A 型球阀。80 年代初，两次引进了日本山武霍尼韦尔公司具有国际先进水平的调节阀制造技术。产品发展到 33 个系列，19 种附件，4000 多个品种规格。在全国同行业，品种规格占 75% 左右，产量占 30% 左右，成为全国最大的自动调节阀重点制造企业。现为自治区一级企业。

吴忠仪表厂

（十四）吴忠材料试验机厂

吴忠材料试验厂位于吴忠市郊，创建于 1958 年，是国家材料试验机行业重点企业之一。全厂占地面积 1.72 万平方米。

该厂拥有一定的经营管理技术力量和先进的生产、测试、科研能力，先后为国家冶金、动力、机械、化工以及军工等行业提供了蠕变持久、冲击、硬度等六大类近百个品种的测试设备，产品出口 25 个国家和地区。

该厂还开发出橡胶、塑料、陶瓷等非金属材料试验机、各

吴忠材料试验机厂产品

种包装试验机和具有先进水平的数显杯突试验机等新产品，并为宝山钢铁公司提供了单头蠕变及持久强度试验室成套设备。

该厂产品有 HR-150 洛氏硬度计、HR-150D 电动洛氏硬度计、HBU-3000 光学布氏硬度计等 6 种产品荣获自治区优质产品称号；RD-3 高温蠕变及持久强度试验机，JB-30、JB-30B 摆锤式冲击试验机荣获部优产品称号。其中，RD-3 高温蠕变强度及持久强度试验机曾获机械工业部质量信得过产品和国家经委新产品金龙奖。有 7 种产品分别获得区级、部级和国家级科技成果奖。

（十五）长城机床厂

宁夏长城机床厂是 1965 年由大连机床厂部分内迁发展而成的中型机床制造厂，是全国机床制造行业 32 个重点骨干企

业之一，也是 2000 年前宁夏最大的机床制造厂之一。该厂有联邦德国瓦德里希公司和意大利法福里托公司的精密导轨磨床，英国邱吉尔公司的高精度数控车床，瑞士精密齿轮磨床，日本光学坐标镗床和匈牙利精密镗铣加工中心等先进的关键加工设备。并有 800 平方米的恒温计量室和先进的检测设备和测试手段。

该厂生产的 CK3732 型数控车床荣获 1978 年全国科学大会奖。CK7815 型数控车床 1986 年荣获国家银质奖，是目前国内唯一获得国家质量奖的数控车床。产品畅销 28 个省、自治区、直辖市，并远销日本、美国等 27 个国家和地区。

建厂初期，为了隐蔽保密，在厂房前筑起二层楼高的土坝

长城机床厂

（十六）青铜峡铝厂

1964 年，国家提出在宁夏建设一个铝厂，出于保密需要曾名 304 厂，如今已成为宁夏地方管理的规模最大的国有企业，也是目前国内规模最大、总体技术装备水平最高、经济效益较好的电解铝生产企业。

青铜峡铝厂是国家特大型企业，中国有色金属骨干铝厂。该厂主要产品有各种普通铝锭、电工圆铝杆、铝型材、各种硅铝合金、稀土铝合金、铝盘元、铝母线、电工铝及各种铝型材、铝门窗、工业型材、碳素制品等十大系列产品。其中，重熔用铝锭、电工铝等被评为省、部级优质产品，"鲲鹏"牌铝合金型材被推荐为"自治区名优产品"，QTX 商标被评为"宁夏著名商标"并在英国伦敦注册。产品除供国内用户外，还远销加拿大、意大利、日本、韩国等十几个国家和地区。产品质量在国内外享有较高的声誉。

青铜峡铝厂是国家 500 强企业之一，总资产 14 亿元，年产电解铝 10 万吨、碳素制品 6 万吨、铝型材 3500 吨，年销售收入 15 亿元左右。该厂三期工程为国家"九五"计划重点项目，工程总投资 17.9 亿元，新增电解铝生产能力 10 万吨、碳素制品 1 万吨。项目达产后，将成为全国最大的电解铝厂之一。

1979 年，青铜峡铝厂生产情形

青铜峡铝厂生产的铝锭

农业生产

一、民国时期简况

1936 年，美国来华传教士毕敬士拍摄宁夏农村田间播种情景

1936 年，美国来华传教士毕敬士拍摄宁夏平原农耕情景

宁夏位于中国西北地区，黄河从中穿流而过，冲击形成了宁夏平原，且带来了丰富的水利资源，早在西汉时期宁夏平原就开始了灌溉农业，经过两千年的发展，形成了比较完整的灌溉系统，是黄河上游区域的主要农业区。同时，宁夏还是西北主要的畜牧业比较发达的地区，畜牧业及其产品在西北占有重要的地位。由于清末到 20 世纪 20 年代黄河上游区域周期性的社会动荡，使宁夏平原社会经济恢复非常缓慢。人口稀少，耕地荒芜是民国时期制约宁夏农村经济发展的重要因素之一。

民国《朔方道志》记载，宁夏粮食作物品种繁多，谷类作物有稻，早稻曰粳，晚稻曰籼，性黏曰糯，各处皆产；黍，黑、白两种；稷，红、黑、白三种；粱，黄、白、青、红、龙爪、羊角、蜡烛、芝麻、长角，凡九种；麦，红、白二色；大麦；荞麦，甜、苦、大棱、小棱四种；小麦，有红、白二种；青稞，有大、小两种；玉蜀黍，有黄、白、红三种；以及粟、沙米、莜麦、燕麦、玉麦等。豆类作物有豌豆、蚕豆、绿豆、黄豆、黑豆、豇豆、脑孩豆、小豆、白豆、赤豆、西番豆、回回豆。经济作物有胡麻、芝麻、大麻等。在各种作物中，以水稻、小麦、豌豆、高粱、粟、糜等为主要作物。荞麦、扁豆、胡麻、油菜、马铃薯、黄豆、黑豆、大麦等为次要作物。

一方面，在黄河上游区域宁夏具有优越的发展农村经济的生态环境，如土地平坦，水利资源丰富，有着良好的灌溉系统和农村市场网络。另一方面，地权分配不均衡和土地租佃关系的恶化，严重地影响了农村经济的发展。农民既要受地主高额地租的剥削又要受地主高利贷的剥削，其生活更为困苦，加以捐税之苛杂，高利贷之剥削，负担沉重，使昔日小康之家，渐降而为次贫，次贫则递变而为赤贫。加之民国时期苛重兵役，迫使农民逃亡转徙，流离载道，农民离村之惨剧，愈演愈烈。农民离村最直接的后果是人口减少，劳动力缺乏，大量耕地撂荒。这样的恶性循环，最终导致了民国时期宁夏农村经济复苏十分艰难。

二、互助组、农业社与人民公社

农业是宁夏经济发展的优势产业之一，在国民经济中占有重要地位。自古以来，就有"天下黄河富宁夏"之说，引黄灌溉已有2000多年的历史。但在旧中国，由于战乱频繁和统治阶级的残酷剥削，广大农民虽终日劳作而不得温饱，生活十分艰辛。宁南山区丘陵起伏、沟壑纵横，虽然土地广阔，但干旱少雨，加之生产落后，农民广种薄收，靠天吃饭，长期处于贫穷落后状态。

从1950年到1954年，宁夏先后完成了土地改革，同时号召翻身农民组织劳力和畜力变工互助。1951年后，互助组从临时性、季节性逐步转为常年固定性，出现了平罗县的戴玉玺和莫如信、银川市的田久义、金积县的马义德等模范互助组。

1953年2月15日，中共中央正式发出《关于农业生产互助合作的决议》。1953年12月16日，中共中央作出《关于发展农业生产合作社的决议》，此决议发布后，宁夏同全国一样，合作化步入以发展初级社为重点的阶段。12月，省委举办了农业生产合作社干部训练班，总结了平罗县戴玉玺、莫如信两个初级社和银川市郊区罗家庄初级社等各地试办农业生产合作社的经验，为1954年春办社工作创造了条件。

1954年，原计划新建28个初级社实际建了66个，包括原有的社共88个社，参加农户1290户，占全省总农户的0.68%。

1954年10至12月，甘肃省委连续发出《为进一步开展农业生产互助合作运动加强农村党支部工作的指示》《关于迅速彻底转移党的领导重心的指示》等文件，先后召开了甘肃省第二次互助合作会议和省委第二次全体会议，确定到1957年全省40%左右的农户参加到农业生产合作社中来，加上互助组，组织起来的农户争取达到总农

平罗县贫苦农民分到胜利果实

1950至1952年，三次被评为全国劳动模范并受到毛主席接见的戴玉玺

1952年，被选为全国农业劳动模范受到党和国家领导人接见的莫如信

莫如信(前)和合作社社员一起劳动

平罗县莫如信合作社主任莫如信（右）访问老农李建贵（左）

1954 年 12 月，莫如信创办的平罗县前进农业社转为高级农业合作社

海原先锋农业社的打麦场上

户的 80% 以上。

遵照甘肃省委指示，银川专区、河东回族自治区、西海固回族自治区都将工作重心转移到互助合作运动方面。到 1954 年年底，银川专区由原来的 73 个社发展到 660 个，入社农户达 13200 户，占总农户的 11% 多。河东回族自治区由原来的 18 个农业社发展到 67 个农业社（其中，纯回民社 19 个，回汉联社 22 个），入社农户 1017 户，占总农户的 2% 多；常年互助组 709 个，入组农户占总农户的 12%，加上临时互助组的入农户，全州组织起来的农户达 44.5%。西海固回族自治区入组入社农户 59733 户，占 65.2%，其中，初级社 121 个，2737 户，占 3%。常年互助组 2387 个，18461 户，占 20.1%；临时互助组 8088 个，占 42.1%。到 1955 年年底，全省基本上实现了初级农业合作化。

1955 年 10 月 4 至 11 日，党的七届六中全会（扩大）通过了《关于农业合作化问题的决议》。10 至 12 月，甘肃省委相继举行一届五次、一届六次全委（扩大）会，对一些本来符合甘肃情况的意见进行了批判，讨论了全省农业合作化的发展速度和粮食增产问题，修订了农业合作化的计划。根据中共中央和甘肃省委指示精神，银川专区、吴忠回族自治州、固原回族自治州再次批判右倾保守思想，修订建社计划，农业合作化运动全面提速。到 12 月底，银川专区已试办建起 20 个完全社会主义性质的高级农业社，入社农户共 6820 户，占总农户的 5.48%。另外，还有 34 个高级社正在酝酿处理具体问题，有 260 个初级社申请转高级社。吴忠地委到 1956 年 1 月中旬，发展到 1345 个，入社农户 42919

1956 年 1 月 16 日《银川报》报道关于银川专区建成高级社的情况

1956 年 1 月 16 日,《银川报》报道关于银川专区建成高级社的情况

户,占总农户的 81.2%。西海固地委到 1955 年年底,建成新社 1291 个,入社农户 44563 户,加原有老社共有 1391 个,入社农户 50816 户,占总农户的 66%,超过原计划的20 倍。

1955 年 12 月 27 日,毛泽东主席为《中国农村的社会主义高潮》一书写了序言,强调办大社。1956 年 1 月,中共中央公布了《一九五六年到一九六七年全国农业发展纲要(草案)》,要求各省、市、自治区在 1956 年基本上完成了初级社形式的农业合作化,达到 85% 左右的农户加入农业社,合作化基础较好并且已经办了一批高级社的地方,在 1957 年基本上完成高级形式的农业合作化。在甘肃省委提出同样要求后,各地进一步掀起了

海原县建起的第一个互助组

大多数农业社都设立了幼儿园、托儿所、抱娃娃组，孩子们的父母可以安心下地生产

解放初丰收后纳家户村的打麦场上。纳庆福老汉高兴地说："我们纳家户人翻身了，我们的土地也翻身了。"

农业合作社大麻丰收

小社并大社、初级社转高级社的高潮。

截至 1956 年 5 月底，银川专区建立高级社 391 个，入社农户 127463 户，占全地区总农户的 99.04%，基本实现了社会主义性质的农业合作化。到 1957 年春，吴忠地区共建立高级社 491 个，基本实现了高级农业合作化。到 1956 年 12 月底，固原地区全州共建高级社 1122 个，入社农户 96639 户，占总农户的 97.2%，实现了高级农业合作化。

1958 年 8 月，中共中央政治局北戴河扩大会议通过的《关于在农村建立人民公社问题的决议》下达后，在河南省和河北省徐水县"经验"的带动下，全国农村一哄而起，在短短两个月时间内就基本实现了人民公社化。

1958 年 9 月 7 日，宁夏第一个人民公社——贺兰县前锋人民公社诞生。之后，在中共宁夏回族自治区工委关于先搭架子后处理具体问题的方针指导下，全自治区迅速掀起了办人民公社的热潮。9 月中旬，中宁、贺兰、中卫 3 个县先后宣布全县实现了人民公社化。至 10 月中旬，引黄灌区 14 个市、县全部实现了人民公社化。9 月，南部山区第一个人民公社同心县——韦州区星火人民公社成立后，南部山区由试办到全面铺开，也很快实现了人民公社化。到自治区成立前夕的 10 月 20 日，宁夏已宣布实现了人民公社化，各市县在原有的 350 个乡、1699 个农业生产合作社的基础上，共建立政社合一的人民公社 152 个。在从第一个人民公社诞生算起的前后短短 44 天时间里，宁夏山川就实现了人民公社化。

实行政社合一和"一大二公"，是人民公社的主要特征。"一大二公"中，不顾客观条件地强调办大社，使人民公社的规模普遍过大。宁夏在宣布实现人民公社化时，入社农户为 312563 户，占总农户的 99.91%，按 152 个公社平均，山川每个公社为 2056 户。引黄灌区拥有 3000 至 5000 户的大社 16 个，拥有 5000 户以上的特大社 15 个，回族聚居的吴忠市则搞了拥有 9000 多户的全市一社，中卫县成立了县联社——中卫县人民公社。

"一平二调"是人民公社的另一个主要特征。在分配制度上，一开始也普遍实行工资制和供给制相结合的分配办法，并且用行政命令的办法尽力拉平穷富队之间收入的差距，特别是在决策失误和对形势盲目乐观的情况下，竟提倡"吃饭不要钱""放开肚皮吃饭"。这种"一平二调"的"共产风"，超越生产力的发展水平，侵犯了部分社队和社员的经

20世纪50年代，农村仍然是"二牛抬杠"的耕作方式

农业社社员预分夏粮

农业社的老人们

"刮水稻"田

济利益，不利于调动广大农民群众的劳动积极性，最终招致了对生产力的严重破坏。

在组织军事化、行动战斗化和生活集体化的口号下，宁夏各地在人民公社化中，将几十万农民都组成民兵组织，用"大轰大嗡"的办法搞各种"大办"，平调全社范围甚至几个社范围的人力、财力和物力，以日夜苦战的办法搞"大兵团"作战的大突击、大会战，结果劳民伤财而收效甚微。各市县在人民公社化初期，办起了 3500 多个公共食堂、5600 多个托儿所，到 1 个多月后的 12 月初，全自治区 152 个人民公社办起的公共食堂迅速增加到 9748 个，加入公共食堂吃饭的农户达到总农户的 75.15%。但是，这种强迫社员到公共食堂吃饭的办法，终因违背农民群众生活习惯等原因而纷纷垮台。这一年，宁夏山川本来是一个丰收年，但由于在"大跃进"和人民公社化运动中高指标、瞎指挥、浮夸风、"共产风"的盛行，大量浪费劳力，浪费时间，吃饭不方便，在经济出现严重困难的情况下，社员吃不饱肚子。1961 年，中共中央作出顺应民意的决定，全国的公共食堂解散。

1958 年 9 月 7 日，宁夏第一个人民公社——贺兰县前锋人民公社诞生。图为庆祝人民公社成立向县委报喜的情景

1958 年，天津郊区 135 名有经验的青年农民来宁支援农业建设。图为天津青年农民刘振东在银川郊区给当地农民传授水稻育苗和插秧技术

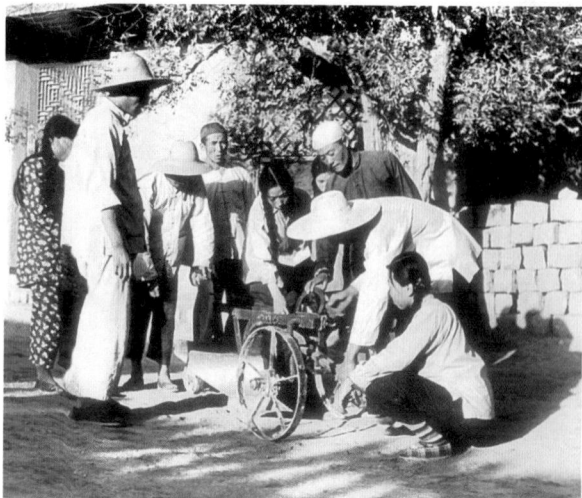

农民学习使用新式农具双轮双铧犁

机耕

经过天津来宁人员的培训，宁夏农民初步掌握了水稻育秧技术

宁夏回族女社员第一次插秧

1959年，吴忠地区部分农民开始在技术员指导下试种插秧水稻

1958年，宁夏最大的民族联合社吴忠市郊东塔寺农业社小麦丰收

50年代，吴忠市郊五星农业社的社员之家

1961年，宁夏部分农村开始示范水稻机械插秧

宁夏平原上公社社员收割小麦

"大跃进"运动中,隆德八里堡进行梯田建设

三、农业"大跃进"

1958 年 5 月,党的八届二中全会提出"鼓足干劲、力争上游、多快好省地建设社会主义"的总路线,进而形成了以全民大炼钢铁为中心、以高指标为特征的"超英赶美"的"大跃进"运动。夏秋以后,宁夏各地以全民大炼钢铁为中心,全民大办地方工业,农业上的高指标、高征购和全民大办教育为主要内容,掀起了"大跃进"热潮。

6 月下旬至 7 月上旬,宁夏工委召开贯彻党的八届二中全会精神的扩大会议,以整风精神批判"悲观论""落后论",确定年内炼铁 3 万吨、炼钢 1 万吨的指标。各地贯彻"以钢为纲"的方针,一边炼铁一边找矿,至 8 月累计炼铁 56 吨,炼钢 3 吨,距离预期目标甚远。

9 月 15 日,宁夏工委发出《关于当前钢铁冶炼情况及今后任务安排意见》,决定全党全民开展炼钢运动,动员 10 万群众投入钢铁战线,苦战百天,建炉千座(其中转炉 20 座),保证 50% 的炉子投入生产,全区平

"大跃进"中农村也大炼钢铁。图为中卫迎水桥炼铁厂建立的土高群炉(摄于 1958 年)

公社机耕站

均日产铁 400 吨、产钢 150 至 200 吨，坚决完成和超额完成宁夏工委提出的 1958 年全区冶炼 3 万吨铁、1 万吨钢的任务，以迎接自治区的成立。随后，各市县都将工作重心转向抓钢铁生产，抽调干部组织农民约 10 万人，以民兵组织的形式到大武口、银川新城等地集中，以"小、土、群"的办法大炼钢铁。到 10 月 18 日，共建起大地炉 2114 个（投产 665 个）、土高炉和炼铁小土炉 1416 个。当时全区劳动力总数不足 70 万人，动员如此规模的劳动力投入大炼钢铁，并且从人力、财力、物力上全力支援，使之成为名副其实的全民大炼钢铁。由于土高炉的设备、技术和原材料等都不过关，因此，在 12 月 24 日全区庆祝钢铁大战全胜的广播大会上，虽然宣布生产任务超额完成，但实际上生产的钢铁质量差，只能如数入库存放，基本上成为废品。与此同时，大炼钢铁的补贴款项却一再追加，仅 1958 年补贴额就达 1610 万元，占上年地方财政收入 3670 万元的 43.9% 和工业总产值 4599 万元的 35%。大炼钢铁造成了巨大的浪费，也对其他生产建设造成了冲击。

在"大跃进"的形势下，农业上的"高指标""浮夸风"盛行。1958 年 4 月 22 日，宁夏工委发出《关于普遍讨论执行中共中央和国务院〈关于召开全国农业社会主义建设先进单位代表会议的通知〉的通知》，号召进一步掀起比先进、学先进、赶先进的浪潮，鼓足干劲，力争上游，实现多快好省的"跃进"计划。

"大跃进"时期中宁县修筑贯穿全县 150 里长的跃进渠

中宁县开挖跃进渠工地

7 月 12 日，《人民日报》报道河南省西平县城关镇和平农业社放出河南的第 26 颗"卫星"，亩产小麦达 7320 斤。8 月 13 日，又报道湖北省麻城县麻溪建园一社放出亩产 36900 斤的早稻产量的"卫星"。在全国一些地方虚报粮食产量放高产"卫星"的影响下，宁夏粮食产量方面的高指标和浮夸风严重泛滥。8 月上旬，中卫县城关

1958 年 12 月开工建设的同心张家湾水库工地

镇东方红农业社和南部山区同心县喊叫水区喊叫水农业社先后放出小麦亩产 5801 斤和 4029 斤的高产"卫星"。《宁夏日报》为中卫县放的"卫星"发表了题为《从一颗"卫星"看满天"卫星"——一论少种多收》的社论。在错误的舆论导向下，有人提出唯心主义的"人有多大胆，地有多大产"的口号，浮夸风越刮越大。8 月中旬，宁夏宣布小麦较上年增产 88%、夏粮总产量达 4.49 亿公斤（超过后来核实数 2.3 亿公斤近 1倍）。9 月 29 日，《宁夏日报》报道中卫县先声公社连创水稻高产"卫星"5142 斤、6035 斤，并说"这是该县水稻高产的第一炮"。10 月 18日，《宁夏日报》报道中卫县东方红公社再放卫星，水稻亩产 7092 斤。接着，《宁夏日报》又报道了同心县喊叫水公社糜子亩产 7140 斤的高产纪录。一个又一个的高产"卫星"从宁夏山川各地相继放出。10 月 28 日，《宁夏日报》在《全区人民为五十亿（市）斤粮食而战》的报道中声称："这个跃进计划完成以后，以全区二百万人口计算，每人平均占有粮食两千五百（市）斤，食油三十六（市）斤。"在自上而下掀起的浮夸风中，地处干旱山区的盐池县上报全县 50万亩秋粮亩产 300 斤，全年粮食总产量较上年翻 4 番；固原山区 5 县上报 370 万亩秋粮总产量突破 5 亿公斤，较上年增产近 2 倍；吴忠市宣布全市 3.2 万亩水稻平均亩产 1030 斤，实现了"千斤稻市"等。粮食产量的浮夸风，直接后果除了粮

田间小憩

食的大量浪费和损失外，便是造成粮食的高征购和下年更高指标的提出，使很多市、县、乡、社征购了过头粮，过分压低了农民的口粮和籽种粮，以致后来发现部分农民断粮、籽种短缺情况后不得不再向农民返销粮食，许多地方出现大量浮肿病人，中宁、灵武等部分市县还发生了非正常死亡的严重问题。特别是许多地方在盲目乐观情绪的支配下，继续在水、肥、土、种等方面过分耗用国力民力，开展"大干""大办"，甚至在下年农业生产方针上作出了少种多收的决策。这一切都成为导致三年经济严重困难的重要原因。

1958 年 5 月 19 日开工，1959 年 10 月竣工的海原石峡口水库工地

自治区工委书记李景林和农业先进代表
参观利用天然气点灯试验（1958年）

社员带着孩子参加劳动

在水利方面，地处山区的固原回族自治州所属各县在宣布1957年冬至1958年春动员10万农民大搞水利、兴修40万亩水地的同时，又提出1958年再修120万亩水地、"三年改变全州干旱面貌"的高指标。1958年11月，宁夏工委关于掀起山区兴修水利高潮突击运动的紧急通知下达后，固原地区又提出在1958至1959年苦战一冬春，实现水利化的更高指标。

同时，大搞水、肥、土、种群众运动方面的浮夸风也很突出。1958年11月中旬，自治区召开有20.4万人参加的积肥运动广播动员大会，宁夏工委下发了《关于开展积肥造肥运动的紧急指示》后，山川各地迅速组织30多万人投入积肥运动，开展田间造肥、造土化肥及拆旧房、换炕皮、拉羊粪、挖湖泥等积肥活动，一直坚持到第二年春耕后才告一段落。同时，在秋收后到冬冻前，引黄灌区各地又组织30万人突击深翻土地，共深翻地760万亩，其中深翻1尺以上的达270万亩。结果事与愿违，粮食大幅度减产。南部山区各县为了搞水土保持，安排人均3亩的基本农田建设任务和一年实现水利化的目标。不少工程既不经济又不实用，劳民伤财，甚至为后来的农田基本建设造成隐患。

1960年第9期《宁夏文艺》杂志封面画——
人民公社造福到家

四、农业学大寨运动

1977年10月11日，全区农业学大寨先进集体、劳动模范代表大会在银川召开

1964年12月21日，周恩来总理在第三次全国人民代表大会第一次会议上的《政府工作报告》中提出："山西省昔阳县大寨公社大寨大队，是一个依靠人民公社集体力量，自力更生地进行农业建设、发展农业生产的先进典型。""大寨大队所坚持的政治挂帅、思想领先的原则，自力更生、艰苦奋斗的精神，爱国家爱集体的共产主义风格，都是值得大大提倡的。"自治区党委于1965年2月4日发出《在全区农村普遍开展学大寨活动的通知》，"要求各地、市、县组织干部群众，联系本社本队的实际，讨论怎样以大寨为榜样，发扬自力更生、艰苦奋斗的革命精神，解决生产上关键问题，进行农田建设，改善生产条件，通过学习和讨论，使干部和群众树立雄心壮志，鼓舞革命干劲，增加措施，搞好生产"。宁夏开展学大寨，也涌现出一些先进典型，灵武县新华桥公社的华二大队就是全区有名的学大寨先进典型之一，华二大队党支部书记高生祥成为全国劳动模范。当时，在全区掀起了"远学大寨，近学华二"的热潮。

1968年末至1970年初，自治区革委会先后派出19500多名县、社、队干部到大寨参观学习，在大寨办了10期毛泽东思想学习班，全区农业学大寨的群众运动蓬勃发展，涌现出华二大队、韩渠大队、史家壕大队、古城大队、套套门生产队、甘城四队等42个农业学大寨的先进社、队，县县都有一批学大寨的先进单位。吴忠、灵武、青铜峡、永宁、中宁、

自治区党委副书记李学智与大寨大队党支部书记陈永贵交谈

华二大队党支部书记高生祥

中卫六县粮食亩产已经实现了规定的指标。据当时统计，全区有 16 个公社 157 个大队，855 个生产队亩产超过了"秦岭"（亩均 600 斤），6 个大队 63 个生产队亩产跨过了"长江"（亩均 800 斤）。但统计数字仍有水分，把作为蔬菜的土豆也算作粮食。社员全年的人均口粮最高标准不得超过 414 斤贸易粮（原粮），其实大部分社队连这样的标准也根本无法达到，且相去甚远，农民长期处于不得温饱的状况。

1970 年 12 月全国北方地区农业会议以后，为了集中解决发展农业的方向、路线问题，区、地、县三级先后派出了 1 万多人次的农村工作队，深入到 1464 个生产大队（占全区大队总数的 66%），认真落实党在农村的经济政策、民族政策、干部政策。同时，组织引黄灌区部分社队利用冬春集中近 20 万人（约占总劳力数的 40% 以上）进行农田水利基本建设，在冰冻三尺的土地上开挖沟渠，建设机耕条田，人数最多时全区达到 52 万人。

1975 年 9 至 10 月，中央召开全国农业学大寨会议，会议号召"为普及大寨县而奋斗"，指出普及大寨县同土改、农业合作化、人民公社化一样，是农村中又一次伟大革命。

1976 年 12 月，中央召开第二次全国农业学大寨会议。会议重申 1980 年把三分之一的县建成大寨县和基本实现农业机械化的要求。

1977 年 10 月 11 日，自治区党委召开了农业学大寨先进集体和劳动模范代表大会，参加会议有 3000 多人，这是全区 10 年来规模空前的一次盛会。这次大会的任务是：动员全区广大党员干部、贫下中农、社员群众，贯彻落实党的十一大路线，把揭批"四人帮"的斗争进行到底。全党动员大办农业，抓纲治农，苦战三年，为基本普及大寨县实现农业机械化，达到人均产粮 1000 斤而奋斗。自治区党委副书记李学智在报告中说："全区要组织 60% 的劳动力，即 60 万劳动大军分别在秋冬和明春搞三次大会战，并固定 10% 的劳力组成专业队，坚持常年干。"

社队回族女干部

华二大队党支部书记高生祥带领社员为改造农田进行测绘

自治区组织队干部到大寨参观学习

1975 年,灵武县新华桥公社万人平田整地大会战

学大寨时期宁夏川区收割的季节

收麦种稻,抢收抢种

20世纪70年代，吴忠古城公社五队社员在学大寨运动中平田整地

六盘山农民建设大寨田

机械化收割

西吉县红套大队北川生产队社员，红套大队民兵营副营长，白崖公社党委委员，第四、五届全国人大常委会委员王耀华（中）和社员一起劳动

农业学大寨运动中涌现出的先进人物——固原县七营公社马莲大队党支部书记，第十届、第十一届中央候补委员马金花

五、农村联产承包责任制

改革开放以来，宁夏农业新技术不断推广。图为小弓棚育秧

从 1980 年年底开始，宁夏各地逐步兴起了积极推行农村生产责任制的热潮。到 1981 年上半年，在全自治区 18100 个生产队中，建立各种形式农业生产责任制的已达 99%。《宁夏日报》还多次介绍各地推行各种形式生产责任制的经验。

其中在推行林业生产责任制方面，贺兰县立岗公社金星大队的"队为基础，林权不变，专业承包，定额计酬，收益分成，有奖有罚"和海原县嵩川公社的苗圃承包到户收益分成的经验，以及盐池县实行包干到户后部分社员自愿组织联合经营

的经验，都引起了积极反响。1981 年 12 月 10 日，《宁夏日报》刊登新华社记者题为《同心县包干到户一年《宁出现四大变化》的报道，将地处南部山区的同心县 1975 年和 1981 年两个严重旱灾年份作了对比。1975 年同心县粮食产量 1350 多万公斤，人均占有粮食 80 多公斤，农民人均纯收入不足 30 元，羊只死亡 21%；而 1981 年灾情更重，但由于实行了包干到户等生产责任制，粮食产量却达到 4150 多万公斤，人均占有粮食 210 公斤，农民人均纯收入较 1975 年增长 1 倍以上，同时羊只死亡率只有 3%。特别是引黄灌区，除了绝大多数生产队实行小段包工、定额计酬、联产计酬和专业承包责任制外，相当多的生产队也实行了包产到户、包干到户，广大农民的实践已经突破了自治区 1980 年 11 月 8 日在《关于贯彻执行中央〈关于进一步加强和完善农业生产责任制的几个问题的通知〉》中所作的引黄灌区"原则上不要搞包产到户"等政策规定，农民群众已经走到了领导者的前面。

1982 年元旦，中共中央批转上月召开的《全国农村工作会议纪要》下达后，宁夏推行农村生产责任制的工作取得了迅速进展。广大农民在实践中

改革开放后,伴随着农业生产的发展,各种养殖业自发地悄然兴起

通过比较和鉴别，根据自己的意愿选择自己乐于接受的农村生产责任制形式，99%以上的生产队较快地推行了家庭联产承包责任制。

自治区党政领导机关于1983年3月1日作出《关于进一步放宽农村经济政策若干问题的规定》，其中12条政策的第一条就开宗明义地指出："以大包干为主要形式的联产承包责任制在我区有着广泛的适应性，要稳定下来，并进一步完善和提高，再不要规定哪些地方不可以实行这种责任制。"这标志着在短短3年左右的时间内，家庭联产承包责任制在宁夏得到普遍推行。这种"上缴国家的，留够集体的，剩下都是自己的"被群众称之为"直来直去不拐弯"的大包干形式，终于取代了其他生产责任制形式。

家庭联产承包责任制的确立，标志着调整和改革农村生产关系的大规模变动时期的基本结束，这种农村改革第一步的胜利完成，对广大农民具有继土地改革后的第二次解放的重大意义。它使广大农民得到了农业合作化以后多年来少有的真正的生产经营自主权，实现了生产者同土地最有力、最直接、最紧密的结合。广大农民在自己家庭承包的土地等劳动对象和劳动资料上施展才能，实行精耕细作和集约经营，这就从根本上克服了生产"大呼隆"、分配吃"大锅饭"的弊端，从而充分调动、激发了广大农民的生产积极性和勤劳致富热情，为农村经济和社会的全面发展开拓了广阔的道路。在农村第一步改革浪潮推动下，宁夏农村经济和社会全面发展的大好形势又向前迈进了一步，逐步扭转了"文化大革命"以来多年靠国家调入粮食的被动局面，初步实现了宁夏农业发展史上的一次重大转折。

伴随着农村经济进入了一个新的发展时期，农村经济结构调整的力度不断推进，传统的农业生产经营方式逐步适应市场需求，向着高产、高效、多元和特色、绿色农业方面的转变。在夏进等龙头企业带动下，养牛、养羊、养鸡、养鱼等各种养殖业显示出强劲的发展势头，开创了宁夏现代化大农业的新局面。

平吉堡奶牛场

中卫香山的山羊

中卫养鸡专业户

泾源养牛专业户

灵武养鱼专业户

奶牛养殖业在宁夏各县市蓬勃发展

改革开放以来，宁夏农业机械化进一步推广

牧　场

丰收景象

实行家庭联产承包责任制的塞上水乡美景如画

大力推广实施小麦玉米套种、甜菜玉米套种等立体种植新技术，有效地提高了产量，创出"吨粮田"。图为玉米套种甜菜

山区养兔

驼运

老牛车是20世纪前期宁夏使用的"大型"陆地运输工具

交通事业

一、新中国成立前简况

毛驴是昔日宁夏民间使用最普遍的驮运和代步工具

新中国成立前宁夏交通极端落后，民间交通运输以畜力为主，官方大型交通运输也只能是牛车马车，水上交通运输仅限于小型木船和皮筏之类。20世纪二三十年代宁夏才有了汽车，但交通运输状况也极差。老百姓有个顺口溜，说的是当时汽车在公路上行驶情况："一去二三里，抛锚四五次，修车六七回，八九十人推。"1936年4月中国著名记者范长江从兰州来宁夏，只能乘羊皮筏子顺流而下，兰州到中卫250多公里竟漂流了6天。宁夏的第一条简易公路，是1924年冯玉祥、石友三修筑的包头至宁夏省城（今银川）

的公路。

1925年，冯玉祥部署国民军入甘，因运兵需要，派兵将宁夏至包头的大车道修成宁夏的第一条简易公路，可以勉强通过辎重、炮车和汽车。1932年马鸿宾主政宁夏，省建设厅征集民工对宁夏南北道路进行整修，完成了北起石嘴山，途经省城银川，南至中卫县城，共386公里的汽车道路，算是宁夏有史以来比较像样的公路。

1933年马鸿逵率第十五路军回宁夏，带回了大小军用汽车30多辆。当年4月，成立了第一个官办公路交通管理机构——宁夏省道管理处，由魏鸿发任处长。省道管理处制订了一套较完整的筑路计划，采取调拨驻军、征用民夫、招募路工三种力量承担工程，开始大规模筑路。

1933年4至8月，完成了宁包公路的改线和整修工程。这条道路由宁夏城向北经平罗、石嘴山，渡过黄河，至宁绥两省交界磴口县境内的乌拉河，全长300多公里。同年4至11月，开辟了宁兰（宁夏至兰州）公路。全长375公里。同期完成了宁平（宁夏至平凉）公路的修筑与连通工程。此路由省城经金积、同心、

20世纪二三十年代宁夏北部沙漠地区的道路

牛马混用拉车

中宁三县，与甘肃海原县之土桥子衔接。宁包、宁兰、宁平三条干线，全长868公里。另外，金灵（金积至灵武）、宁灵（宁夏至灵武）等支线也于当年完成。

1935年春，宁夏省建设厅令各县限期一月整修境内道路和桥梁，并要长期保护道路。

出于阻击红军北上的军事需要，1936年完成了宁平公路青铜峡段改线工程，1937年与甘肃省联合修整了宁平公路，1938年又开辟了西兰（西安至兰州）公路胜金关段的接通。

位于宁夏东南面牛首山北面，山间有一道峡谷，长约10公里，最宽处不及1公里，这就是青铜峡。黄河流经其间，入口在哆罗嘴，出口为龙王庙。由金积县出峡口，是宁夏通往中宁而至陇东南的捷径。不知什么年代，在峡谷东岸峭壁上，依山开凿出一条栈道式的小路。路宽窄不一，窄处仅只有两米左右，只能通过行人和毛驴，有时不慎还会坠入河中。为了方便交通和发展经济，1936年马鸿逵向国民党全国经济委员会要求拨款两万元，由宁夏省自筹资金10万元，对这条路进行整修。马鸿逵动用军队、民夫4000人，沿原小路扩展为单行汽车道，宽约5米。从此南北交通比较便捷了。

马车是昔日宁夏富裕人家才能用上的代步工具

昔日青铜峡黄河渡口

昔日宁夏黄河边上的纤夫

1935年宁夏省道管理处成立典礼合影

马鸿逵视察正在修筑中的青铜峡公路(左四为马鸿逵)

马鸿逵部十五路军修筑公路平整路面的情景

马鸿逵部十五路军工兵修筑青铜峡公路

青铜峡公路竣工试行通车情形

青铜峡道路工程施工情形

二、新中国成立后建设情况

中卫驼队运输（1960 年）

公路交通在宁夏居主导地位。新中国成立以来，宁夏公路交通经历了三个发展阶段。

（一）恢复公路设施及国营运输企业的创建成长阶段（1950 至 1957 年）

宁夏新中国成立时，仅有简易公路 1167 公里，永久及半永久式桥梁各 1 座，共长 109.8 米。按当时国土面积计算，每百平方公里有公路 0.42 公里。以土路面为主的公路，缺桥少

涵，晴日尘土飞扬，谓之"洋（扬）灰路"；雨天一片泥泞，又变成了"水泥路"。仅有的 38 辆民用汽车，只能运送银元、药品等贵重物品。一般老百姓既不可能乘车旅行，更不可能雇车运货。牛车载，骆驼驮，骑驴出远门，乃至人背肩扛，是当时的主要运输方式。

新中国成立之初，宁夏百废待兴，因财力有限，只能将恢复原有公路路况、维持通车

作为重点，唯一的新建工程是为食盐运输而修筑的吉兰泰至三道坎 131 公里公路（今属内蒙古）。1954 至 1957 年宁夏并入甘肃省，重点仍是恢复和整修原有干线公路。到 1957 年年底，公路通车里程达到 2241 公里，增加的 1074 公里中，近 500 公里是恢复 1936 年已通公路，其余是行政区划变动（划入固原地区）而增加的里程。这一时期，公路运输的重点是组建和壮大国营运输企业。1951 年 3 月 1 日，以接收原西北公路局第七运输处平包运输段车辆、设备、人员为基础的宁夏省公营（后改国营）运输公司成立，共有营运汽车 24 辆，当年开辟营运线路 1974 公里，并上缴利润 82.6 万元。由于没有私营汽车运输业，1953 年对私营工商业的社会主义改造只是在骆驼、大胶车运输户

筏工背负羊皮筏逆流而上

羊皮筏摆渡顺流而下

中进行。1957年2月15日，甘肃省交通厅调拨给银川运输公司（原宁夏省运输公司）解放牌4吨载货车10辆，宁夏首次拥有国产汽车。至1957年年底，全区共有民用汽车290辆，其中货车268辆，客车22辆。国营银川运输公司经过7年滚雪球似的发展，已有营运车218辆，政府各部门及其他企事业单位仅有自用汽车50辆。

（二）"地、群、普"方针指导下的公路建设及汽车运输的"三统"阶段（1958至1978年）

1958年宁夏回族自治区成立，时逢"大跃进"时期，全国公路建设贯彻执行"地、群、普"方针，即充分发挥广大群众的积极性，中央与地方投资相结合，以地方为主；普及与提高公路技术等级相结合，以普及为主；大中小型相结合，以中小型为主。宁夏提出"全党全民大办交通"，开展群众性筑路运动，一两年内修建了近1000公里"公路"，其中大部分只有土路基，线型、坡度、路基、路面都不合标准，有的不能通车，有的被山洪冲毁，少部分经改善提高后投入使用。1960至1962年，新建项目极少。1963年11月竣工的汝箕沟口至西大滩14公里公路，是宁夏第一条沥青路。1965年对京藏路银川至望洪段进行技术改造，试验以渣油（炼油厂的工业废料）代替沥青铺筑路面取得成功，正要广泛推广，因"文化大革命"开始而停顿。1969至1978年，除继续对京藏路进行大规模改造、铺筑渣油路面外，重点是修建"战备公路"。主要工程有：1972年

竣工的叶盛至军渡公路（307国道西段）；1970年12月26日通车的宁夏第一座黄河大桥——叶盛黄河大桥；历时7年，于1978年建成的宜川至兰州公路（309国道西段）。至1979年年底，宁夏公路通车里程达到5227公里，按路面分，次高级1097公里，中级76公里，低级2170公里，土路面1884公里。

这一阶段的汽车运输业虽经多次分合，但始终是国营运输企业一统天下，实行计划经济体制下的"三统"管理，即统一调度、统一（管理）货源、统一运价。全社会的运输物资、运力高度集中管理，按月下达运输计划。不属运输企业的机关团体、企事业单位的自备车辆，只能自货自运，不得从事营业性运输。从1974年起，因运力极度紧张，允许自备车辆承运社会上的物资，但需经运输管理部门统一调度。至1978年年底，全区共有民用汽车10218辆，其中货车7550辆，客车1761辆。机关团体、其他企事业单位的车辆，除了小轿车、接送职工的通勤车外，大量货车闲置。由于市场统得太死，运力极度紧张，群众乘车难，私人运货更难，农民运送肥料、种子、煤基本上依靠人畜力运输工具。

行驶在黄河上的风帆木船

固原六盘山公路

胶轮骡马大车是 20 世纪六七十年代城乡主要的交通运输工具

①   ②
③

①自行车是城市少数人才能享受到的代步工具

②骑毛驴出行和驮运仍是民间重要的交通方式

③长期以来，养路工人只凭借铁锹、扫帚养护路面

远眺黄河渡口（石嘴山段）

20世纪六七十年代宁夏养路工人靠畜力刮路车养护石子路面

能搭乘骡马大车进城是农村人的一种欣慰

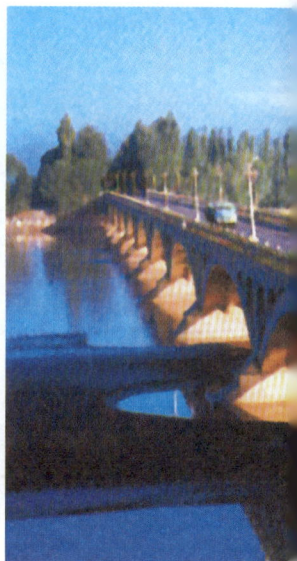

1983 年 12 月 22 日开工建设, 1986 年 7 月 15 日竣工通车的中宁黄河大桥

（三）交通运输改革开放新时期（1979 至 2000 年）

党的十一届三中全会之后，宁夏公路交通实行了一系列改革开放方针，加快交通基础设施建设，放开并培育竞争有序的运输市场，交通运输极度紧张、制约国民经济发展的局面迅速缓解，现代化的公路交通网初具雏形。至 2002 年年底，公路通车里程达到 11245 公里，比 1978 年翻了一番还多，密度达到每百平方公里有公路 21.7 公里。全部乡镇都通了公路，2603 个行政村中，已有 2399 个村通了等级公路，其余 204 个村也有简易公路可通行小型车辆。一个以"三纵六横"国省道为骨架、县乡道为脉络的交通网已经形成，公路技术等级大幅度提高。已建成高速公路

360 公里，一级公路 153 公里，二级公路 1891 公里，等外公路减少到 164 公里。按路面等级分，高级路面 852 公里，次高级路面 5998 公里，中级路面 2583 公里，低级路面 1670 公里。

此外，一大批重点公路工程项目竣工。如 109 国道、101 省道改建工程及银古一级公路、六盘山公路隧道、古王高速公路、石中高速公路新建工程等。在 397 公里黄河上已架起 7 座大桥，实现了干线公路改渡为桥的目标，贫困地区交通状况有很大改善。通过 17 年的交通扶贫，投入资金近 10 亿元，修建了 3 条扶贫干线，新建、改建扶贫公路 4100 余公里，为开发性扶贫奠定了基础。宁夏全区公路通车里程近万公里，形成了以银川为轴心，以 12 条国道、省道为骨架，以县乡

银川南门汽车站旧貌

1969年10月开工建设,1970年12月26日通车的宁夏第一座黄河公路大桥——叶盛黄河大桥

1997年3月建成通车的中国西北最长的公路隧道——六盘山隧道。隧道全长2385米,穿越六盘山,缩短行车时间一小时

公路为脉络,连接城乡、厂矿和牧区的公路网,二级以上公路占全部通车里程的15%,永久性公路桥梁1026座,其中大型黄河桥梁6座,为全国黄河桥梁密度最大的省区之一。

十一届三中全会后,交通部门率先开放运输市场,提出"有路大家跑车,有河大家行船",鼓励国营、集体、个体运输企业共同发展,打破国营企业包打天下的局面,两三年中就变运力极度紧张为运力有余。沿用数千年的牛车、马车、驮畜,1985年就在宁夏平原退出运输市场,取而代之的是各型各类机动车辆,实现了从人畜力运输到机动车运输的历史性跨越。长期困扰回汉群众的乘车难、运货难也随之化解。

1994年9月开工建设,1997年6月竣工通车的中卫黄河大桥

1987年3月开工建设,1988年10月竣工通车的石嘴山黄河大桥

1991 年 12 月 1 日开工建设, 1994 年 7 月 1 日竣工通车的银川黄河大桥

银川黄河大桥桥头标志性景观

1986 年 9 月 25 日竣工的银川南门长途汽车站

1999 年 10 月开工建设的吴忠(陈袁滩)黄河大桥

1989 年 7 月开工建设, 1991 年 9 月竣工通车的青铜峡黄河大桥

宁夏第一条高速公路——姚(伏)叶(盛)公路于 1999 年 11 月 6 日通车

三、铁路运输

1958年7月25日上午9时37分，铁道工人把最后一节钢轨铺到银川，包兰铁路全线接轨

（一）境内铁路干线、支线、专用线

包兰铁路。1958年8月1日，包兰铁路通车运营，结束了宁夏没有铁路的历史。包兰铁路起自京包铁路终点把头站，经五原、临河、巴彦高勒，两跨黄河后由乌海进入宁夏境内，沿贺兰山东麓南下，绕腾格里沙漠东南缘从甘塘进入甘肃境内，再经景泰、白银、皋兰抵兰州站，并与陇海铁路接轨。正线全长991.78公里。

包兰铁路在宁夏境内有银新、平汝、甘武3条铁路支线。银新铁路自银川火车站至南门，全长10.8公里，于1964年5月竣工通车，主要承

担火车站至银川市内的货物发送业务。平汝（平罗—汝箕沟）铁路全长81.467公里，其中宁夏境内47.496公里，于1971年6月建成，为煤炭运输专用线。甘武（甘塘—武威）铁路全长172.19公里，宁夏境内仅0.123公里，它将宁夏与甘肃河西走廊相连接，有利于两地的经济文化互补与沟通。

宝中铁路。1957年，宝中铁路开始酝酿修建未果， 1984年重新进行勘测设计。1990年10月，宝中铁路大会战拉开帷幕。1994年5月18日全线贯通，6月10日在平凉火车站举行宝中铁路铺通庆典大会。1996年7月正式交付使用。宝中铁路是穿越中国大西北腹地的重要铁路干线。宝中铁路正线长498.19公里，南起宝鸡市虢镇车站，经平凉市进入宁夏境内，北经泾源、彭阳、固原、同心、中宁，止于中卫市迎水桥站，在宁夏境内长286.69公里，占总里程的58%。宁夏段途经回族聚居地西海固地区。

大古铁路（支线）。1995年10月，宁夏第一条地方铁路支线——大古铁路全线贯通。它起自青铜峡大坝，止于灵武古窑子，全长85.35公里，是煤炭运输专用线。

厂矿企业铁路专用线是为便利厂矿企业产品运输而设置的专用铁路。1962年，宁夏仅有铁路专用线6条，1978年增至32条，到2000年年底已达54条。

1958年7月31日，银川市各族各界群众欢庆包兰铁路接轨（大会会场外景）

1958 年 8 月 1 日,中共宁夏工委书记、自治区筹备委员会主任刘格平(中)和宁夏工委书记李景林(右)为包兰线宁夏通车剪彩

1958 年,火车用两部机车牵引通过沙坡头时的情景

1958 年 8 月 1 日,《宁夏日报》创刊号发布包兰铁路正式接轨通车的消息

1958 年,宁夏人民第一次看到了火车

1958 年 8 月 1 日,刘格平向铁道兵代表献旗

1988 年以前的银川火车站售票厅

1990年10月，宝中铁路建设
大会战拉开帷幕

1958年8月1日，银川市各族各界群众在包兰铁路接轨通车庆祝大会上

宝中铁路通过六盘山区

大古铁路古窑子基地

运行在大古铁路上的蒸汽火车

巨龙越涧——横空出世的宝中铁路

银川铁路经济技术开发公司太西煤集散地

（二）客货运输

包兰铁路通车初期，宁夏境内只有银川至兰州、银川至三盛公（今内蒙古磴口县巴彦高勒镇）两对混合列车。1981 年开通银川至兰州普通客车，从此宁夏有了始发列车。改革开放以来，随着经济交流和对外交往的频繁，旅客列车亦不断增加。1990 年 4 月 1 日，银川至北京直达旅客列车首发。到 2000 年年底，共开通银川至北京、西安、上海、西宁、平凉、汝箕沟等 6.5 对直达旅客列车以及 4 对途经列车，并适时开行银川至广州、青岛、重庆等地的临时客车。客运量逐年上升，1959 年仅为 98 万人次，1979 年达到 110 万人次，1999 年达 239.35 万人次。

20 世纪 80 货运年代以前，铁路主要担负宁夏境内煤炭的外运业务。随着经济交往和联系的增强，开始向石油、木材、水泥、有色金属及地方土特产等领域拓展。近年来，为适应市场需求，开行了集装箱专列、快运直达专列及煤炭、石油专列，使铁路货运量大幅度提高。1959 年货运量仅为 302 万吨，1999 年为 1739 万吨。

青铜峡黄河铁桥位于青铜峡水利枢纽工程下游 1.3 公里处。1958 年 11 月 10 日动工修建，1959 年 7 月 1 日正式竣工通车。此桥主要是为青铜峡水利枢纽工程及黄河两岸运输物资而建。铁桥钢梁是在铁道部及兰州、西安铁路局的援助下，从渭南、临潼，峡东等地运到施工工地。承建这座铁桥的是兰州铁路局桥梁工程队，季连根任队长。张荣堂工程师带领 70 名技工和近 200 名农民工，利用封河期间，在冰上架梁，大胆地使用木桩桥墩来支持重达 150 吨的大型钢梁，改变原来破冰凌的设计，节省了工时，节约了材料。

铁路运输的首要责任是安全、正点地把旅客、货物运送到目的地，安全成为铁路运输的生命线和永恒主题。1958 至 1965 年，宁夏铁路运输曾实现过连续 936 天无行车重大、大事故的好成绩。但在"文化大革命"时期，铁路运输秩序混乱，各项规章制度被践踏，工作人员玩忽职守，致使安全生产出现大滑坡。1969 至 1981 年，每年至少发生 3 起重大、大事故，最多的 1976 年竟高达 30 起。1982 年以来，铁路部门坚持"安全第一，预防为主"的方针，逐步建立健全各项安全生产规章制度，严格标准化作业，同时加大了对列车、线路的技术设备改造和安全保障的投入。经过多年的探索和努力，安全工作已经形成了网络系统。从 1992 年 1 月 13 日至 2000 年 10 月 5 日，宁夏铁路成功地实现行车安全无重大、大事故 3189 天，创安全生产的历史纪录。

银川开往北京的列车

20世纪60至70年代的银川火车站

宝中电气化铁路中卫机库

建成于1988年的银川火车站

"八五"国家重点工程——宝中铁路穿山越岭

繁忙的银川站集装箱货场

（三）更新建设

自 1992 年起，宁夏境内的干线铁路线路逐步更换为 60 千克/米的重型焊接长钢轨，使线路允许速度提高到 100 公里/小时，并大大增强了列车运行的稳定性。其余支线、专用线线路，均为 50 千克/米的钢轨。宝中电气化铁路贯通和包兰铁路石嘴山至兰州电气化改造的竣工，使宁夏境内的干线铁路全部实现了电气化。

宁夏铁路长期以蒸汽机车为牵引动力。1995 年初，中卫机务段取消蒸汽机车，代之以内燃机车作为牵引动力，其运行区段也由甘塘至银川延伸为甘塘至石嘴山，从而结束了包兰铁路蒸汽机车牵引的历史。宝中铁路建成后，新组建的迎水桥机务段全部使用电力机车。到 2000 年年底，包兰、宝中铁路宁夏段全部实现牵引动力电力化，平汝支线及一些铁路专用线实现了内燃机车牵引。牵引动力的电力化和内燃化，大大提高了列车的运行速度，保证铁路运输多拉快跑，而且减少烟尘和噪音，保护了铁路沿线的自然环境。

40 年来，宁夏铁路的通信、信号设备多次更新换代，通信设备由最初的磁石式交换机发展到今天的自动程控交换机、分组交换技术、光纤数字通信和铁路调度通信、铁路站场通信、调车无线通信等多种专业通信设施。铁路电话可长途直拨全国各铁路地区，并与市话联网。信号设施由初期落后的煤油灯信号和人工扳动道岔发展到所有车站全部实现电气集中控制。

自治区成立之初，各车站大都十分简陋。一般只有办理售票和行包的场所。从 1959 年开始，各车站进行了不同程度的改建和扩建，包括增设或延长股道、改建站舍、硬化站台、增设栅栏、增加上水柱、改进照明设备、提供便捷的服务设施等。1988 年 7 月，银川站改扩建工程竣工，新设 500 米的站台两个，旅客列车到发线 3 股，并成为全路 68 个大型货运站之一。迎水桥车站日均解编列车 4000 辆，是全路 48 个主要编组站之一。石嘴山、平罗、青铜峡、中卫、甘塘各站的面貌也焕然一新，宝中铁路各站更是打破了站舍外貌千篇一律的旧框框，形成了一站一景、站站不同的新景象。

20 世纪 90 年代以来，电子计算机技术广泛应用于铁路管理各个领域。1997 年，银川站电子售票系统竣工，该系统包括站内售票、4 日内剩余票额屏幕显示、4 至 12 日内电话预订客票、远程市内售票和取票等业务。同年，石嘴山车站微机编制调车作业通知单系统正式运行使用，大大提高了调车作业效率，减轻了职工的劳动强度。1998 年 10 月，由国家铁道部投资建设的迎水桥车站现车管理信息系统投入使用，使车站的现车信息查询、统计、调车作业计划全部由微机代替人工作业。1999 年，建成管内 8 个车站的客票发售和预定系统。从 1997 年开始的以车站运营管理、现车管理、货车管理等为基础的铁路运营管理信息系统（TMIS），到 2000 年已初见成效。其后，又着手建设铁路调度指挥系统（DMIS）。这些信息系统的建成，将使宁夏铁路最终全面实现信息化管理。

电气机车从中卫沙坡头通过

电气化铁龙越大漠

1958年11月10日动工修建,1959年7月1日正式竣工通车的黄河青铜峡铁桥(为青铜峡水利枢纽工程运输建筑材料而专建),因其完成使命而已闲置,成为一段历史的见证

(四)技术改造

包兰铁路通车运营后,技术标准偏低,致使运输能力不高,与逐年上升的运量需求矛盾突出。从20世纪60年代开始,分别对管内区段实行技术改造。宁夏境内大的工程有新建中卫区段站及机务段,修筑甘塘给水工程、石嘴山站场改造等。20世纪80年代末,国家铁道部决定包头至石嘴山段增设复线,石嘴山至兰州东段实施电气化改造。

1994年11月,包兰铁路石兰段电气化改造的先期工程迎水桥至甘塘电气化改造开工。迎甘段全长63.23公里,其中55公里穿越腾格里沙漠,因坡度大、曲线半径小而成为包兰铁路最困难的区段之一。1994年12月,该项工程竣工并投入使用,改造之后的迎甘段与宝中铁路相关的迎水桥至柳家庄

的双线连通,形成了包兰铁路正线90公里的电气双线通道,货物列车通过能力由原来的每天28对增至30对,列车牵引重量从2600吨升至3300吨,同时取消了原中间站列车停车凉闸的时间。迎甘复线的修通,消除了包兰铁路的一处瓶颈。

1998年10月,经过建设大军的艰苦奋战,包兰铁路石兰段电气化改造及站场、通信、信号、线路等工程全部竣工。这一工程全长567公里,总投资20.27亿元,主要工程包括迎甘复线电气化改造及新建石嘴山、银川、青铜峡、甘塘等14个牵引变电所,新建沙金坪、西河桥2个车站,改建车站36个,电化接触网架线962公里,电气集中车站46个,联锁道岔682组,新建和扩建通信站9个,新建平罗、中卫等7个站舍,建成银新西路公铁两用立交桥等。工程竣工后,运输能力显著提高,列车牵引定数由原来的2600吨提高到4000吨。

包兰线上复线电气机车开通

四、宁夏民航事业

1949 年 9 月，解放军接管西花园机场并缴获飞机一架

1958 年 10 月 20 日，中国民用航空局银川航空站成立大会

宁夏民航事业始自民国时期。1934 年曾在贺兰通贵乡平整出一块简易停机坪，算是宁夏最早的飞机场，命名为东昌机场。1935 年，又在新城修建了一个飞机场。由于机场跑道只有八九百米，不符合飞机起降要求，无法使用，只好又在银川西夏区以西的西花园附近空地上重修了一个飞机场。

1949 年宁夏解放后，解放军接管了西花园飞机场。1958 年 10 月 20 日，中国民用航空局银川航空站成立，同日开通北京—包头—银川—兰州航线。1964 年 2 月，组建民航宁夏回族自治区管理局。

20 世纪 60 至 70 年代，民航宁夏管理局所辖西花园机场因地势低洼，每年春季跑道翻浆，水淹机场致使航班停运时有发生。1986 年 9 月，西花园机场改扩建为 3C 级机场，可起降 BAe146 及 50 吨以下机型。1993 年机场安装了助航灯光系统，相继开通银川至西安、北京、广州、上海、成都、乌鲁木齐等地航班。西花园机场虽经几次改扩建，但基础设施简陋，制约了宁夏航空事业的发展。

1995 年 12 月 18 日，银川河东机场工程开工，工程历时 18 个月，于 1997 年 9 月 6 日竣工并投入运营。

银川河东机场属 4D 级国内干线机场，跑道长 3200 米、宽 45 米，站坪面积约 5 万平方米，机场安装有 I 类精密进近仪表着陆系统和先进的航行管制、航空气象、通信导航设备，可满足 B-

20 世纪 60 年代的西花园机场

757、A310等机型安全起降。

银川河东机场投入运营后，民航宁夏管理局紧紧抓住西部大开发机遇，积极引进新机型，开辟新航线，深挖市场潜力，拓宽客货源市场。中国国际航空公司、南方航空公司、东方航空公司、海南航空公司、四川航空公司等多家航空公司先后开通银川至北京、上海、广州、沈阳、西安、兰州、大连、青岛、杭州、福州、重庆、武汉、昆明、成都、乌鲁木齐、深圳等20多个城市的航班，每周航班达100多个，在促进地区社会与经济发展和改革开放中发挥着越来越重要的作用。

1958年10月20日，北京—包头—银川—兰州航线开通，中共宁夏工委书记、自治区筹备委员会主任刘格平（中）为通航剪彩

银川河东机场航管楼塔台

宁夏民航大厦

西花园机场停车场

1986年、1988年两次改扩建后的西花园机场

1996 年 10 月 5 日，银川河东机场跑道全线贯通

雄伟壮观的银川河东机场

河东机场标志性雕塑

西花园机场办公楼

20 世纪 70 年代的西花园机场

水利建设及大型工程

一、民国时期水利情形

20世纪30年代灵武县秦渠口

宁夏中贯黄河，历代在黄河渠两岸修筑了秦渠、汉渠、唐徕渠、汉延渠、美利渠、七星渠、大清渠、惠农渠等大干渠，故素有"天下黄河富宁夏"之说。黄河入宁夏境后，行缓流淤，河水因含沙量大而极易淤积，其各渠口道岸必须年修岁浚。民国以来，因战乱不息，十大干渠多有失修，渠岸残缺，水土流失，不堪使用。马鸿逵主政宁夏后，在省政府建设厅设有水利督导专员，并下设水利研究组，配备技正（工程师）、技士（技术员）和水利视察员。每年清明至立夏进行修挖整顿水利沟渠，护岸埽工（用麦草及黄土作埽坝，堵塞渠口），称为"春工"，形成"清明上渠，立夏开水"制度。还在株干渠东侧与黄河西岸之间，新辟一条引水渠，名民生渠（云亭渠）。渠长130多里，可灌溉土地40余万亩，使沿黄一带大量苲芨滩、盐碱荒地变为良田。

从1933年至1940年，省政府依靠军队和民夫，对唐徕渠、汉延渠、惠农渠、大清渠、云亭渠等干渠进行了截弯取直、改良支渠斗门等工程，并完成了延长中宁县七星渠、重修张政（今掌政）永固和云亭渠各涵洞、重修河东灵武山水沟、整修中宁县铁桶堡沟洞、开辟灵武河东新开渠、补修汉渠迎水坝等工程，对各大干渠的43条主要支渠及成百上千条分支渠进行了整治。这些工程为保证水利畅通，防止和减少黄河塌岸毁田，扩大灌溉面积，促进农业发展，发挥了积极有效的作用。1940年，宁夏建设厅

1934年5月15日，宋子文来宁夏视察水利，国民党宁夏省主席马鸿逵举行欢迎仪式

宁夏各界欢迎宋委员长大会摄影 民国廿三年五月十五日

还从陕西武功农学院聘来水利系的技术人员王三祝、孟昭质等，对宁夏的水利建设做了全面的勘测规划。每年冬季由建设厅召开水利工作会议，为来年的整修"春工"作准备。专员、科长、技术员、各渠局长、排水沟所长、经委主任、河工各方面负责人都要参加。干渠的延长和加高加固、渠口的翻修、减水坝和退水闸的增减巩固、渠身的截弯取直、险要渠坝的整修、排水涵洞的增添翻修等工程方案、经费都要在会上提出研究、审查、落实。每年"春工"期间，有数万民工同时上渠，形成浩浩荡荡的修渠大军。在这岁修的关键时刻，绝大多数民工均能按时出工。但每年春天出河工是农民苦不堪言的差役。

唐徕渠银川西门桥畔的郭守敬塑像

20 世纪 30 年代云亭渠开挖完成放水的情形

汉延渠春工开水后民工在渠口埽工

马鸿逵视察云亭渠挑挖工程

马鸿逵部十五路军工兵开挖云亭渠

20 世纪 30 年代时期的云亭渠口正闸桥

拍摄于1936年的唐徕渠大坝堡正闸

拍摄于1936年的汉延渠小坝堡之正闸

二、各项水利建设

（一）河渠建设

宁夏地处祖国西部，由于深处内陆，属半旱和干旱气候的过渡地带，雨少风多，蒸发强烈。全区每年平均降水量305毫米，由南向北递减，降水集中于7至9月，占全年降水的70%左右；年蒸发量平均1320毫米，由南向北递增。黄河过境水量年均320亿立方米，全自治区耕地1857万余亩，得黄河浇灌之利。开渠引黄灌溉从秦汉开始，已有2000余年的历史。

到1949年，宁夏由黄河引水的大小干渠39条，加上众多的支、斗、毛渠，构成一个较为完整的灌溉系统，灌溉面积近200万亩，成为国内著名的大型灌区之一。农业年种年收，被誉为"塞上江南，鱼米之乡"。

新中国建立以来，宁夏水利事业有了空前发展，主要采取"裁弯取顺"的办法，先后对秦渠、汉渠、唐徕渠、汉延渠、惠农渠、七星渠、美利渠等大干渠进行了改造扩整。扩整了旧有的干、支、斗渠，相应的改建、增建了渠上建筑物，渠道的引输水能力较过去普遍增大一倍以上。将原由黄河直接开口的39条干渠，整并为15条，又新开第一、二农场渠、北干渠、高干渠、跃进渠、西干渠，东干渠、总长425公里。扩大了自流灌区范围，干渠全长达到1158公里，引水能力776立方米/秒，年引水量70亿至80亿立方米。

在扩整旧渠道的同时，大力整修旧沟，开挖新沟，又在不能自流排水的低洼地区建电排站和

新中国成立前不固定的黄河古道九曲十八弯，"三十年河东，三十年河西"，需人类世代不停息地治理

拍摄于1936年的惠农渠龙门桥之建瓴闸

拍摄于1936年之中卫县新墩河工码头

成后，卫宁灌区的美利、羚羊、七星、跃进等干渠由无坝引水变成有坝引水，提高引水保证率，不仅使107万亩农田灌溉用水得到保证，并能新增灌溉面积275万亩。该枢纽总装机15万千瓦，年发电6亿度，效益显著。20世纪80至90年代兴建的固海扬水工程、陕甘宁盐环定扬水工程和宁夏扶贫扬黄灌溉工程，使宁夏灌溉条件进一步改善，灌溉面积进一步扩大。到2003年，全区累计有效灌溉面积达620万亩。

机井，健全排水系统，使灌排配套。至2000年共有排水干沟32条，总长902公里，排水能力608立方米/秒，控制面积703万亩，年排水量30亿至40亿立方米。

1960年青铜峡大坝建成，蓄水60亿立方米，使青铜峡至石嘴山194公里长、34公里宽的灌区，形成比较完整的排灌系统，结束了各大干渠无坝引水的历史，提高供水保证率近100%；省去浩繁的干渠渠道岁修工料，减免了黄河枯水和冰凌对渠首的威胁，更为高部位渠道的兴建和旧渠道的整并创设了条件。黄河沙坡头水利枢纽建

在黄河防洪与河道治理方面，自1964年黄河大水以来，沿河两岸已陆续筑起防洪堤453.6公里，以堤防加人防的方式，有效地防止了河洪漫淹。20世纪80年代初以前，河道整治由沿河各县市各自为战。1983年以后，按照自治区政府批准的"宁夏黄河整治规划"，进行统一的有计划的治理。整治原则是结合河势及已有工程设施，因势利导，上下游、左右岸统筹兼顾，局部利益服从整体利益。整治标准按黄河流量6000立方米/秒设计（20年一遇洪水），7310立方米/秒校核（50年一遇洪水）。经过10余年的治理，已取得阶段性成果。重点险工险段险情基本解除，险工弯道得到控制。

1950年，宁夏省主席潘自力率水利春工慰问团到惠农渠工地慰问群众。（第一排右一梁大均、左三朱敏、第二排右二王莆、右三李景林、右四潘自力）

自治区领导李景林、郝玉山为西干渠工程破土

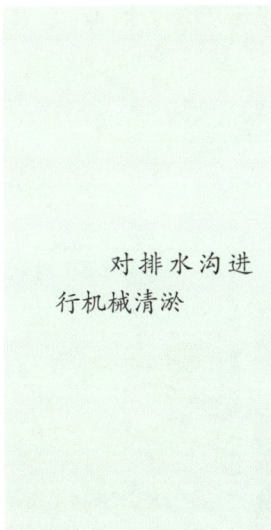

对排水沟进行机械清淤

跃进渠放水典礼

数万人参战的东干渠开挖工程

中宁县七星渠进水闸

唐徕渠的整修和改建

汉延渠林皋节制闸

劳动人民在实践中总结出的柳桩治沟经验

对跃进渠渠道进行砌护

唐徕渠银川市境内段的绿化带

1975 年 11 月 5 日,东干渠主体工程竣工

汉延渠渠首建筑物

惠农渠进水闸

惠农渠二排渡槽

秦汉渠渠首

古渠新貌

"大跃进"中，泾源县群众修筑老龙潭水渠

（二）山区人畜饮水解困

宁夏南部山区包括固原、海原、西吉、隆德、泾源、彭阳、同心、盐池等八县和中卫、中宁、吴忠、灵武四县（区）黄河右岸的部分山区，面积占全自治区的五分之四，人口约占全自治区的一半，该地区水资源贫乏，水土流失均较严重，旱灾频繁，农业产量低而不稳，为西部的贫穷地区之一。20世纪50年代大力兴修小型水利，拦蓄径流与洪水，发展灌溉。70年代初抗旱打井，发展井灌，解决了部分人畜饮水困难。70

年代中期开始，高扬远送黄河水到山区，扩大灌溉面积，建设新的绿洲。80年代以来，广泛兴修水窖，打土圆井，集中解决人畜饮水问题。同时，发展窖灌农业和庭院经济。90年代后期，开始实施有计划的退耕还林还草，增加植被，改善生态环境。到2000年，山区已有中小型水库195座，配套机电井2556眼，建成万亩灌区17处，有效灌溉面积达143.63万亩，其中农田灌溉面积129.8万亩。

水土保持从20世纪50年代开始，培地埂、修梯田、打坝地、造林种草、治沟治山，出现了一批治理典型。以后，虽几起几落，但从未中断。80年代农村实行责任制后，开始以户包小流域综合治理，效益显著，到2000年已累计治理面积11465平方公里，占水土流失面积的29.5%。至2000年，全区水利建设投资达25亿元，形成固定资产20亿元，建成万亩以上灌区21处，机电排灌站2430处，机电井4300眼，中小型水库193座，改造、新建中小型水闸22座，修造黄河堤防524公里和一批滞洪、导洪、泄洪工程，治理水土流失面积8490万亩，盐碱地改良217万亩。全区累计建成各类人畜饮（改）水工程460处，打水窖42万眼，土圆井5.9万眼，累计解决了186.88万人、84.64万头大牲畜和340万只羊的饮水问题。但尚有70.88万人的饮水困难有待解决。水利事业的蓬勃发展，增强了农业特别是粮食生产的后劲。到1997年年底，全区扩大灌溉面积达200多万亩，建设山

山区人用牲畜到十几里甚至几十里开外驮水

由邵元冲题写"青铜峡"三字的古石碑竖立在青铜峡峡口

区旱作农田 400 万亩，解决和改善了 110 万人和 23 万头大家畜、144 万只羊的饮水困难，农业生产条件和群众生活水平以及区域环境面貌得到极大的改善，农业生产力水平显著提高，粮食年产量突破 250 万吨大关，林、牧、副、渔业也相应地得到迅速发展。

宁夏南部山区群众用辘轳汲水

宁夏山区许多地方靠挖掘土窖储雨水，图为窖口

"大跃进"中的西吉县马莲川水库工地

南部山区实施找水计划，为常年缺水的回汉各族群众送去了甘泉

20世纪七八十年代，山区多采用打机电井抗旱和解决人畜饮水

三、新中国三大水利工程

青铜峡水库开工修筑前的龙王庙

（一）青铜峡水利枢纽

青铜峡水利枢纽位于黄河中上游宁夏青铜峡市青铜峡峡谷出口处，距自治区首府银川市 78 公里，是以灌溉发电为主，兼有防洪防凌综合利用的大型水利工程。

1954 年，第一届全国人民代表大会审议通过了黄河规划委员会提出的《黄河综合利用规划技术经济报告》，青铜峡水电站被定为黄河干流上 46 个梯级水电站之一。

1958 年 8 月 25 日，青铜峡水利枢纽工程开工，成为黄河上继三门峡之后兴建的第二座水电站。工程由青铜峡水利工程局（国家水电部第三工程局）施工，分三期进行。一期工程从 1958 年 8 月起到 1960 年 2 月河床截流止，建成了河东河

西围堰。二期工程从 1960 年 2 月至 1966 年 10 月，堆筑河床上下游围堰，与第一期工程修筑的混凝土导墙相接。三期工程从 1966 年 10 月封堵河东梳齿，到 1967 年 7 月止。修建河东导流明渠下游围堰。1967 年

4 月，水库开始蓄水，1967 年 12 月 26 日，第一台机组多网发电。1978 年，8 台机组全部安装完毕，全枢纽有 98 个闸孔、89 个闸门，坝长 666.75 米，高 42.7 米，水库面积 113 平方公里；电站装机总容量 27.2 万千瓦，年平均发电量 13.55 亿度，是世界上最大的闸墩式水电站之一。

青铜峡水利枢纽的建设历经艰难曲折。工程于 1958 年"大跃进"时期开工，1960 年遭遇了严重经济困难，1966 年起又受到"文化大革命"的严重干扰，且整个施工过程要始终保证每年"五一"放水灌溉，给工程设计和施工带来很多困难。但工程技术人员和来自全国各地的广大建设者们顶着压

1958 年 8 月 26 日，青铜峡水利枢纽工程开工典礼的会场

工程局局长赵征在开工典礼大会上发布开工的命令

力，克服了重重困难，不仅如期完成了建设任务，而且在施工中还创造性地运用了许多新方法、新技术，如草土围堰、混凝土塞处理大断层、化学灌浆治理大坝裂缝、平压水箱补充钢筋不足等，尤其是草土围堰采用稻（麦）草和土为材料，不仅比土石围堰节省费用，而且筑堰时间缩短一半，防渗效果更优越，成为青铜峡水利枢纽工程建设的一大特点，其经验不仅为黄河水利工程所广泛应用，还推广到国内外水利工程中。但由于工程开工急促，边勘测、边设计、边施工，加之设计变更频繁，施工机械奇缺，土法上马，在建设中采用人海战术，片面强调"多、快、省"，对质量"好"重视不够，使工程遗留下许多隐患。

青铜峡水电厂是全国唯一的闸墩式水电站，河床8个电站与7个溢流坝相间布置，电站两侧的支墩就是溢流坝闸门的闸墩。电站设计的排沙泄水底孔，成功地解决了多泥沙河流上坝前淤积的难题，为水利枢纽长期正常运用提供了保证。泄水管进口在电站机组进水口下方，绕过机组锥管，出口设在机组尾水管上方，是一空间且变断面的曲线形水道。

这种结构也为长江葛洲坝电站所采用。

随着灌溉流量的增大，为充分利用灌溉补水水能，减少补水对水利工程建筑物的冲刷，1993年5月，由宁夏电力公司和青铜峡市利达公司共同投资1.7亿元，由国家水电部西北勘测设计院设计、宁夏建筑安装工程公司施工，修建了唐渠电站（9号机）。工程于1995年7月投入发电运行。至此，青铜峡水电厂装机达到9台，总装机容量30.2万千瓦。唐渠水电站发电后的尾水汇入唐徕渠，使唐徕渠最大引水流量达473.6立方米/秒，大于自治区要求的450立方米/秒的流量，不再需要1号机泄水管补水，解除了1号机尾水对导墙和出口建筑物的冲刷，有利于青铜峡水利枢纽的长期运行。

宁夏引黄灌溉历史悠久，

1959年，自治区书记处书记罗成德（右一）、自治区人委副主席马腾霭（右二）在青铜峡工地视察

青铜峡水利枢纽工程工地

宁夏文艺宣传团体到青铜峡水利工程慰问演出

早在秦汉时便在黄河两岸修建了秦渠、汉渠、汉延渠、唐徕渠等灌渠，但由于均属无坝引水，引水量难以保证，岁修工程量大。1960年2月，青铜峡水利枢纽工程截流合龙，抬高水位引水入渠，结束了2000年来灌区无坝引水的历史，保证了宁夏灌区的灌溉用水，免除了渠道岁修繁重的人力物力负担。1998年，唐徕渠最大引水量487立方米/秒，秦汉渠最大引水量112立方米/秒，高干渠44立方米/秒，引水灌溉总流量643立方米秒，全年灌水总量75.2亿立方米。灌区灌溉面积由解放初期的140万亩，扩大到1998年的668万亩；粮食产量由3.19亿公斤发展到21.7亿公斤，是解放初期6.8倍，灌区已成为宁夏主要商品粮基地和全国商品粮基地之一，农、林、牧、副、渔全面发展。

青铜峡水电站建成发电后，廉价的电力源源不断地送到宁夏的工厂和农村，推动了宁夏工农业经济

青铜峡水库大坝合龙时情景

青铜峡水利枢纽工程大坝建成全貌

的发展。从1967年到2002年年底，枢纽9台机组共发电293亿度，产值达200.5亿元。从1968年到1985年间，青铜峡水电厂成为宁夏电力的主力发电厂和宁夏唯一的调频调峰电厂，发电量占宁夏电网的50%以上，特别是1975年发电量达全网的72.92%。电力的发展推动了宁夏高耗能产业的发展，青铜峡铝厂、宁夏水泥厂、宁夏石油化工厂相继建立，廉价便捷的电力使青铜峡铝厂成为全国八大铝厂之一。

青铜峡水电站的建成，在很大程度上缓解了宁夏、内蒙古河段的冰凌灾害。黄河宁夏、内蒙古河段由南向北1100公里，跨纬度60至70，温度相差大，每年11月开始流冰封冻，到翌年3月解冻开河期间，上游的甘肃、宁夏先解冻开河，下游内蒙古包头后开河。上游开河解冻河水形成洪峰，冰水一齐下泄，卡冰结坝，抬高水位，造成河堤溃决形成凌灾。青铜峡水电厂未建前，由于上游开河形成洪水，造成宁夏、内蒙古冰凌灾害，平均每两年一次。水电厂建成后，封冻期和封冻河道缩短，特别是1969年刘家峡、1986年龙羊峡水库蓄水后，3水库联合调度，在封冻期加大下泄流量，使封冻冰盖处于高水位，增大冰盖下过水断面，在解冻期控制下泄流量，不致形成洪峰，下游不致形成冰坝，防止了冰凌灾害的发生，经济效益和社会效益都十分明显。另外，水电站建成对保证下游城市用水、开发库区旅游资源都十分有利。

青铜峡水利工程局俱乐部

青铜峡水库大坝

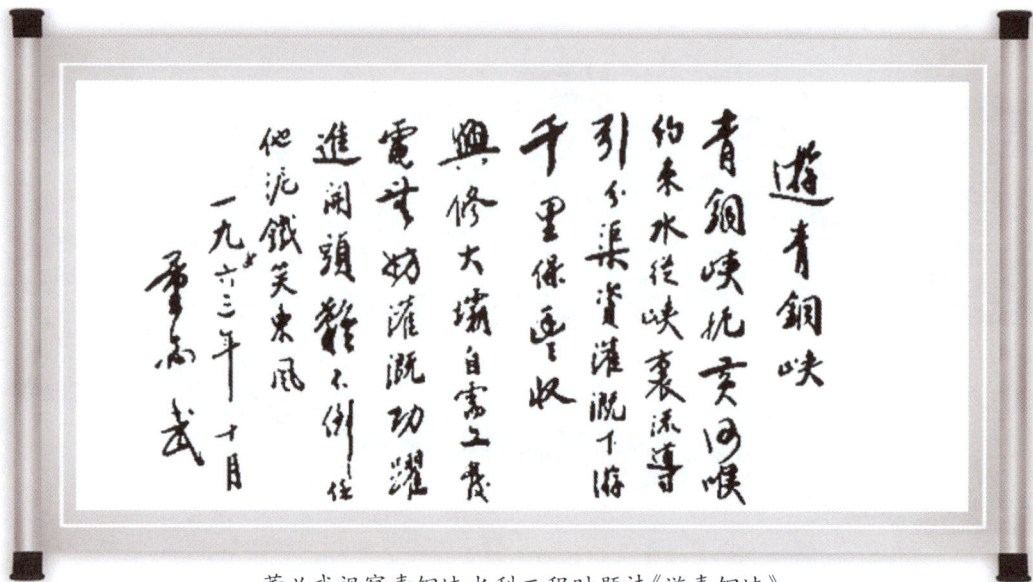

游青铜峡

青铜峡优责问候
仰承水从峡里流导
引水渠资灌溉下游
千里保丰收
兴修大坝自雷工费
电力功灌溉功耀
进闸头峰不例任
他泥饿笑东风

一九六三年十月
董必武

董必武视察青铜峡水利工程时题诗《游青铜峡》

青铜峡水库大坝工程一泵站从青铜峡河东灌区东干渠提水上山,图为泵站进水闸及主副泵房

(二) 固海扬水工程

宁夏固海扬水工程是国家为解决宁南山区干旱问题而兴建的一项电力多级提水灌溉工程。宁夏西海固北部山区包括固原、海原、同心、中宁等市县及国营长山头农场,地势较为平坦,土地资源丰富,但年降雨量仅为 200 至 300 毫米,年蒸发量却高达 2000 毫米以上。流经当地的清水河,水量少,矿化度高,含氟量达到 3 毫克/升至10 毫克/升,不能为生活、生产所利用。为解决

当地人畜饮水,发展畜牧业生产,改变干旱贫困面貌,在国家计委、国家水电部大力支持下,自治区决定兴建固海扬水工程。

固海扬水工程由三部分组成,即原同心扬水工程、固海扬水主体工程和世行扩灌工程。

同心扬水工程于 20 世纪 70 年代初提出。1973 年经国家水电部批准,宁夏于 1974 年成立工程指挥部,王志强任总指挥。1975 年 6 月开工,1978 年 5 月竣工,为宁夏第一座规模较大

1978年6月,固海扬水工程在中宁古城子工地举行开工典礼大会

的电力提灌工程,投资2916万元,设泵站6级7座,装机容量14220千瓦/36台,总扬程253.1米,净扬程205.6米,渠道总长93.75公里,建筑物204座。

固海扬水主体工程自1975年提出,1978年6月1日动工,1986年9月3日竣工。灌区受益面积:中宁县6万亩,长山头农场6万亩,同心县河西5.8万亩、河东10万亩,海原县8万亩,固原县4万亩。工程在中宁县泉眼山北麓黄河右岸建站,抽水20立方米/秒,设11级扬水,至固原县七营乡,总扬程382.47米,净扬程342.74米,共安装各式水泵107台。干渠全长152.94公里,有各种建筑物300多座,其中以全长1064米的跨清水河渡槽最为壮观。东支干渠由主干渠五泵站前池分流5.8立方米/秒,穿长山头农场,南行越大洪沟入同心县界,至王家团庄入团结梁灌区,全长50.86公里,各种渠道建筑物129座。第四主干渠与1976年建成的同心扬水三干渠在大柳木山相交。为扩大灌溉效益,充分利用已建工程,将同心扬水四干渠并入固海五干渠,原同心扬水的黑水沟、李堡、同心等泵站并入固海工程联合使用。输变电工程共建变电所15座,其中110千伏5座,35千伏10座。架设高压输电线路272.57公里。泵站主要有泉眼山、古城、长山头、大柳木山、黑水沟、龙湾、

1981年,固海扬水工程第二泵站施工现场

固海扬水工程泉眼山泵站

2000 年，固海扬水工程共有泵站 25 座，装机组 163 台（套），总容量 99890 千瓦，运行容量 85680 千瓦。变电所 17 座，有大小容量变配电变压器 65 台，总容量 87995 千伏安。主支干渠 25 条，渠道总长 287 公里，渠道建筑物 678 座。为加强工程管理，1978 年成立同心扬水管理处，1980 年成立固海扬水管理处。1982 年 2 月，两处合并，统称固海扬水管理处，建立健全各科室所，编制 1065 人，2000 年有在职职工 1006 人，主要从事机电设备与渠道工程的维护管理。

固海扬水工程使"水往高处流"不再是神话而是现实全景

李堡、石峡口、李旺、红中湾和七营泵站等 17 座，渠道总长 212 公里，建筑物 455 座；共装机泵 428 台（套），配电设备 567 台，预应力混凝土压力管道 14580 米，电缆 15 万米。

世行扩灌工程于 1988 年开工，1992 年 11 月竣工，分固海扬水扩灌工程和同心扬水扩灌工程两部分。1993 年由世行项目办公室与固海扬水管理处代管，1996 年 3 月正式移交固海扬水管理处管理。工程共建泵站 5 座，装机 35 台（套），总装机容量 9160 千瓦，建变电所 3 座，扩灌 14 万亩。

本着"边建设、边受益"的指导思想，固海扬水工程自建设以来，发挥了巨大的经济效益、生态效益和社会效益，为宁南山区群众的脱贫致富，促进宁南山区经济繁荣和社会

1986 年建成的固海扬水工程长山头渡槽

稳定作出了巨大贡献。1980年整个固海灌区农民人均收入仅为30.5元，1996年达到1703.73元，是1980年的55.5倍。1997至2000年，宁南山区持续干旱，而灌区却在大旱之年连年丰收，有力地支援了宁南山区的退耕还林还草工作，稳定了社会秩序。至2000年，固海灌区粮食总产量186325万公斤，农林牧总收入281034万元，2000年灌区人均收入1369元。

扬黄灌区经济的发展，带动了周边山区经济的增长，影响和改变了山区农民传统的思想观念，他们纷纷走出家门，寻求新的生活方式。扬黄灌区不仅使灌区群众摆脱了贫困，而且还帮助支援了国家的扶贫攻坚工作，同心县的受灾人口由1977年的37.75%下降为1996年的17.12%。灾害之年，扬黄灌区的粮食、饲草可以就近援助山区受灾群众，使他们较顺利地渡过难关。固海灌区成片的良田和整齐的村舍已覆盖了昔日的沙丘，灌区内粮丰林茂、植被广厚，生态环境已向着良性方面发展，农民生活得到了极大的改善，经济稳步发展，社会稳定兴旺。

引水工程建成后，干旱的彭阳长城塬上的杏子丰收了

同心县新灌区河西镇新村的村道两旁绿树成荫，农民走上致富路

固海扬水工程让山区有了水浇地

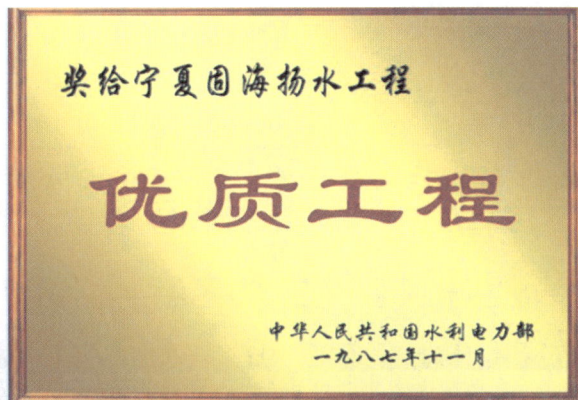
奖给宁夏固海扬水工程
优质工程
中华人民共和国水利电力部
一九八七年十一月

水利部为固海扬水工程颁发的奖牌

陕甘宁盐环定扬黄工程

李鹏

中共中央政治局常委、国务院总理李鹏于 1996 年 9 月在宁夏视察期间，为陕甘宁盐环定扬黄工程题名

水利部部长钮茂生（前右二）在自治区副主席周生贤（前右一）陪同下视察盐环定扬黄工程

自治区党委书记黄璜（前右一）、主席白立忱（左二）多次到工程建设一线检查工作

（三）陕甘宁盐环定扬黄工程

陕甘宁盐环定扬黄工程是为了解决宁夏盐池、同心两县，甘肃环县，陕西定边县四县部分地区人畜饮水，防治地方病，结合发展灌溉，改善生态环境，造福人民的一项大型电力扬水工程。

工程受益地区是陕甘宁边区革命根据地的一部分，总面积约 1 万平方公里，人口约 30 万人，是以牧为主的半农半牧区。该地区属典型的大陆性气候，由南向北为温带半干旱、干旱区。多年平均降雨量 250 至 400 毫米，年蒸发量 2100 至 2300 毫米。地表水资源奇缺，地下水埋藏深、储量少、矿化度高，含氟量平均超过 4.5 毫克/升，不适宜人畜饮水。风沙及干旱是这一地区的主要灾害。

为了解决这一地区人畜饮水困难，改变贫困面貌及生态环境，提高人民生活和健康水平，陕甘宁三省（区）党委、政府报请国务院批准，联合兴建陕甘宁盐环定扬黄工程。

该工程由陕甘宁三省（区）共用工程和三省（区）专用工程两部分组成。共用工程设泵站 11 座，总装机容量 6.13 万千瓦，设计扬水流量 11 秒/立方米，分配给盐池县 5 秒/立方米，同心县、环县、定边县各 2 秒/立方米。盐环定扬黄工程总干渠长 101 公里。输变电工程有 220 千伏、110 千伏、35 千伏、6 千伏四级 150 公里输电线路和 11 座变电站。通信工程是以微波电路

作主干线，以特高频、电缆电路为分支线的综合通信网络。工程投资30343万元。

专用工程设泵站13座，其中宁陕共用1座、陕西3座、甘肃5座、宁夏4座。总装机容量2.56万千瓦。干、支渠总长480公里，供水管网总长1127公里，加压泵站43座，装机容量0.32万千瓦，供水点1118处。工程投资61923万元。三省（区）共用工程于1987年12月经国家计委批准开工，1988年8月动工兴建，陕甘宁盐环定扬黄工程指挥部负责工程的建设管理。经过三省（区）广大建设者历时八年的艰苦奋战，于1996年9月竣工。

工程全部建成可解决36万人、127万头（只）牲畜的饮水问题，发展灌溉面积32万亩。对改善当地群众的生产、生活条件、提高生活及健康水平，改善生态环境到起巨大的作用。

1996年8月，全国政协副主席钱正英（中）在自治区政协副主席郝廷藻（右一）的陪同下，到盐环定扬黄工程视察

盐环定扬黄工程二泵站渡槽

富有民族建筑风格的盐环定扬黄工程二泵站

盐环定扬黄工程前池、渠道鸟瞰

1996 年 9 月陕甘宁盐环定扬黄工程竣工,
这一工程是当时国内也是亚洲最大的饮水工程

扬黄灌区麦浪滚滚丰收在望

长 540 米的太阳山渡槽

引黄灌区农民喜获丰收

由解放军援建的全长 1256 米的红墩子隧洞

迁入灌区农民喜盖新居

教育事业

一、新中国成立前

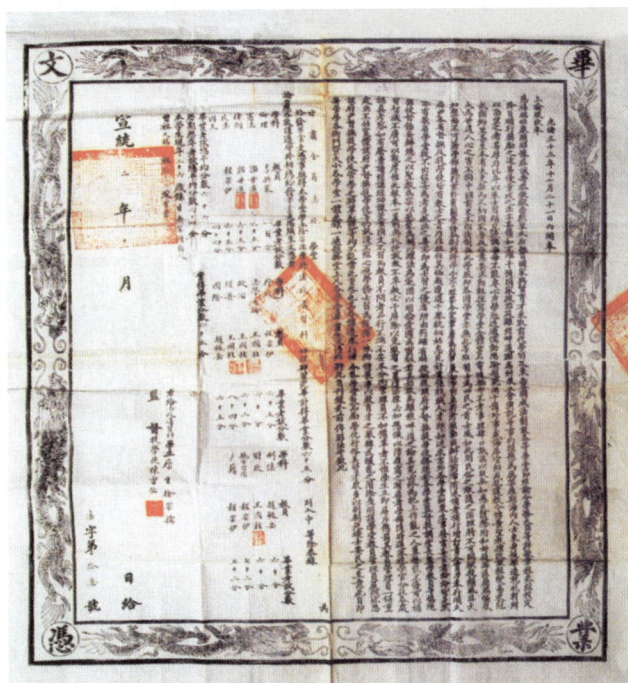
清宣统二年(1910年)甘肃法政学堂(今兰州大学前身)发给徐宗孺的毕业证——宁夏最早的毕业文凭

清代光绪三十一年（1905年）废除科举前后，宁夏先后出现了初等小学堂、高等小学堂，儒学教育开始向近代教育过渡。辛亥革命后，改小学堂为小学校。时宁夏、固原两地府、州、县均设立劝学所，相继办起初级小学校175所，高级小学校28所。先后创办中等学校4所，即甘肃省立第八师范学校、甘肃省立第五中学、甘肃宁夏女子师范学校和蒙回师范学校。1929年宁夏建省初，有中学4所、小学237所，在校生6655名。1948年9月，马鸿逵政府创办了宁夏师范专科学校，为宁夏地区高等教育之始。

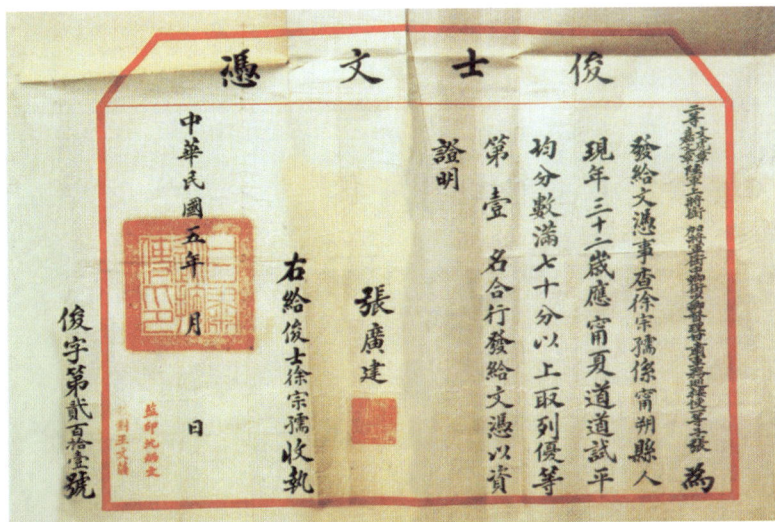
1916年，督理甘肃军务、巡按使张广建签发给徐宗孺的俊士文凭

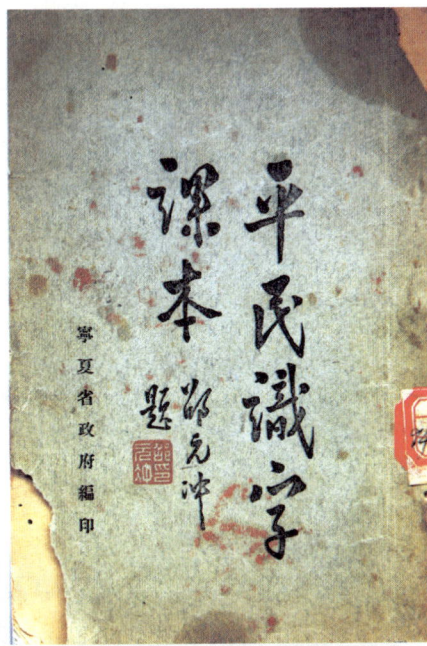
20世纪30年代宁夏省政府在识字运动中编印的《平民识字课本》

民国时期建成之宁夏中学。门额题字"宁夏省立宁夏中学校"

创建于 1906 年的宁夏中学。图为 20 世纪 30 年代时校址

1937 年宁夏中学部分同学留影。后排右二为孟长有

1937 年创办载德慈幼院之邹德一

民国初年马福祥倡办的同心韦州回民小学。图为 1936 年时师生合影（来华美国传教士毕敬士摄）

1949 年，省立宁夏女中师生春游

1946年7月15日,宁夏私立万慈小学第一班学生毕业生与各校董及全体教师合影

宁夏省立中学1944届高中毕业生留影

1940年7月7日,私立宁夏中阿师范学校研究班毕业典礼合影

尚钺(1902~1982),中国历史学家。原名宗武,字健庵。河南罗山县人。1921年入北京大学预科,后入本科英国文学系肄业。1927年,南下投身革命。同年9月在开封加入中国共产党。1929年春,到吉林省毓文中学任语文教员,成为时为中学生的金日成最崇敬最热爱的老师。1932年4月,被任命为中共满洲省委秘书长。1934年,到中共北平市委编辑《北方红旗》刊物。不久,因北平市委遭敌破坏,与党组织失去联系。1936年,他化名尚建庵,颠沛流离到宁夏中卫中学任国文兼英语教员。他介绍进步书刊让学生阅读,并介绍孟长有等进步学生到延安抗日军政大学学习。1937年春,离开中卫中学,到省城宁夏中学任教一段时间。抗日战争爆发后,尚钺开始研究历史。1942年到云南大学任讲师、副教授。1946年由上海入山东解放区,任山东大学教授。1950年起,历任中国人民大学中国历史教研室主任兼中国科学院哲学社会科学部历史研究所学术委员等职。1972年,任中国人民大学清史研究小组副组长。1978年,任中国人民大学历史系主任。1982年去世。

二、新中国成立后

1960 年 5 月，自治区党委书记处书记甘春雷在文教群英会上作报告

（一）概况

新中国成立后，宁夏教育事业发展很快。一方面接管、改造了旧的公立学校，撤并了私立学校和教会学校，继承了老解放区办教育的成功经验，使教育工作逐步走上正轨。同时，随着土地改革和社会主义改造运动的深入，各地掀起了群众办学运动和成人扫盲运动热潮。1958 年宁夏回族自治区成立时，全区中小学校已发展到 3026 所，在校生 265747 人。当年还创建了宁夏师范学院、宁夏医学院和宁夏农学院，为宁夏培养高级专业人才奠定了基础。到 1965 年，各类学校发展到 7562 所，在校学生达 374908 人。

"文化大革命"时期，高等学校和中等专业学校多年停止考试招生，中小学停课"闹革命"，教学秩序混乱，教育质量严重下降。1976 年，中学增加到 779 所。十一届三中全会以后，教育事业经过拨乱反正，重新走上了健康发展的道路，尊师重教、教育优先发展的社会风气逐渐形成。改革开放后，撤销"戴帽子中学"，中学减少到 436 所。1977 年恢复了高考招生制度后，陆续新建了 7 所高等院校。自治区制定了一系列加快民族教育发展的特殊政策，基础教育实行分级办学、分级管理体制。从 1988 年起，采取自治区集中筹资与市县自筹、群众自愿集资相结合的办法，多渠道筹措资金，大规模改造中小学危房，解决中小学设备不足，基本结束了山区儿童在土窑洞里坐土台子上课的历史。20 世纪 90 年代后，自治区把教育摆在优先发展的战略地位，深入实施科教兴宁战略，采取切实的政策措施，加快教育改革和发展，已基本形成了较为完整的民族教育体系，职业教育、成人教育、高等教育均有了较快发展。宁夏大学经过几轮合并，扩大了办学规模，改善了办学条件，增强了办学实力，提高了办学质量，正向综合性大学迈进。

1949 年省立宁夏女中毕业生合影

1957年9月,吴忠回族自治州建起了第一所女子初级中学

吴忠女子初级中学的学生们领到了新书

1958年9月30日,李景林、甘春雷、袁金章在宁夏大学成立时和师生合影

1960年5月,自治区副主席黄执中在文教群英会上致开幕词

1960年5月,自治区党委书记处书记甘春雷在文教群英会上发奖

吴忠回族自治州领导人马腾霭到女子初级中学看望师生

20世纪90年代,每到春季植树季节,银川市上万名学生参加植树活动

1990年3月,全区中师工作座谈会在吴忠师范召开

1999年8月,92岁高龄的邵逸夫一行乘专机直达银川,开展捐资助学活动

1985年2月,自治区召开全区教育改革座谈会

1995年8月15日,银川地区近万名学生在街头宣传《教育法》

(二) 民族教育

宁夏的少数民族教育起步较早。1909年,宁夏满营曾设立两翼蒙学堂两所,有学生100人左右。又于新满城设清文(即满文)学堂1所,有学生40名。

1915年,宁夏护军使马福祥捐资在北京创办蒙回学校一所,同时捐资在宁夏新增清真小学64所。1919年,马福祥捐资建成宁夏蒙回师范学校,招收高小3个班,初小4个班。

1932年伊斯兰学者虎嵩山在省城创办宁夏私立中阿学校,1938年在吴忠创办中阿师范学校,均由他亲任校长。1935年,马鸿逵创办中阿学校一所。1936年改中阿学校为宁夏回民师范学校,1937年又改名为云亭师范,是年底撤销。

新中国成立后,1952年成立了宁夏民族中学(1957年迁至吴忠,改为吴忠师范),培养了大批少数民族建设人才。

1984年9月,成立了宁夏少数民族教育基金研究会,吴忠、同心、海原、泾源、平罗等县先后由宗教人士出面,成立了回族教育促进会。到

1985年,全区有寄宿制回民学校84所(其中中学7所),同心县还设阿拉伯语专修学校1所,回民女子中学和小学各1所。2000年实施"百所回民中小学标准化建设工程",至此全区共有民族学校224所,其中,小学174所,中学48所,民族预科教育学院1所,民族高校1所,已基本形成从基础教育到高等教育较为完善的民族教育体系。各级各类学校回族在校生49.2万人,占全区在校生总数的36.75%。

同心阿拉伯语学校,创办于1985年3月,隶属宁夏民委。开设阿拉伯语专业课、语文、民族理论和民族政策、历史、回族简史、行政管理和伊斯兰宗教常识等课程,学制三年,是全国第一所外语中等专业学校。

宁夏伊斯兰教经学院,成立于1985年,是宁夏回族自治区伊斯兰教协会举办的一所伊斯兰教高等学府,旨在培养爱国爱教、德才兼备、遵纪守法,既具有较高的经学水平和汉语文化素养,又恪守伊斯兰教功修,遵从伊斯兰教信仰的高级宗教职业者。学校占地面积2.8万平方米,建筑面积9816平方米。

1957 年建起的农村回民小学

吴忠市回民中学

韦州杏园中阿学校(民办)的学生

银川回民中学

成立于 1985 年的宁夏伊斯兰教经学院

银川唐徕回民中学举行升旗仪式

创办于 1985 年 3 月的同心阿拉伯语学校

20世纪90年代西北第二民族学院一角

石嘴山市回民高级中学

银川唐徕回民小学

20世纪80年代的同心县海如女子中学

1988 年,银川一中为山区八县开办的民族班学生

宁夏大学民族班的教师和学生在一起交谈

(三)扫盲识字与成人教育

1949 年宁夏解放初,全省文盲人口占 95%以上,许多村庄找不到一个识字人。1957 至 1965 年,全区共扫除文盲 32.9 万人。"文化大革命"期间,教育事业遭到很大破坏,扫盲工作处于无人过问的状态。1989 年 1 月,自治区政府发布《宁夏回族自治区扫除文盲工作实施办法》,规定在自治区境内,15 至 40 周岁的文盲、半文盲公民,均有接受扫盲教育的权利和义务,在全区范围内开展扫盲并实行脱盲考核和验收制度。至此,宁夏的扫盲工作开始步入法制化轨道。1990 年 9 月,自治区提出在农村实施具有战

始建于1984年的西北第二民族学院,现改名为北方民族大学

略意义的"231工程",开展"扫文盲、扫科盲、学文化知识、学科学技术、学经营知识、造就新一代农民"的活动,增强了农民的科技意识,提高了农民的文化素质,促进了农村经济的发展。到1995年,有17个农村县(市)达到"高标准扫盲单位"标准。同时,在全区初步形成了扫盲和扫盲后继续教育的师资、教材、阵地建设体系。有近百万农民掌握了2至3项农村实用技术,农民科技意识增强,科学文化素质明显提高,促进了经济发展和社会进步。2000年,宁夏川区16县和盐池县已实现了高标准扫除文盲,山区5个县实现了基本扫除青壮年文盲。全自治区青壮年脱盲率已达到91%。

宁夏的成人教育主要包括农民教育和成人大中专教育。20世纪70年代中期,在一些工厂、农村办过几所"七二一"大学、"五七"大学、政治夜校等。中共十一届三中全会后,相继成立了宁夏煤炭职工大学、石嘴山职工大学、农垦职业中专、轻纺职工中专等。在全区初步建立起成人学历教育与非学历教育、成人大中专招生考试的规范化管理制度,成人大中专学历教育从无到有,从小到大,发展迅速,成为培养多层次、多规格人才的重要渠道。到1999年,全区有成人高校5所,成人中专26所,在校学生21999人;自学考试开考专业63个,参加考试学习者达3万多人。电视教育覆盖面达72%。

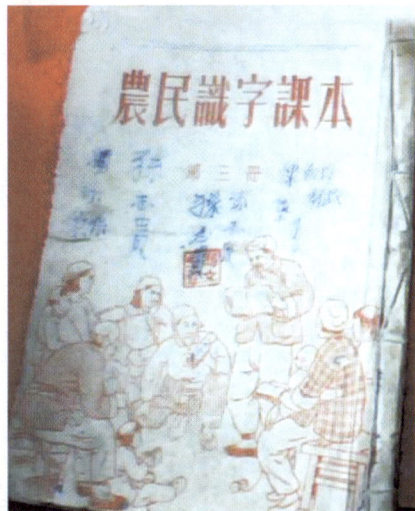

20世纪50年代初期
使用的《农民识字课本》

20 世纪 50 至 60 年代初，在城市普遍开展的扫盲教育

回族女孩子热心读书识字（1957 年摄）

婆媳同扫盲（1957年摄）

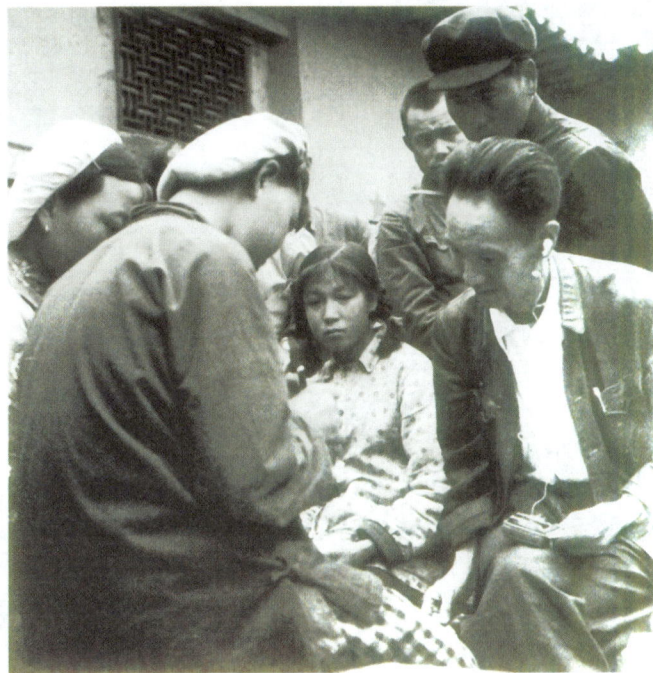

1960年，自治区教育厅副厅长陈杰检查扫盲情况

处处认字，人人扫盲（1957年摄）

参加青铜峡水利枢纽工程的民工在工余参加扫盲班学习

利用饭前饭后开展识字活动(1960 年摄)

"大跃进"时,各县还纷纷办起了
自己的工人、农民大学

宁夏画家旋鹰创作于 1959 年之国画《夜读》

宁夏固原农校始建于1958年,是宁南山区唯一的综合性中等职业学校

（四）中等专业、职业技术教育

明代和清末民初,宁夏曾创办过一些传习所和艺徒学堂,培养出一批熟练工人和技术骨干,是为专业和职业教育的萌芽。解放初,宁夏的中等职业学校有宁夏助产护士职业学校、国立宁夏实用技术学校、宁夏高级农业职业学校等3所,学生仅91人。1951年新建了灵武机耕学校。此后陆续创办了宁夏卫生学校、宁夏农业学校、固原师范、吴忠师范、石嘴山师范、固原农校和卫校、宁夏交通学校和电影学校等。1958年自治区成立时,全区有中专和职业学校73所。1965年发展到108所。1976年以后,中等职业技术教育进入了一个新的发展时期。1995年,全区有中专学校26所,在校学生12463人;有技工学校38所,在校学生13198人;职业技术学校36所,在校学生9588人。各类中等职业技术学校在校生占整个高中阶段在校生总数的40%,初步改变了宁夏中等教育结构单一的局面。1999年,全区各类中等职业技术学校在校生和招生数分别为4.45万人和1.72万人,占高中阶段在校生数、招生数的44.8%和45.3%。职业教育成为全区教育发展最快的增长点。

银川农业机械化学校。1951年10月,国营灵武农场创办拖拉机驾驶员训练班,是全国最早的四所农机学校之一。1952年4月更名为灵武机耕学校,1954年更名为宁夏省灵武机耕学校,1955年改名为甘肃省银川农业机械化学校,迁至银川西门外（今自治区人民政府所在地）。1958年,改为宁夏回族自治区银川市农业机械化学校。"文化大革命"中学校撤销,1978年恢复,定名为宁夏农业机械化学校,易址新建于新城区贺兰山路。1999年5月挂牌"宁夏机电工程学校"。

吴忠师范学校,其前身为宁夏民族公学。1952年9月21日,宁夏省人民政府成立了宁夏民族公学,校址在银川西门外唐徕渠东畔的西关街南侧,由原民国宁夏省私立载德慈幼院改建而成,是一所省属少数民族中等学校,又是少数民族干部学校。1954年宁夏省撤并入甘肃省,改名为甘肃省民族公学。1956年1月,甘肃省民族公学与西北机耕学校（银川农业机械化学校前身）换址,迁往灵武农场。是年9月又迁至吴忠（时为吴忠回族自治州首府）,更名为甘肃省吴忠师范,为民族地区培养小学教师。1958年宁夏回族自治区成立,更名为宁夏回族自治区吴忠师范。

始建于 1960 年的宁夏交通学校

创建于 1985 年的宁夏林业学校

1980 年成立的宁夏体育运动学校

始建于 1949 年的宁夏农业学校

1976年建校的宁夏水利学校

吴忠师范

宁夏银行学校

宁夏轻工业学校

宁夏护士学校

始建于1951年的银川农业机械化学校

「大跃进」时吴忠师范学生养蚕

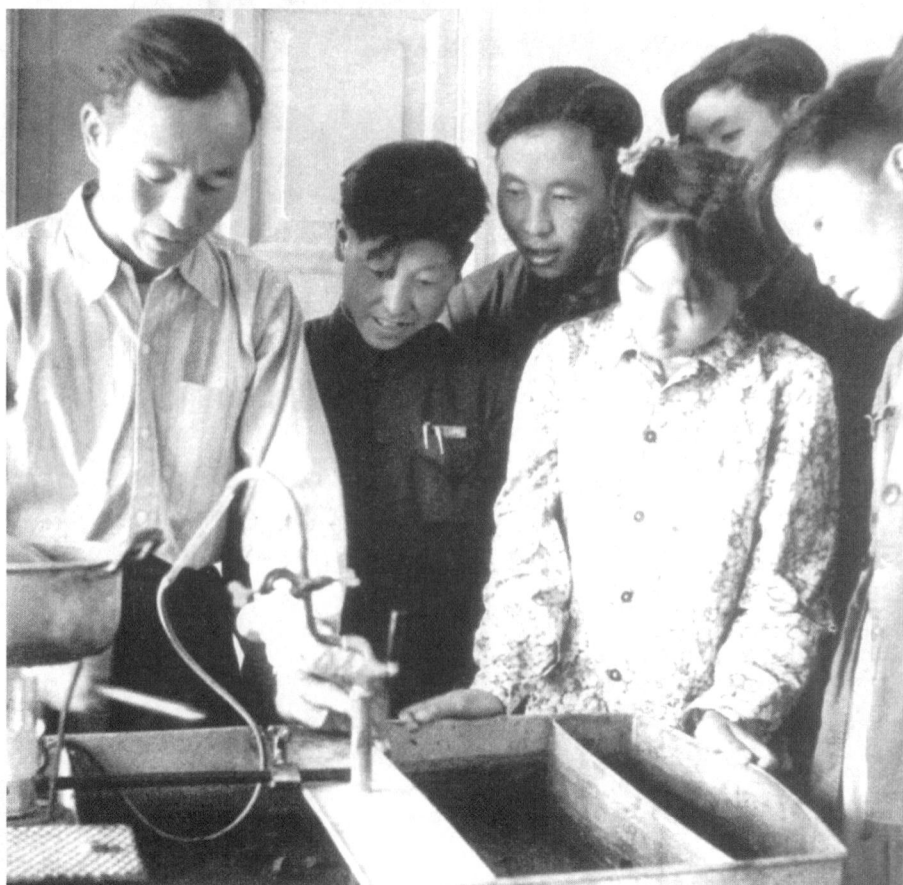

「大跃进」时吴忠师范学生试验制作沼气

1958年时宁夏大学幼儿园的老师和孩子们

隆德县城关托儿所的老人和孩子

（五）幼儿园、小学、中学

1. 幼儿园

幼儿教育，也称学前教育，有幼儿园和学前班两种形式。新中国成立前，宁夏的幼儿教育近乎空白。只有1937年8月，邹德一（马鸿逵的五夫人）在银川设立私立载德慈幼院，是为宁夏第一所比较正规的幼儿园。

新中国成立后，1950年4月成立宁夏省保育院，为寄宿制幼儿园，是银川市第一幼儿园的前身。之后幼儿教育虽有一定发展，但一直处于薄弱地位。党的十一届三中全会以后，幼儿教育被纳入自治区教育事业总体规划之中，得到了重视和加强。截至1995年，全区有幼儿园337所，在园幼儿22274人，学前班1661个，在班儿童61170人，幼儿入园（班）率达到30%。

2000年，全区有幼儿园340所，在校幼儿93117人。全区幼儿入园（班）率达到35%以上。

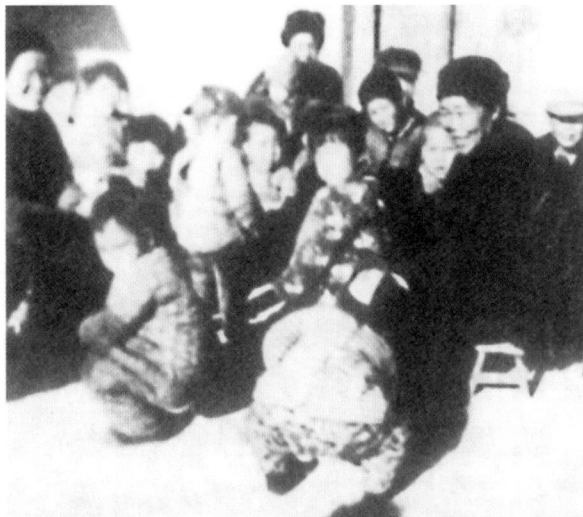

20世纪50年代，为解放农村劳动力，许多社队纷纷办起托儿所，组织老年人带孩子。图为隆德县城关托儿所

20 世纪 90 年代的银川市第一幼儿园

20 世纪 90 年代的银川市第一幼儿园的孩子与老师

肃省银川保育院，隶属银川专区文教科领导。1955 年又改名甘肃省第二保育院。1955 年 7 月，工作人员改为工资制，入园幼儿改为收费制。1958 年宁夏回族自治区成立，该院与原银川专署幼儿园合并成立宁夏回族自治区幼儿园，隶属自治区文教厅领导，园址迁至宗睦巷 28 号。时全园设 8 个班收 250 名幼儿，有教职工 50 多名。1964 年 4 月，宁夏回族自治区幼儿园下放银川市，更名为银川市第一幼儿园，隶属银川市教育局领导。

2.小学

1949 年宁夏解放时，小学 639 所，学生 4.5 万人，教师 994 人，小学学龄儿童入学率仅占 10%。当时的学校大都集中在银川市和川区几个县，学校设施十分简陋。新中国成立后，党和政府十分重视基础教育，1958 年自治区成立时，全区小学校已发展到 2986 所，在校生 250333 人。党的十一届三中全

银川市第一幼儿园，其前身为宁夏省保育院，原址在中山公园"工"字楼，1950 年 2 月由宁夏省民政厅、省妇联和宁夏军区共同筹建。1952 年 1 月改为包干制。1954 年改名甘

吴忠市利通区一小

会后，小学教育的基础地位进一步得到了落实和加强。1986年，《中华人民共和国义务教育法》颁布实施，小学教育纳入法制轨道。1995年，全区有17个县（市、区）完成了普及初等义务教育（即小学教育）的验收。固原地区6县，有41个乡镇完成了普及初等教育验收。全区共有小学3843所，在校生617547人。小学适龄儿童入学率为96.2%，巩固率为96.71%。

截至2000年，全区有小学3267所，在校学生667352人，有教职工36586人。有聋哑学校3所，在校414人。全区学龄儿童入学率达97.26%。

银川市第二十一小学，前身系朔方高等小学，1919年改建为甘肃第八师范附属小学，1930年更名为宁夏省立第一师范附小，抗日战争时期一度停办。新中国成立后，改为宁夏师范附小，1954年改为银川师范附小，1969年改为银川市七年制第一小学，1978年改为银川市第二十一小学。学校位于银川市民族北街。

20世纪50年代，中卫县一农村小学学生在做广播体操

固原县海城乡冯庄小学旧址

20 世纪 70 年代银川实验小学

固原县海城乡冯
庄小学新址

摄于 1965 年 10 月的同
心县下流水公社大滩川大队
套子门小学

同心县王家团庄
乡大湾村小学

1992 年 8 月,洪
灾后的西吉县将台乡
西坪小学在露天坚持
上课

20 世纪 90 年代的银川二十一小学

20 世纪 50 年代的银川市第三小学

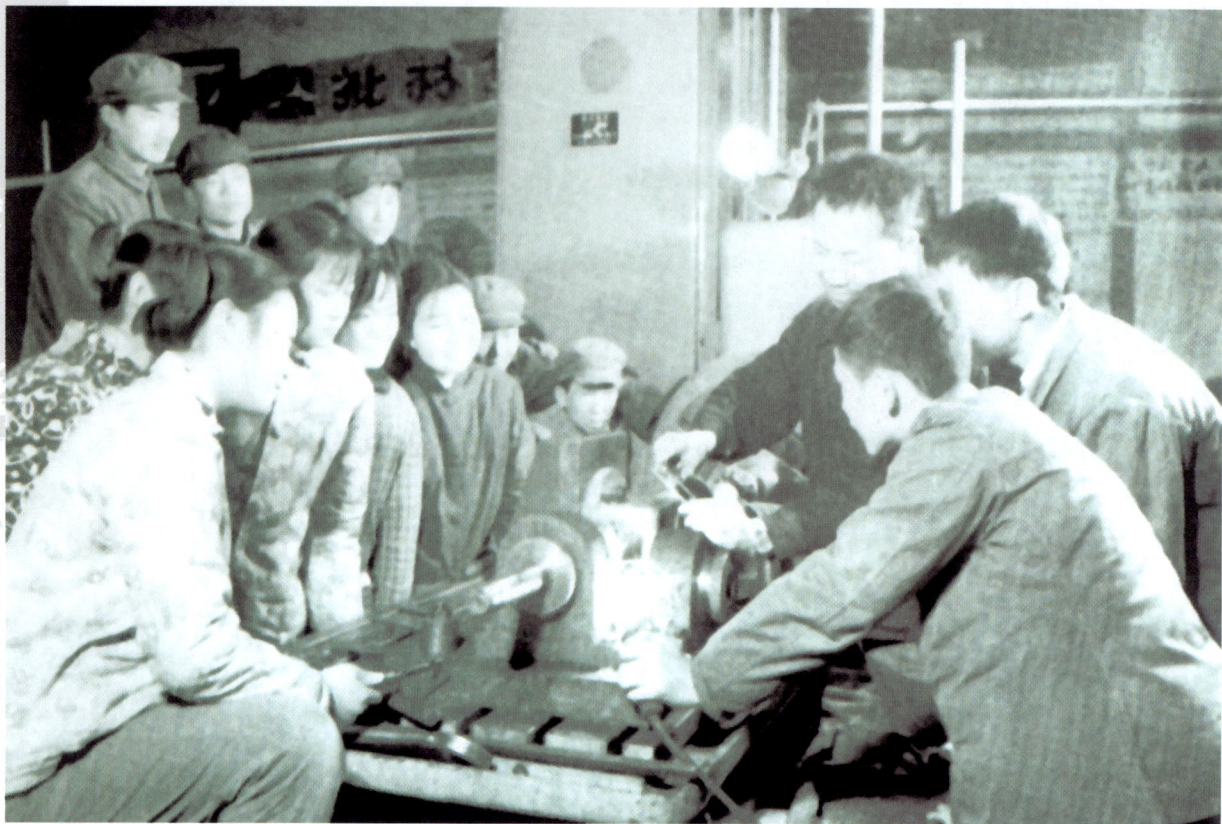

1975 年银川一中开门办学，工人给学生讲授镗床加工知识

3.中学

1949 年宁夏解放初，全省有中等学校 16 所（其中私立学校 1 所、教会学校 1 所），在校学生 1700 人，教师 132 人。第一个五年计划期间，全区中学增加到 27 所，银川和西海固地区还办起了民办中学 9 所。1958 年，普通中学增加到 58 所，还创办了 56 所农村职业中学。1961 年以后贯彻国家"调整、巩固、充实、提高"的方针，中学教育稳定发展。到 1965 年，普通中学控制在 56 所，在校生 20047 人。"文化大革命"十年间，中学教育一度停顿又盲目发展，教育质量大幅度下降。党的十一届三中全会后，中学教育步入健康发展轨道。1980 年，自治区确定了银川一中、银川二中、银川九中、固原一中、吴忠中学、中卫中学、平罗中学、石嘴山市一中等 8 所中学，为自治区首批重点中学。到 1995 年，全区有普通中学 436 所，在校生

银川一中旧校址一角

1956年，体育教师吴可玉辅导学生

银川一中南校院

272305人。2000年，全区有普通中学433所，在校学生318308人，有教职工23782人，其中专任教师34694人。

银川一中，是宁夏最早成立的一所学校。清光绪三十二年（1906年），在废除科举、举办新学运动的推动下，宁夏知府赵惟熙与举人吴复安将银川书院改为宁夏府中学堂。1913年易名朔方高等小学，1919年更名为甘肃省立第五中学，同年与甘肃省第八师范合并，时称"五中八师"。1929年宁夏建省，学校更名为宁夏省立第一中学。1934年设高中部，抗日战争中先后迁纳家户、中卫县城、金积县董府、银川新城，1942年迁回银川老城。1950年，私立贺兰中学与宁夏中学合并，仍为宁夏中学。1954年，宁夏省建制撤销，改称为银川中学。1958年，宁夏回族自治区成立后，改称为银川第一中学，简称银川一中。1960年，与银川卫校校址对调，迁至银川城区利群东街。2000年9月30日，增挂宁夏回民高级中学校牌。

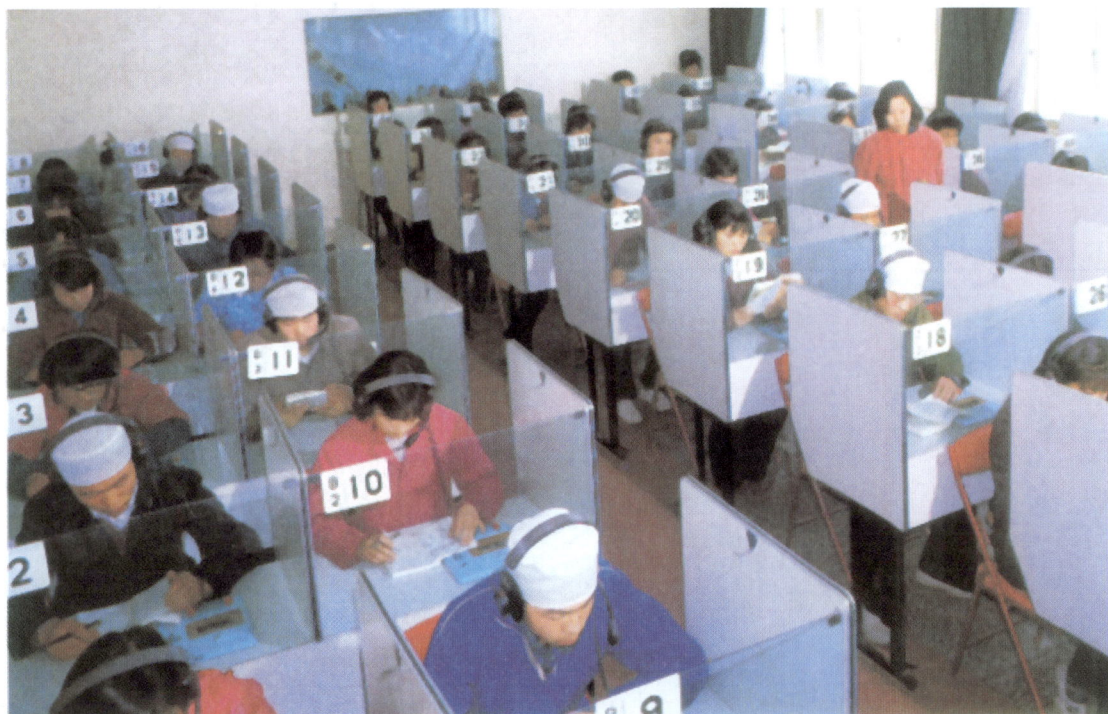
银川一中电教室

银川二中，全称银川市第二中学。1950 年，建成宁夏工农速成中学，1954 年改为银川初级中学，1958 年改为银川二中，并增设了高中部。

1964 年，国家主席刘少奇在全国教育工作会议上，赞扬了银川二中教育活动先进事迹。1980 年，银川二中被自治区确定为首批重点中学之一。

"文化大革命"时期银川二中校门

1986 年，银川二中教师王非黄在指导学生无线电测向活动

1961 年，银川二中首届高中毕业生合影

1962年银川二中师生校门前留影

20世纪90年代的银川二中

1965 年，银川二中少年足球队代表宁夏参加全国比赛

1962 年，银川二中学生在图书馆（旧文庙）后大操场进行民兵训练

1960 年时,银川二中部分师生合影

1962 年,银川二中文艺宣传队为群众表演节目

1959 年,银川女中篮球队代表宁夏参加全国比赛

银川九中,其前身是 1928 年创办的甘肃女子师范学校,1929 年改为宁夏省立女子中学。1953 年与明正女中合并,迁校址于原明正女中校址(宗睦巷),仍称宁夏省立女子中学。宁夏回族自治区成立后改称银川女中。1961 年,银川女中被自治区确定为首批八所重点中学之一。1966 年"文化大革命"中,银川女中改名为要武中学。1969 年,实行就近入学,男女生兼收。1970 年,正式更名为银川市第九中学。1980 年,银川九中被自治区获确定为重点中学。

1950 年,银川女中学生勤工俭学支援抗美援朝

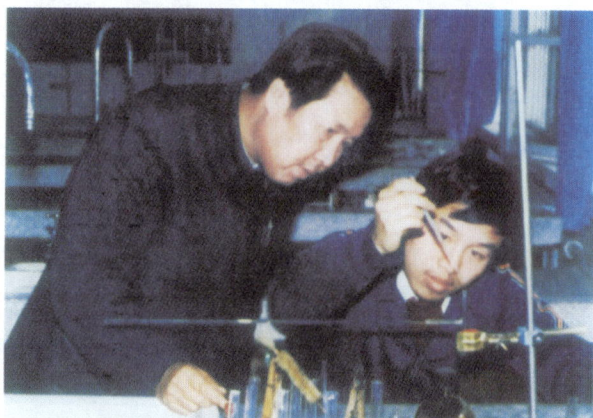

银川九中特级物理教师季大华指导学生做实验

宁夏平罗中学

平罗中学，始建于1946年7月，前身为平罗简易师范学校，当时借玉皇阁大殿开班上课。1954年改名为平罗中学，1956年成为完全中学，1960年被自治区教育厅确定为自治区首批重点中学之一。

始创于1946年的平罗中学（1959年摄）

吴忠中学，创建于1947年，当时名为灵武简易师范学校，1951年更名为吴忠初级中学，1954年改为现名。1957年成立高中部，发展成为一所全日制中学。1960年和1980年两次被评定为自治区级重点中学。

创建于1932年的中卫中学

乡村教师

创建于1947年的吴忠中学

固原一中，前身为清光绪十七年（1891 年）的"五原书院"，属宁夏最早建校办学的学校之一。1980 年被确立为自治区重点中学。

20 世纪 90 年代以来，全区城市中小学逐步开展微机教学

1976 年，固原二中开门办学活动中挑筐担粪的学生

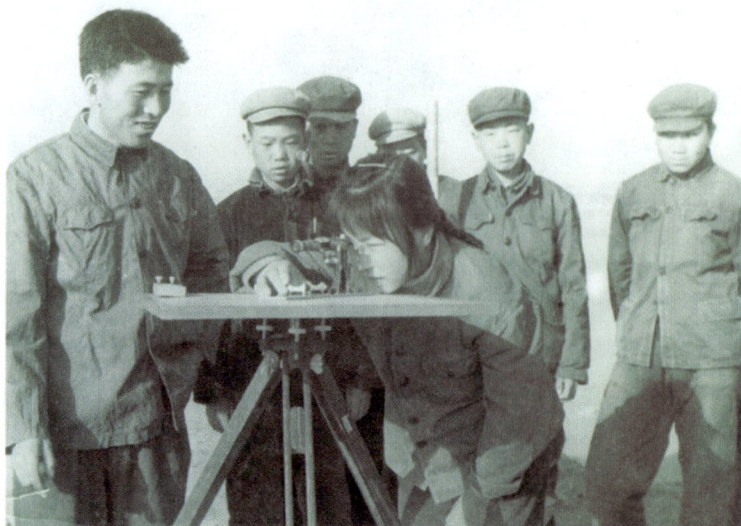

1976 年春，盐池二中教师指导学生学习用小平板测绘校园平面图

固原一中

20世纪80年代,全国优秀青少年科技辅导员张德甫在指导学生制作船模

20世纪80年代,学校开展电化教育

成立于 1958 年的宁夏大学附属中学

（六）高等教育

20 世纪前半个世纪，宁夏无真正意义上的高等教育学校，接受高等教育之人也是凤毛麟角。他们往往要远赴西安、北京、南京等大都市高等学校学习，称之为"留学"。1948 年，宁夏省

1960 年在荒漠上建起的宁夏大学

1960 年宁夏大学建校初，师生人抬肩扛把堆到校舍二楼高的沙丘搬开

主席马鸿逵自行成立宁夏师范专科学校一所，校长刘柏石。招收一个班 40 多名学生。学制定为 3 年。1949 年 9 月宁夏解放前夕，该校师生自行解散，宁夏师范专科学校即告结束。

1958 年在宁夏回族自治区成立的同时，创建了宁夏师范学院（校址在中山公园东北角）、宁夏医学院、宁夏农学院 3 所高等学校。1962 年，三院合并成立宁夏大学。1972 年，农业、畜牧、医疗 3 系从宁夏大学分出，恢复了宁夏农学院和宁夏医学院。1972 至 1976 年，宁夏大学、宁夏农学院、宁夏医学院共招收 5 届工农兵学员。1978 年成立了宁夏工学院和固原师范专科学校，1983 年成立了银川师范专科学校。同时，宁夏工学院开始招生，宁夏大学、宁夏医学院招收全区第一批硕士研究生 7 人。1984 年上半年，在宁夏筹建西北第二民族学院。到 1995 年，全区共有普通高等院校 7 所，共设 88 个专业，在校研究生 48 人，本专科学生 10686 人，其中少数民族学生占 22.5%（回族占 19.6%）。教职工总数 3434 人，其中专任教师 1736 人，有教授 80 人，副教授 330 人，讲师 819 人。2000 年，全区共有普通高校 5 所，有教职工 3996 人，其中专任教师 1894 人，高校在校生共 17163 人。

宁夏大学始建于 1958 年，是宁夏回族自治区人民政府与教育部共建的地方综合性大学。1997 年年底，与宁夏工学院、银川师专（含宁夏教育学院）四校合并。

1959年宁夏大学师生参加建校劳动,男同学干重体力活,女同学洗衣服、洗床单

宁夏大学第一任校长、党委
副书记刘继增

1962年宁夏大学数学系首届毕业班毕业合影

原宁夏大学校长、著名宪
法学家吴家麟

宁大附中教学楼

20世纪90年代的宁夏大学主楼

宁夏医学院，位于银川市胜利南街。学院创建于 1958 年，1962 年与宁夏大学合并，改称为宁夏大学医学系。1972 年，上海铁道医学院搬迁至银川，与宁夏大学医学系合并，重建宁夏医学院。1980 年，上海铁道医学院复校。此后，宁夏医学院主要依靠自身力量独立办学，为自治区唯一一所高等医学院校。

20 世纪 80 年代的宁夏医学院

2000 年时的宁夏医学院

成立于 1978 年的宁夏教育学院，1997 年与宁夏大学合并后成为宁大南校区

正式成立于 20 世纪 60 年代的宁夏农学院

固原师范高等专科学校，其前身为1978年经国务院批准在六盘山大学基础上建立"宁夏固原师范专科学校"，隶属宁夏回族自治区人民政府管理。1982年迁建于固原市城区，1993年经教育部批准更名为"固原师范高等专科学校"。

固原师范高等专科学校

固原师专图书馆阅览室

创建于20世纪80年代的宁夏工学院

20世纪八九十年代，各县市学校推广电化教育。图为宁夏电教馆复制电化教材

教师顾秀贞和学生在一起

宁夏广播电视大学

创办于 1986 年
的宁夏理工学院

医药卫生

20世纪50至60年代的自治区卫生防疫站

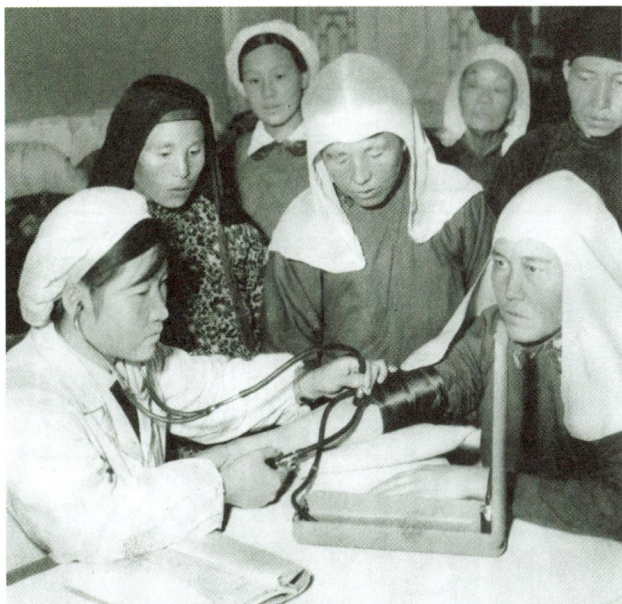

1951年8月,同心县成立宁夏第一所妇幼保健站

新中国成立前,宁夏医疗卫生机构数量很少,技术水平低,卫生事业整体发展缓慢。宁夏又是疫病多发地区,天花、性病、结核病都很严重,鼠疫时有发生,白喉、百日咳、流行性脑膜炎、猩红热、伤寒等传染病经常流行,痢疾、麻疹等连年不断。城乡群众生活水平低下,缺医少药,许多人生病只能"小病抗,大病躺,重病等着见阎王"。

新中国成立后,卫生事业逐渐得到重视与发展。根据中共中央制定的"面向工农兵,预防为主,团结中西医,卫生工作与群众运动相结合"的卫生工作方针,宁夏采取了一系列发展卫生事业和加强防治疾病工作措施。从1950年起,自治区组建各市县卫生主管机构,改造和兴建省立医院,发展了一批卫生所和联合诊所,成立了省卫生防疫和妇幼保健机构以及卫生学校,培养卫生技术人员等。同时,还对国家工作人员和国营企业职工分别实行公费医疗和劳保医疗,并为城乡居民提供免费的疾病预防和免费的基本医疗服务。在各县新建县医院,培训乡村医生,全省卫生事业在全面恢复整顿的基础上得到了较快的发展,至1953年年底,共有卫生事业机构186个、病床320张、人员1136人。

1958年宁夏回族自治区成立,此时正值"大跃进"时期,全区提倡医院和有条件的县办卫校,并将农村原有的区卫生所、联合诊所及大部分开业医生合并成立公社卫生院,兴办大队卫生站以及农村产院。一批有名的老中医为了促进中医事业的发展,献出了家传秘方、验方。至1960年,自治区的卫生机构、病床、人员分别比1958年增长了1.87倍、1.11倍、1.34倍。

1957 年时的银川市第一人民医院

接种牛痘

1958 年时的农业社医院的中药取药处

原宁夏省医院外景(自治区医院前身)

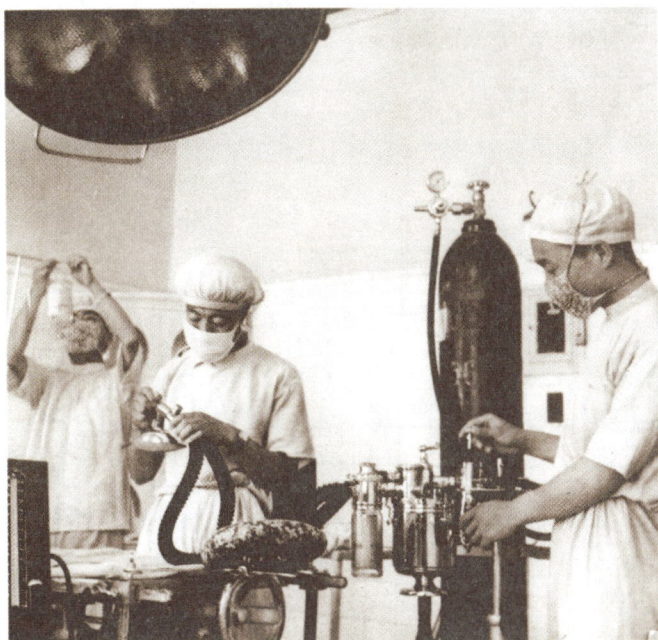

医院手术室（1958 年摄）

医护人员精心护理产妇（1958 年摄）

1951 年 1 月 15 日，宁夏省妇婴卫生训练班结业合影

20世纪50至60年代西吉县医院中医门诊部

1959年时的自治区第二人民医院

1959年4月10日，自治区针灸师资训练班结业合影

20世纪50年代,宁夏卫生厅领导与阿拉善左旗军地医务人员合影

20世纪50至60年代西吉县医院中医门诊部

1959年3月,自治区第一届保育员接生员代表大会

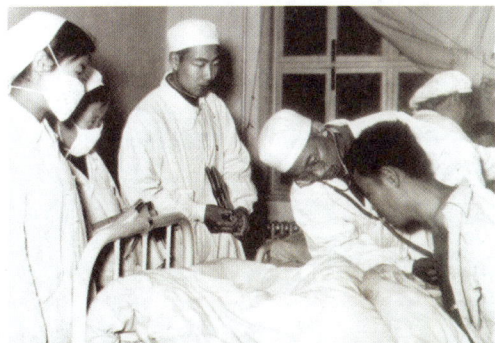

上海调银川的医务人员张遵哲在自治区人民医院任外科主任

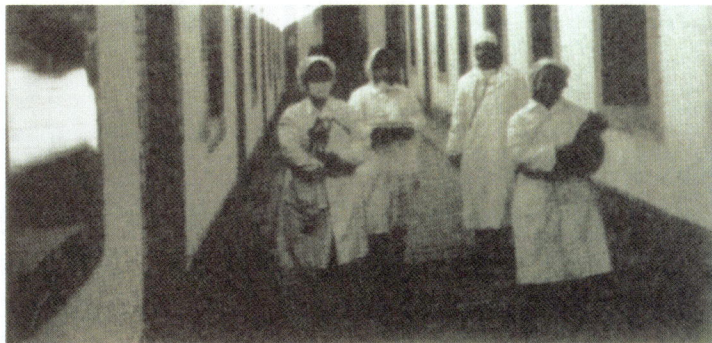

20世纪50年代宁夏第一家中医医院——银川中医院

自 20 世纪 50 年代以来,持续开展爱国卫生运动。图为自治区先进集体——吴忠县
丰宁街 10 号大院的住户,利用午间打扫院落卫生

1960 年 4 月,自治区在银川市召开爱国卫生万人誓师大会

1969 年 8 月,开展六盘山中药材普查

1959 年 12 月,隆德县农副产品采购站运回从山河公社收购的药材

泾源县兴盛公社上大队的赤脚医生发动群众采集中草药

20 世纪 70 年代,永宁县医院的大夫到田间给社员检查身体

卫生人员防疫下乡(1971 年摄)

"文化大革命"期间,从北京、天津等地到宁夏的一大批医疗队,对改变宁夏医疗卫生工作的落后状况和促进宁夏医疗技术水平的提高起到了很大的推动作用。从 1968 年起,自治区掀起了大办农村合作医疗热潮,大量培训赤脚医生,

到 1975 年年底,全自治区实现了农村合作医疗"一片红"。1976 年 10 月以后,自治区卫生系统消除极"左"思想影响,拨乱反正,及时进行调整整顿,恢复和健全了工作制度,整顿了工作秩序,使宁夏的卫生事业步入了振兴之路。

1971 年,银川市卫生防疫人员在鼠疫防治点进行调查

1976年9月,宁夏医疗队赴唐山灾区抗震救灾

1976年9月,宁夏赴唐山抗震救灾医疗队部分队员在北京留影

1978年中共十一届三中全会后,宁夏的卫生事业进入了一个新的历史发展时期。通过各种改革措施的落实,调动了职工的积极性,增强了卫生单位的生机和活力。

1983年以来,宁夏无白喉病例报告。1989年,如期实现了以自治区为单位儿童免疫接种率达85%的目标。1992年后,无脊髓灰质炎病例报告。1989年,布鲁氏菌病达到国家控制区标准,地方性氟中毒碘缺乏病得到有效控制,劳动卫生和职业病防治得到加强。进入20世纪90年代后,宁夏的卫生事业加速向现代化方向迈进。1990至1992年,自治区人民政府和卫生厅等有关部门出台了一系列进一步深化卫生改革的政策,转变卫生机构职能。开展优生优育活动,建立婚前保健和妇幼保健保偿制度,进一步提高妇幼保健水平。到2000年,自治区的医院总数达到380所,有床位11610张,卫生员21343人,个体开业医生1118人,乡村医生3135人,平均每千人口卫生技术人员达85人。79%的县(市、区)初级卫生保健工作达到规划标准。中医医院已增加到17所,开展了名老中医带徒工作。回族医药的挖掘整理工作也已提上中医药发展的议事日程,并取得了一定的成果。卫生监测、卫生法规逐步完善,防疫、妇幼卫生、爱国卫生运动、初级卫生保健等方面

1978年,人民解放军医疗队赴宁夏南部山区为农民送医送药

的工作也得到了加强,取得了可喜的成就。通过加强医疗卫生单位内涵建设,改革医院管理办法等措施,在全自治区范围内开展优质服务活动。共有17所医院通过等级评审,评为三级甲等医院3个,二级甲等医院10个,二级乙等医院1个,一级甲等医院3个,合格卫生院282个,宁夏卫生事业得到快速发展,人民的健康水平显著提高。

1982 年，银川地区举办首届古医著学习班

赤脚医生在宁夏医学院学习（1977 年）

赤脚医生在农村开展疫病预防

自治区卫生学校的学生在做实验

自治区杰出贡献奖获得者、医疗
专家孔繁元

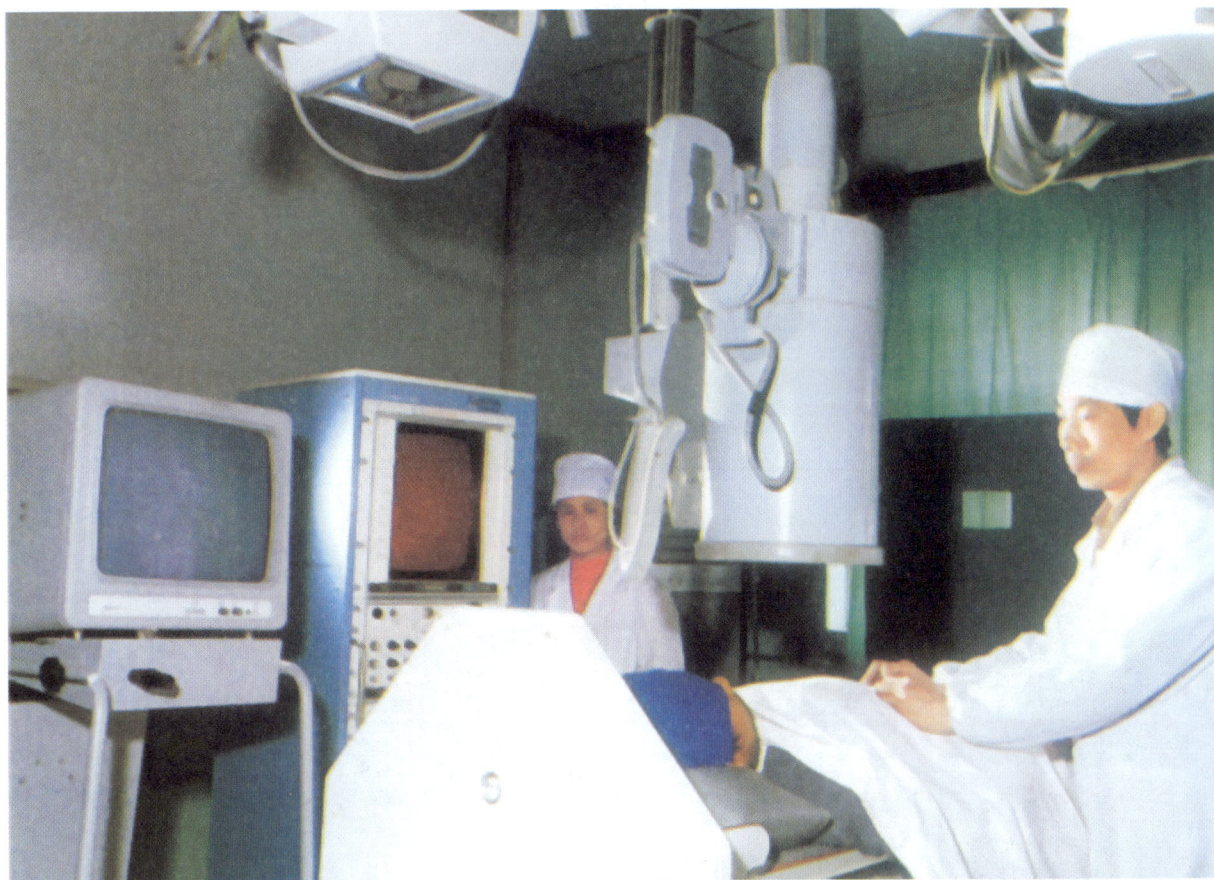

宁夏医学院附属医院脑电图室

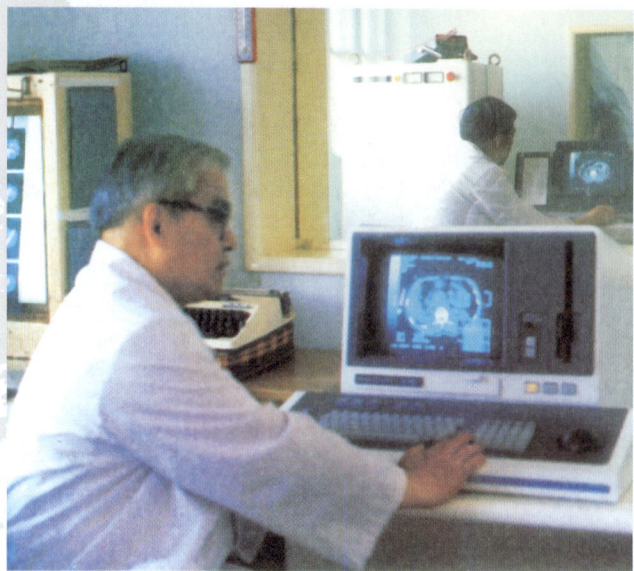

宁夏医学院附属医院放射学专家刘闵生

上海来宁老中医董平

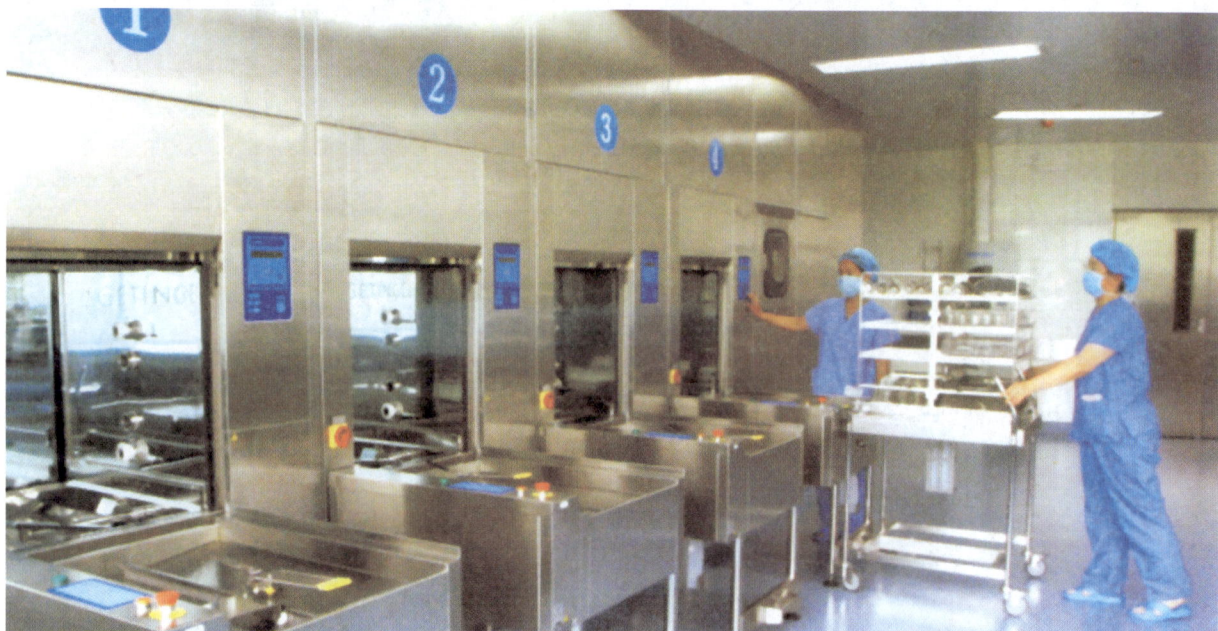

医务工作者整理医药器材

中国人民解放军第五医院

20 世纪 80 年代建成的宁夏中医研究院

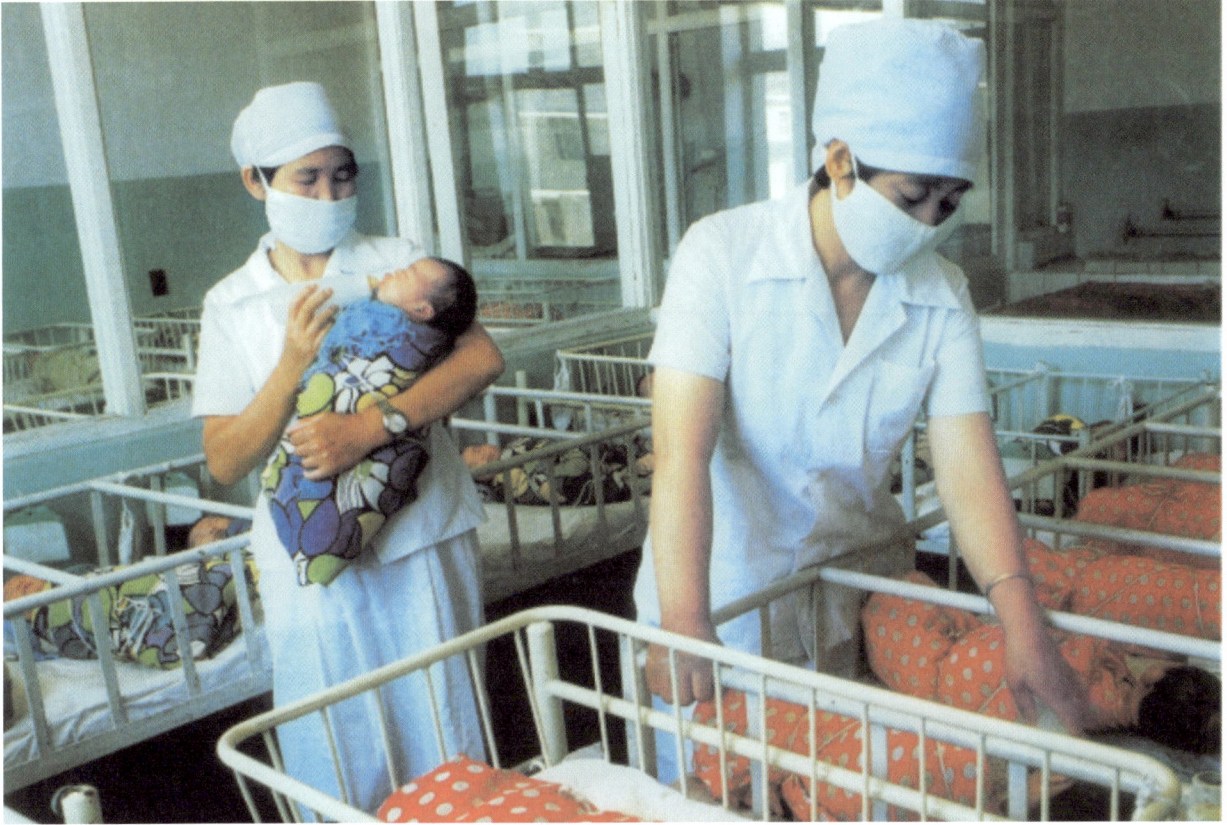

医务人员细心照顾婴儿

20世纪70至80年代的
宁夏医学院附属医院

吴忠市人民医院（2000年）

银川市妇幼保健医院（2000年）

体 育 运 动

一、民国时期宁夏体育活动

青年时代的徐梦麟

旧中国积贫积弱，宁夏地处落后西北地区，体育运动几乎无从谈及。民国时期，有识之士开始认识到体育之重要，宁夏体育活动初露端倪。1929年，吉鸿昌任宁夏省主席期间，为了团结民众，强身救国，于7月底到8月初，在银川东校场举办了"宁夏武术比赛大会"。在比赛大会开幕式上，吉鸿昌号召人民热爱国家，锻炼身体，甩掉"东亚病夫"的耻辱称号，建设独立富强的中国。比赛结束后，吉鸿昌亲自为获奖者颁发了银质奖章，并给他们赠送了单刀、红缨枪和春秋大刀。这次武术比赛大会是宁夏最早举办的体育运动会。

中华民国举办第五届全国运动会原计划1931年10月举行，宁夏省政府第一次派出自己的代表队——以省立宁夏中学生为主组成的篮球队参加比赛。但因"九一八"事变发生，运动会无法如期举办，宁夏代表队亦只得中途而返回。

中断的民国第五届全国运动会于1933年10月10日恢复在南京中央体育场举行，由国民党政府组织筹委会主持。这次全运会共有33个单位参赛，宁夏省再次派出自己的代表队参加。

徐梦麟多才多艺，在体育和文艺方面也表现突出。大学时，徐梦麟一直是校篮球队队员，也是校网球队主力。回到宁夏后，徐梦麟把他的这些特殊才能发挥得淋漓尽致。他不仅担任过进步文艺团体"贺兰剧团"的团委、团长的职务，在他的带动下，滑冰运动和网球运动也被引入宁夏，是宁夏体育运动的开拓者。据相关资料记载，徐梦麟曾主办过冰上化装舞会，马鸿逵扮演其中洋太太一角。

1953年，徐梦麟带领宁夏队参加西北五省七种球类比赛，一人身兼领队、教练员和运动员三职，在这次比赛中，宁夏队摘取了10项冠军中的6项，徐梦麟也获得了网球单打冠军。1954年，宁夏省制撤销合并到甘肃省，他又被调至西安筹办西北体育学院。

1933年参加第五届全国运动会的宁夏选手及职员

1931年10月11日，宁夏省第一次参加全国运动会领队、教练及全体选手留影

1934年贺自正校长（后右一）与中卫中学篮球队员合影

宁夏全区首届工人运动会

二、新体育项目的开展

新中国成立初期，宁夏城乡普遍开展的体育项目有田径、篮球、体操、排球、足球、乒乓球、羽毛球、自行车、摔跤、游泳、象棋、围棋、武术等。虽然运动技术水平不高，但深受广大群众欢迎。学校体育则率先走向规范化，中学开展"劳卫制"体育运动达标活动（少年组、一级、二级和三级），中等学校每周安排两节体育课，晨操每日 30 分钟，课外活动 1 个半小时，并开始有了课间操。当时由于文化活动种类不多，体育运动成了人们业余生活的主要选择。

1952 年 9 月 23 日，为庆祝宁夏解放 3 周年，宁夏省举办了第一届人民体育大会。来自 17 个市、县（旗）和政府部门、驻宁部队的 948 名运动员，在 6 天的时间里，参加了田径、集体竞赛、卫国竞赛、球类（篮球、排球、垒球）项目的比赛和团体操、摔跤、骑射、跑马、武术等项目的表演。这届运动会创造了宁夏省田径男女 38 项纪录。通过这次运动会选拔的宁夏省体育代表队，参加了

李永清指导学员进行训练

1959 年，自治区组建的男子篮球队

1953 年 3 月 6 日，宁夏省体育运动委员会成立。当年先后举办了西北区冰上运动会、新疆男子排球队来宁访问比赛、宁夏省第二届人民体育和民族形式运动大会。宁夏省运动员 78 人参加了在西安举行的西北区第二届体育运动大会和西北民族形式运动会，李永清夺得田径男子个人总分第一名。同年，宁夏还派代表队参加了在天津举办的首届民族运动会。李永清等运动员获金牌 2 枚、银牌 3 枚、铜牌 2 枚，两次打破全国纪录，70 次打破西北区纪录。1954 年 6 月举行了银川市少年儿童运动大会。7 月，举行了宁夏第三届人民体育大会。1956 年 6 月举行了银川市第一届农民运动会，平罗、宁朔等县农民运动会也相继举行。银川专区、吴忠自治州代表队先后参加了甘肃省篮球、排球运

当年 10 月在西安举行的西北区第一届人民体育运动大会。

李永清是宁夏第一个打破全国纪录的运动员。他是宁夏土生土长的优秀田径运动员。1952 年 9 月，他作为贺兰县代表队的运动员，在宁夏省首届人民体育运动会上初露锋芒，1953 年正式从事体育工作和运动。他先后代表宁夏省、西北区、西安市、甘肃省参加过四次全国比赛，均取得优异成绩，还两次打破 200 米低栏全国最高纪录。在 1953 至 1954 年中，他五次创全国最高纪录。世人称其为"飞毛腿"，为宁夏和西北人民争了光，对体育事业作出了贡献。

1961 年的宁夏体育馆建成

1992 年，宁夏第一届农民运动会开幕式游行队伍

运动员 115 名，其中 1983 年康小伟在第 6 届全国运动会上夺得金牌。从 1979 年至 1994 年，宁夏运动员参加全国第四至第七届运动会、锦标赛等比赛，夺得冠军 50 个。射击、自行车 3 名运动员参加了第二十三、二十四届奥运会；射击、射箭、自行车 5 名运动员参加第十届、第十一届亚运会；4 人参加世界大学生运动会、世界锦标赛等重大国际比赛。祁春霞、段洪俊和队友合作夺得团体金牌 2 枚、银牌 2 枚。有两个代表团、107 人次出国访问和参加国际邀请赛，并取得了理想成绩。2000 年，全区各级体育部门贯彻落实《中华人民共和国体育法》《全民健身计划纲要》和《奥运争光计划纲要》，深化体育改革，加快发展。群众体育及全民健身活动广泛开展起来。

动会，冰上运动会，体操选拔赛，游泳、跳水比赛大会，武术表演观摩大会等，全省出现"体育热"。

1960 年 3 月兴建、1961 年竣工的宁夏体育馆，是当时西北五省区唯一的一座体育馆。因受严重经济困难的影响，竞技体育训练多数中断，只有篮球运动经久不衰，长期盛行于城市乡村。

1971 年，宁夏举办了全区篮球联赛及全国篮球分区赛。1974 年 10 月，自治区第四届运动会在银川召开。青少年业余训练重新在全区城乡展开，全区各级各类学校开始推行《国家体育锻炼标准》，中小学"两课两操两活动"开始走向制度化。1976 年 5 月，召开了全区体育战线先进集体和先进工作者表彰会。10 月，宁夏大

学设立体育系，当年招收 36 名工农兵学员。1977 年恢复了高考制度，体育系招收了第一届本科生（4 年制）。1980 年，经自治区政府批准成立宁夏体育运动学校。截至 1988 年，共向体工大队输送各项目优秀

石炭井矿务局职工体育运动会

1958年，为准备宁夏回族自治区第一届体育运动大会的召开，银川中山公园游泳池重新整修了跳台、观景台等设施

公社女篮队员

1958年，银川中山公园开辟简易游泳池

20世纪50年代，宁夏城乡最为普及的体育运动即篮球

20世纪50年代银川女中学生高低杠运动

宁夏自行车男队

少儿体操

宁夏女子自行车队

幼儿足球赛

业余体校

第六届全运会摔跤130公斤级金牌得主康小伟

20世纪80年代曾冲出亚洲的中国女篮队员陈月芳（后中）和队友

优秀举重运动员王艳梅(回族)在波兰举办的
首届青年女子举重锦标赛83公斤以上级别比赛中
获得抓举、挺举和总成绩三项第一

国际健将级运动员段洪军

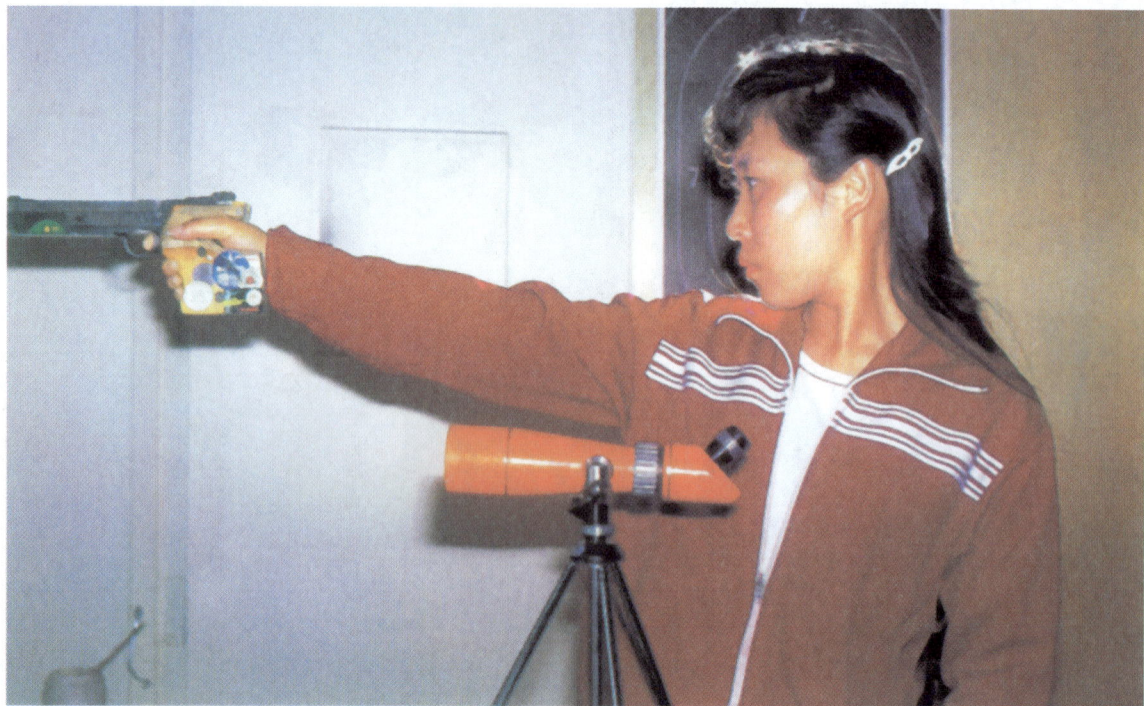

国际健将级运动员祁春霞

民间流行的下方棋

三、民族民间体育运动

宁夏的民族民间体育也得到长足发展，其中尤以回族武术最具特色。吴忠、灵武的"张家枪""何家棍""马家软功""赵家功"和"那家大刀"，先后在民间流传，涌现出银川的马鸿（回族）、那宝山（满族）、殷文（满族），海原的马振武（回族），西吉的于子祥（回族），固原的居奎（回族）等一批著名武术高手。1975年，在北京举行的第三届全运会上，宁夏王新武（回族）获太极拳比赛第一名。宁夏武术运动新秀李小平（女）以双鞭项目蜚声中外，在全国比赛中多次获得优胜名次，曾出访14个国家和地区。除篮球极为普遍外，武术、摔跤、木球、象棋亦深受群众喜爱。1984至1985年，宁夏开展了武术普查和挖掘整理工作，共挖掘出16个拳种、569个套路、20个练功方法。

此外，民间流行的传统群众体育尚有踏脚、木球、斗牛、赛牛、打梭、扳把、羊皮筏竞渡、下方棋、下四码、黄羊钱鞭等。

改革开放后，全区各市县每年都要开展"全民健身活动日"和"全民健身活动周"活动。经常参加体育健身活动的人数逐年增加，涌现出多个"全国亿万农民健身活动"先进乡镇、"全国城市体育先进社区"和"全民健身活动日先进单位"。全区有3个县市被评为"全国田径之乡"，吴忠市马莲渠乡、泾源县兴隆镇等6个乡镇被授予"全国体育先进乡镇"称号。1997年，宁夏获得"全国群众体育进步奖"和"全国全民健身活动优秀组织奖"两个奖项。另外，全区有贺兰县、平罗县和青铜峡市先后被评为"全国体育先进县"。

1984年10月，宁夏成立了伤残人体育协会，从1990年开始，先后10次选派119名残疾人运动员参加国际、全国和地区性体育比赛，共获得奖牌26枚，其中金牌8枚、银牌6枚、铜牌12枚，7项残疾人体育比赛破世界纪录。宁夏的3名残疾人运动员代表中国参加远东及南太平洋残疾

回汉武术运动员同台表演

平罗体育公园

人运动会，获得 1 枚金牌和 3 枚铜牌。

1998 年，宁夏体育馆新馆建成并改造了宁夏体育场。新馆建筑面积 1.8 万平方米，设计坐席 5000 个，为乙级、中型体育建筑。同时，银川、石嘴山、平罗、吴忠、青铜峡等市县在当地政府的重视支持下，建成了一批质量较高的体育场馆。

从首届全区运动会到第九届全国运动会，宁夏涌现出许多优秀运动员，共夺得金牌 2 枚、银牌 45 枚、铜牌 7 枚。参加全国各类正式比赛获金牌 86 枚，世界性比赛获金牌 9 枚，奖牌 39 枚，录取名次 114 个。先后有 18 人 39 次破 27 项世界纪录，6 人 12 次破 8 项亚洲纪录，9 人 10 次破 10 项全国纪录。有 4 名运动员代表国家分别参加了洛杉矶、汉城奥运会，6 人次参加了汉城第十届、北京第十一届亚洲运动会，近百人次代表国家参加了国际比赛和表演赛。有 48 人达到国家运动健将标准，2 人达到国际运动健将标准。

回族武术家马振武表演罗汉拳

原国家体委主任伍绍祖在平罗为体育公园
题写园名

回族武术家王新武是全国运动会上冠军获得者，
曾获"新中国体育开拓者""国际武术贡献奖"等荣誉

20世纪80年代宁夏体育场

20世纪80年代宁夏体育场

1990年，迎接第十一届亚运会火炬传递到银川

科学技术事业

一、发展历程

20世纪50年代，中卫县农业科技人员在进行土壤测试

员会，此后宁夏农科所、有色金属冶炼所、化工所、科技情报所、计算中心等相继成立，在大力开展农业科研的同时，开始了工业方面的科学研究。科技工作以新产品试制和为农业服务为中心，取得了可喜的成绩，小麦品种实现了3次更新换代，数控仿型机床的研制达到了国内先进水平，为推动宁夏经济发展起到了重要作用。

新中国成立前，宁夏没有独立的科研机构，从事科研工作的专业技术人员寥寥无几。新中国成立后，随着国民经济的恢复及第一个五年计划的实施，重点抓了农业科研工作，在农作物良种选育、栽培、土肥、水利、植保、畜牧兽医、林业等方面进行了大量的研究，同时在引进新品种、新技术、新机具的试验推广方面作出了很大成绩。但一直到1958年自治区成立之前，宁夏仅有2个农业科研机构和7个农技推广机构，专业技术人员2033人，平均每万人中拥有专业技术人员仅12人。1958年后自治区成立，成立了科学技术委

1960年4月，银川市举行"双革"（技术革新、技术革命）动员誓师大会

1962年，自治区稻瘟病联防指挥部动用飞机喷药灭病虫害

1964年,小麦专家金善宝在田间考察

改革开放以来,宁夏的科技事业出现了前所未有的大好形势。自治区先后3次召开了全区科技大会,确立了"科教兴宁"战略,出台了一系列加速科技进步的政策措施。在经济建设必须依靠科学技术、科学技术必须面向经济建设的战略方针指引下,全区各条战线和广大科技工作者坚持改革,扩大开放,大力发展科技第一生产力,科学研究、技术开发取得了一大批重要成果,有力地推动了经济发展。

2000年6月,自治区科技厅等11个部门制订了《关于应用型科研机构和农业类改革试点科研机构管理体制改革实施方案》,主要任务是对自治区属16个应用型科研机构和农业类改革试点科研机构管理体制实行改革。10月26日,经自治区政府批准转发了科技厅等部门联合制订的《自治区属社会公益类科研机构分类改革方案》,主要任务是对自治区属26个社会公益类科研机构实行分类改革。至2000年年底,有8个已转制院所完成了股份制改造。自治区属公益类科研院所中有8个转为企业,2个转为非营利科研机构,8个转为中介服务机构,2个进入高校或与其他机构合并,1个撤销。宁夏农林科学院正在按照体制创新方案的要求,加紧重组非营利机构。启动了科技能力建设计划,加强重点实验室、工程技术研究中心和科技中介服务机构的建设,宁夏天然气转化重点实验室已通过国家组织的专家审查,实现了国家级重点实验室建设"零"的突破。

1981年9月,召开自治区科技研究成果获奖代表大会

1978 年，参加自治区科学大会的部分专家学者一起畅谈科学春天的到来

二、科技产业工程

"九五"中期，自治区科技厅提出了集中有限的科技力量，组织实施八大科技产业工程的设想，得到了自治区党政主要领导的肯定。这些科技工程包括稀有金属新材料科技产业工程、煤炭深加工产业科技工程、新药开发科技工程、葡萄酒产业科技示范工程、马铃薯淀粉产业科技工程、肉奶牛产业科技工程、生物与食品产业科技工程、桑蚕产业科技工程，主要是选择对自治区经济发展有重大影响，科技需求迫切，技术条件成熟，通过科技带动有可能迅速形成产业的重大项目。至 2000 年年底，宁夏有国家级高新技术企业 4 家，自治区级高新技术企业 33 家，其中高科技上市股份公司 5 家。苦参素

注射液、林木快繁等 5 项高新技术产业化项目被批准为国家级高科技产业示范项目，钽铌铍稀有金属新材料、双价基因疫苗、智能化农业示范等 8 个项目列入国家"863"计划。农业科技水平大幅度提高，农作物优良品种覆盖率达 90%，新技术覆盖率超过 75%。农业新

技术的示范与推广，加快了宁夏农业结构调整与优化。2000年，全区已发展各类设施农业 5 万亩，新增枸杞面积 4 万亩，优质稻、饲料玉米、高蛋白玉米等市场好、效益高的农作物品种种植面积迅速扩大；水稻节水控灌技术由 1999 年的 3 万亩扩大推广到 20 万亩；小麦垄

1988 年建成的宁夏科技馆大楼

盖膜精播技术由 1999 年的 3000 亩推广到 14 万亩，在春夏连旱季节，显示了较强的抗旱效果；冬麦北移技术在引黄灌区扩大示范 3000 亩，越冬保苗率在 85% 以上；BTA 生物农药引进示范成功，为宁夏发展绿色食品基地提供了技术保障。建成了林木花卉快繁中心、农作物良种繁育中心、农业生物重点实验室、复合肥料中试厂、预混饲料中试厂、农产品贮藏加工中试厂及实验室、万亩优质名牌枸杞基地、优质酿酒葡萄基地、螺旋藻中试基地，为发展农业科技产业化创造了条件，科技对农业的贡献率提高到 43.6%。

宁夏科技信息网自 1998 年年底开通以来，已发展成为自治区有影响的信息网站之一。

民营科技事业迅速发展。2000 年，全区有民营科技企业 320 家，科技人员 2682 人，共开发新产品 229 项。其中，达到国际领先水平的 8 项，国内领先水平的 137 项，专利授权总数 55 项。民营科技的经济技术活动覆盖了国民经济的主要行业，多数集中在化工、机械、医药、生物制品、农业综合开发、综合技术服务、环境保护等技术密集领域。科技机构呈现出国营、国有民营、民营等多种经营方式、多种所有制并存的新格局。

中小学开展科技教育（1997 年）

1999 年 1 月 18 至 20 日，全区科学技术大会在银川召开

化验麻黄碱

吴忠仪表厂引进国外先进生产技术

微机应用

宁夏有色金属研究所电镜室

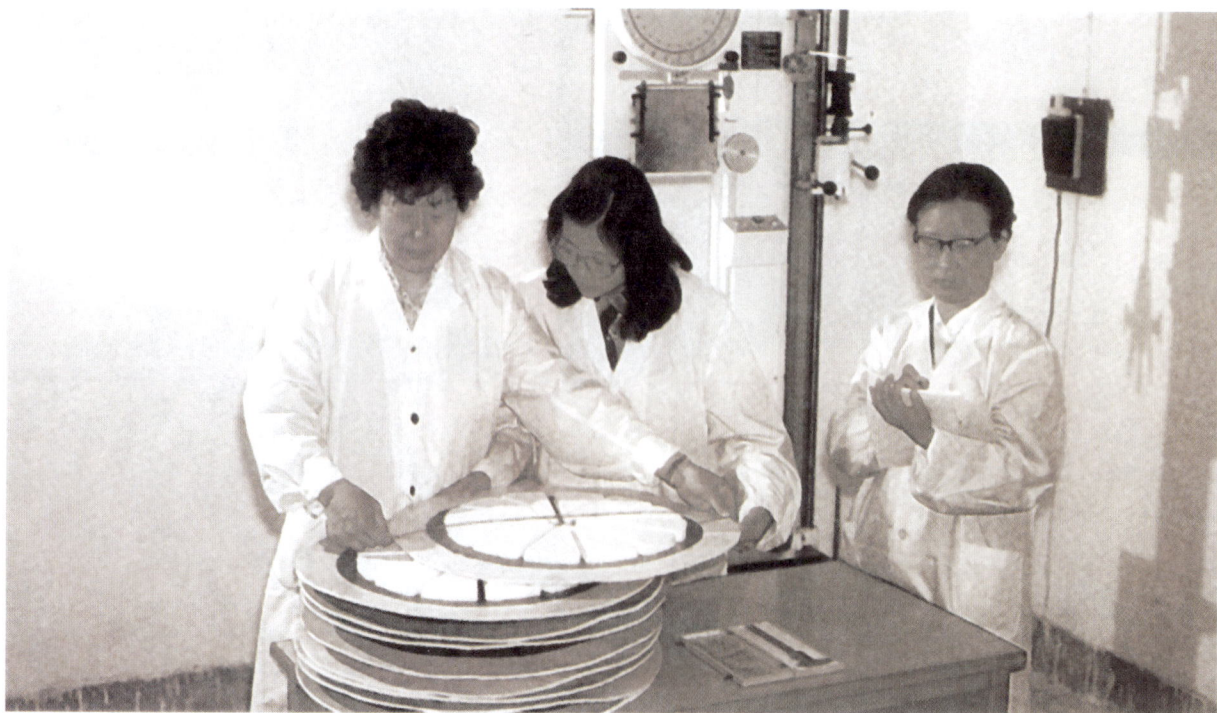

宁夏化工研究所研制的电视荧屏抛光盘

三、科研成果

1978 至 1998 年，全区共获得科研成果 2693 项，是改革前 20 年总和的 13 倍，70% 以上达到国内先进水平。20 世纪 90 年代以来，全区 80% 以上的科研技术开发机构以各种方式进入经济建设主战场，每年有 6000 多名科技人员深入农村乡镇企业开展技术承包、技术开发、咨询服务活动，科研工作取得了一系列重大成果。全区共申请专利 1600 多项，获得授权 1014 项，有 11 项科研成果获得国家科技奖励，826 项获得自治区科技进步奖。"九五"期间，共取得自治区级科技成果 591 项，有 6 项获国家级科技奖励，346 项获自治区级奖励，实现经济效益 30 多亿元，科技成果应用推广率达 70% 以上。"九五"期间，宁夏社会科技进步贡献率由"八五"的 33% 上升到 35.1%，工业和农业科技进步贡献率分别达到 34.5% 和 44.5%，科技为实现全区经济发展提供了强有力的支撑。2000 年，宁夏每万人中科研人员 277 人。

根据国家科技奖励制度改革方案的规定和要求，2000 年度，自治区首次进行了科技重奖的评选，经严格评审，何季麟等 3 名科技人员获得科技创新奖。银川市郊区、永宁县、灵武市、惠农县、中宁县通过国家科技部验收，被授予全国科技工作先进县（市、区）。

水稻专家王德（左）

小麦育种专家裘志新（右）在田间搞实验

小麦专家赵仲修

灵武黑猪品种培育者、畜牧专家王柏玲（右）、严纪彤（左）夫妇在研究问题

昆虫学专家吴福祯

1989 年,沙坡头《五带一体治沙防护体系》
获国家科学进步特等奖

六盘山干旱地区试种红豆草成功

水产专家张保奎(中)

无土育秧技术

农民土专家丁学礼

麦草方格治沙技术引得世界瞩目

小麦玉米套种——立体种植技术在宁夏大面积推广应用

节水灌溉新技术

20世纪70年代，中国科学院科技工作人员在六盘山地区开展调查

万亩葡萄园

1964 年 3 月 24 日,宁夏哲学社会科学学会成立。图为杨静仁、李景林等领导和学会理事合影

四、社会科学

社会科学是自治区成立之后才引起重视的一门科学。最早的科研机构为宁夏哲学社会科学研究所。1964 年 3 月 24 日,宁夏哲学社会科学学会成立,自治区领导杨静仁、李景林等到会祝贺。"文化大革命"期间,宁夏哲学社会科学研究所与学会都被迫停止工作、活动。

十一届三中全会以后,国民经济的发展为宁夏社会科学事业的发展奠定了良好的基础。同时,社会科学事业的发展,也为促进经济发展和社会进步提供了支撑与保证。1979 年,宁夏哲学社会科学研究所恢复重建。1981 年更名为宁夏社会科学院,成为自治区唯一的综合性社会科学研究机构。之后,以宁夏社会科学院、宁夏经济研究中心和宁夏大学部分社科研究机构为代表的科研队伍不断壮大,科研成果不断推出。科研工作者从宁夏的区情和经济社会发展的需要出发,本着突出重点、理论与实际相结合,基础研究与应用研究相结合,努力为现实服务等原则,加强具有地方特色和民族特色的优长学科建设,取得了一批具有影响的高质量的研究成果,多人获国家级有突出贡献的中青年专家称号和享受政府特殊津贴,成为区内外知名专家和学者。一批青年科研骨干入选"百千万人才工程"和"313 人才工程",成为跨世纪学术和技术带头人。在科研领域方面,重点突出了邓小平理论、经济社会、回族伊斯兰教、地方历史文化和西夏学等学科的研究。2000 年又推出了西部大开发的新课题研究。在各学科研究方面,回族伊斯兰教和西夏学成为宁夏优长学科,研究成果在国内外产生了一定影响。

1953 年 7 月,宁夏省人民政府文史研究馆成立

民国宁夏才子、西夏文研究
拓荒者罗雪樵（1903~1986）

宁夏社会科学院第一任院长王㐀

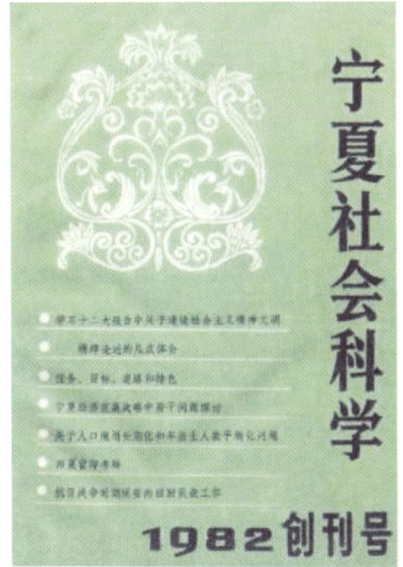

《宁夏社会科学》1982创刊号

西夏学专家李范文

考古学专家钟侃

宁夏史志专家、宁夏社科院原
副院长、宁夏地方志编审委员会原
常务副主任吴忠礼

西夏学专家牛达生

著名法学家、哲学家、宁夏
大学原校长吴家麟正在授课

宁夏回族伊斯兰教专家杨怀中

1981 年 12 月，宁夏回族自治区社会科学学会成立暨首届社会科学论著评奖大会在银川召开

宁夏社会科学院大楼

民国时期罗雪樵为宁夏省主席
马鸿逵刻的一方印章

军事建设

一、军队建设

　　从 20 世纪 50 年代末开始，宁夏军区和驻宁部队在基层连队开展"两忆三查"（忆阶级苦、民族苦，查立场、斗志、工作）教育，增强战胜困难的信心。从 1960 年 3 月开始，学习毛泽东著作群众运动在广大官兵中兴起，部队深入开展"四好连队、五好战士"运动。1963 年 3 月 5 日后，驻宁部队又深入开展群众性的"向雷锋同志学习"和学习"南京路上好八连"等先进集体活动。部队的军事训练，推行郭兴福教学法，部队和民兵开展"大比武"活动，掀起群众练兵高潮。1965 年取消军衔制。

　　"文化大革命"期间，由于林彪、江青两个反革命集团和"左"倾错误的破坏，宁夏军区和驻宁部队在完成正常工作的同时，奉命执行"支左、支工、支农、军管、军训"任务。在当时局势严重混乱的情况下，"三支两军"对制止派性武斗、维护社会稳定、保证工农业生产起到积极作用，同时也给部队和地方造成一定负面影响。1969 年，随着国际形势的变化，中国人民解放军 8083 部队和 8137 部队奉命应急扩编调防，相继进入宁夏北部地区，并在艰苦的环境中开始营建、训练和国防施工。部队恢复"三打三防"（打坦克、打飞机、打空降，防原子、防化学、防生物武器）和基础训练，普遍进行千里野营拉练。1976 年 10 月，党的十一届三中全会以后，宁夏军区和驻宁部队进入拨乱反正、改革创新的历史时期，开展学雷锋、学"硬骨

1950 年 10 月，人民解放军六十五军剿匪部队在群众指引下追剿残匪

人民解放军六十五军在农业生产中涌现出许多劳动模范

战士在稻田里薅草

军民一起劳动

部队干部战士投入紧张的收割、打碾、扬场生产中

1954 年，解放军农业建设第一师指战员在平罗县西大滩开荒种地

部队在训练之余编草筐

头六连"、学航空兵一师党委的活动。部队坚持以军事训练为中心，进行四项基本原则教育，加强社会主义精神文明建设，涌现出一批先进单位和典型。与此同时，驻守贺兰山的部队本着长期坚守、独立作战的原则，进行阵地配套和纵深地区大规模的国防施工。

1953 年年底，中共中央确定"建设一支优良的现代化革命军队，以保卫社会主义建设，抵御帝国主义侵略"的总方针和总任务。据此，宁夏省军区和驻宁部队狠抓部队的中心工作，开展大规模的军事训练。1954 年 6 月，宁夏省撤销的同时也撤销了宁夏省军区建制，组建甘肃省银川军分区。这一时期，除宁夏驻军外，主要有银川军分区、西海固军分区和吴忠回族自治州兵役局，隶属甘肃军区建制。1955 年，宁夏各军分区、驻宁部队与全军一样，开始逐次实行义务兵役制、薪金制、军衔制和颁发勋章奖章。各军分区按照国家第一部兵役法的要求，开始实施征兵，实现由志愿兵役制向义务兵役制的转变。

随着宁夏回族自治区的筹备成立，1958 年 6 月 6 日，中国人民解放军宁夏军区也相应组建。12 月 3 日，宁夏军区第一届党代会第一次会议召开，讨论贯彻宁夏军委扩大会议和兰州军区党代会精神，检查宁夏军区临时党委和军区领导机关工作，选举成立宁夏军区党委。

宁夏军区实行党委领导下的首长分工负责制，司令员和政委同为军区首长，第一政委一直由自治区党委主要负责人兼任。1992 年 10 月，由宁夏军区代管的原兰州军区守备师撤销后，宁夏军区除领导机构和司、政、后工作机构外，下属机构有地 (市) 军分区 4 个，县 (市区) 人民武装部 24 个。2000 年 6 月 16 日，中共中央总书记、国家主席、中央军委主席江泽民在银川市接见宁夏军区、驻银部队和武警部队师以上干部。为宁夏军区题词："发扬贺兰山精神，履行省军区职能，加强部队全面建设。"

部队官兵用石头筑起的农场渠大石桥

部队官兵背土整修堤坝

部队砖瓦窑烧制砖瓦瓷器

部队办起养猪场

部队战士自制农具

解放军将收获的稻谷首先上缴国家

部队战士铡甘草和整理捆扎

1956 年 9 月,银川军分区部队在劳动间隙学习

1957 年,银川军分区组织部队
参加水利工程建设

1957 年 9 月,银川军分区司
令员牛化东接见参加集训的民兵

1957 年,银川军分区干部指导
战士擦枪

1958 年 12 月,中共宁夏军区党委第一次代表大会在银川召开

1960年4月,自治区的29名民兵代表出席全国第一届民兵代表大会,受到毛泽东、朱德等党和国家领导人的接见

1964年4月7日,宁夏军区召开"四好"连队"五好"战士代表大会

1964年10月,自治区党委第一书记杨静仁(左三)、宁夏军区司令员朱声达(左四)等党政军领导观看部队比武

20世纪70年代,固原欢送青年应征入伍

1971年12月,宁夏军区机关野营拉练翻越贺兰山

1977 年 3 月,宁夏军区组织直属部队开展学习雷锋活动

1977 年 5 月,陆军第二十师炮兵团进行火箭炮射击训练

1977 年,驻宁坦克部队进行战地演练

1978年秋，部队拉练住进农家

1978年10月，宁夏军区副司令员、老红军李凯国在六盘山上给战士讲革命传统

1986年8月，青铜峡市军民欢迎宁夏军区所属的兰州军区守备师赴滇执行作战任务分队载誉胜利归来

1981 年八一建军节，宁夏军区组织部队在银川南门广场及主要街道举行大型阅兵式、分列式

1981 年 12 月 20 日，中国人民武装警察部队宁夏总队正式成立。1984 年以后，根据国家第二部兵役法，实行以义务兵为主体的义务兵和志愿兵相结合、民兵与预备役相结合的兵役制度。

1984 年年底，邓小平根据国际国内形势，提出军队建设实行战略性转变的思想，即军队工作从立足于早打、大打、打核战争的临战状态转入和平时期建设的轨道上来。宁夏军区及驻宁部队认真进行指导思想的战略性转变教育，各级党组织进行全面整党，同时严密进行体制改革精简整编。驻守宁夏地区的中国人民解放军 84705 部队、84606 部队，于 1985 年下半年奉命撤销。整编后的各部队，在训练基础上进行三个转变，即把训练对象的重点从抓战士转变到抓干部，训练内容的

重点从抓步兵训练转变到打坦克、打飞机、打空降兵训练，从着眼于单一兵种训练转变到诸军兵种合同战役训练，进一步推动训练改革。原隶属军队建制的全区各县（市、区）人武部于 1986 年移交地方领导。1988 年，军队干部制度进行重大改革，实行新的军衔制，并实行文职制度。1991 年 6 月 19 日，中共中央总书记、国家主席、中央军事委员会主席江泽民，视察宁夏军区、驻宁部队和武警宁夏总队，接见驻宁团以上干部和离退休老干部并作重要指示。并为宁夏军区题词"继承延安优良传统，当好贺兰山卫士"，为空军航空兵 39458 部队题词"扎根贺兰山，保卫祖国西北领空"，为武警宁夏总队题词"把武警部队建设成政治合格、军事过硬的钢铁长城"。

宁夏军区、驻宁部队和宁夏武警部队，认真执行中共中央和中央军委的指示、决定，支援国家经济建设，参加抢险救灾和维护社会稳定等重大活动。兰州军区组织宁夏军区和驻宁部队多次进行重大军事演习。1992 年，部队又一次进行精简整编。在此期间，宁夏军区、驻宁部队在部队战备、训练、管理上有明显进步，在进行军民共建、拥政爱民及支援地方经济建设中，取得显著成绩。民兵预备役组织建设进一步落实，党管武装工作全面加

1988 年 7 月，宁夏军区机关礼堂召开授予离休干部功勋荣誉章大会

强，民兵预备役的调整改革以及政治教育、军事训练和武器装备管理有新的发展。根据形势的需要，全区24个县（市、区）人武部于1994年12月收归军队建制。1997年3月14日，八届全国人大五次会议审议通过、江泽民主席签署公布《中华人民共和国国防法》，并相继颁布多部军事法规，人民解放军坚持依法治军，迈入一个新的阶段，宁夏军区和驻宁部队、武警宁夏总队及预备役部队以及广大民兵，认真贯彻落实江泽民主席关于"政治合格、军事过硬、作风优良、纪律严明、保障有力"的总要求，向着建设成为强大的正规化、现代化革命军队阔步前进。

练兵场上

1998年8月，宁夏军区后勤宏观管理集训暨"菜篮子"工程建设现场会

1997年4月，宁夏军区代表队参加兰州军区军事三级竞赛归来

1992年10月，宁夏军区在守备师召开师调整精简工作会议

1991年9月，召开宁夏回族自治区三级武委会主任会议

1993年7月23日，宁夏军区组织部队官兵参加银川新城民航机场"7·23"空难抢险

二、民兵建设

1964 年 7 月 20 日，兰州军区首届民兵比武大会开幕，宁夏民兵代表陈秀梅在大会期间学习毛主席著作

宁夏的民兵有光荣的革命传统。革命老区盐池县 1936 年就成立了民兵组织，当时称"赤卫军"，抗日战争时期改称"自卫军"，解放战争时期改称"民兵"。在革命战争年代，民兵在保卫地方、支援前线、参军参战等方面发挥了巨大作用，立下了不朽功勋。新中国成立后，宁夏全省的民兵组织迅速建立健全起来，民兵在剿匪反霸、镇压反革命等运动中发挥了重要作用。1958年，在毛泽东主席"大办民兵师"的号召下，宁夏各地掀起"大办民兵师"的热潮。全自治区建立民兵师 49 个，民兵总数达 91 万人，占总人口的 42%。伴随着"大跃进"的高潮，实行"全民皆兵"，工厂、农村全部"组织军事化，行动战斗化"。

从20 世纪 60 年代开始，对民兵组织进行组织、政治、军事"三落实"整顿，民兵训练的目的要达到"招之即来，来之能战，战之能胜"。同时贯彻落实毛泽东主席"备战、备荒、为人民"和"深挖洞，广积粮，不称霸"的指示，掀起了群众性的大练兵和"大比武"的高潮。宁夏民兵在大比武中曾涌现出一批英雄模范人物。"文化大革命"期间，民兵带动地方群众掀起大挖防空工事的高潮。从城市到乡村，挖掘了许多"防空洞"，耗费了大量人力、物力。1976 年以后，民兵组织得到整顿和重建，取消了师、团、营建制，农村以自然村编班，行政村编排，乡镇编连，厂矿单位及车间分别编连、排或班。

1984 年以后，根据国家第二部兵役法，实行以义务兵为主体的义务兵和志愿兵相结合、民兵与预备役相结合的兵役制度。宁夏开始有计划地以现役军人为骨干，以预备役军官和士兵为基础，组建预备役部队。继之，各预备役部队列入中国人民解放军序列，被授予番号和军旗。1989年以后，按中央部署，地市组建民兵应急营，县（市）组建民兵应急连。

兰州军区首届民兵比武大会上，宁夏女民兵步枪射击

宁夏民兵代表张延祥表演步枪速射

1972年2月,宁夏军区召开第三次民兵代表会议

比武大会上,甘肃、宁夏民兵在一起交流经验

甘肃、宁夏民兵在一起交流比武经验

1972年10月,宁夏军区边防营在中蒙边境和民兵并肩巡逻

军民同练(1977年)

1998 年 10 月，宁夏军区副司令员胡世浩、副政委黄救黎、参谋长刘玉斋、政治部主任陈旭榜等迎接在兰州军区军事比武中获得优异成绩的宁夏军区民兵代表队

1995 年 9 月，宁夏军区组织银川市民兵应急分队进行汇报表演

三、打井扶贫造福人民

1995 年 5 月开始，宁夏军区独立团、给水团、银川市民兵参加京呼银兰光缆工程

1995 年年底，宁夏军区在国家水利部、兰州军区、自治区政府的全力支持下，决定用两年时间，在宁夏南部山区八县最贫穷、最缺水的 50 个乡镇打 100 眼井，解决部分人和牲畜的饮用水问题，开发上万亩水浇地，使人民群众因水而贫的局面得到根本改变。给水工程团的技术人员先后三次深入山区，跑遍南部山区的沟壑峁梁，收集整理上千份水

文地质资料，预定了 100 眼井位。1996 年 2 月，"百井扶贫"工程正式启动。官兵们艰苦奋斗，无私奉献，仅用 10 个月时间，行程 72 万余公里，提前一年完成"百井扶贫"工程，在南部山区 8 县 51 个乡镇为群众打出 100 眼甜水井，日涌水量 104064 吨，可解决 20 万人口和 200 万头牲畜的饮水问题，并可浇灌 34000 亩土地。11 月 11 日，宁夏军区在固原县西郊大明庄召开"百井扶贫"竣工庆祝大会。11 月 15 日，自治区党委、政府作出《关于表彰实施百井扶贫工程先进集体、兰州军区给水团的决定》。1997 年，宁夏军区组织给水工程团实施"97 找水打井"工程，为宁夏南部山区又打出 40 眼井。后来，又组织给水工程团对"百井扶贫"工程的 140 个井位逐个回访检修，确保"百井扶贫"的长期效益。投资 2.1 万元为宁夏军区扶贫联系点海原县关庄乡高台村打水窖 70 眼，解决了群众"吃水难"问题。

1996 年，中河乡庙湾村"百井扶贫"工程首眼井出水，群众欣喜不已

给水团官兵克服困难、艰苦奋斗，为山区打井找水

宁夏军区给水团所用的斯泰尔 600 型钻井机

1996 年，给水团为西吉县单家集村打出一口优质甜水井

1998 年，江泽民主席签署命令，为兰州军区给水工程团记一等功。7 月，自治区、宁夏军区召开表彰大会。图为自治区党委书记毛如柏接见给水工程团团长高恒海

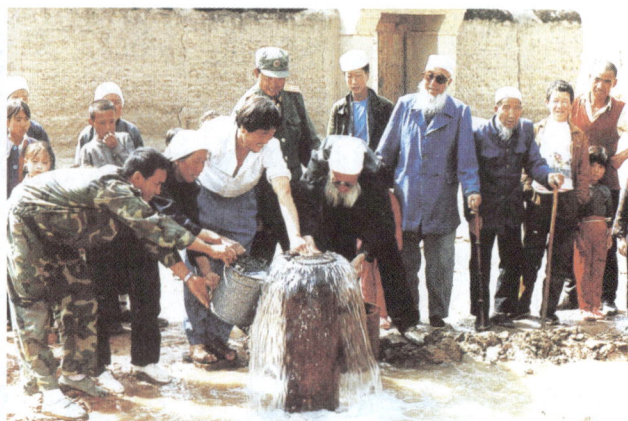

1996 年，中河乡庙湾村"百井扶贫"工程首眼井出水，回族老人喜饮甘露

百井扶贫工程纪念碑

给水团工程技术人员在山区勘测水源

文化事业

一、20 世纪上半叶老解放区文化掠影

20 世纪上半个世纪，宁夏盐池县属于共产党领导的陕甘宁边区，人民大众文化得到很好的发展和传播。盐池县农民诗人王有是当时新文化的代表人物之一。李季在盐池工作期间，创作了新诗《王贵与李香香》，也是边区新文化的代表作。

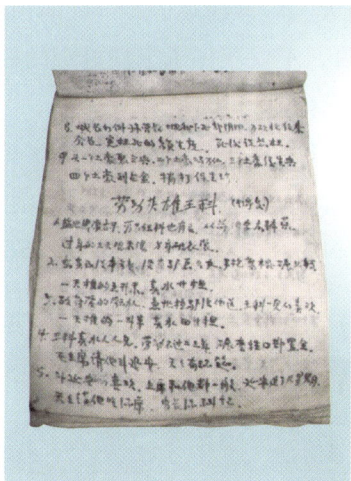

盐池农民诗人王有创作手稿

中共三边地委机关报《三边报》

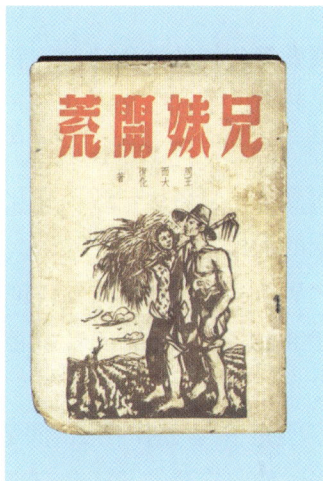

20 世纪 40 年代，《兄妹开荒》等秧歌剧十分流行

二、20 世纪 50 年代及 60 年代前期文化事业的初步发展

三边"七七剧团"在盐池演出《兄妹开荒》

1949 年新中国成立后，党和政府十分重视文化事业的发展，大力倡导、积极组织开展各项文化活动，繁荣人民群众文化生活。在党和政府的关心以及回汉各族人民的共同努力下，宁夏的文化事业有了显著的发展。20 世纪 50 年代及 60 年代前期，除了积极开展传统的地方戏剧、社火、皮影等文化活动外，报纸、书刊、电影、广播等文化事业逐步兴起，城乡的俱乐部、文化室、图书室等群众文化场所纷纷建成。

宁夏人民群众中自古有弹唱、皮影、社

1959 年 8 月，自治区党委书记处书记甘春雷在《宁夏日报》创刊一周年纪念会上讲话

火、秧歌等传统的文化活动。新中国成立初，中央人民政府文化部、教育部发布了《关于开展年节、春节群众宣传工作和文艺工作的指示》的文件，得到了宁夏各级党政、文化部门的认真贯彻和群众的积极响应。逢年过节，秧歌、社火等各类文艺演出活动在宁夏城乡兴起。

20 世纪 50 年代及 60 年代前期，在毛泽东关于文艺的"双百"方针和"二为"方向的指引下，宁夏的文学创作在 20 世纪 50 年代就很活跃，当时的《宁夏文艺》和《宁夏日报》等报刊上发表了不少文艺作品，并涌现了一批土生土长的文艺创作者。自治区成立后，从外地调来了一批作家、艺术家，壮大了宁夏文艺创作队伍。1959 年，宁夏文艺界创办了第一部文学艺术杂志《群众文艺》，为广大文学创作者提供了发表作品的园地。朱红兵的叙事长诗《沙原牧歌》，姚以壮、李季、朱红兵合作的长诗《银川曲》，哈宽贵的小说《夏桂》《金子》等作品，在区内外产生了很大影响。在这一时期，不仅宁夏首府银川市场成立起了秦腔、京剧等文艺演出团体，盐池县等不少县市也成立有自己的文艺演出团体，大大繁荣了群众文化生活。

从 1958 年起，各专业剧团相继成立。原银川剧团、银光剧团合并为宁夏秦腔剧团，从北京来的原中国京剧四团改建为宁夏京剧团，由中央实验歌剧院、中央歌舞团、铁道兵文工团等部分支

宁文艺工作者与原银川专区歌舞团合并组成宁夏文工团，从上海华艺越剧团来宁支援组成宁夏越剧团。秦腔表演艺术家杨觉民、屈效梅、丁醒民等在西北观众中享有极高声誉。宁夏京剧团在杨派老生李鸣盛、梅派青衣李丽芳等全国著名的京剧表演艺术家和一批优秀京剧武戏演员的共同努力下，成为全国知名的京剧表演艺术团体。该团的盖玉亭、殷元和、俞鉴、苏盛琴等优秀戏曲教师，以其精湛的艺术造诣和丰富的教学经验为宁夏培养了人才。银川说唱艺术团、银川秦腔剧团等 24 个剧团在 20 世纪五六十年代，演出了《弘光一年》《人间天上》《红娘子》《杜鹃山》和《红旗谱》等剧目，不仅获得了宁夏群众的好评，而且在区外也深受欢迎。

1958 年 10 月 1 日，宁夏人民广播电台试播，10 月 15 日正式播出，首次转播银川庆祝国庆群众集会实况，在群众中产生了强烈反响。初期自

1958 年 10 月 26 日宁夏回族自治区展览馆正式开馆，自治区主席刘格平剪彩

平罗县合作乡新民农业社俱乐部文娱小组在为社员演出

办节目平均每日播出 3 次共 9 小时 21 分钟，人口覆盖率 13%。1963 年人口覆盖率增至 47%。农村广播网的建设也有了大的发展，在全区 18 个市县建立了广播站，一些有条件的县广播站还建立了公社放大站。1964 年，在山区一些暂时不通有线广播线的村庄，利用收音机带一批小喇叭，形成了小片广播网。

清光绪二十二年（1896 年）慈禧太后赠送给宁夏定远营（今内蒙古自治区阿拉善左旗）塔王多罗特色楞 1 台 35 毫米手摇无声放映机，从此电影传入宁夏。1949 年春节，在银川建立了宁夏第一家电影院。1952 年 3 月至 1953 年，文化部分配给宁夏苏制、匈牙利制、捷克制 16 毫米有声电影放映机 7 套，组成了 9 个电影放映队。1958 年，成立了宁夏电影公司、宁夏电影机械修配厂。1968 年，银川开始上映宽银幕电影。

1958 年 6 月，成立宁夏电影制片厂。后来，名称、规模、隶属关系多次变动。1979 年 2 月，恢复为 50 人规模的电影制片厂。

20 世纪 50 年代，农业社成立图书室。图为平罗县前进农业社图书室

1958 年，成立银川市工人俱乐部

20 世纪 50 年代，在宁夏走红的秦腔演员屈晓梅

20 世纪 50 年代，银川中山街群众剧团演出《马大妈参加选举》剧目

1958 年时的银川人民剧院

建于 1958 年的宁夏回族自治区展览馆

1958 年,宁夏京剧团演出《红色卫星闹天宫》剧照

自治区主席马信在全区农村文化艺术工作表彰
会上给获奖单位和个人颁奖

著名画家吴作人 1960 年到宁夏时所作水墨国画

1959 年,银川市红花公社的书店管理员兼电影放映员

1951年7月1日，宁夏人民广播电台正式播音时全体干部合影留念

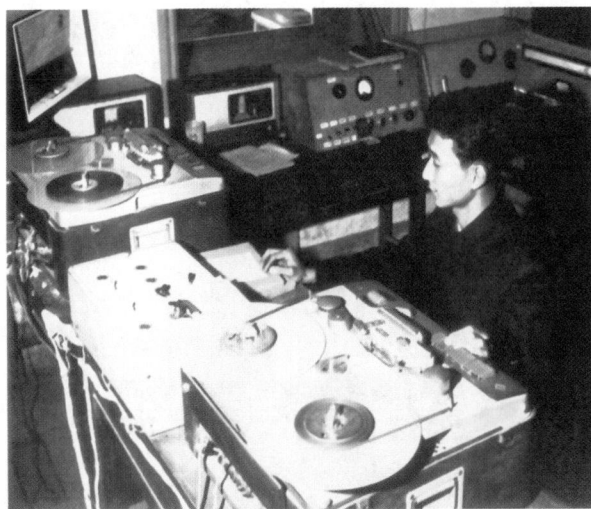

1960年时的宁夏人民广播电台播音室

1951至1983年，宁夏人民广播电台办公地

1952年元旦、春节期间，银川市各部门纷纷组织业余文艺队进行各种文艺演出活动。图为宁夏银行系统组织的秧歌队于春节期间的演出

20世纪50年代，中宁县康滩乡平均三户有一份报纸，成为全自治区读报典型。图为康滩乡农民利用田间休息时读报情形

20世纪50年代初，中共宁夏省委机关报《宁夏日报》正在印刷中

1950年10月，宁夏全省广播收音员学习班学员合影

建于20世纪60年代的银川剧院

银川市广播站播出农村节目

20世纪60年代银川新城剧院

20世纪50年代银川新华书店

《群众文艺》1960 年第二期封面。封面画为张振鹏国画作品《春来喜事多》

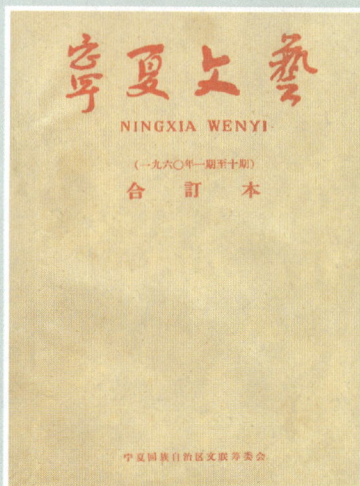

自治区文联创办的新中国成立以来宁夏第一份文艺刊物《群众文艺》，自 1960 年第七期始改名《宁夏文艺》。图为该刊物 1960 年合订本封面

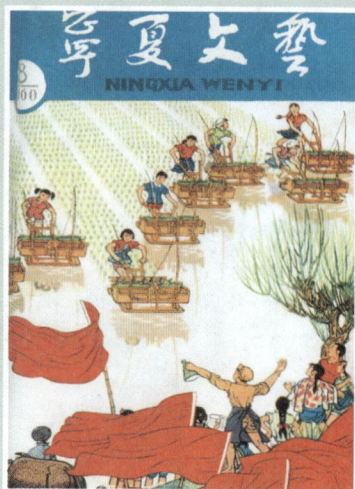

《宁夏文艺》第八期封面，封面画为周令剑水粉画作品《插秧机比赛》

唐西林 1960 年 1 月创作的反映当时文化生活的《工地文艺广播》

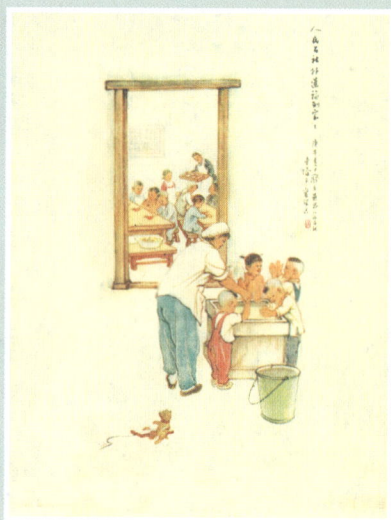

江一波创作于 1960 年夏反映当时社会生活的国画《人民公社好，幸福到宝宝》

回族女画家曾杏绯创作于 1960 年元旦的中国画《桃杏枝头春意闹》

安卓三创作于 1960 年国画《东风璀璨》

1960年,宁夏人民广播电台为听众播送歌唱家刘燕萍演唱的民歌

1958年,赵友梅在《西吉滩》中饰腊梅花

建于20世纪70年代的银川红旗剧院

1953年,王素梅(左)在《白蛇传》中饰白蛇

三、20 世纪 60 年代中期以后及"文化大革命"时期的文化事业

1963 年，文艺工作者送戏下乡

但是，由于人民群众的对文化生活的需求和政治宣传的需要，各级部门和群众团体仍以"毛泽东思想文艺宣传队"等形式开展一些文化宣传活动。城乡有线广播、公社电影放映队等文化宣传事业在这一时期也有所发展，呈现普及状态。

宁夏电视台从 1970 年 5 月开始筹建，当年 10 月 1 日正式播放，建台初期，仅有一台 0.5 千瓦黑白发射机，一套双讯道闭路电视教学设备，专业人员很少，每周内只能在复播中央台的电视节目时，插播宁夏新闻及少量的专题节目，自办节目每周平均只有 3 次 7 小时。1976 年北京至宁夏微波线路开通，宁夏电视台开始转播中央电视台节目。

新中国成立以来的文化事业在"文化大革命"期间被称之为"十七年文艺黑线"，被全盘否定，文化艺术工作人员和作品大都受到批判。宁夏文化战线受到很大冲击，许多文艺团体解体，群众文化场所停办，呈现出全国人民只看"一出戏"——"革命样板戏"、只贴"一张画"——毛主席像，只读"一本书"——《毛泽东著作》的局面。

1963 年,著名学者、北京大学教授吴祖缃来宁夏作学术报告

1972年，宁夏第一届文艺会演中中宁代表团
演出《不忘血泪仇》

1977年，山区女子放映队送电影下乡

1975年8月，阿拉善左旗文艺宣传队在那达
慕大会上演出

20世纪70年代农村人民公社的有线广播

20世纪70年代末期建起的宁夏电视台

四、十一届三中全会以来文化事业的繁荣发展

1979 年 8 月 19 日，全国新长征火炬接力活动到达银川，20 日在六盘山举行庆祝活动

粉碎"四人帮"后宁夏文化事业拨乱反正，走上了健康发展的轨道。尤其是党的十一届三中全会以后，文艺方针政策取得重大改革，"双百"方针和"二为"方向得到充分落实，宁夏的文化事业获得了长足的发展，群众文化活动焕发了新的生机，广播、电视等现代化文化迅猛发展，传统文化得到了继承和发扬，文化新人、新作品层出不穷，不仅在许多方面赶上了全国水平，而且在有些领域走向了世界。

20 世纪 80 年代，先后创办了《朔方》《黄河文学》和《六盘山》等文学刊物。1979 年，自治区文联恢复建制，下设作家、艺术家等 9 个协会。之后 4 个地、市和部分县先后成立了文联。自 1979 年以来，宁夏作家在全国性报刊上发表各类文艺作品 1000 多篇，出版文学作品专著 100 余部，作品被选入全国上百种选集，获全国优秀中、短篇小说奖 3 次，全国少数民族优秀文学奖作品 7 件。由宁夏作家编剧或根据宁夏作家作品改编拍摄的电影共 5 部，获文化部优秀电影奖 1 个。在自治区文联先后举办的 5 次文学艺术作品评奖活动中，有 1000 余件作品获奖，一批在宁夏和全国有影响的作家逐渐成长起来。著名作家张贤亮的部分作品曾多次获全国短篇小说、中篇小说奖。作家戈悟觉的几部作品先后被译成英、日、法等多种文字介绍给国外读者，有的作品还在全国小说评奖中获奖。作家张武、戈悟觉、肖川、南台、李唯等人的作品也在区内外受到了好评。回族文学也有长足的发展，一批青年作家成长起来。石舒清作品获全国鲁迅文学奖，马知遥作品获全国少数民族文学奖，杨继国的《回族文学与回族文化》获国家级奖。

20 世纪 80 年代，宁夏的戏剧事业在改革中获得了新的发展。不仅上演了传统剧目，而且创作了许多富有现实性、艺术性的新剧目。如京剧

20 世纪 80 年代宁夏电视台拍摄电视剧《过客》时情景

1982 年建成的宁夏图书馆

《人鬼鉴》，越剧《康熙访宁夏》《玉凤簪》，秦剧《法律面前》《马和福》，花儿歌舞剧《曼苏尔》，眉户剧《婆媳湾》，夏剧《皇封乞丐》，话剧《这样的庄稼人》《女村长》等。其中，花儿歌舞剧和夏剧是宁夏戏剧工作者新创立的地方性剧种。话剧《这样的庄稼人》《女村长》以大篷车的形式在区内外演出后，不仅获得了广大观众的热烈欢迎，而且得到了专家的好评和文化部、国家计划生育委员会及自治区政府的表彰。眉户剧《大棚情缘》参加国庆50年晋京献礼演出，取得圆满成功。

50年来，宁夏的文化工作者坚持宣传宁夏、介绍宁夏、促进宁夏的社会主义物质文明和精神文明建设，并为之作出了许多成就。

宁夏有绚丽独特的回族音乐，"花儿"是回族人民喜爱的一种高腔山歌，是最具代表性的回族民歌。"花儿"以其优美的旋律、缠绵的意绪，在西北民歌中独领风骚，是祖国艺术百花园中一朵绚丽的奇葩。宁夏"花儿"主要流行于回族聚居的固原、海原、泾源、西吉、同心一带。1996年，由宁夏民间文学集成编委会编纂的《中国歌谣集成·宁夏卷》共收录歌谣1396首，其中回族歌谣1000余首，比较全面地反映了宁夏回族民间歌谣的风貌。

1984年，宁夏伊斯兰文化中心奠基仪式

1980年，宁夏第一部回族花儿剧《曼苏尔》获第一届全国少数民族文艺会演优秀节目奖

回族歌舞《宴席曲》

吴忠柴桥村俱乐部

1981年1月，罗山广播电视调频转播站建成

回族歌唱家安妮

在宁夏拍摄的电影《牧马人》的剧照

花儿歌手李凤莲

1985年,宁夏京剧团在突尼斯举行的第十三届
迦太基国际民间艺术联欢节获最佳团队奖

著名作家张贤亮

宁夏民间刺绣

绚丽多彩的民间扎花刺绣艺术作品

民间艺人伏兆娥剪纸作品

在宁夏镇北堡影视城取景拍摄的电影
《红高粱》剧照

贺兰县金贵镇民间艺人张进绪表演皮影戏

回族坐唱《咱们的农村真美气》

回族姑娘弹口弦

宁夏话剧团大篷车送戏下乡

宁夏民间社火舞龙

宁夏民间歌舞表演数花

戏剧梅花奖获得者宁夏戏剧演员柳萍

宁夏展览馆

宁夏的书法、美术、摄影活动具有广泛的群众性，不仅在全区各地、各条战线活跃着无数的爱好者，而且产生了胡公石、曾杏绯、胡介文、刘正谦、张鲁、胡正伟、任振江、张少山、柴建方、沈德志、石观达、吴善璋、张春荣、郭震乾、陈长祥等美术、书法、摄影家。他们的作品在丰富群众文化生活，陶冶人们的情操，促进宁夏的对外交流等方面发挥了积极的作用。

按照中央提出四级办广播电视事业的精神，全区大力发展调频广播，各县市先后都建起了调频台，山区县还大力发展调频喇叭入户，至 1995 年调频广播覆盖率中央台达到 14.14%、省级台达到 48.97%。从 1985 年开始，各市县逐步建立起广播电台，至 1997 年，全区有广播电台 13 座，自制节目达到 12191 小时，平均每日播音时间为

82 小时 27 分钟，中短波发射台、转播台、微波站 30 个，覆盖率达 79.6%。

1989 年开始，银川、石嘴山、吴忠、中卫、固原和青铜峡等电视台相继成立。1997 年年底，全区有无线电视台 7 座，年制作节目 2899 小时，电视发射台和转播台 59 座，电视人口覆盖率达 81.6%。1994 年，宁夏有线电视台开播，初期开通 14 个频道，1995 年初与银川有线电视台实现联网。各地市县及大型工矿企业也大力发展有线广播电视，全区建成行政区域性有线电视系统 21 个，实现了除盐池、海原两县外的全区有线电视大联网，覆盖节目套数最高达 23 套，全区有线电视用户总数近 30 万户。1998 年 9 月，宁夏广播电视卫星地球站建成，宁夏广播电视节目通过卫星向全区、全国和中国周边地区传送。1998 年年底，开始对广播电视盲点区采取多种方式，实施"村村通"工程。至 2000 年全面实现"村村通"广播电视的目标。全区有广播电视台 21 座，中短波广播发射台和转播台 7 座，广播综合人口覆盖率 91.42%；电视发射台和转播台 126 座，电视综合人口覆盖率 92.82%。

截至 2000 年，全区有影剧院 17 座，农村电影放映收入均超过 100 万元。农村人均年看电影 21 场，提前 5 年率先实现国家广电总局、文化部确定的农村电影放映"2131"工作目标。

著名书法家胡公石

书法家柴建方

回族书法家刘正谦

书法家萧允中

书法家吴善璋书法作品

回族女画家曾杏绯

五、文物考古文化

考古学家韩康信在菜园遗址现场做人骨鉴定

1978 至 1985 年，先后在 9 个市县建立了文物管理所，1982 年成立了自治区文物事业管理委员会，领导和协调全区的文物工作，文物工作队伍已发展到百余人。1978 年以来，先后对全国重点文物保护单位银川海宝塔、固原须弥山石窟进行了全面维修，还维修了后来被确定为全国重点文物保护单位的同心清真大寺、贺兰山拜寺口双塔以及宁夏重点文物保护单位中卫高庙、中宁石空寺石窟等，向国内外游人开放，取得了显著的社会效益。期间，还对宁夏境内的长城遗迹、贺兰山古代岩画和须弥山石窟群进行了系统的专题调查。1985 年还在全区范围内进行了大规模的文物普查，新发现了各个时期的古代遗址、墓葬、城址等 700 多处，征集了流散在群众中的各种文物 7000 多件，征集古代钱币 8000 多公斤，拍摄文物照片 2000 多张，编写资料 300 万字，为文物工作的开展打下了良好的基础。从 1980 年开始，先后发掘了灵武县水洞沟旧石器时代文化遗址以及海原县新石器时代墓群、同心县西汉时代匈奴墓群、

固原县北魏墓、银川市西夏八号陵等一批重要的古代墓葬和遗址，出土了彩陶、铜鼎、漆棺画、波斯银币、东罗马金币、波斯鎏金银壶、北周和唐代壁画等一大批珍贵文物，为研究宁夏和全国的历史提供了重要的文物资料。宁夏现有全国文物保护单位 10 处，区级文物保护单位 38 处，构成了全区重要的旅游资源，也是全区的爱国主义教育基地。截至 1997 年年底，全区共发现、登记的各类文物古迹、古墓群、古墓葬及现代纪念建筑、旧遗址、古生物化石点 2623 处，全区各级文物保护单位共收藏文物 3 万余件，其中：国宝级 6 件，一级珍品 240 多件。文物研究的中外考古合作取得较大成果。西夏文佛经《吉祥遍至口合本续》被鉴定为世界现存最早的木活字版印本实物，该成果获出版、印刷业政府奖——毕昇奖。

20 世纪，宁夏地区在文物考古发现不仅在宁夏考古史上意义深远，同时在全国也占有相应的位置，因而具有较高的学术价值。

宁夏考古专家钟侃正在对发掘出的古代下水道管进行分析

考古专家李进增（左）在莱园遗址考古现场

北大考古系教授宿白（右二）、马世长（左一）
考察须弥山石窟

宁夏考古工作者李祥石

林子梁遗址窟洞发掘现场

瓷窑堡古瓷窑发掘现场

固原北魏漆棺墓出土铜鐎斗

固原北魏漆棺墓出土的铜炉灶

北周李贤墓出土的兵马俑

固原北魏漆棺墓出土的透雕铜铺首

固原北魏古墓出土的武士骑马俑

固原北魏古墓出土的透雕铜饰

固原北魏墓出土的漆棺画

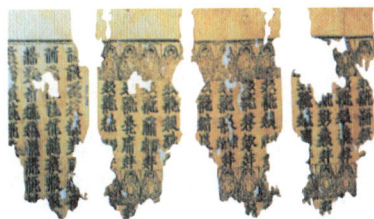

青铜峡一百零八塔出土的西夏文佛经残片

漆棺左侧板漆棺画（部分）

漆棺右侧板漆棺画（部分）

盐池县苏步井乡窑子
梁唐墓出土的胡旋舞石墓门

漆棺左侧板漆棺画（部分）

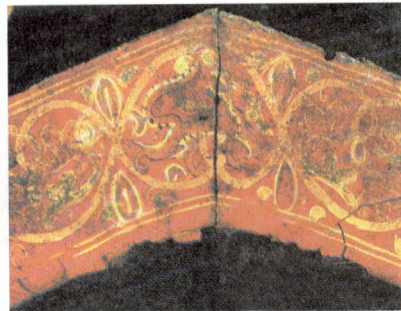

漆棺画花边

维修拜寺口双塔穹室内时发现的唐卡

银川市西夏王陵区出土鎏金铜牛

北周李贤墓中出土凸钉装饰玻璃碗

石空寺石窟

1983 年,在固原北周李贤墓中出土的陶兵马俑军阵(前部)

朝那鼎——1979 年,在彭阳县古城公
社大队出土的西汉初年铜鼎

1983 年,在固原北周李贤墓中出土的陶兵马俑军阵(后部)

贺兰山石嘴沟石窟出土的一幅西夏壁画

宏佛塔出土罗汉佛坐像

宏佛塔天宫清理出土的文物现场

切刀把墓地出土的彩陶双耳壶

石空寺石窟部分佛像

北周李贤墓中出土的波斯萨珊王朝鎏金银壶

1981年,固原东效乡雷祖庙村北魏墓出土的漆棺画

贺兰山拜寺沟方塔出土的西夏文佛经

回族穆斯林上寺情景

板桥道堂解说碑

宁夏回族风情

一、回族宗教信仰

阿訇进修班举行穿衣仪式

(一) 主要宗教活动

在宁夏640多万人口中,回族占三分之一。宁夏回族大分散、小聚居,主要聚居在同心、吴忠、西吉、泾源、固原和海原等地方,过着勤劳朴实的生活。

回族信仰伊斯兰教,其基本信条,是信仰安拉为宇宙独一无二的真主,穆罕默德是真主的使者。伊斯兰教规定必须奉行五项功课:念(念诵《清真言》和《古兰经》)、礼(每天面向伊斯兰圣地麦加的克尔白方向做五次礼拜,每礼拜五到清真寺参加聚礼)、斋(一年封一个月的斋)、课(按财产比例交纳功课——宗教税)、朝(有条件的穆斯林一生至少去麦加朝觐一次)。回族清真寺的教长,是寺中主持教务和开学讲经的重要人物,被称为"阿訇",而他们的学生、徒弟则叫作"满拉"或者"海里凡"。回族都喜欢戴小白帽,穿白色衣服,以显示身体、衣服洁净。

(二) 清真寺

清真寺又称礼拜寺,是穆斯林进行宗教活动的主要场所和中心。清真寺的建筑形式有汉式和阿拉伯式两种风格。但不论什么建筑式样,其大殿都要坐西面东,朝着麦加圣地——"克尔白"(天房)。整个清真寺建筑由大殿、宣礼塔、沐浴室、教长室、经房和满拉住房等组成。

宁夏城乡遍布建筑风格各异的清真寺。围绕着这些清真寺的,是星罗棋布的回族聚居的村寨。在宁夏回族居住地区,清真寺十分普遍,据统计全区有3600多座。

同心清真大寺,又称同心大寺,位于同心废城西北角的高地上。它是宁夏现存历史最久、规模最大的清真寺之一。该寺至少有 400 多年历史。同治年间，清军镇压回民起义，寺院受到破坏，现存的寺院重修于光绪年间。1936 年，胜利抵达陕北的中央红军回师西征，解放了宁夏东南部大片土地，并在这里建立了中国共产党领导下的我国第一少数民族区域自治政权——"陕甘宁省豫海县回民自治政府"，自治政府的成立大会即在该寺的院内举行。

同心清真大寺

银川南关清真大寺（1644 年始建）

西吉县清真寺

西吉县单明清真寺，原名陕义堂，清光绪末年创建

20 世纪 50 年代灵武清真寺

单家集陕义堂清真大寺

滚钟口清真寺位于贺兰山滚钟口风景游览区内。相传始建于清顺治元年（1644 年），光绪十七年（1891 年）增建礼拜殿，1929 年毁于兵燹，后很快修复。1940 年由马福龙等人倡议再度修建，1980 年重新整修一新。该寺虽然规模不大，但因处于风景游览区内，故小有名气。该寺占地一亩，礼拜大殿 3 间，为中国传统古典建筑风格，小巧玲珑。另有配房 8 间，沐浴室 2 间，在寺外平台上可以一睹滚钟口风景。清真寺内有一拱北，相传是也门伊斯兰传教士马克伦丁·本·欧斯曼长老的拱北。据说，当年马克伦丁来华，在银川等地传教 30 余年，于明崇祯元年（1628 年）农历七月十三归真，葬于小滚钟口，穆斯林为其修建了拱北。马克伦丁在当地穆斯林心目中享有很高威望，每逢其忌日，山下银川市、贺兰县、永宁县的穆斯林便来滚钟口清真寺举行纪念活动。

纳家户清真大寺

同心县河草沟清真寺

吴忠市古城清真寺

滚钟口清真寺院内马克伦丁拱北殿

贺兰山滚钟口清真寺

欢度古尔邦节

炸馓子

二、回族习俗

（一）节庆习俗

宁夏回族信奉伊斯兰教，宗教习惯、生活习俗具有独特的魅力和风貌。

除"五功"之外，每年还有庆祝圣纪节、开斋节、宰牲节及阿述拉节、法蒂玛节等活动。每年伊斯兰教历十月一日的开斋节以及开斋节后70天的宰牲节（又称古尔邦节）是回族最大的节庆。

回族人民热情好客，每逢民族节日或喜庆良辰，家家都要炸油香做馓子，热闹非常。开斋节和古尔邦节是穆斯林的隆重节日。这天，从穆斯林家庭到清真寺，一片欢乐气氛。

沐浴是回族最重要的风俗之一，也是重要的道德要求。回族的沐浴，可分为大净和小净。"沐"即小净，"浴"即大净。小净的洗法有若干程序：洗两手至腕部，洗两遍；漱口；呛鼻；洗脸；洗两手至两肘；抹头、抹耳、抹额；洗脚至两踝骨。大净，就是用清洁的水洗涤全身。沐浴源于宗教活动，《古兰经》中讲道："信道的人们啊！当你们起身去礼拜的时候，你们当洗脸和手，洗至于两肘，当摩头，当洗脚，洗至两踝。"

（二）饮食卫生习俗

回族日常食用牛羊肉，禁食猪肉，也不吃血液和自死禽畜。回族饮食受伊斯兰文化影响，讲究"清、爽、精、美"，风格独特。宁夏的羊肉被称为全中国最好吃的羊肉。回族的食谱与羊有关的食物数不胜数，涮羊肉、烤羊肉串、白水羊肉、羊肉焖肚饭、黄袍羊尾和羊肉泡馍等，既没有膻味，而且肉质韧度适中。手抓羊肉、蒸羊头、烤羊排、饽饽肉、酱羊蹄吃了不腻不膻、滋补健体的清真菜肴，特色小吃，香喷喷的烤羊肉串，油汪汪的酿皮，脆生生的馓子，甜滋滋的油香、坤馍，散发着浓浓枣香的切糕等以及富有回族特色的八宝茶，样样令人叫绝。

盖碗茶是回族的最佳饮品。回族把喝盖碗茶叫做"抓盅子"，茶叶是茉莉花茶、绿茶等，再加上苹果干、桂圆、芝麻、枸杞、沙枣、冰糖、葡萄干、核桃仁等配料冲成满满的一茶盅，味道甘甜清润。一边聊天，一边喝盖碗茶，被认为是人生的一大享受。

回族很讲卫生，吊罐、汤瓶是他们沐浴和洗面的用具。

开斋饭

天南地北的回族伊斯兰教信徒，无论走到哪里都可到当地清真寺礼拜。图为 20 世纪 50 年代第一批迁居宁夏的北京牛街回族丁保俊到当地清真寺礼拜

朝觐归来

开斋节那天和睦友善热情好客的回乡邻里亲友之间总是互送礼品道贺

（三）婚丧习俗

1. 婚俗

回族青年男女结婚不看黄道吉日，一般都是以伊斯兰教的主麻日或主麻日的前日以及阴历双日为佳期。

举行婚礼时，必须举行念"呢卡哈"的仪式：新人必须先到当地政府民政机关领取结婚证书后，再请阿訇写一份"依札布"（阿拉伯文的证婚书）。在结婚前一天或当天，必须请阿訇为一对新人念祝贺经文，并由阿訇分别询问新郎、新娘是否同意结为夫妇。在得到肯定的回答后，阿訇还要按照一定的内容谆谆嘱咐一番，一对新人表示遵从教导，念"呢卡哈"的仪式便告结束。

2. 丧葬

宁夏回族的丧葬仪式仍保留着许多宗教和民族的特点。回族称逝世为"归真"，其葬礼比较简单和科学，一般实行速葬、薄葬之礼。回民把纪念亡人叫干"尔埋力"，主要是纪念已故的亲属、朋友、教主等。纪念亡人一般根据亡人无常

时间的长短来采取不同规模和方式。纪念从人无常后埋葬的当天晚上开始，回族称当日晚上的这种纪念活动为"霄夜"。回族认为在四十天之内，亡人的灵魂还在。丧主家每天要点香、烙油香，做"都阿"向真主祈祷，家里的其他人还要哭丧。直到第七天，回族称为"头七"也叫"七日"，这天丧主家要宰羊、宰鸡、炸油香，请阿訇和满拉以及有威望的回族老人若干人，到家里念经、吃油香。丧主家为了搭救亡人，求真主开天堂之门，还要给来念经的所有人散乜贴（施舍）。之后，还要给亲戚朋友、邻里乡亲散油香。到了"二七""三七"规模很小，有时不请阿訇，只是烙些油香，散结左邻右舍或贫穷者。到了四十日，认为亡人的灵魂要离开家了，要大干"尔埋力"。早上先请阿訇走坟，完了请阿訇以及亲戚朋友和乡亲们到家里来吃油香，有的还给丧家散乜贴。从此以后，在百日、周年、三周年、十周年、三十周年仍要宰羊、炸油香，大干"尔埋力"。过了三十周年，有的就不再搞大的纪念活动了。

穆斯林的婚礼

散乜贴

（四）文化艺术与体育

宁夏回族传统的文艺、体育项目丰富多彩。地方和民族特色突出的艺术形式有"花儿"（包括宴席曲）、口弦、柳笛、埙（哇呜），民族体育项目有打瓦、踏脚、掼牛、掷子、木球、下方、拔腰等，回族武术则有回回十八肘、汤瓶拳、查拳、十路弹腿、四把锤拳、何家棍、张家枪等。自治区成立以来，涌现出一批知名的回族作家、画家、书法家和体育运动员，电影、戏剧也纷纷在国内获奖。

"花儿"歌手

回族阿文书法

回族民间的口弦曲

三、回族经济生活

市场是回族群众最喜欢去的地方。自古以来回族人便善于做生意，而且集中在一起做买卖。如今，吴忠、同心两地的市集，规模之大在宁夏甚至全西北地区颇有名气。

吴忠市的市场内，干货、鲜货摊子排列分明，很有条理。同心的露天市场地建筑更具回族集市的特色。

回族人做买卖的手法很特别，双方各把右手接触，且用袖口或衣襟掩盖，做出各种代表不同价钱的手势，双方互摸对方的手指，讨价还价，直到价钱合适，立刻付款提货，握手道别。

滩羊皮是同心市场的大交易。卖羊皮的人用摩托车或自行车把羊皮从家中和牧场运来，然后把它们放在地上或挂在车尾，任由顾客选购。原始的滩羊皮经过漂白和加工后，可以制成披肩和皮衣，成为高贵大方的冬衣。

同心市集不但是各类货物应有尽有的交易场所，而且也成为四乡回族人进城会聚亲友的地方，这里表现出来的回族风情、人生百态，成了旅游者的观光内容。

清真肉市

洽谈生意讨价还价时"捏码子"，俗称"掏麻雀"

赶　集

中外驰名的滩羊二毛皮

20世纪80年代建成的吴忠农贸市场

银川市民族团结碑

1996年,盐池县七月会骡马牲畜交易市场

旅 游 事 业

一、重点旅游景区

宁夏的旅游资源丰富而又独特，"塞上江南""回族之乡""西夏古都""大漠炊烟""红色老区"是对神奇宁夏旅游特色的概括。它包括以"一河两山"（黄河、贺兰山和六盘山）为代表的自然景观，以新旧石器遗址和贺兰山岩画等为代表的人文景观，以回族风俗、服饰、民居和清真寺为代表的回乡风景，以大漠、长城、古堡为代表的边塞风光，以红军长征、西征革命遗址为代表的红色文化资源等等，构成了宁夏地方文化的魅力。

（一）沙湖生态旅游区

沙湖位于自治区首府银川以北56公里处的平罗县境内，面积80.01平方公里。其中，湖水面积22.4平方公里，是杭州西湖的1.5倍；平均水深2.2米，最深处可达4米。南岸有5000亩流动沙丘，面积达12.74平方公里。整个湖面呈月牙形，湖中生长的7000亩形状各异的芦苇将广阔的湖面分割成大小不一的港汊，芦苇与浩瀚的沙丘相互衬映，湖中有沙，沙中有湖，湖沙相依，集大漠风光与江南景色于一体。

沙湖以地下泉水和黄河之水为主要水源，湖水进排有序，流水不腐。湖东鸟岛，成群的天鹅、丹顶鹤、白鹳、中华野鸭、大雁等11目24科190多种珍贵的鸟类数10万只在此栖息繁衍，为全国最好的观鸟区之一。沙湖连同周围5000多公顷的沼泽湿地、荒漠沙地共同构成了生物多样性的综合体，是生态旅游的理想之地。1991年7月，中共中央总书记江泽民为旅游区题写了"沙湖"两个大字。1997年，国家旅游局把沙湖风景区列为全国35个王牌景点之一。2000年9月，中央文明办、国家建设部、国家旅游局确定沙湖为全国风景名胜区精神文明示范区。

1991年7月,总书记江泽民为旅游区题写了"沙湖"两个大字

沙湖相依,妙趣天成

湖光山色,美不胜收

湖 水

（二）沙坡头旅游区

沙坡头旅游区位于中卫市郊腾格里沙漠东南端，北有沙海、铁路，中有"金沙鸣钟"和沙漠绿洲，南有黄河、香山，四龙聚会，景观奇特。沙坡头的"金沙鸣钟"现象与甘肃敦煌鸣沙山、内蒙古响沙湾齐名，统称为中国三大"鸣沙"。"金沙鸣钟"在沙坡头的坡顶，高150米，倾斜60度，每当天晴气朗之日，人们从沙丘顶部下滑，即发出"嗡嗡"的轰鸣声，如钟鼓长鸣。据当地传说，沙山下压着一座古城堡，所以常可听到似人的喧闹声和战马的铃铛声，"鸣沙"就是沙漠下的古城堡发出的离奇声响。当然这只是一种神话传说。

百米高的沙山悬若飞瀑，游人滑沙，如从天降。沙山脚下，滔滔黄河之中，羊皮筏飞荡，浪花四溅。河心筑一高坝，将黄河中分，北高南低，北缓南急，如长蛇游水。此即有名的"白马拉缰"。

沙坡头还以其丰硕的治沙成果名闻中外。这里沙层厚度70至100米，流沙占71%，其厚度之大，世界罕见。一些外国专家称之为"世界沙漠之祖"。包兰铁路在中卫境内6次穿越沙漠，其中心沙坡头坡度最大，风沙最烈，平均风速

为5米/秒。从20世纪50年代起，治沙大军在极其严酷的条件下，在铁路两侧创造性地建造了防风固沙工程。4800多公顷的麦草沙障和生长于其内的花棒、柠条、红柳等耐旱抗风沙的固沙植物使"黄龙"就范，沙漠为之变样，金色的沙海中居然泛起了绿色的波浪。宁夏回汉人民在沙坡头流沙上创造的世界治沙史上的奇迹，使许多外国沙漠专家和学者感到惊叹、钦佩，他们把这里誉为世界的"沙都"——沙漠里的科学城。1994年，中卫固沙林场被联合国授予"全球环境500佳"单位。如今，沙坡头的绿色变成沙漠明珠，每年都吸引着国内外许多沙漠研究专家和游人前来考察、参观，这里也因此成为宁夏一处闻名遐迩的旅游胜地。2000年7月，首届"中国宁夏大漠黄河国际旅游节"在这里举办。

沙 山

河心"白马拉缰"雕塑

沙坡头获六项资质和荣誉：国家首批 5A 旅游区、全球环境 500 佳、中国十大最好玩的地方、中国最美的五大沙漠、国家科技进步特等奖、环球荣誉奖

创世界奇迹的固沙麦草方格。1994 年，中卫固沙林场因"保护世界环境成果卓著"而荣获国际环境保护最高奖"全球环境 500 佳"单位。

羊皮筏子竞渡

羊皮筏子

金沙鸣钟

黄河岸边古老的水车

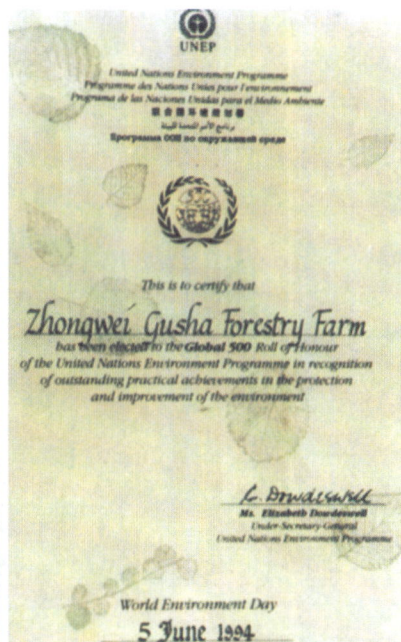

"全球环境 500 佳"获奖证书

（三）六盘山旅游区

六盘山旅游区地处宁夏南部，位于西安、银川、兰州三省会城市的三角地带中心，历史悠久、地理位置重要，古文化遗存丰厚，是古丝绸之路东段北道必经之地和历代兵家屯兵用武的要塞，也是北方游牧文化与中原农耕文化的结合部，古代有众多民族先后在这里聚居。

南部被誉为黄土高原上一颗绿色明珠的六盘山国家级自然保护区，是西北地区重要的水源涵养林基地和自治区风景名胜区，总面积 6.78 万公顷。保护区内有四季流水的大小河流 65 条，森林总调蓄能力为 2840 万吨，为泾河、清水河、葫芦河提供了充足的水源，成为生物资源丰富多样的一座巨大的"基因库"。显著的水源涵养效益和湿润的气候使之成为西北地区耀眼的"绿岛"和"湿岛"，而且惠及泾河、渭河流域的甘肃、陕西两省。多样的动物和昆虫资源，不乏国家保护的稀有物种和六盘山特有的品种，使之成为干旱带上的"动物王国"。老龙潭、二龙河、鬼门关、凉殿峡、野荷谷和白云山 6 大景区的 60 多个景点，奇特的峡谷地貌、流泉瀑布和特有的植物资源，山光水色雄、奇、峻、秀之气势，汇集了北国风光之雄浑，兼备了江南水乡之靓丽。幽雅的环境、神奇的传说以及天造地设的景观，既有纯自然的美，又有深层次的文化内涵。可以开展森林生态游、科学考察游、野生动物寻踪游、森林览胜游、泾河源头探险游和休闲避暑与黄土高原丘陵田园风光游、民族风情游等多

山水相依的六盘山景观

二龙河

种内容的旅游活动，是生态旅游和休闲消夏避暑的胜地。

中部以固原博物馆为中心的固原古城、战国秦长城、开城安西王府遗址等构成的文化旅游区，能让游客感知到六盘山几千年的文明史和进化史。

北部以久负盛名的须弥山石窟为中心，包括西吉火石寨以丹霞地貌构成的云台山、扫竹岭景区，将台堡、单家集等红军长征遗迹及海原南华山牧场风光和天都山石窟，集文物古迹、自然奇观与爱国主义教育于一体。

六盘山地区是回族聚居区，穆斯林独特的民族风情更为旅游增添了一道风景线，使六盘山成为一座天然博物馆。1999 年，在中央有关部门的支持下，把六盘山旅游区作为国家旅游扶贫试验区，成立了试验区管委会，创办了泾河源旅游开发总公司，国家拨给专款，景区建设上了一个新台阶，六盘山旅游业得到了大发展。

泾河源头

六盘山云海奇观

六盘山高路入云端

（四）苏峪口国家森林公园

苏峪口国家森林公园位于银川市区西北 25 公里的贺兰山国家级自然保护区内，它北距沙湖旅游区 35 公里，东连西部影视城 12 公里，南靠西夏王陵 30 公里，总面积 9323 公顷，森林面积 2175 公顷。分为苏峪口、拜寺口、贺兰口 3 个景区 90 多个景点，是宁夏十大精品旅游景区之一。

苏峪口国家森林公园具有丰富的自然景观和独特的人文景观。在近万公顷的范围内，高耸入云的油松、杜松、云杉等天然林木一望无际，吐红的樱桃、挂紫的丁香、披粉的蒙古扁桃等珍稀灌木遍布山谷沟壑。层层林海造就的四季景观，色彩斑斓，变化无穷，令人叫绝。踏入国家森林公园的深处，登上青松岭的峰顶，人已处在苍茫林海之中，低头看百丈悬崖，放眼望郁郁葱葱；古松立于峭壁之间，残雪留存高山之巅。松涛阵阵，云雾蒙蒙，宏伟险峻的景观给人一种回归大自然，陶醉大自然的美好心境。如留宿于青山翠柏环抱中的"松涛山庄"，不仅能观赏到贺兰山迷人的夜色和日出，而且能看到马鹿、岩羊、兰马鸡等国家重点保护野生动物。

苏峪口国家森林公园具有丰富的历史文化内涵，它坡坡有名，沟沟有姓，弯弯有传说，山山有故事。举世闻名的贺兰山岩画是一部记录中国古代西部少数民族繁衍发展的史书，拜寺口双塔展现着炎黄子孙能工巧匠的建筑天才。

苏峪口国家森林公园有茂密的森林、巍峨的山体、险峻的峡谷、众多的动植物资源、完整的地质剖面和奇异的古生物化石，它不仅是人们休闲避暑的旅游胜地，也是进行教学科研的良好场所。苏峪口国家森林公园地质地貌奇特，山区与平原直接过渡，充溢着阳刚之气的贺兰山顶峰"沙锅州"海拔 3556 米，是人们进行登高探险的最佳去处。

苏峪口国家级森林公园

苏峪口国家级森林公园

贺兰山自然保护区一角

（五）镇北堡华夏西部影视城

从银川向西 35 公里，距银川火车站 25 公里，距银川飞机场 48 公里，有两座明清时代的古城堡，著名作家张贤亮使之成为"中国电影从这里走向世界"的名牌旅游景点，可谓是化腐朽为神奇的典范。这里吸引着众多优秀艺术家、著名导演、制片人、摄影师和影星，如谢晋、王家卫、张艺谋、黄建新、陈凯歌等名导，谢添、林青霞、张国立、刘嘉玲、刘晓庆、巩俐、斯琴高娃等明星，都在这座古城留下了辉煌。已拍摄了获得国际国内大奖的影片《牧马人》《红高粱》《黄河谣》《黄河绝恋》《老人与狗》和《嘎达梅林》，以及著名影片《大话西游》《新龙门客栈》《绝地苍狼》《关中刀客》《断仇谷》和《萍踪侠影》等 70 多部影视作品。

镇北堡影视城在中国众多的影视城中以古朴、原始、粗犷、荒凉、民间化为特色而闻名，在这里摄制的影片之多，升起的明星之多，获得的国际、国内影视大奖之多皆为中国各地影视城之冠，所以

有"中国电影从这里走向世界"的美誉。又因古堡的地貌和影城内部场景代表了旧中国西北地区的乡镇风情，故被誉为"中国一绝，西北大观"。它融和了历史遗迹的人文景观与现代影视艺术相结合的产物，所以这里已成为享誉海内外的中国西部题材和古代题材的电影电视最佳外景拍摄基地。

镇北堡影视城是集观光、娱乐、休闲、购物、餐饮于一体的宁夏重要旅游景区。它保留了在此拍摄过的电影电视场景如"铁匠营""九儿居室""酒作坊""新龙门客栈""匪楼""牛魔王宫""都督府""西北民居区""神秘山洞""影视一条街"等。还备有电影资料陈列馆、古代家具陈列室、大型电影海报展览馆、艺术摄影展览馆、放映厅、餐饮茶座、陶艺坊、旅游纪念品商店、古装摄影拍照、骑射、颠轿、皇家靶场、吉祥迷宫等多项娱乐设施。还开设了中国独一无二的"来时是游客，走时是明星"的影视娱乐项目，为游客提供场景、道具、服装，用高科技手段拍摄、剪辑、录制 VCD 光盘。

中国电影从这里走向世界

镇北堡古城堡

镇北堡影视城内搭建的场景

镇北堡古城位置图

（六）须弥山石窟

须弥山石窟为全国十大石窟之一，坐落在固原市原州区西北。石窟造像开凿在整个须弥山东麓，当地丝绸之路必经之地石门关北侧。须弥山石窟初创于十六国时期的后秦和北魏，兴盛于北周和唐代，其艺术成就可与山西云冈、河南龙门大型石窟造像媲美。作为丝绸之路沿线的古文化景观，须弥山石窟已延续了1500多年，岁月的风雨剥蚀了石窟的外表，却增加了石窟文化艺术的年轮。明代以后，尤其是近代以来，丝绸之路的衰落逐渐使这里与外界因交通中断而闭塞，再加上历代文献记载较少，几近被淹没。1982年，这座瑰丽的艺术宝库被列为全国重点文物保护单位。现在，这里不但是学者研究、考察石窟文化艺术的宝贵资料，也成为一处吸引中外游人观览的旅游胜地。

重修前的须弥山大佛

游人如织的须弥山石窟

须弥山石窟

西夏瓷器

西夏鎏金铜牛

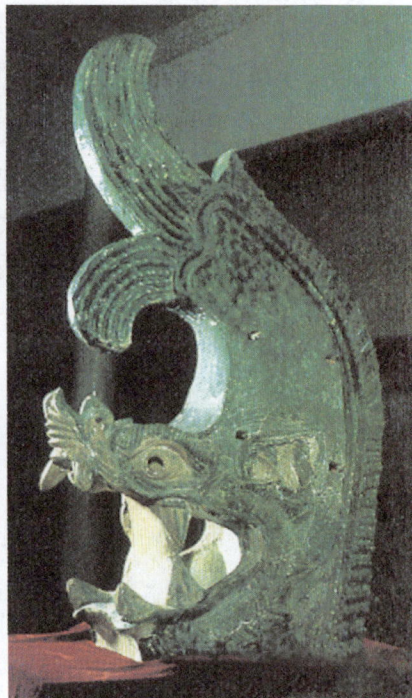

西夏琉璃鸱吻

西夏文残碑

西夏脊兽

（七）银川西夏王陵

西夏王陵是西夏皇家陵园，位于银川市以西的贺兰山东麓中段，总面积约 50 平方公里。陵区内现存帝陵 9 座，陪葬墓 208 座。多年来考古工作者对西夏陵调查和发掘的材料证明：西夏受中原唐宋陵寝制度的影响，并保留了本民族的传统习俗，从而形成了一套独特的陵寝制度。大量从陵区出土的文物，为研究西夏历史提供了第一手翔实可靠的资料，具有较高的学术价值。自元昊立国前葬其祖父、父亲于此，直至西夏亡国之际，前后大约延续了两个世纪。出土遗物比较重要的有鎏金铜牛、大石马、丝织品残片等。1988 年，西夏王陵被国务院公布为全国重点文物保护单位和全国重点风景名胜区。

西夏王陵

西夏王陵石柱基

(八) 灵武水洞沟旧石器文化遗址

灵武水洞沟旧石器时代文化遗址，位于灵武横城堡以东约5公里的明长城南面，是我国最早进入系统研究的旧石器时代文化遗址之一。1919年，当地人首先发现了水洞沟文化遗址。1923年由比利时籍神父P.绍（肯）特和法国神父、古生物学家德日进、桑志华、步日耶等人首次发掘了水洞沟遗址，并判定是一处距今3万年左右的旧石器晚期文化遗址。新中国成立后，我国著名考古学家、古人类学家裴文中、贾兰坡等人以及宁夏考古工作者又多次进行发掘和研究，并经 C^{14} 测定和孢粉分析，认定水洞沟遗址属距今2.4万年至3万年的范围，是我国最早的旧石器时代文化遗址之一。1988年1月13日，水洞沟遗址被国务院列为第三批全国重点文物保护单位。现在以水洞沟为中心的银川河东景区，成为集历史人文与自然风光为一体的宁夏名牌旅游景点。

法国神父、古生物
学家德日进

考古学家、古人类
学家贾兰坡

桑志华

考古学家、古人类
学家裴文中

水洞沟文化遗址一号发掘地点

灵武水洞沟文化遗址

水洞沟文化遗址发掘现场

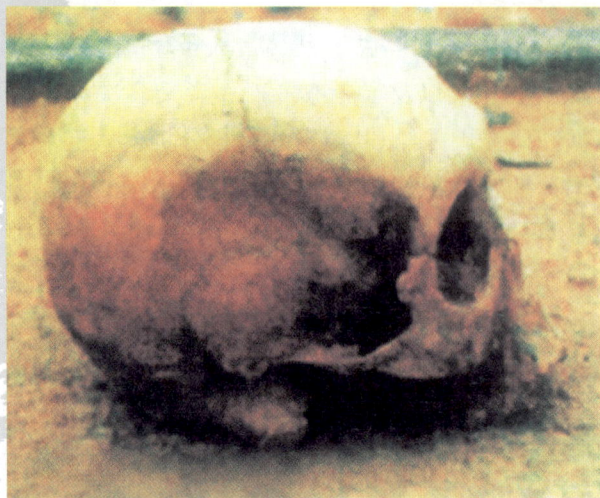

水洞沟遗址出土的古人类头骨

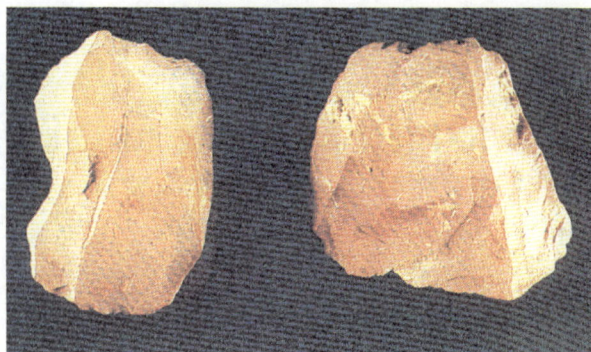

灵武水洞沟出土的旧石器

水洞沟出土的部分石器

裴文中教授(左二)考察水洞沟文化遗址时听取张三(右二)的讲述

(九) 贺兰山岩画

　　岩画是先民镌刻在石头上的史书。贺兰山岩画分布在全长 250 余公里、从北到南的十多个山口中。在贺兰山树林口、黑石峁、归德沟、贺兰口、苏峪口、回回沟、插旗口、西蕃口、口子门沟、双龙山、黄羊山、苦井沟等地发现岩画群 20 多处，画面总数约在万幅以上。这是自远古以来活跃在这一地区的羌戎、月氏、匈奴、鲜卑、铁勒、突厥和党项等民族的杰作，时间大致从春秋战国到西夏时期。贺兰山岩画在不同的地点有着不同的内容：石嘴山一带以森林草原动物为主，如北山羊、岩羊、狼等形象；贺兰山一带多以形形色色的类人首为题材；青铜峡、中卫、

贺兰山岩画——太阳神

中宁一带的岩画则以放牧及草原动物北山羊为主。在贺兰山白芨沟等地，还发现了成片彩绘岩画，内容以乘骑征战人物形象及北山羊、马等动物形象为主。彩绘岩画的发现，为贺兰山岩画增添了新的内容和形式。

1991年和2000年，国际岩画委员会年会暨第一、二届宁夏国际岩画研讨会在银川召开。1996年，贺兰山贺兰口岩画被国务院公布为第四批全国重点文物保护单位。1997年，贺兰山岩画正式启动申报世界文化遗产工作。现在，贺兰山岩画已成为宁夏重要的人文与风景名胜旅游景点之一。

贺兰山岩画

贺兰山岩画之彩绘岩画

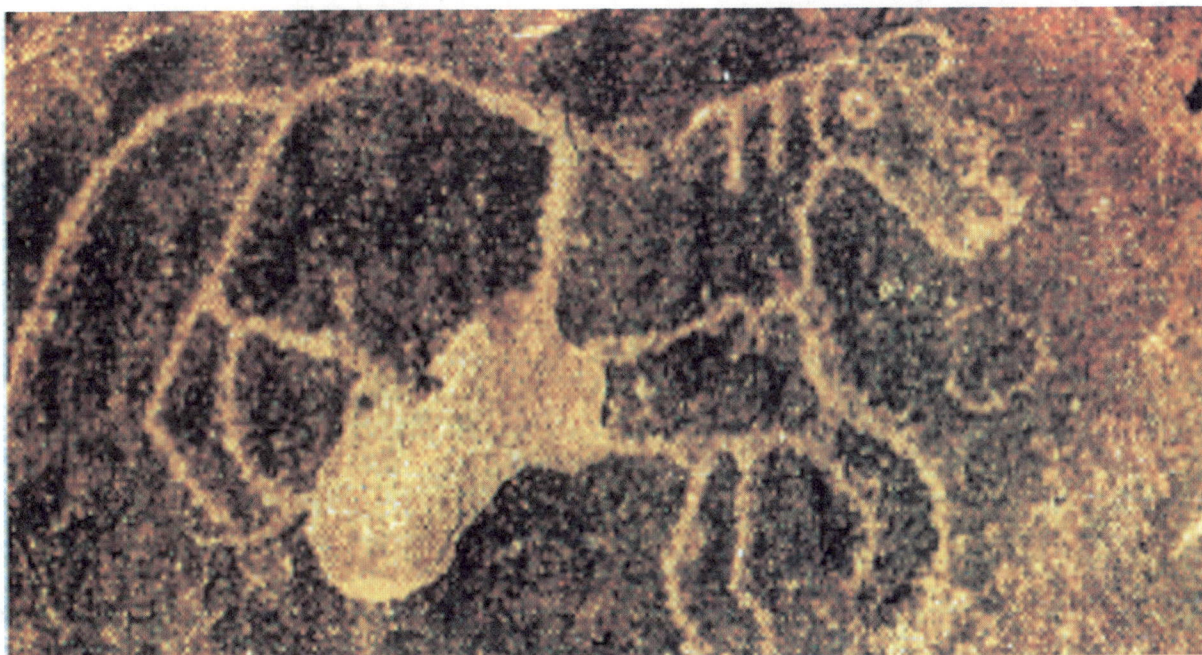

贺兰山岩画

（十）宁夏古长城

宁夏境内的长城，从战国开始，经过秦、汉、明数朝的不断修筑，现存总长度达 1500 公里，有"中国长城博物馆"之称。在长城沿线，还有许多营、堡、障、烽火台等军事设施。通过 1984 至 1985 年的全区文物普查，了解了历代在宁夏境内所修长城的时代、分布、走向及建筑等情况。在宁夏境内，战国秦长城全长约有 200 公里，是宁夏境内最古老的长城，秦汉时曾做过修缮和增补，明代亦曾加以利用。明代长城在总结前代经验的基础上，于地形的选择、材料的使用、城墙的构造以及工程技术等方面都有较大的进步。明代在全国长城沿线总共设有 9 个边境重镇，而在宁夏境内就设有宁夏和固原两镇，由此可见宁夏长城在中原边防上的重要地位。

固原秦长城

贺兰山长城

青铜峡市境内的长城

银川河东墙

灵武境内的明长城

盐池县境内的明长城

大武口韭菜沟北长城

固原境内战国长城

（十一）滚钟口

滚钟口俗称小口子，是贺兰山东麓的一条山沟，因三面环山，东面开口，外扩内窄，像一个开口的大钟，山沟内有一独立的小山头，就如钟内的撞锤，因而得名。其位于银川西北约 30 公里贺兰山东麓，山谷内岗岭负翠，层峦起伏，山环泉抱，界境幽深。登上主沟南侧的笔架山，西望贺兰林木苍翠，东瞰银川平野千里。这里早在西夏时就修建了不少避暑宫殿，明清更是大兴土木，逐步形成了以贺兰庙为主体的庙宇寺院群。比较有名的是贺兰庙、大悲阁、兴隆寺、老君堂、斗母宫、普陀岩等。

滚钟口

雨雾之中的滚钟口美不胜收

滚钟口马鸿逵别墅。今宁夏境内唯一留存下来的民国时期宁夏省主席马鸿逵宅邸

（十二）银川中山公园

银川中山公园是银川市区最大的风景游览区，位于银川城区西北隅。

1929 年 1 月宁夏省政府成立后，按照南京国民政府农矿部的文件要求，"为纪念孙中山先生逝世 5 周年，全国每年开春季节，都要种树绿化，造福万世子孙"，宁夏省政府首任主席门致中决定在银川市西马营废墟的基础上建设一座公园。为纪念孙中山先生，将宁夏首座公园定名为"中山公园"。

1929 年 7 月，吉鸿昌主政宁夏后，继续履行建设中山公园的方针，省政府投资在中山公园建设了 1000 多平方米、能容纳 800 多人、两层砖木结构的中山纪念堂，在当时是宁夏第一大建筑。吉鸿昌为它取名为"宁夏人民会场"。

1929年11月，中山公园挂牌开园。

1933年，马鸿逵主政宁夏后，着手整修中山公园，疏浚公园银湖，修置湖上水榭，建公园凉亭。1934年建成"云亭纪念碑"。1935年建成"明耻楼"，专为接待国民政府的高级军政人员。同时还在园内的东南方位，为接待蒋介石专门修建一幢维多利亚式的"怀远楼"，翻修了中山纪念堂——宁夏人民会场。

马鸿逵又让中山公园购进了数十种野生观赏动物，整修了园内的文昌阁，派兵挖湖、填坑、割芦苇、挖渠引进唐徕渠水。经过数月，终于修成了现在公园银湖的水域面积。银湖里面放养有宁夏的鲤鱼、鲫鱼、草鱼等鱼类，园中增植杨、柳、桑、榆、槐等树木，有些至今犹存。

1936年，马鸿逵派人从北京月荣花场购了一批花卉树木，有石榴树、无花果、夹竹桃、月季、苏铁、棕竹、金橘、昙花、瓜叶菊、美人蕉、八宝兰及仙人掌等数十种在中山公园内种植。马鸿逵将石空地区一清朝古墓的墓碑移入中山公园的明耻楼旁，并将原立于利民街的林家牌楼移入中山公园东门内的怀远楼西北侧，在牌楼上增饰了"豁然开朗"的匾额。又将原清朝时期立于府城西大街的田寡妇贞节牌坊移入中山公园南门内，命省府秘书长叶森书写"万物育焉"的匾额，落款刻上"马鸿逵亲题"，悬挂于牌坊之上。抗战前，还从外地运来了熊、狼、狐、貂、獾及野鸭、鹤、鸳鸯等几十种动物，养在中山公园南门西侧的动物园内。公园中还加工制作了十几条舢板木船，供游人划船、钓鱼。

中山公园明代古钟亭

中山公园内文昌阁

民国时期国民党宁夏省主席马鸿逵在中山公园内修建的云亭纪念碑

中山公园内的"铁牛临池"

民国时期宁夏省主席马鸿逵修建于中山公园内的怀远楼（1935 年摄）

1935 年春，马鸿逵（右二）在中山公园为十五路军士兵示范种树

中山公园银湖之上的玉带桥

鸟瞰银川中山公园

宁夏解放后，省人民政府将中山公园内原云亭纪念塔改为"解放塔"，仍为公园一景，游人常喜欢在此留影。"文化大革命"开始后被拆除

（十三）中卫高庙

其位于中卫县城北面。始建于明代正统年间，为三教合一的寺庙。中卫高庙，是因中卫县南山高、北山低，为使南北平衡而修建的。在仅 4000 余平方米的高台上，筑有 260 多间重楼叠阁。各建筑之间多用飞桥相连，布局紧凑，气势非凡。庙内还有"鹤翔凤鸣""麟吐玉书"等大量壁画砖雕，表现出宁夏古建筑的精美风貌。为自治区政府公布的重点文物保护单位。

中卫高庙

（十四）平罗玉皇阁

其位于平罗县城公园。始建于清光绪元年（1875 年），是中国西北最大的道教寺院。前后院有老玉皇阁和新玉皇阁，两侧均置配殿和主楼、鼓楼。建筑重檐叠阁，结构严谨，工艺精巧，气势壮观。为自治区政府公布的重点文物保护单位。

平罗玉皇阁

二、宁夏古塔名胜

（一）海宝塔

海宝塔也称黑宝塔、赫宝塔，因其坐落于银川市北郊海宝塔寺内，与市内的西南的承天寺塔遥遥相对，故又称北塔。

海宝塔的始建年代至今尚无确考，最早的文献记载见于明《弘治宁夏新志》中："黑宝塔在城北三里，不知创建所由。"稍晚的明万历《朔方新志》载：黑宝塔"赫连勃勃重修"。清康熙《重修海宝塔记》上说："唯赫连勃勃曾为重修，遂有讹为赫宝塔者。"

海宝塔是一座风格独特、全国罕见的佛塔，属于仿楼阁式十一级砖塔，它原来的式样还不是现存塔的形状。据乾隆《宁夏府志》记载："黑宝塔十三层，高耸入云，自七层而上，从外盘旋……"《重修海宝塔记上说，"其塔凡九层，连天盘共计十一层，顶高三丈五尺"，是说康熙年间重修以

古塔雄姿（海宝塔）

后海宝塔有了很大的变化，首先是把原来七层以上
要在塔外凌空盘旋而上的结构改变了，其次是把塔
的层数减少了两层。现存的塔为九级，连塔座共计
十一级，通高 53.9 米，由台基、塔座、塔身、塔
刹组成。历史上，海宝塔因地震、战火等原因的毁
坏，曾经数次维修。

1961 年，海宝塔被国务院公布为第一批全国
重点文物保护单位，全国 16 座名塔之一。党和人
民政府十分重视对这座古迹的保护，先后加固了塔
刹，安装了避雷针，划定了保护范围，进行了初步
的整修和四周的绿化。"文化大革命"十年浩劫使
这座古迹惨遭破坏，粉碎"四人帮"后自治区政府
和国家文物局为抢救这座古塔，先后拨款近百万
元，对其进行了全面维修整治，扩大了建筑范围，
增加了必要设施，复塑了一些神像，并设立了专门
管理机构，使古塔旧貌换新颜。

拍摄于 20 世纪 30 年代之海宝塔

（二）承天寺塔

承天寺塔又名西塔，坐落在
银川市内西南承天寺院内。承天
寺是一座坐西朝东的佛教寺院。
寺内分前后两院。前院有五佛
殿、承天寺塔，穿过砖雕垂花门
进入后院，有韦驮殿、卧佛殿。
原来各殿中精美的彩塑佛像，在
十年动乱中被毁。空空的佛殿，
只好作了文物陈列室。

承天寺和承天寺塔为西夏毅
宗天祐垂圣元年，即约 1050 年所
建。西夏李德明、元昊、谅祚祖
孙三代"钦崇佛道"，承天寺与凉
州（甘肃武威）护国寺、甘州
（甘肃张掖）卧佛寺同为西夏的佛
教圣地。

西夏承天寺塔"崇基垒于，
峻级增乎瓴"释成现代语意思是
说：充实坚固的基础，是像玉石

一样的石头垒砌成的，逐级增高的塔身，是用砖头一级一级砌起
来的。如今看到的承天寺塔已经几毁几修。朱元璋第十六子朱栴
被封为"庆王"徙居宁夏（即今银川市），于明惠帝建文三年
（1401 年）对承天寺塔进行了一次较大规模的重建，并且增建了
殿宇。清代乾隆三年（1739 年）11 月，宁夏地震，塔被震毁，直
到清朝嘉庆二十五年（1820 年），才重新修复。

承天寺塔是目前中国唯一有修建年代记载的一座西夏古塔。新中

承天寺塔

国成立以后，整修了塔内陈设，维修了塔顶，装置了避雷针。为自治区政府公布的重点文物保护单位。

这座八角形十一层楼阁式砖塔，底层每边长

5米，东西对边长大约22米，建造在宽26米的方形台基上。底层朝东有一门，通过宽90厘米、长4.8米的券道进入塔室。

（三）拜寺口双塔

拜寺口是位于宁夏贺兰县金山乡境内的一个重要山口，这里溪流绿荫，风景秀丽，因寺庙多，喇嘛塔多，又得名"百寺口""白寺口"。拜寺口双塔建于西夏，皆为十三层密檐式空心砖塔，坐落在拜寺口北岗台地废寺内，位置一东一西。双塔塔身直接起于地面，第一层特别高大，约占塔身的五分之一。东西两塔的高度相差不多，西塔高41米，底边3.1米；东塔高39.15米，底边2.95米。

砖塔砌体厚实，壁面抹有白灰泥，其上有影塑和彩绘。塔刹由须弥座、相轮和宝葫芦组成。在每层檐角上装有绿琉璃套

拜寺口双塔

兽（与西夏陵出土的灰陶套兽形体尺寸完全一样），下坠铁铎风铃。为国务院公布的全国重点文物保护单位。

宏佛塔

未经修复前的贺兰县宏佛塔

（四）宏佛塔

宏佛塔坐落在宁夏贺兰县潘昶乡王澄堡村郊，俗名"王澄塔"。因寺庙败落又远离城郊公路，不为社会各界知晓。1984年文物普查时始知其名曰"宏佛塔"，被文物部门登记著录，为自治区重点文物保护单位。

宏佛塔是由下部三层带叠涩檐的八角楼阁式砌筑体，与上部一座完整的十字折角束腰座覆钵砌筑体相结合的复合形建筑，造型独特，塔体中空，外饰彩绘，风格浑重古朴，是中国现存古塔中仅有的一例，弥足珍贵。佛塔为西夏时期佛教建筑，饱含着西夏佛教文化的各种重要信息，是西夏文化和佛教艺术最集中的载体。1990年抢修佛塔时发现大批珍贵文物，被评选为1990年全国考古十大发现之一。

（五）康济寺塔

康济寺塔坐落于宁夏同心县韦州古城东南的康济寺废址，寺毁塔存。1963 年，自治区人民委员会审定公布为第一批省级重点文物保护单位。康济寺塔建于西夏时期，明代时又几经修葺。1984 至 1985 年在国家文物局和自治区政府的支持下，又进行了大规模的修缮加固工程。康济寺塔是一座平地而起的八角密檐式十三层空心砖塔。塔高 39.20 米，加固修复后的高度为 42.70 米，由塔身、刹座、相轮宝顶三部分构成。塔的底层较高，第二层以上被层层密檐平座紧箍，往上收分与刹座宝顶有机结合，形成刚劲有力的抛物线。

韦州康济寺塔

（六）田州塔

田州塔坐落宁夏平罗县姚伏镇东 1 公里的柳荫丛中，经考证始建于明代之前，是一座平面呈六角形的八层楼阁式砖塔。塔高 38 米，塔顶呈六边覆斗状，塔底直径为 7.5 米。田州塔建筑风格独特，为宁夏境内罕见，具有较高的研究和观赏价值。

姚伏镇田州塔

灵武镇河塔

（七）镇河塔

镇河塔亦称东塔，坐落在宁夏灵武市区东南约五华里处。镇河塔始建于清代康熙七年（1668 年），康熙三十七年（1698 年）竣工。塔身气势巍峨壮观，为八角楼阁式空心建筑，直径 13.5 米，高 43.27 米。砖筑平砌十二级，厚壁空心有木梯可盘旋而上。天盘用绿色琉璃砖瓦砌成宝葫芦形塔顶，下托莲花座。塔面向西，八角悬挂铁铎，塔身逐级收缩，每层高度均匀递减，主体线系呈现出一种古朴挺拔的建筑艺术风格。挺拔的镇河塔和毗邻的西湖相映成趣，构成了塔耸碧湖、湖光塔影的胜景，颇有"塞上江南"的泽国风韵。

（八）一百〇八塔

一百〇八塔坐落在宁夏青铜峡峡口山西岸山坡上，习惯称"百八塔"，始建于西夏。新中国成立前因年久曾坍塌为堆砌在山坡上馒头状土疙瘩。自治区成立后，1963 年 2 月公布为自治区重点文物保护单位。1987 年对塔群进行抢救保护，通过清理和维修加固，恢复了原始结构和形制风貌，并于 1988 年被国务院公布为第三批全国重点文物

1987 年以前未经修复的青铜峡一百〇八塔

保护单位。

一百〇八塔是将山坡劈为12级平台，塔自上而下，依1、3、3、5、5、7、9、11、13、15、17、19之奇数有序布列排建在平台上，共有塔108座。每级平台前用砖石砌护出围墙，构成一等腰三角形错落有致的塔林群。

一百〇八塔的塔身形制有复钵、葫芦、复钟、折腹式四种，其塔座有十字折角和八角形束腰须弥座二式。最上面的1号塔和最下面一层平台上排列的19座塔塔身为复钵式，基座为十字折角束腰座；从上往下数2、3、4、5、6层平台上排列的23座塔塔身为葫芦式，基座为八角束腰式；7层平台的9座塔塔身呈圆筒状复钟式，

经修葺的青铜峡一百〇八塔

基座仍为八角束腰式；8至11层平台上的56座塔塔身为折腹式，基座为八角束腰须弥座。

一百〇八塔旅游景点与青铜峡大坝、水库相连，自成一组合旅游区。

贺兰山之崖刻塔

（九）贺兰山崖刻塔

贺兰山崖刻塔目前发现的有两处，均在贺兰山北端，其中涝坝口刻塔两座，大枣沟内刻塔5座，共有刻塔7座。涝坝口石刻塔在沟口北岸山坡上，下距地表20多米。两塔并排，造型相同，皆为喇嘛式，由塔座、塔身、塔顶三部分组成，塔体呈三角形。西边塔，三层须弥座上为覆斗形塔身，下腹中间开一方龛，宝珠塔顶上置一小三

（十）拜寺沟方塔

拜寺沟方塔，位于宁夏贺兰山东麓拜寺沟口。方塔是一座密檐实心砖塔，由11个逐渐缩小的正方形塔层组成塔体，每层缩小约0.2米，层次分明协调。塔顶残毁。底座见方6.2米，通高约30米。每层四角原有风铃。塔旁原有寺庙

角形塔刹，象征"十三天"。塔体通高2米，底宽1.2米。东边塔，为五层须弥座，塔身呈覆斗形，腹下部中间开龛，宝珠顶上置三角形塔刹，象征"十三天"。塔体通高1.8米，宽0.95米。

大枣沟崖刻塔，位于石嘴山市大武口区西北6公里处。石刻塔雕琢于沟谷南岸，下距地表30米左右。五座崖刻塔均为浮雕喇嘛式，大小略异，造型相同。均由塔座、塔身、塔顶三部分组成塔体呈三角形，外侧用阴刻线勾画背光。崖刻塔皆为三层须弥座，塔座第三层中间开龛，称"眼光门"，可能原为供置佛像用。塔身呈覆斗形，向上层层内收。塔顶由刹座、刹身、刹顶三部分组成，宝珠衬托天盘的刹座，上置三重宝珠形相轮为刹身，刹尖以"十三天"收顶，形似反扣着的漏斗呈三角体。五座塔雕刻在三个石壁面上。

据推测，贺兰山石刻塔的刻制年代，当在西夏时期或者元代。

建筑，推测当为西夏时期佛教活动场所。明代人在拜寺沟内亦活动频繁。

1991年，拜寺沟方塔被不法分子炸毁。后在清理塔基时，在相当于塔心室的位置清理出大量西夏文和汉文佛经，还有世俗印本、写本等珍贵文献36种10余万字。其中9本西夏文佛经《吉

祥遍至口合本续》刻本，是直接译自于藏传佛教的失传密宗经典。据研究者和出版界学者共同认定，是世界现存最早的木活字印本。

固原璎珞宝塔

拜寺沟方塔

（十一） 璎珞宝塔

璎珞宝塔，位于宁夏固原市今原州区城东北约 50 公里的冯庄和小岔两乡交界处。璎珞宝塔平面呈八角形，为 7 层楼阁式砖塔。通高约 20 米。塔身第一层略高，每面边长 1.6 米。面东辟有券门，高 1 米，宽 0.52 米，以条石砌筑。三层以上，每层檐下隔面开有方形窗口。随塔身向上檐与檐之间距离缩短，方形窗口亦随之变小。

第七层之上置仰莲瓣形刹座，上承八面覆斗形相轮，之上置圆形塔刹。整个塔体为仿木结构，简洁朴素，小巧玲珑。塔室亦为八角形，每边长 60 厘米，原有木梯可以攀登。在璎珞宝塔二层背壁上，嵌有一块长方形石匾，上刻“璎珞宝塔”四个大字，下款是“嘉靖三十年三月初一日立”，显而易见此塔的修建年代是 1551 年。

（十二） 韦州喇嘛塔

韦州喇嘛塔位于宁夏同心县韦州旧城西北隅，是目前宁夏境内保存比较完好，又具有典型喇嘛教风格的一座砖塔。塔通高 15 米，塔基为单层八角须弥座，塔身呈宝瓶形，在塔身和基座之间饰莲瓣纹一周。塔身面南设一小龛，称“佛光眼”，原为放置佛像之处。塔顶作密檐 13 层，是“十三天”相轮的一种变体做法。塔刹已毁。塔体外表通裹白灰，故又称“白塔”。

喇嘛塔当建于明代。数百年来，以它玲珑精美的塔体，风韵别异而又神奇的色彩，为美丽的韦州古城增添了不少光彩。

韦州喇嘛塔

（十三） 华严宝塔

华严宝塔今人又称恩和塔，位于宁夏中宁县华寺村一块高约 4 米的夯土台基上，是一座楼阁式砖塔，塔身七层，平面呈八角形，每边长 1.62 米。塔体通高约 25 米。塔基砌石一周，高出地表 10 厘米。塔身第一层较高，为 3.6 米。南北辟有券门，高 1.8 米，宽 0.57 米。南边券门上方，砖砌一块匾额，上刻“华严宝塔”4 字。券门两

侧用砖嵌刻对联一副，上联为“□□光刹海微尘咸辉耀”，下联是“慈云复覆山河大地遍清凉”。以叠涩花牙砖挑檐，檐下每面饰有砖雕云纹花边。二层以上，檐与檐之间的距离逐渐缩短。每层檐下隔面辟有券门或设佛龛，随塔身向上逐渐缩小。每层塔檐的转角处，原有风铃，今仅存残柄。七层之上为八面覆斗状塔顶，上置桃形攒尖式塔刹。塔室结构较为特殊，第一层为厚壁空心

室，平面亦呈八角形，穹隆顶，与二层互不相通。二层以上至第五层，亦为八角空心室，系木板楼层结构。六层以上为砖砌实心。华严宝塔的这种设计方案，是由于塔身较细而确定的。二层以上，虽系空心，但因塔室狭窄，不适于登临眺览。

据《续修中卫县志》载："华严殿，有砖塔，在恩和城堡东十里，俗称砖塔儿寺。"又据清康熙戊午（1678年）

年间所立《重修塔儿寺碑记》载："起不知何年，但寺钟记明成化，塔铃记明万历。"因此，根据记载可以确定，华严宝塔始建于明代。现存塔为康熙四十八年（1709年）宁夏发生地震后，因原塔倒塌而于乾隆二年（1737年）重新修建的，并命名为"华严宝塔"。

该塔原为华严寺内的主体建筑，因年久寺院倾圮，而今只一塔独存。

中宁华严宝塔

李俊多宝塔

（十四）李俊多宝塔

李俊塔坐落在永宁县李俊集镇西南侧，塔高31.52米，俗称"多宝塔"，是一座八角形阁楼式砖塔，塔身十三层，其结构分底层、下、中、上、顶五段，底层向东开一拱门，由阶道迎入塔室，塔内中空，直径约2米，室内采用"厚壁空心式"层梯结构，可以盘旋上登至顶，塔身收分较大，主体

轮廓呈角锥形，具有秀削挺拔的佛教建筑艺术风格。

李俊塔始建于明万历年间（1573至1619年）。清康熙五十四年（1715年）到乾隆五十九年（1794年）曾三次维修。

在1986年的修中，从塔刹内发现了一批珍贵的文物，有铜像19尊、陶佛像1尊、铜镜6面、墨铭板7块、铜铭板1块、经书2卷及部分古钱币。

（十五）鸣沙永寿塔

鸣沙永寿塔，曾经是一座风姿高雅的古塔。坐落于中宁县鸣沙镇西的黄河古道东岸。相传修建于西夏谅祚时期（1049至1068年）。高14级，是一座八角楼阁式砖塔，青砖挑檐，白灰抹壁，角挂风铃，宝瓶钻尖，内有木梯。明嘉靖四十年（1561年）地震，震级7级，明隆庆四年（1570年）重修，命名为永寿

塔。清康熙四十八年（1709年），又因地震上半部坍塌。200余年未再重修，1963年列为自治区重点保护文物之一。

1985年，文化部文物局和自治区政府拨款重修。于1985年9月底竣工。重修后的鸣沙古塔略如旧制，鸣沙塔相传原为镇河而建，900年来，黄河河床数次变迁，今已由塔下移至数公里以外，鸣沙塔也可谓阅尽人间沧桑了。

鸣沙永寿塔

三、宁夏红色旅游景点

拍摄于 20 世纪 30 年代的银川钟鼓楼

（一）银川钟鼓楼

银川钟鼓楼，位于银川市解放东街和鼓楼南北街十字路口交叉处。始建于清朝道光年间（1821 至 1850 年），至今保存完好。整个建筑造型精巧，飞檐斗拱，结构严密，美丽壮观。不仅是一处自治区重点保护的古建筑，还是一座具有重要意义的革命纪念地。

1926 年国共两党第一次合作时，宁夏第一个中国共产党组织——中共宁夏特别支部的成立和办公地址，就设在钟鼓楼上。同时挂国民党宁夏县党部的牌子。与之相邻的银川玉皇阁，是当时冯玉祥所部国民军联军总政治部在宁夏创办《中山日报》的地方。

1949 年 9 月 23 日银川解放。26 日，人民解放军举行入城仪式，十九兵团司令员杨得志、政委李志民与地方各界人士一同在钟鼓楼上检阅了威武雄壮的解放军队伍。

新中国成立后，人民政府对钟鼓楼进行了妥善保护，并将此处确定为爱国主义教育基地和银川市第一批文物保护单位。

（二）六盘山红军长征纪念亭

六盘山是红军长征翻越的最后一座高山，不仅是一处风景优美的旅游区，更因为毛泽东的《清平乐·六盘山》而闻名天下。为纪念中国工农

红军长征胜利 50 周年，1986 年宁夏在六盘山顶峰选址修建了红军长征纪念亭，由时任中共中央总书记的胡耀邦为纪念亭题词。纪念亭整体建筑由台阶、花坛、碑亭三部分组成，中心为正方形，亭中矗立着一块大青石碑，正面镌刻着毛泽东《清平乐·六盘山》词手迹长卷，背面镌刻着中共宁夏回族自治区委员会、宁夏回族自治区人民政府署名的碑文，记载着毛泽东及中央红军翻越六盘山的英雄气概和当时与国民党军激战的情景。

为纪念红军长征胜利 70 周年，自治区党委、政府将纪念亭改建和扩建为纪念馆，并于 2005 年 9 月 18 日落成，它是宁夏红色旅游的重要景区和景点。

1986 年，纪念长征胜利 50 周年时建六盘山红军长征纪念亭

（三）将台堡红军长征纪念碑

西吉县将台堡是红军三军会师纪念地。将台堡位于宁夏西吉县城东南 30 公里处的葫芦河东岸，1936 年 10 月 22 日，红二方面军总指挥部及二军团与一军团二师在将台堡会师，宣告红军长征三大主力胜利会师，长征胜利结束，将台堡也由此闻名于世。

1996 年 10 月，自治区党委和政府报请中共中央宣传部批准，在红一、红二方面军会师地宁夏西吉县将台堡修建中国工农红军长征将台堡会师

将台堡红军长征会师遗址

将台堡红军长征纪念碑

纪念碑。时任中共中央总书记、国家主席、中央军委主席的江泽民题写的碑名——"中国工农红军长征将台堡会师纪念碑"，镌刻在巨型的花岗岩纪念碑正面。纪念碑背面是中共西吉县委、政府撰写的碑文。纪念碑坐西朝东，高22.8米，碑身下部由代表中国革命胜利的8组浮雕构成。纪念碑东侧是5000平方米的纪念广场，可供游人观瞻凭吊。

（四）单家集红军长征遗址

宁夏西吉县兴隆镇单家集是一个回民聚居区。1935年10月5日，中国工农红军陕甘支队7000余人分3个纵队进入宁夏南部单家集、兴隆镇、公易镇。毛泽东夜宿单家集，应穆斯林之邀参观了清真寺，并在"北厢房"与阿訇促膝交

1935年10月，红军长征过单家集时，毛泽东
应邀参观过的单家集清真寺

谈。次日东方欲晓时分才离开单家集东进。10月7日，毛泽东等中央领导和红军沿六盘山西侧的王套、后莲花沟翻越六盘山，在国民党军队前堵后截、非常有限的地域空间里，凭借六盘山的险峻沟壑作为掩护走向陕北革命根据地。现在的单家集清真寺北厢房，依旧是70年前的原物，保存完好。北厢房以北，与清真寺一墙之隔的小院，是毛泽东夜宿的房子，今保存尚好。6日清晨，毛泽东离开单家集后，国民党飞机即向毛泽东夜宿的地方投下数枚炸弹。留在清真寺北厢房门、窗户和横木上的弹洞依然清晰可见。

1993年毛泽东100周年诞辰之际，单家集穆斯林在清真寺大门外立碑纪念。碑文正面写着

单家集长征遗址陈列馆

"人民救星，一代天骄"八个大字，背面记载了1935年10月5日，毛泽东率中央红军长征到达单家集，穆斯林迎接红军，红军宣传抗日主张、尊重民俗、公平交易等过程。

（五）豫旺堡西征红军总指挥部旧址

1936年的红军西征，主要在今宁夏中南部地区，同心是指挥中心所在，彭德怀的西方野战军总司令部就设在豫旺堡的城隍庙，徐海东的十五军团在豫旺县城下马关。当年的城隍庙已毁于

豫旺堡城隍庙西征红军总指挥部外景

"文化大革命",但遗址仍在。

豫旺堡,也是著名记者埃德加·斯诺笔下记载得较多的地方。斯诺的名著《西行漫记》,四分之一到篇章是在豫旺采访完成的。乔治·海德姆医生为了表达与回族人民的深厚感情,在这里将他自己的名字改为"马海德"。

(六)盐池县革命烈士纪念馆

革命老区盐池县曾是陕甘宁边区的一部分,也是宁夏解放最早的县。为了缅怀革命先烈,盐池县于 1952 年在县城东南修建了占地 110 亩的烈士陵园,栽植了花木,并树立了烈士纪念碑。纪念塔东侧建有规模较小的革命烈士纪念馆。其后,纪念塔又先后经过两次重修。1986 年,在庆祝盐池解放 50 周年前夕,又在陵园内重建革命烈士纪念馆,为中式仿古建筑,飞檐斗拱,雕梁画栋,雄伟壮观。主要建筑物有革命烈士纪念碑和博物馆。馆内陈列着在解放盐池及保卫边区战斗中英勇献身的烈士的生平简介、部分遗像及 180 多件革命文物。1995 年,自治区宣传思想工作领导小组将这里确定为宁夏爱国主义教育基地。1996 年、1997 年连续两年被自治区评为优秀爱国主义教育基地,并受到自治区党委和国家文物局的表彰奖励。

2004 年该馆被国家定为全国 100 个红色经典旅游景区,并迁建于盐池县城南花马寺国家级自然保护区内。纪念馆总占地面积 300 亩,总投资 1929 万元。规模宏大,蔚为壮观。

(七)豫海县回民自治政府成立旧址

陕甘宁省豫海县回民自治政府成立大会旧址,即今同心清真大寺,是国家级爱国主义教育基地,而且是《全国百家爱国主义教育基地图

1986 年重建之盐池革命烈士纪念馆

经重修后的盐池革命烈士纪念塔

集》同心县唯一的一个。1936 年 6 至 7 月红军西
征，解放了豫旺县及海原县大部分地区，该地为回
民聚居区。8 月，中共陕甘宁省市委书记李富春遵
照党中央指示，前往该地筹建回民自治政府，并成
立了豫海县回民自治政府筹备委员会。10 月 20 至
22 日，豫海县回民自治政府成立大会在同心清真
大寺胜利召开，庄严宣告了中国共产党领导下的
第一个民族区域自治政府正式诞生，开创了中国
历史上民族区域自治的先河，是回民解放的先声。
参加大会的有来自各区乡的回民代表和各界人士
300 多人。马和福当选为回民自治政府主席，李存
德当选为副主席。县政府机关设在该县王家团庄北
堡子村。

陕甘宁省豫海回民自治县成立大会会址

1936 年 11 月 12 日，在同心清真大寺西南的
河滩上，召开了有张国焘、朱德、彭德怀、贺龙、
任弼时等首长参加的红一、红二、红四三个方面军
参加的万人军民联欢大会。

任山河烈士陵园，位于彭阳县城西北 23 公里
的古城镇任山河村。建于 1955 年。1996 年 3 月 31
日，被国务院批准为"全国重点烈士纪念建筑物保
护单位"。

王家团庄豫海县回民自治政府办公旧址

1949 年 7 月，中国人民解放军西北野战军第
十九兵团挥师北上，参加解放兰州战役。7 月 31
日，东线部队六十四军在曾思玉军长率领下抵达
任山河地区，与宁夏马鸿逵部第十一军展开激烈
战斗。经过全军将士浴血奋战，守敌被全部击溃，
取得了任山河战斗的重大胜利，打开了解放宁夏的
大门。

任山河烈士陵园大门

为了纪念在这次战斗中牺牲的 360 多名解放军
指战员，1955 年 4 月，固原县人民委员会在当地
修建了烈士陵园，占地 8333 平方米。陵园中矗立
一座通高 7 米的"烈士纪念碑"，由杨得志将军题
写碑名。

1998 年 8 月，彭阳县对烈士陵园进行了大规模
扩建，占地 2.6 万平方米。崭新的烈士纪念碑通高
19.49 米，庄重大方，正面镌刻着曾思玉将军题词。

任山河烈士陵园已被当地党委、政府和区内外
一些院校确定为爱国主义教育基地。

任山河革命烈士陵园

参考书目

1.宁夏社会科学院，宁夏国史学会编.当代宁夏史图鉴.银川：宁夏人民出版社，2008 年

2. 米寿世主编. 宁夏的足迹.银川：宁夏人民出版社，1998 年

3. 王正伟主编. 陈思禹摄影作品集.银川：宁夏人民出版社，1999 年

4.石观达主编.石观达摄影集.银川：宁夏人民出版社，1998 年

5. 王俭主编. 宁夏回族自治区概况.北京：民族出版社，2008 年

6. 中共宁夏回族自治区委员会党史资料委员会主编.解放宁夏历史图集.银川：宁夏人民出版社，1988 年

7. 高伟主编.宁夏情韵·石观达摄影作品.银川：宁夏人民出版社，2006 年

8. 朱玉华等编.中国宁夏.北京：五洲传播出版社，1998 年

9. 石观达主编.塞上异彩——宁夏风光摄影集.银川：宁夏人民出版社，2001 年

10. 中共宁夏回族自治区委员会党史研究室著.中国共产党宁夏史（1949.9~1978.12）.银川：宁夏人民出版社出版，2008 年

11.中共宁夏回族自治区委员会党史研究室编.中国共产党宁夏历史大事记（1988.7—1998.12）.银川：宁夏人民出版社，2000 年

12. 中共宁夏回族自治区委员会党史研究室，中共宁夏回族自治区委员会党校，宁夏回族自治区档案馆编.中国共产党宁夏历史大事记（1925.8—1988.6）.银川：宁夏人民出版社，1991 年

13. 宁夏军事志编纂委员会编.宁夏军事志.银川：宁夏人民出版社，2001 年

14. 张远成著.当代宁夏简史.北京：当代中国出版社，2002 年

15. 郑彦卿编著.宁夏五千年.银川：宁夏人民出版社，2001 年

16. 中共宁夏回族自治区委员会党史研究室编.中国共产党宁夏史 1919.5~1949.12.银川：宁夏人民出版社，2011 年

17. 黄绍真，王先荣，雷发忠主编.塞上江南.北京：人民日报出版社，1988 年

18. 宁夏农业厅，宁夏农业经济学会主编.宁夏农业合作制发展简史.银川：宁夏人民出版社，2001 年

19. 中共宁夏区委党史研究室编.中国共产党宁夏历史大事记（1999.1~2007.5）.银川：宁夏人民出版社，2007 年

20. 中共宁夏区委党史研究室编.中国共产党宁夏史简明读本（革命篇）.银川：宁夏人民出版社，2004 年

21. 杨春光，徐占海，田希明，贾长安编著.古今石嘴山.银川：宁夏人民出版社，2004 年

22. 中共宁夏区委党史研究室编.追寻先烈的足迹——宁夏革命遗址遗迹要览.银川：宁夏人民出版社，2005 年

23. 宁夏国史编审委员会，宁夏国史学会编.当代宁夏史通鉴.北京：当代中国出版社，2004 年

24. 宁夏通志编纂委员会编.宁夏通志·党派社团卷.北京：方志出版社，2008 年

25.宁夏百科全书编纂委员会编.宁夏百科全书.银川：宁夏人民出版社，2008 年

26. 吴忠礼编著 .宁夏近代历史纪年.银川：宁夏人民出版社，1985 年

27. 吴忠礼、刘钦斌主编 .宁夏通史（近现代卷）.银川：宁夏人民出版社，1985 年

28. 银川党史研究室编著 .中共银川党史.银川：宁夏人民出版社，2005 年

29 编写组编 . 当代宁夏纪事.银川：宁夏人民出版社，1990 年

30. 宁夏国史编纂委员会编.当代宁夏史通鉴.北京：当代中国出版社，2004 年

31. 编委会编. 中国人口·宁夏分册.北京：中国财政经济出版社，1988 年

32. 许成，吴峰云. 宁夏古塔.银川：宁夏人民出版社，1988 年

33. 宁夏年鉴编辑委员会. 宁夏年鉴（2001 创刊号）.北京：方志出版社出版，2001 年

编 后 记

2007 年，自治区档案局馆和宁夏档案学会决定利用档案馆档案资源丰富的优势，编纂一部反映宁夏 20 世纪历史变迁的《中国 20 世纪图鉴·宁夏卷》（以下简称《宁夏图鉴》），以图文并茂的形式，表现 1901 年至 2000 年宁夏地方的山川风物、人文历史、社会变化、经济建设和人民生活等方面的概况。力求做到大事要事必录，史料准确，语言简练，条理清晰，层次分明，图片选择编排适当，比较客观地反映宁夏 20 世纪的社会现实，达到存史、资政、育人的社会效果。

2007 年 11 月，《宁夏图鉴》编纂工作正式启动，历时六年，几易其稿。在编辑过程中得到了自治区党委原常委马金虎，著名地方志专家吴忠礼和宁夏军事志专家曹益民的精心指导，提出了很多的宝贵意见和建议。尤其是吴忠礼先生在百忙之中，对《图鉴》修改稿进行了逐字逐句逐图片地审查和修改，提出了许多有助于打造精品图书的修改意见和要求，并提供了一些他个人多年收藏的图片资料。

张树林、张树彬承担《宁夏图鉴》编纂工作，在编撰过程中，一手搜集资料，一手考证编辑、撰写、制图、打印……不辞劳苦，经过多次加工、调整、修改、润色使书稿日臻完善，最终完成了《中国 20 世纪图鉴·宁夏卷》这一繁重而艰巨的工程。图片汇编总数 1700 余幅，编撰文字 23 万字。

在《宁夏图鉴》编纂过程中，档案局馆办公室、保管处、技术处及有关人员相互配合，同时还得到自治区人大办公厅、政协办公厅、社科院国史办和地方志办、银川市党史研究室以及郑彦卿、范宗兴、张久卿等专家学者的大力支持和帮助，值此编纂工作告竣之际，在此表示衷心感谢！

由于编纂人员的水平有限和多种条件的局限，书中舛误和缺陷在所难免，希望广大读者予以指正。

编者
2013 年 10 月